C·H·Beck
PAPERBACK

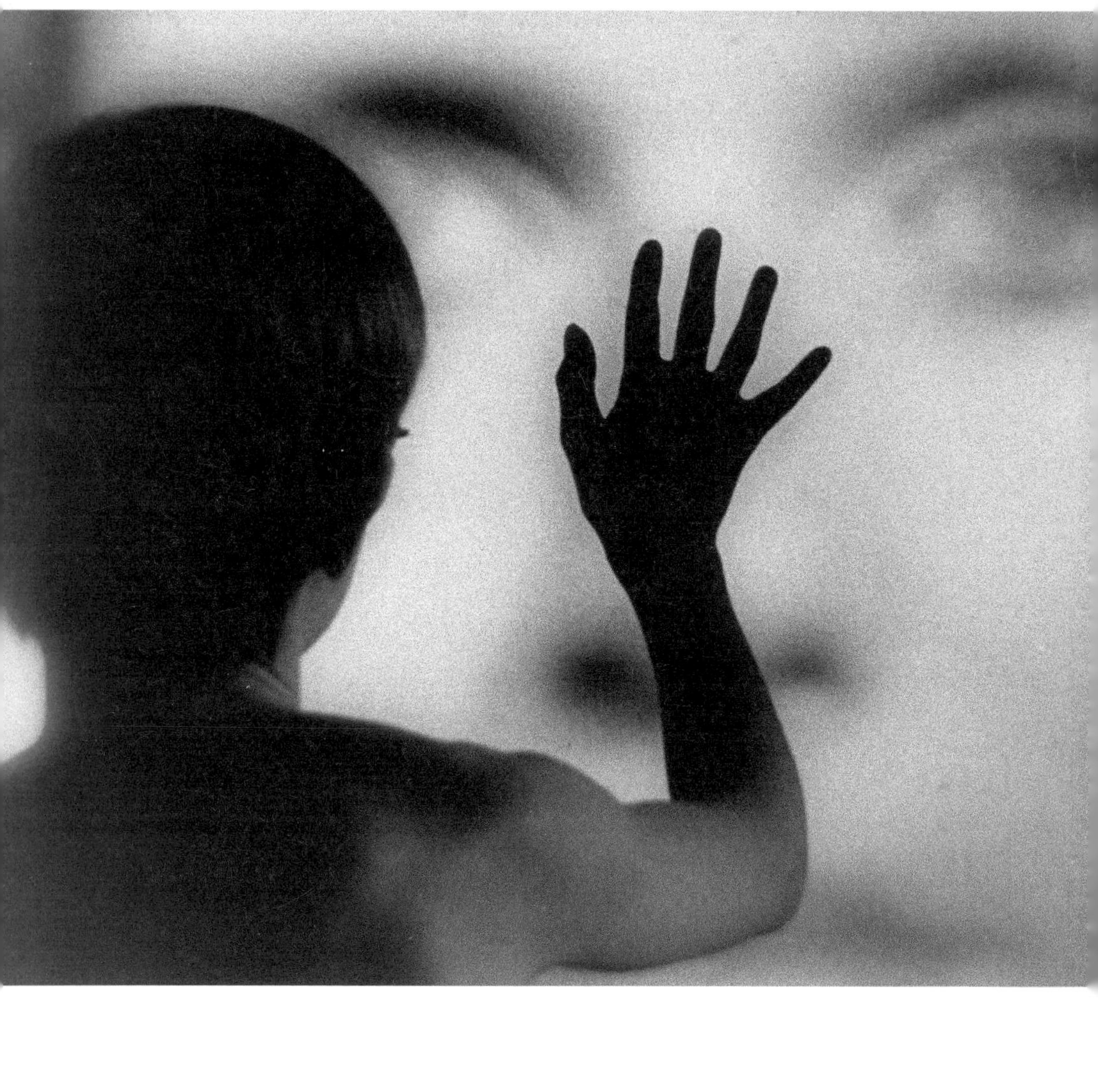

Hans Belting

Faces

Eine Geschichte des Gesichts

C.H.Beck

Über den Autor

Hans Belting leitete von 2004 bis 2007 das Internationale Forschungszentrum für Kulturwissenschaften in Wien. Zuvor lehrte er nach Stationen an den Universitäten Heidelberg und München an der Hochschule für Gestaltung in Karlsruhe, die er 1992 mitbegründete, und hatte 2003 den Europäischen Lehrstuhl am Collège de France in Paris inne. Er ist Mitglied des Ordens Pour le Mérite für Wissenschaften und Künste. Seine Bücher wurden in zehn Sprachen übersetzt. Bei C.H.Beck sind von ihm u. a. erschienen: *Bild und Kult* ([7]2011), *Das Ende der Kunstgeschichte* ([2]2002), *Das unsichtbare Meisterwerk* ([2]2001), *Das echte Bild* ([2]2006), *Florenz und Bagdad* ([4]2012), *Spiegel der Welt* ([2]2013) und *Ein Afrikaner in Paris* (2018, mit Andrea Buddensieg).

Dieses Buch erschien zuerst 2013 in gebundener Form im Verlag C.H.Beck.
2. Auflage. 2014

Frontispiz: Filmstill aus Ingmar Bergman, Persona, 1966 (vgl. S. 268)

Mit 134 Abbildungen, davon 58 in Farbe

1. Auflage in C.H.Beck Paperback. 2019

www.chbeck.de
Satz im Verlag
Druck und Bindung: Pustet, Regensburg
Umschlaggestaltung: Anzinger | Wüschner | Rasp, München
Umschlagabbildung: Arnold Genthe, Lee Miller, um 1927, Fotografie, London, Victoria & Albert Museum, © Victoria and Albert Museum
Gedruckt auf säurefreiem, alterungsbeständigem Papier
(hergestellt aus chlorfrei gebleichtem Zellstoff)
Printed in Germany
ISBN 978 3 406 74243 9

myclimate
klimaneutral produziert
www.chbeck.de/nachhaltig

Inhalt

III. Medien und Masken. Die Produktion von Gesichtern

Anhang

Einleitung: Ein Versuch der Eingrenzung

Die unterhaltendste Fläche auf der Erde
für uns ist die vom menschlichen Gesicht.
Georg Christoph Lichtenberg, «Sudelbücher», F. 88

1.

Eine Geschichte des Gesichts? Es ist ein gewagter Versuch, sich auf ein Thema einzulassen, das jeden Rahmen sprengt und zum Bild aller Bilder führt, mit denen Menschen leben. Was ist denn «das Gesicht»? Es ist das Gesicht, das jeder hat. Aber es ist ein Gesicht unter anderen Gesichtern, und es wird erst zum Gesicht, wenn es mit anderen Gesichtern in Kontakt tritt, sie anschaut oder von ihnen angeschaut wird. Das klingt in der Redewendung «von Angesicht zu Angesicht» an, welche den unmittelbaren oder eher unausweichlichen Kontakt des Blicktauschs als Stunde der Wahrheit zwischen zwei Menschen benennt. Erst Blick und Stimme bringen ein Gesicht in wörtlichstem Sinne zum Leben. Und ebenso das Mienenspiel des Gesichtsausdrucks. Eine Miene machen heißt, «ein Gesicht zu machen», ein Gefühl abzubilden oder jemanden auch ohne Worte «anzusprechen» – anders gesagt: sein Ich im und mit dem eigenen Gesicht darzustellen, aber dabei Konventionen einzuhalten, um sich verständlich zu machen. Die Sprache hält verschiedene Erfahrungen bereit, die sich von der Gesichtspraxis herleiten. Hier sind die Metaphern besonders aufschlussreich, die wir alle im Munde führen, ohne darüber nachzudenken. «Das Gesicht wahren» oder «das Gesicht verlieren» sind solche Metaphern. Sie sprechen von der Beherrschung oder der Bedrohung des Gesichts, führen aber beide ins Zentrum der Person, von deren Gesicht die Rede ist. Doch nicht immer werden wir über unser Gesicht Herr. Gesichter sind an eine Lebenszeit gebunden, in der sie sich verändern, und durch Lebenserfahrung geprägt. Aber sie lassen sich auch vererben, miteinander einüben (etwa zwischen Mutter und Kind) und endlich auch erinnern, wenn man sich an einen Menschen erinnern will.

Im öffentlichen Raum nehmen Gesichter dagegen andere Rollen ein und passen sich Konventionen an oder unterwerfen sich der Allgegenwart von offiziellen Ikonen, die von den Medien produziert werden und über die Gesichter der Masse herrschen, statt den Blicktausch mit ihnen zu suchen.[1] «Das Gesicht ist der gesellschaftliche Teil von uns, der Körper ist Natur».[2] Da liegt der Gedanke an die Maske nahe, in die wir das eigene Gesicht verwandeln, wenn wir eine Rolle spielen wollen. Man kann sogar von «Gesichtermoden» sprechen. So lässt sich das «Gesicht der Zeit» als eine gewisse Uniformierung zeitüblicher Gesichter verstehen, die heute von den Massenmedien verbreitet werden. Aber es existierte auch in historischen Zeiten, wenn es einen vorherrschenden, akzeptierten «Typus» trug, dem sich alle angleichen wollten.[3] Dazu zählt auch ein zeittypisches Schönheitsideal, das sich in der Präferenz von «glatten» oder «starken» Gesichtern kundtut.

2.

Schon jetzt zeigt sich, dass sich «das Gesicht» nicht allein als individuelles Merkmal verstehen lässt, das es natürlich auch unter den Bedingungen gesellschaftlicher Schranken bleibt. So ist die Verbürgerlichung der Gesichter im 19. Jahrhundert ein historisches Merkmal; dagegen stellte August Sander die Umbrüche der deutschen Gesellschaft nach dem Ersten Weltkrieg in einem Bildband dar, dem er den Titel «Antlitz der Zeit» gab.[4] Damit sind wir auch schon bei dem Problem, wie man von einer «Geschichte des Gesichts» sprechen kann. Sie ist ein anderes Thema als die europäische Geschichte des Porträts, das in der frühen Neuzeit begann und mit der Erfindung der Fotografie im 19. Jahrhundert in eine erste Krise geriet (S. 118, 193). Was heißt aber in unserem Fall «Geschichte»? Welchen Sinn kann sie im Rahmen dieses Buches haben, wenn wir sie auf Gesichter ganz allgemein erweitern? Hier treffen wir auf verschiedene Möglichkeiten, von einer Geschichte des Gesichts zu sprechen.

Die Lebensgeschichte eines individuellen Gesichts ist jedermann vertraut; doch kann sie hier nicht das Thema bilden. Ein Gesicht verändert sich im Alter, wenn sich die Lebenslinien ebenso in die erschlaffte und sich vom Schädel lösende Haut eingraben wie die sogenannten mimischen Falten, die von der ruhelosen Gesichtsarbeit des Ausdrucks zurückbleiben. Sie bezeugen eine individuelle Gesichtspraxis, die durch ein festes Repertoire der Mimik eingeübt wird und sich deshalb in das Gesicht einprägt. Im Übrigen kann ein Gesicht manchmal älter oder jünger wirken als der Körper, der es trägt; eine solche Asymmetrie kommt durch ihr Gegenspiel im Laufe des Lebens zustande. Die Physiognomie ist angeboren und wird vom Schädelbau geprägt. Doch liegt die Kohärenz in einem Gesicht, das wir nach langer Zeit wiedersehen, manchmal deutlicher in der Stimme, deren Klang an das Gesicht von einst erinnert, auch wenn sich dieses stark verändert hat. Zwar bleibt das Gesicht im Laufe des Lebens dasselbe, aber es ist nicht mehr das gleiche.

Die «Naturgeschichte des Gesichts», wie sie Jonathan Cole genannt hat, ist ebenfalls nicht mein Thema, wenn sie auch für das Ausdrucksvermögen des Gesichts von größter Bedeutung gewesen ist. Denn das Gesicht, das wir haben, ist ebenso wie der Ausdruck, den wir ihm geben, das Ergebnis einer Evolution. Schon Charles Darwin, der seinerseits auf den Ergebnissen von Charles Bell und Guillaume-Benjamin Duchenne de Boulogne fußte, hat die Evolution im «Gesichtsausdruck von Menschen und Tieren» in den Blick gerückt (S. 98).[5] Funktionsstörungen im Gesicht von Patienten beweisen, dass erst das Zusammenspiel zahlreicher Muskeln im Gesicht die Skala des Ausdrucks erzeugt, die Gesichter lesbar macht. «Die erfolgreiche Ausdifferenzierung zu Bewusstsein und (...) emotionaler Subtilität verlief parallel zur Evolution des Gesichts», das den Ausdruck immer mehr von der allgemeinen Körpergestik ablöste und auf sich zog. Aus den Erkenntnissen der Primatenforschung schloss Cole, dass die «Entwicklung nuancierter Gesichter» noch vor die Sprache zurückreicht und auf der «zunehmenden Komplexität der Sozialverbände» beruhte.[6] Das Bewusstsein, für welches das Gesicht einen lebenden Spiegel herausgebildet hat, spielte auch bei der Entwicklung von Individualität eine führende Rolle. Die Gesichtsbewegungen, über die Menschen verfügen, «sind teils uralt» und also der Reflex einer Vorgeschichte, teils erst mit der Evolution des Menschen entstanden. «Je mehr Beweglichkeit und Ausdrucksfähigkeit das Gesicht gewann, desto mehr wurde auch seine Gefühlssprache verfeinert.»

Doch war dieser evolutionäre Prozess bereits abgeschlossen, bevor es zur Entstehung der uns bekannten Kulturen kam. Erst in ihnen hat das Gesicht jene Bedeutungen angenommen, die über die Natur hinausreichen und sie interpretieren. Dazu gehören bemalte oder tätowierte, frisierte und stilisierte, gespielte und verschlossene Gesichter. Ähnliches gilt auch für Kunstmasken als Artefakte, die Gesichter abbilden und Gesichtern aufgesetzt werden. Schon im Totenkult der prähistorischen Zeit wurde die Maske erfunden, um an der Leiche ein verlorenes Gesicht wiederherzustellen (S. 44). Doch erst in der europäischen Kultur- und Sozialgeschichte der Neuzeit wurde die Maske, statt als Stellvertreterin, eher als Lüge und Versteck des Gesichts verstanden. In der Selbstdarstellung mit dem lebenden Gesicht haben aber Normen eine Rolle gespielt, die durch kulturelle Traditionen geprägt waren. In der Auffassung des Gesichts unterscheiden sich die Kulturen ebenso, aber nicht auf die gleiche Weise wie die Rassen.

3.

Die Kulturgeschichte des Gesichts ist jedoch ihrerseits ein offenes Feld, das sich nicht auf einen einzigen Begriff bringen lässt. Sigrid Weigel hat an die historische Bedeutung des Bildnisses erinnert, das immer auch zugleich das Ergebnis einer Deutung des Gesichts war. «Als Außenansicht eines mit Affekten oder Gefühlen begabten Wesens ist das Gesicht in der europäischen Kulturgeschichte zum verdichteten Bild des *Humanum* geworden.» Genau ein solches Bild wird in der Gegenwart in Kunst und Medien immer wieder demontiert. Wie die «emotionalen Codes und die Kulturtechniken» zeigen, ist «die Geschichte des Gesichts vor allem auch eine Mediengeschichte». Deshalb lohnt sich eine Untersuchung der überlieferten und heutigen Artefakte, wenn sie sich auf «Ansichten vom Gesicht jenseits der ausgetretenen Pfade der Physiognomie» erweitert.[7] Zugleich ist das Gesicht von Hause aus «ein Medium von Ausdruck, Selbstdarstellung und Kommunikation». So kehren in den Artefakten auch Konventionen der lebenden Gesichtspraxis wieder und führen letztlich zur Frage nach dem Spiegelverhältnis, das zwischen Bild und Leben besteht.

Ein anderes Modell einer Kulturgeschichte des Gesichts treffen wir bei Jean-Jacques Courtine und Claudine Haroche an. Sie verstehen ihre «Geschichte des Gesichts» («Histoire du visage») als eine Sozialgeschichte der Emotionen in der europäischen Neuzeit zwischen dem 16. und dem frühen 19. Jahrhundert.[8] Damals bildeten sich die verschiedenen Spielarten von Individualität in der zivilen Gesellschaft heraus. Dabei stand der Selbstausdruck (also der Wille, die eigenen Emotionen zu zeigen) gegen die Selbstkontrolle des Ausdrucks (der Wille oder der Zwang, die Emotionen zu regulieren). Die Physiognomik lieferte das Lehrmaterial für einen Verhaltenskodex des Gesichts, in dem das Individuum sowohl «außer sich sein» wie auch «in sich gehen» konnte. So lassen sich zwei «Praktiken des Gesichts» beschreiben, die von der Gesellschaft verlangt oder geduldet wurden.[9] Das belegen nicht nur die Texte, sondern auch die Abbildungen der Epoche, an welchen sich die Gesichtspraktiken der damaligen Gesellschaft heute noch ablesen lassen.

Die beiden Autoren berufen sich ausdrücklich auf das Modell einer «historischen Anthropologie». Jacques Le Goff verstand darunter ebenso eine materielle wie auch eine Sittengeschichte *(histoire morale)* der Gesellschaften, in welchen der lebende Körper des Menschen immer zugleich eine soziale Realität abbildete.[10] Jean-Claude Schmitt, der ihm als Historiker in der École des Hautes Études folgte, erweiterte den Spielraum einer solchen Anthropologie, als er eine erste Skizze für eine «allgemeine Geschichte des Gesichts, die es noch zu schreiben gilt», vorlegte.[11] Dabei unterschied er das Gesicht dreifach, nämlich als Zeichen von Identität, als Träger von Ausdruck und schließlich als Ort einer Repräsentation im wörtlichen Sinn als Abbildung ebenso wie im symbolischen Sinn einer Stellvertretung. «Ist das Gesicht schon von sich aus ein Zeichen, so steht es auch für all das ein, was wir ihm zuschreiben, und schließlich für dasjenige, was es uns verbirgt.»[12]

Eine «historische Anthropologie» spricht zwar vom Menschen (und von seinem Gesicht) im Allgemeinen, wirft aber auf ihn zugleich einen Blick, wie er in der Geschichtswissenschaft eingeübt wurde. Georges Didi-Huberman hat sich dagegen für eine Zeiten und Kulturen übergreifende «Anthropologie des Gesichts» entschieden. Er warnte vor jeder «Geschichte des Gesichts», die sich auf eine historische Grammatik des Gesichtsausdrucks beschränkt, denn sie gerät in einer lesbaren Physiognomie rasch an ein «ethnozentrisches Argument».[13] Andererseits gelangt auch eine allgemeine «Grammatik des Gesichts» bald an ihre Grenzen, wenn sie jeden historischen Kontext verlässt. Zwar wiederholt der Unterschied zwischen Präsenz und Repräsentation den Unterschied zwischen Gesicht und Bild, wenn Repräsentation notwendig die Abwesenheit des Gesichts einschließt.[14] Doch produziert auch das lebende Gesicht eine mimische oder maskenhafte Repräsentation, um ein Selbst zu zeigen oder zu verbergen. Der Mensch betreibt Repräsentation mit dem eigenen Gesicht. Er repräsentiert eine Rolle im Leben.

4.

Im Folgenden wird der Versuch gemacht, das Gesicht immer wieder in einem anderen historischen Kontext aufzusuchen, weil sich seine Geschichte in keinen linearen Verlauf einordnen lässt, sondern immer wieder wechselt und jedes Mal neue Einsichten in das Thema liefert. Geschichte als Erzählform bietet also die Möglichkeit, vom Gesicht und seiner sozialen oder kulturellen Praxis zu sprechen, ohne es immerzu auf Allgemeinbegriffe zu bringen. Im Bereich der Kulturen gibt es keine Geschichte in der Einzahl. In diesem Sinne müsste man eigentlich von «Geschichten» des Gesichts sprechen, von denen es jeweils nur eine Auswahl geben kann, denen andere Geschichten widersprechen. Deswegen ist auch die Beschränkung auf den europäischen Raum kein Programm, sondern ein Kompromiss gewesen. Nur so ließ sich das Material in einem Bereich, der schon an sich kaum noch überschaubar ist, im Text bändigen. Die Überschreitung des europäischen Rahmens führt zu ganz neuen Fragen, die wenigstens noch in dieser Einleitung mit einigen Beispielen angesprochen werden sollen. Schließlich ist die Literatur über das Gesicht ganz ungleich verteilt, und im Kulturvergleich hat allein die Ethnologie, etwa im Maskendiskurs, einige Modelle geliefert.

Der Begriff «Geschichte» ist hier also nur als ein praktischer Rahmen und nicht als verbindliche Maxime gemeint. Vielmehr wird dem Leser gerade die Erfahrung nahegelegt, dass ihm die Geschichte als ganze immer wieder entgleitet, wenn er an ihr das Thema des Gesichts festmachen will. Denn von Geschichte kann in unserem Rahmen nur dann die Rede sein, wenn man sie auf einen bestimmten Blickwinkel begrenzt, aber sie ändert sich, sobald man den Blickwinkel verändert. Das gilt zum Beispiel für die Geschichte des Porträts, die im Folgenden als europäisches (statt als universales) Thema erzählt und zugleich kritisch hinterfragt wird. Es gilt auch für die Geschichte der heutigen Massenmedien, in denen die Gesichter zu verschwinden scheinen und doch eine hartnäckige Resistenz gegenüber dem Kommen und Gehen der jeweils neuesten Medien beweisen. Auch die Geschichte des Theaters und des Schauspielers lädt zu einer historischen Erzählform ein. Das zeigt sich schon darin, dass die Bühne in der Neuzeit ohne Masken betreten wird und der Schauspieler mit dem eigenen Gesicht die antiken Rollen der Maske übernehmen muss. Die Geschichte von Wissenschaften wie Gesichtskunde (Physiognomik) und Hirnforschung endlich ist ohnehin ein historisches Thema.

5.

Zur Kulturgeschichte des Gesichts gehört auch die Geschichte der Maske. Allerdings ist in manchen Untersuchungen zur Maske vom Gesicht gar nicht mehr die Rede. Sie scheinen ein ganz anderes Thema zu haben, ja zur Geschichte des Gesichts im Gegensatz zu stehen. Und doch ist die Maske immer als Medium des Gesichts in Gebrauch gewesen. Als solches hat sie die wechselnden Deutungen des Gesichts begleitet oder überhaupt erst hervorgebracht. Das trifft schon auf die ältesten Masken zu, die wir überhaupt kennen. Sie haben das Gesicht nicht nur nach dem Tod in Lehm und Farbe nachgebildet, sondern es gleichsam im Rückblick auf das Leben ins Bild gesetzt (S. 44 ff.). Richard Weihe hat in seinem Maskenbuch die Ambivalenz von Gesicht und Maske zum Thema gemacht und sie als «Paradox» bezeichnet.[15] In dem Doppelspiel von Gleichschaltung oder Kontrast von Gesicht und Maske «äußert sich die für die Maske charakteristische Dialektik des Zeigens und Verhüllens». Durch die Gleichsetzung von Maske und Gesicht (die Maske ist das Gesicht) in Kult und Theater der griechischen Antike entsteht eine «prosopische Einheit». In der Neuzeit, so Weihe, bildet sich durch die Gleichsetzung von Maske und Person der «homo duplex» heraus, wie ihn Émile Durkheim genannt hat: Dieser ist «das Modell des Menschen, der Natur und kulturelle Techniken in sich vereint: *das Selbst als Rolle*».[16]

Marcel Mauss hat in einem späten Vortrag von 1938 in der Maske «die soziale Person» beschrieben, die sich im Gegensatz zum «Ich» einen festen Typus oder eine Rolle gibt, mit der sie in der Gesellschaft kommunizieren will oder muss. Die Person ist eine Maske. Dagegen hat Erhard Schüttpelz in Erinnerung gerufen, dass die Maske in frühen Gesellschaften von einer auffallenden Ambivalenz gekennzeichnet ist. Sie kann ebenso die Seite der Gesellschaft (also Rolle und Person) gegen die fremdartige Natur wie auch die Seite der magisch aufgeladenen Natur gegen die Gesellschaft vertreten. In diesem Rahmen kann sie sowohl zur Kommunikation einladen und also die Distanz zu ihrem Publikum aufheben oder eine neue Distanz schaffen.[17] Solche Überlegungen bestätigen eine Grundbedeutung der Maske, die den engen Zusammenhang mit einer Geschichte des Gesichts stiftet. Die Maske war dazu bestimmt, in Interaktion mit lebenden Gesichtern zu treten und diese auf zwei Weisen anzusprechen. Das ist auf der einen Seite ein zum Schrecken gesteigerter Ausdruck der Erregung, der über das Ausdrucksvermögen des menschlichen Gesichts hinauswächst, und auf der anderen Seite die vollkommene Ruhe der Entrückung, welche die Unruhe auf den lebenden Gesichtern des kultischen Publikums bändigt. Beide Typen der Maske können im gleichen Zusammenhang und im zeitlichen Nacheinander zum Einsatz kommen. Interaktion bedeutet hier, dass die Masken wie Gesichter erlebt werden, auf die man mit dem lebenden Gesicht ähnlich wie im Blicktausch re-agiert, also unwillkürlich antwortet.[18]

Die Ambivalenz von Gesicht und Maske wird überall dort plötzlich sichtbar, wo das lebendige Zusammenspiel von Blick und Mimik gestört oder unterbrochen ist. Das kann auf zweierlei Weisen geschehen, die aber auf uns eine ähnliche Wirkung ausüben: einmal, indem der Träger einer Kunstmaske, also einer Maske aus Leder, Holz oder Gips, mit seinen lebendigen Augen durch die Augenhöhlen der Maske auf uns blickt und uns anstarrt. Dann erwirbt der Blick, den wir plötzlich nicht mehr deuten können, eine unheimliche Macht, der wir uns ausgeliefert fühlen. An der Schranke eines solchermaßen vom Gesicht abgelösten Blicks sind wir nicht mehr zum Blicktausch fähig, der zur Grunderfahrung unseres Gesichts gehört. Aber die Unterbrechung kann auch auf andere Weise geschehen, wenn nämlich jemand uns zwar mit dem lebendigen Gesicht gegenübertritt, aber nicht mit den echten Augen. Schon der Blinde trägt dann eine unsichtbare Maske im echten Gesicht. Doch der Schrecken setzt auch dann ein, wenn die Augen von einer dunklen Brille oder gar mit künstlichen Augen abgedeckt sind. Diese Variante kennen wir aus dem letzten Film, den Jean Cocteau gedreht hat, dem «Testament des Orpheus» aus dem Jahr 1960. Dort treten die Schauspieler, die die Götter darstellen, mit künstlich abgedeckten, großen und leblosen Augen auf, die ihren Ausdruck nicht verändern, und Cocteau selbst verwandelt sich auf die gleiche Weise noch im Leben in eine (Toten)maske.[19] Da nützt selbst die Mimik nichts mehr: Das echte Gesicht erstarrt zur Maske, wenn der lebendige Blick im Blick ausgeschaltet wird. Wir brauchen aber nicht einmal die Hilfestellung falscher Augen, sondern lassen, wenn wir den ganzen Ausdruck stilllegen, unser solchermaßen «undurchdringlich» gewordenes Gesicht von selbst zur Maske erstarren.

6.

Die Kunstmaske wurde benutzt in einem Trägerobjekt, das die Dauer aller Dinge besitzt, aber im Kult einen lebenden Träger mit Stimme und Blick brauchte. Sie war also auf einen Tänzer angewiesen, der sie erst zum Leben brachte, indem er die Maske aufführte. Im umgekehrten Sinne erstarrt das lebende Gesicht, wenn es abgebildet wird, in der Reproduktion sofort zu einer Maske, deren Ausdruck sich nicht mehr ändern kann. In diesem zweiten Sinne ist die *Geschichte des Gesichts* auch in einer Überlieferung von Masken auf uns gekommen, die *das Gesicht abbilden, aber keine Gesichter sind.* In beiderlei Hinsicht kommt es zu einer Typenbildung, der sich das Gesicht entzieht, weil es nur im Leben existiert und so vielseitig oder ungreifbar, aber auch so flüchtig und vergänglich wie das Leben selbst ist. Das Gesicht ist auch in diesem Buch der Fluchtpunkt aller Bilder, die immer der Zeit unterliegen und an der Undarstellbarkeit des Gesichts scheitern, also im Wettlauf mit dem lebenden Gesicht als Verlierer zurückbleiben (vgl. auch S. 249).

Eine Untersuchung, die das Gesicht zum Thema hat, ähnelt einer Schmetterlingsjagd und muss sich oft mit Doubles oder Ablegern begnügen, die vom Leben und Geheimnis des Gesichts wenig preisgeben. So wird es in der Abfolge des Gedankengangs nicht immer systematisch zugehen, sondern oft zu abrupten Kurswechseln kommen, um andere Ansichten des Gesichts einzufangen. Ein solches Verfahren wird durch das Thema nahegelegt, wenn man seine Vieldeutigkeit nicht opfern will. Alles, was vom Gesicht beschreibbar und erzählbar ist, ist nur Spiegel für das, was nicht direkt da ist, sondern umstellt ist von Kulissen, in welche die Gesellschaften und Kulturen das Gesicht eingeschlossen haben. Das Frontispiz dieses Buches, das aus einem Film von Ingmar Bergman stammt (S. 268), zeigt die Suche nach dem Gesicht als einen Griff ins Leere, denn das Gesicht hat sich in diesem Beispiel in ein fernes Bild zurückgezogen, das die Hände nicht ergreifen können. Ein Gesicht wird mit jedem Menschen neu geboren. Es altert und stirbt mit ihm, was immer auch die Lebensumstände in seiner Zeit gewesen sein mögen. Auch alle Gegenentwürfe und Demontagen des Gesichts sind nur Episoden in seiner gesellschaftlichen Praxis, die vom Gesicht stets überlebt und im Nachhinein ad acta gelegt werden. So lässt sich das unsichtbare Zentrum des Buches, das Gesicht, nur an seiner sozialen und kulturellen Peripherie aufsuchen. Es ist eine Rohform des Lebens und also Natur in einer gesellschaftlichen Praxis.

Die Kapitel in diesem Buch stehen jeweils für sich und bringen jedes eine besondere Ansicht des Gesichts zur Sprache, um dessen Vielansichtigkeit im Nacheinander der Erzählungen in den Blick zu setzen. Aber sie stehen zugleich in einem thematischen Zusammenhang, in dem sie sich gegenseitig spiegeln. Das gilt vor allem für den zweiten Teil, welcher dem Porträt als Maske gewidmet ist und diese Art von Maske bis in die Gegenwart der Fotografie verfolgt. Es gilt auch für den dritten Teil, in dem das Medienzeitalter den festen Rahmen bietet. Im ersten Teil ist ein solcher Zusammenhang nicht in gleicher Weise und nicht von vornherein ersichtlich, sondern wird erst Schritt für Schritt im Probelauf hergestellt. Das beginnt mit der Zumutung an den Leser, Gesicht und Maske im Entwurf einer «Geschichte des Gesichts» als ein einziges Thema zu akzeptieren und also in keinen scharfen Gegensatz zu trennen. Deswegen werden die Masken des Selbst und die Rollen des Gesichts im ersten Teil zunächst auf gemeinsame Ansichten gebracht. Dann aber folgt eine Zäsur, mit der die Kunstmaske als Trägermaske in zwei ganz verschiedenen Situationen eingeführt wird. Das ist einmal die Genealogie des Maskenrituals im Kult, die schon in prähistorischen Zeiten die Kulturgeschichte des Gesichts eröffnet. Und das ist im Kontrapunkt die Wiederbegegnung mit der Maske als exotischem Objekt in den Museen der Kolonialzeit, wobei die Maske plötzlich, nachdem wir die Moderne absolviert haben, als etwas Fremdes und Unverständliches erlebt wird.

Die Aufführung der Maske im Theater bringt das Gesicht gleich in einen doppelten Zusammenhang, der mit dem antiken Maskenbrauch eröffnet wird und im Theater der Neuzeit eine uns wohlbekannte und doch unerwartete Wendung erfährt. Denn die Maske kehrt in der Neuzeit nicht mehr auf die Bühne zurück, sondern das Gesicht des Schauspielers übernimmt die Bühnenrollen der Maske und wird dabei zum Modell der gesellschaftlichen Maske (am Hof und dann im Bürgertum). Die Neuauflage der antiken Physiognomik als einer vermeintlich zuverlässigen Gesichtskunde, die ihren Höhepunkt in Lavaters Schriften erreichte, hinterließ eine Enttäuschung, welche erst die Schädelkunde und dann die Hirnforschung als wissenschaftliche Erben der Physiognomik auf den Weg brachte, wobei sich der Blick vom Gesicht abwandte, um ein Organ (und nicht mehr den Charakter) des Menschen zu erforschen. Schließlich war das Gesicht so sehr in den Schatten der Aufmerksamkeit geraten, dass ein neuer Kult der Totenmaske als des wahren Gesichts die moderne Gesichtsnostalgie auf sich zog. Am Vorabend dieser Stimmung schrieb Rilke nach dem Erlebnis der Großstadt Paris gar einen Abgesang auf das Gesicht.

Der zweite Teil beginnt mit der wohl unerwarteten These, dass andere Kulturen die Maske besitzen, während die Europäer an deren Stelle das Porträt entwickelt haben. Die Repräsentation des Gesichts (ob als Stellvertretung oder Erinnerung) wurde an ein stummes Bild delegiert, welches zwar das Gesicht überlebt, aber dessen Leben nicht einholt. Eine solche Ansicht des Porträts steht im Widerspruch zu der begeisterten Akzeptanz des abgebildeten Gesichts als echt und lebensähnlich, die alle Würdigungen des Porträts wie ein Cantus firmus durchzieht. Aber diese Ähnlichkeit war an eine tote Oberfläche gebunden, gegen welche sich die Künstler im Selbstporträt zur Wehr gesetzt haben. Plötzlich wurde ihnen mit Schrecken bewusst, dass sie im eigenen Gesicht nicht ihr Selbst darstellen konnten, das sie im Leben besaßen. Deshalb verdichten sich die Maskenprobleme im Selbstporträt wie in einem Brennpunkt. Auch in der Darstellung seiner Freunde und Modelle führte der Maler Francis Bacon einen lebenslangen Kampf, um die stumme Maske zu entfesseln und das mimische Leben anstelle bloßer Ähnlichkeit mit Gewalt zurückzuholen.

In seinem großen Buch über das europäische Porträt hat Andreas Beyer das Thema bis an die Grenzen der Kunst geführt. Aber auch er hat feststellen müssen, dass es zu keiner Theorie des Porträts gekommen ist, die diesem Begriff gerecht wird.[20] Georges Didi-Huberman wiederum wechselt das Thema, indem er das in sich widersprüchliche «Porträt» von Namenlosen, ja von Massen analysiert, in dem sich das Volk darstellt und zugleich der Darstellung entzieht.[21] Auch jene Menschen stellen zwangsläufig ihr Gesicht zur Schau, die entweder im nächsten Augenblick wieder verschwinden oder an der Schwelle des Todes dabei sind, ihr Gesicht für immer zu verlieren. Diese Doppeldeutigkeit von Erscheinen und Verschwinden zeichnet eine Serie von uralten Gesichtern *(faces)* aus, die der Fotograf Philippe Bazin in den 1980er Jahren aufgenommen hat. Während solche Gesichter ihre Geschichte bereits hinter sich haben, hat diese Geschichte bei Neugeborenen, die Bazin in einer späteren Serie dargestellt hat, noch gar nicht begonnen und ist deswegen ihrem Gesicht noch nicht abzulesen. Nur im Bild bleiben das künftige und das einstige Gesicht festgehalten.[22]

Die Asymmetrie zwischen dem Gesicht und seinen Abbildungen erweist sich schon darin, dass Gesichter auf Porträts nicht altern können und doch mit dem Medium altern, das als Gemälde Staub auf sich sammelt oder als Fotografie vergilbt. Auch wenn ein Bild vom lebenden Gesicht abgenommen oder abgelichtet wird, so fängt es nicht das Leben ein, sondern raubt ihm die Zeit, in der das Gesicht schon im Moment der Wiedergabe nur noch im Rückblick betrachtet werden kann. Oscar Wilde hat dieses Verhältnis zwischen Bild und Leben in die unvergessliche Parabel seiner Erzählung vom «Bildnis des Dorian Gray» gekleidet, indem er durch eine Umkehrung von Bild und Leben die Paradoxie an den Tag brachte, die zwischen ihnen besteht. Durch einen infernalischen Pakt über Dorian Grays Unsterblichkeit kommt es dazu, dass nur das Bildnis mit der Zeit altert, während das Gesicht lebenslang seine Jugend behält. Deswegen muss der Lebemann sein Bildnis verstecken, weil es eine unerwünschte Maske der Wahrheit geworden ist, während sich sein eigenes Gesicht in eine Maske verwandelt hat, welche die Lebenszeit leugnet. Schon Peter von Matt hat in seiner «Literaturgeschichte des menschlichen Gesichts» einen Exkurs zur «grundsätzlichen Unbeschreibbarkeit des menschlichen Gesichts» eingefügt, der natürlich der Literatur gilt und der Wortbeschreibung, der aber ebenso für die Bilder gelten muss, obwohl diese eine engere Beziehung zum Gesicht zu besitzen scheinen.

Auch die Fotografie, welche die lange gesuchte Garantie von Ähnlichkeit geliefert hatte, wurde schon bald von einer Enttäuschung eingeholt, weil sie nur die Zeit konservierte, in der sie entstand. Deshalb versprachen die Techniken der Live-Bilder, ob im Kino, im Fernsehen oder im privaten Video, eine Flucht aus der Fotografie als Maske. Jedoch führen sie eine neue Barriere ein, denn die Aufzeichnung mit der Kamera ist immer schon geschehen, wenn die Bilder auf einen Bildschirm übertragen werden. Im Übrigen hat sich die Lebensdauer der neuen Techniken gegenüber der alten Fotografie dramatisch verkürzt, und es werden stets andere Methoden der Konservierung erforderlich, um das Verfallsdatum zu verlängern. So ist ein interner Kreislauf zwischen Reproduktion und Reproduktion in Gang gekommen, um das flüchtige Gesicht in den Bildern zu speichern.

Das Zeitalter der Massenmedien – das Thema im dritten Teil – hat eine schrankenlose Produktion von Gesichtern entfesselt und mit dem Bilddruck oder dem Hollywood-Film einen neuen Gesichtskult begründet. Thomas Macho nennt diese öffentlichen Gesichter «Vorbilder» nicht in einem ethischen oder sozialen Sinne, sondern in dem Sinne, dass wir sie immer schon vorfinden, ohne sie gewollt zu haben.[23] Die «prominenten Gesichter» sind jetzt Medienprodukte geworden. Sie wenden sich, statt an einen einzelnen Betrachter, an eine anonyme Masse, die in ihnen gleichsam ihr eigenes, kollektives Gesicht wiederzufinden sucht. Zugleich hat die moderne Großstadt das «Archiv» zur polizeilichen Erfassung von Gesichtern notwendig gemacht, die sich so leicht in der Masse verflüchtigten (S. 234). Das prominente Gesicht dagegen konnte sich zum stereotypen Klischee entleeren und dennoch, oder deswegen, seinen Siegeszug in der Öffentlichkeit

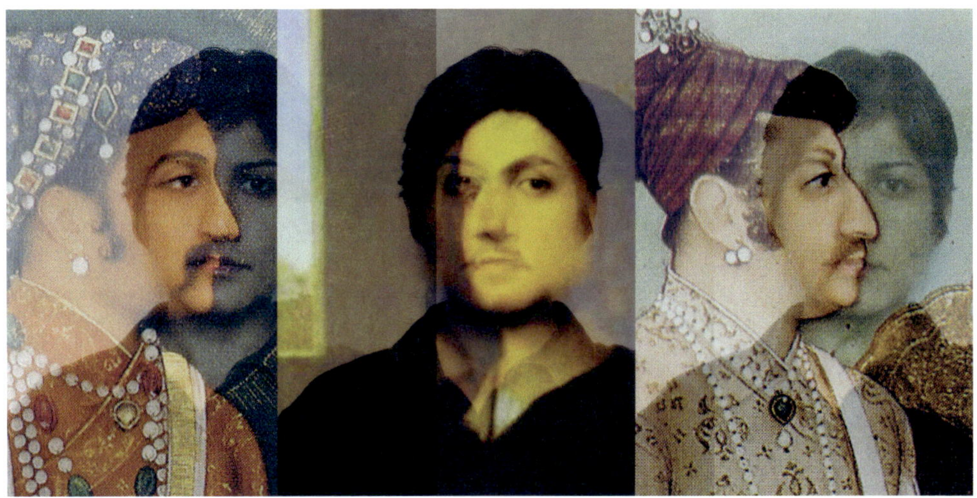

Abb. 1
Nusra Latif Qureshi, Did You Come Here to Find History?, 2009

antreten. So bot das Bildmagazin «Life» in den 1930er Jahren seinen Lesern alle jene *faces* zum Konsum an, die im Takt der Zeit ins Rampenlicht traten (S. 216).

Das Filmgesicht hat eine eigene, wechselvolle Geschichte hinter sich gebracht, die den Gegenstand von zahlreichen Untersuchungen bildet.[24] Dabei steht die Großaufnahme des Gesichts im Mittelpunkt, die wiederum an die Filmtechnik der Montage gebunden ist. In diesem Zusammenhang hat man durch den Film neue Erkenntnisse über die Lesbarkeit oder Opazität des Gesichtsausdrucks gewonnen. Im «Kuleschow-Effekt» zeigte sich, dass der Ausdruck eines Gesichts der gleiche bleiben kann und dennoch je nach der Einstellung, in der er erscheint, ganz verschieden gedeutet wird (S. 263). In Ingmar Bergmans Film «Persona», der einen alten Begriff für die Maske im Titel trägt, ist das Gesicht nicht nur Motiv und Technik, sondern das eigentliche Thema, das sich im Dialog zwischen zwei «ähnlichen Gesichtern», einem redenden und einem stummen, entfaltet (S. 265 ff.).

Maos Gesicht bildet den Spiegel von zwei grundverschiedenen Gesellschaften, die heute die erste Rolle in der globalen Welt spielen. In China wurde es als das einzige offizielle Gesicht in mehreren Etappen so zielgenau politisiert, dass es zum Symbol für Volk und Partei werden konnte und der gesichtslosen Masse eine kollektive Identität bot. In den USA trat es mit Verspätung in den Kreislauf der bunten Mediengesichter ein, wobei ihm die Vermarktung in der Kunstszene eine neue Karriere als superteures Anlageprojekt eröffnete (S. 283). In beiden Fällen lieferte das gleiche Gesicht eine Schablone, auf welche zwei Systeme ihr Weltbild projizierten. Heute kommt es in einem dritten Stadium seiner Geschichte zu dem Paradox, dass es als amerikanisches Pop-Idol in die chinesische Gegenwartskunst eindringt und dort auf die immer noch produzierte Staatsikone trifft.

7.

In einem Ausblick verlassen wir hier den Inhalt des Buches, und doch bleiben wir im gleichen Thema, um es wenigstens im Ansatz auch einmal in anderen Kulturen aufzusuchen. Eine Kulturgeschichte des Gesichts lässt sich, das sei noch einmal wiederholt, nicht auf den europäischen Raum beschränken, auch wenn die meisten Diskurse allein den geografischen Raum und den Zeitraum der Moderne als Stoff gelten lassen. Nur in einer komparatistischen Untersuchung, wie ich sie in einem anderen Zusammenhang versucht habe, lässt sich diese Beschränkung auf die eigene Kultur überwinden.[25] Dann trifft man auf einen Blick von außen, der die lokale Eigenart der eigenen Kultur zu erkennen gibt. Im Falle des Gesichts hat dafür die Maskenforschung der Ethnologie die Weichen gestellt. Im Rahmen dieses Buches können die folgenden Beispiele nur Stichworte dafür liefern, wie eine transkulturelle Geschichte des Gesichts aussehen müsste.

So ist der Schleier in Ländern mit islamischer Religion das Zeugnis für eine andere Gesichtskultur. Aber zu frisch ist noch die Erinnerung an das Regime der Taliban, die in Afghanistan den Ganzkörperschleier der Frau, die Burka, mit Gewalt durchsetzen wollten. Diese Situation hat auch die Pressefotos aus dieser Zeit geprägt, wie ein Beispiel zeigt, das Santiago Lyon am 13. November 1996 in Kabul vor einer Rote-Kreuz-Station aufgenommen hat, wo Hilfsgüter verteilt wurden (Abb. 2). Hier drängt sich das Gesicht eines Mädchens, das noch nicht zum Schleier gezwungen war oder sich in einem unbewachten Moment darüber hinwegsetzte, mit gehetztem Blick hinter den anderen Frauen vor, deren Gesichter für uns unsichtbar bleiben. Nur die Hände, die den Schleier an den Körper drücken, deuten darauf hin, dass sich die Frauen hinter dem Sichtfenster ihrer Burka Gehör verschafft haben.

Das Bild löst durch den Kontrast zwischen dem freien Gesicht und den eingeschlossenen Gesichtern hinter den Schleiern einen Schock aus. In der Tat ist der Schleier, vor allem seit der Diskussion um das Verschleierungsverbot in Frank-

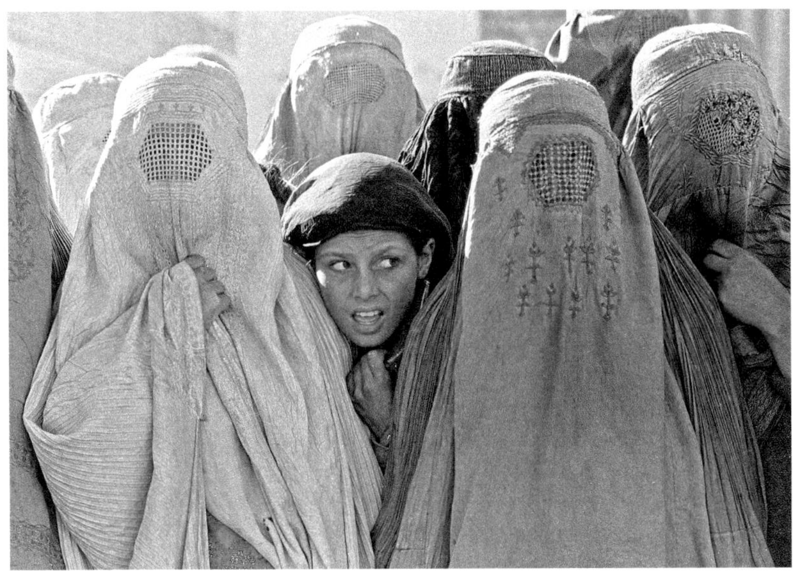

Abb. 2
Santiago Lyon,
Frauen in Kabul,
13.11.1996, Fotografie

reich, zu einem Politikum geworden, denn er ist für die eine Seite ein Symbol der Unterdrückung und für die andere ein Symbol von Identität. Ein dritter Weg eröffnet sich in den Texten zu einer Londoner Ausstellung, deren Thema der Schleier war.[26] In diesem Band erinnert der Filmtheoretiker Hamid Naficy daran, dass die Blickregelung der Geschlechter nicht auf den Schleier beschränkt war, sondern beispielsweise im postrevolutionären Film Irans auch den abgewandten oder direkten Blick der Frau betraf.[27] Auch der Schleier bringt das Gesicht gleich doppelt ins Spiel, einmal im *Blick auf das weibliche Gesicht*, das sich durch den Schleier vor der Belästigung durch gewaltbereite Männer schützen will, und ebenso im *Blick des weiblichen Gesichts*, das hinter dem Schleier eine eigene Freiheit gewinnt. Ebenso wie Maske und Schminke gehörte auch der Schleier in seinen variablen Spielregeln von Enthüllung und Verhüllung in der Geschichte immer wieder zur Inszenierung des Gesichts.

Die Suche nach der eigenen Identität in einer von kulturellen Schranken behinderten Welt bringt ein Werk ins Spiel, das die pakistanische Künstlerin Nusra Latif Qureshi 2009 für die Biennale in Venedig geschaffen hat (Abb. 1).[28] Auf einem nahezu neun Meter langen, transparenten Filmstreifen mit Digitalprints überblendete sie ihr eigenes Passbild als Symbol einer amtlich registrierten Identität etwa zwanzig Mal entweder mit farbigen Profilbildern von Herrschern der Mogulzeit aus der indischen Buchmalerei, in der sie selbst künstlerisch ausgebildet worden war, oder alternativ mit Porträts aus der Renaissance-Malerei Venedigs, als des Ortes der Ausstellung. Den Schlüssel zur Logik dieser doppelten Inszenierung lieferte der Titel des Werks, in dem die Künstlerin den Betrachter mit der Frage provoziert: «Sind Sie nur hergekommen, um Geschichte zu finden?» («Did You Come Here to Find History?»). Darin liegt der postkoloniale Verdacht, das Publikum würde nur die Stereotypen von kultureller Differenz suchen, während es sich selbst keineswegs mit Renaissance-Porträts identifizieren lassen wollte.

In diesem Werk bildet die Übereinanderschichtung von Gesichtern gleichsam einen Palimpsest, und Geschichte löst sich in eine fragwürdige und selbst schon historisch gewordene lokale Geschichtsbildung auf. Die Porträts reproduzieren eine doppelte Kunstgeschichte und erweisen sich dabei als kollektive Muster einer Gesichtskultur, die ihren eigenen, einheimischen Kanon abbildet. Auch für den Betrachter ist jede «Geschichte des Gesichts» gleichsam in einer Ahnengalerie präsent, aus der heraus er einen Blick auf andere, fremde Kulturen wirft. So entsteht in dieser Arbeit eine merkwürdige Metamorphose des Blicks, wenn die Künstlerin heimlich mit den Augen eines venezianischen Porträts auf uns blickt und dabei kulturelle Grenzen durchbricht. Geschichte wird auf diese Weise plötzlich transparent. In einer neuen, weltoffenen Gegenwart halten sich die kulturellen Klischees, die wir als Bilder ererbt haben, gegenseitig in Schach, wenn sie im Hintergrund den Blick der lebenden Künstlerin freigeben.

Das dritte und letzte Beispiel, das wieder in die Vergangenheit zurückführt, liefert ein beredtes Zeugnis für die Komplexität im Umgang der Kulturen mit dem Gesicht. Es ist erst in den letzten Jahren im Kunsthandel aufgetaucht und darf als das älteste (und wohl für lange Zeit einzige), natürlich nur in der europäischen Kultur mögliche Porträt eines freigelassenen Sklaven aus Afrika gelten (Abb. 3).[29] Die Rede ist von dem Porträt des Ayuba Suleiman Diallo (1701–1773), das im Jahr 1733 in London gemalt und dem Modell gegen dessen erbitterten Widerstand geradezu aufgezwungen wurde. Sein Gegenstück ist die Biografie, welche Thomas Bluett von dem «afrikanischen Gentleman» (der Autor nannte ihn Job Ben Solomon) verfasst hat, um ihm in Bild und Wort jene Identität als Person zu verleihen, die in der Zeit der Aufklärung unverzichtbar geworden war.[30] In dieser Beschreibung eröffnet sich ein abenteuerliches Leben, das in der Geschichte der Sklaverei als einzigartig gelten kann.

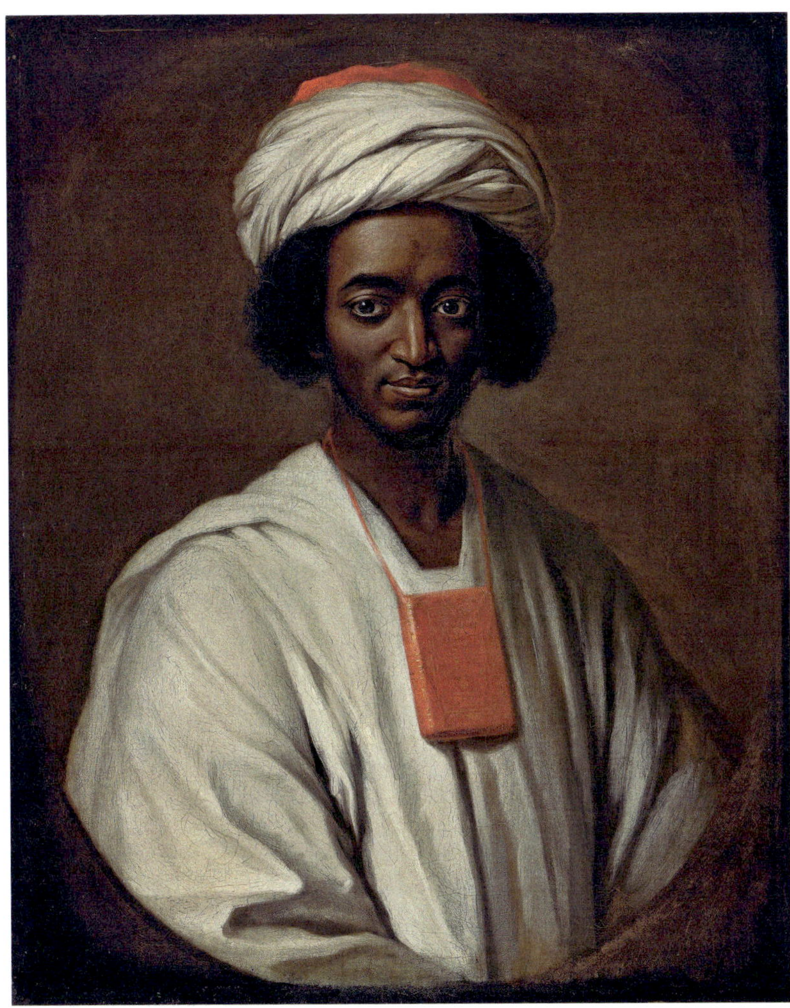

Abb. 3
William Hoare of Bath, Porträt des Freigelassenen Ayuba Suleiman Diallo, 1733, Qatar Museums

Suleiman war von vornehmer Abkunft und in dem ehemaligen Königreich Bonda auf dem Boden des heutigen Senegal in Westafrika geboren worden, wo er als guter Muslim in der arabischen Schrift des Korans ausgebildet wurde. Auf einer Reise zu einem englischen Schiff, das im Fluss Gambia vor Anker lag, wurde er 1730 von Angehörigen des feindlichen Stamms der Mandingo gekidnappt, kahl geschoren und dem englischen Kapitän, bei dem er selbst Sklaven gegen Papier hatte eintauschen wollen, als Sklave verkauft. So kam er in eine Plantage bei Annapolis in Maryland, wo ihn sein späterer Biograf nach einem Fluchtversuch aufstöberte. Nach unendlich vielen Verwicklungen, bei denen es immer um das erforderliche Lösegeld ging, brachte man ihn nach England und führte ihn in die vornehme Gesellschaft ein. Hier wurde er als exotische Sensation bestaunt und selbst mit Sir Hans Sloane, einem Gründervater des British Museum, bekannt. Aber erst als das Lösegeld durch eine öffentliche Sammlung aufgebracht worden war, konnte er 1734 seine Freiheit wiedererlangen und in die Heimat reisen. Die Royal African Company, die sich davon bessere Handelsbeziehungen versprach, leiste hierbei die Vermittlung.

Der Biograf berichtet auch von dem Porträt, das William Hoare im Auftrag eines Gönners von Job/Suleiman malte.[31] Als guter Muslim war dieser ein erklärter Feind aller Bilder und also auch des Porträts. Schließlich willigte er ein, nachdem man ihm erklärt hatte, man wolle ihn doch nur auf diese Weise in Erinnerung behalten. Als das Gesicht fertig war, fragte ihn der Maler nach der gewünschten Kleidung, und er bestand auf seiner heimatlichen Kluft, die der Maler aber nicht kannte, worauf Suleiman antwortete, Hoare würde ja auch Gott malen, den noch niemand gesehen hat. Auf dem Porträt scheint er die heimatliche Kleidung in Seide zu tragen, die man nach seinen Anweisungen bei einem Londoner Schneider hatte anfertigen lassen. Sie mag ihm als kollektives Zeichen seiner sozialen und religiösen Identität gegolten haben, wie es sein bloßes Gesicht nicht sein konnte. Deshalb scheint er auch ein Koran-Amulett um den Hals zu tragen, denn schließlich war es ebenso seine Religion wie seine Schriftkundigkeit, die ihm zur Freiheit verholfen hatte. Letztendlich hat ihm das Porträt jedoch nicht seine kulturelle Einbürgerung gebracht, denn es stellte ihn doch nur als exotisches Subjekt und also mit all dem dar, was man heute «otherness» oder «Differenz» nennt.

I. Gesicht und Maske in wechselnden Ansichten

1. Mimik, Masken des Selbst und Rollen des Gesichts[1]

Die mimische Leistung des lebenden Gesichts besteht ebenso im Zeigen und Offenbaren wie im Verbergen und Täuschen. Dasselbe Gesicht drückt Wahres und Falsches aus: Einmal scheint uns jemand im Gesicht lebhaft sein «Inneres» zu enthüllen, ein andermal verbirgt er sich mit einem verschlossenen Gesicht wie hinter einer leblosen Maske. Im Leben verändert die Mimik das Gesicht, das wir *haben*, zu dem Gesicht, das wir *machen*. Sie löst ein Perpetuum mobile vieler Gesichter aus, die sich alle als Masken verstehen lassen, wenn wir den Maskenbegriff erweitern. In diesem Sinne ist das *Maskengesicht* als Begriff doppeldeutig, denn es ist nicht nur ein Gesicht, das einer Maske gleicht, sondern auch ein Gesicht, das seine eigenen Masken erzeugt, wenn wir auf andere Gesichter reagieren oder einwirken. Wir können also auch im mimischen Schauspiel von Masken sprechen.

Die *Gesichtsmaske* dagegen ist eine Kunstmaske, die für das Gesicht nur einen einzigen Ausdruck besitzt, den sie fixiert. Gerade in diesem Mangel liegt ihre paradoxe Überlegenheit gegenüber unseren veränderlichen und unsteten Gesichtern. Sie fasziniert und irritiert uns gleichermaßen, weil sie sich dem sozialen Austausch mit anderen Gesichtern entzieht. Die Gesichtsmaske, die ein Gesicht nur abbildet, verwandelt es zu einem symbolischen Gesicht. Ein Beispiel dafür konnte man im Jahre 1995 bei einer Bühnenfassung der Novelle «Averroes auf der Suche» von Jorge Luis Borges erleben, als Edith Clever, die alleine auftrat, in der Berliner Schaubühne eine Stunde lang wechselnde Masken trug. Als sie endlich ohne Maske erschien, da schrumpfte das Pathos der Distanz, das jede Kunstmaske erzeugt, und ihr eigenes, mimisch bewegtes Gesicht löste eine gewisse Enttäuschung aus.

«Gesicht» und «Maske» werden im Weiteren nur als operative Begriffe benutzt, was heißt, dass sie keine feststehende Bedeutung haben, sondern für die Unschärfe zwischen Gesicht und Maske stehen. Doch erzeugt jeder Versuch, in ihnen ein gemeinsames Thema zu sehen, einen geradezu reflexartigen Widerspruch. Er kommt aus einer modernen Denktradition, die das «echte Gesicht» idealisiert und in der Maske nur Täuschung und den unechten Ausdruck sehen will. Die Tendenz, Gesicht und Maske als wahr und falsch zu unterscheiden, ist eine Option, die wir kulturell eingeübt haben.[2] Dabei spielt auch die Körperferne in unserem Bildbegriff eine Rolle, denn dieser weist Bildlichkeit allein der Maske zu und übersieht die Bilder, die im Gesicht entstehen.[3] Die Etymologie des deutschen Worts «Gesicht» lässt aber erkennen, dass ein *Ge-sicht* jenes ist, das vom Betrachter *gesehen wird*, ähnlich wie es auch für den altgriechischen Begriff *pros-opon* gilt, der übrigens ebenso das Gesicht wie die Maske bezeichnete (S. 65). Die Wortgeschichte hat begonnen mit dem Gesicht, das andere sehen.[4] Dabei wollen sie sich vom Gesicht, indem sie seinen Ausdruck «ablesen», «ein Bild machen», obwohl sie wissen, dass Bilder täuschen können.

Unsere Gesichter können sich jederzeit in Masken verwandeln oder verschließen. Diese Verwandlung ist eine natürliche Fähigkeit, die in unserer Mimik und Stimme angelegt ist. Schon deswegen lassen sich Gesicht und Maske nicht auf einen Gegensatz reduzieren. Es ist gerade die Unschärfe zwischen ihnen, die in einer Geschichte des Gesichts bald zutage tritt. Erst das Gesicht verwandelt, auf andere Weise als eine Maske, den Körper in ein Bild. Dieser wird durch Gesicht und Geste als Bild wahrgenommen. Unsere Gesichter erwachen sofort zu Bildern, wenn wir blicken und sprechen. Mit dem Gesicht setzen wir uns in Szene, wie man im Deutschen sagen kann. Wir kommunizieren und repräsentieren uns selbst mit dem Gesicht. Dieses ist mehr als ein Körperteil, denn es agiert als Stellvertreter oder Pars pro toto des ganzen Körpers.

Gesicht und Maske lassen sich beide als Bild verstehen, das auf einer Oberfläche erscheint, ob auf der natürlichen Haut oder auf einer Nachahmung aus leblosem Material. Gesichter bezeugen am Körper einen Ursinn des Bildes. Unsere Körper erwerben gerade durch das Gesicht eine ikonische Qualität. Der Gebrauch der Kunstmaske ist dagegen, anders als das Gesicht, an einen fremden Körper gebunden, der als Träger fungiert. Das Trägergesicht muss unsichtbar werden, um der Maske eine körperliche Ganzheit zu leihen. Gesicht und Maske treten wechselseitig füreinander ein. Die *Maske auf dem Gesicht* und das *Gesicht am Körper* stehen, um es noch einmal zu sagen, letztlich nicht im Gegensatz, sondern in jenem Zusammenhang, der Natur und Kultur miteinander verbindet. Als Bilder unterliegen sie beide den unausweichlichen Zwängen, die für jede Repräsentation gelten.

Eine Kunstmaske tritt zum Beispiel im Kult an die Stelle des echten Gesichts. Dabei legt sie den bewegten, veränderlichen Gesichtsausdruck still und verwandelt ihn in einen absoluten Ausdruck. Die Halbmaske, die einen Teil des Gesichts frei sichtbar lässt, beweist den fließenden Übergang zwischen Gesicht und Maske. Die rituelle Maske verstärkte nur die exklusive Rolle, die das Gesicht für den Körper besitzt. Trat sie an die Stelle des echten Gesichts, indem sie dieses verdeckte, so gab sie dem Maskenträger ein neues Gesicht, das jemand anderen darstellte, der vom Trägerkörper Besitz ergriff. Selbst wenn wir das Spiel durchschauen, lassen wir uns noch immer von einer solchen Symbiose von Kunstgesicht und Körper faszinieren. Die künstliche Maske ist zwar das *Bild*, aber sie ist keine *Abbildung* eines realen Gesichts, sondern ein symbolisches Gesicht. Man könnte sie als *Exkarnation* des Gesichts bezeichnen in dem Sinne, dass sie ein Gesicht «entkörperlicht», um jemand anderen zu «verkörpern». Umgekehrt kann man von einer *Inkarnation* von wechselnden Masken sprechen, die unser Gesicht fortwährend im mimischen Ausdruck entstehen lässt.

Wir sind nicht auf ein künstliches Zweitgesicht angewiesen, sondern erzeugen Masken mit dem eigenen Gesicht, indem wir dieses erstarren lassen oder verstellen. Dann sprechen wir in einem metaphorischen Sinne von Maske. In diesem Sprachgebrauch erweist sich der gemeinsame Bildcharakter von Gesicht und Maske: Das eine Bild verwandelt sich in ein anderes. Erst seit der Aufklärung sind wir gewohnt, diesen gemeinsamen Bildcharakter zu leugnen und Gesicht und Maske als Gegensatz zu sehen: das Gesicht als *Bild des Ich* und die Maske als *Fälschung des Ich*. Die Rede von einem «nackten Gesicht» beweist aber, dass man dem Gesicht unsichtbare Masken entreißen kann. Es sind dann Masken der Verstellung anstelle von Masken im Selbstausdruck. Wer «sein Gesicht verliert», hat die Glaubwürdigkeit verwirkt und die Kontrolle über sein Gesicht verloren. Auch das Gesicht hat Rollen, die es spielen soll. Als Charaktergesicht ist es eine Rollenmaske.

Nietzsche hat einmal für die Maske im Gesicht ebenso wie in der Rede eine Lanze gebrochen, als er die Notwendigkeit postulierte, sich hinter eine Maske zurückzuziehen, um sich nicht zu veräußerlichen. Jemand, «der aus Instinkt das Reden zum Schweigen und Verschweigen braucht (...), *will* es und fördert es, dass eine Maske von ihm an seiner Statt in den Herzen und Köpfen seiner Freunde herum wandelt. Und, gesetzt, er will es nicht, so werden ihm eines Tages die Augen darüber aufgehen, dass es trotzdem dort eine Maske von ihm gibt – und dass es gut so ist. Jeder tiefe Geist braucht eine Maske: mehr noch, um jeden tiefen Geist wächst fortwährend eine Maske, dank der beständig falschen, nämlich *flachen* Auslegung jedes Wortes, jedes Schrittes, jedes Lebens-Zeichens, das er (von sich) gibt».[5] Das ist eine moderne Absage an das Rollenspiel, das er paradoxerweise dennoch für notwendig hält, um bei sich zu bleiben und die eigene Subjektivität zu schützen. In dieser Sicht ist das Gesicht geradewegs dazu bestimmt, eine Maske nicht nur zu tragen, sondern zu sein.

Um den Wechselbezug von Gesicht und Maske zu untersuchen, eignet sich der Sonderfall des Porträts, dem der zentrale Teil dieses Buchs gewidmet ist (S. 118–136). Das Porträt ist das Bild eines Bildes, denn es bildet ein Gesicht ab, das seinerseits ein Bild unserer selbst ist. Das *Bildnis* ist als Begriff ebenso auf das Gesicht *(Bild)* wie auf ein Ding, das Bild vom Gesicht, gebracht. Die europäische Kultur hat im neuzeitlichen Porträt eine Maske erfunden, die im Kulturvergleich einzigartig ist. Porträts verwandeln das Gesicht, das sie darstellen, zwangsläufig in eine Maske, die immer Abstand zum echten Gesicht hält, weil sie Ersatz für das Gesicht ist. Was in alten Kulturen Masken waren, das sind in der europäischen Neuzeit Porträts geworden. Bei ihnen steht die Bedeutung als Erinnerungsbild an eine reale Person und an ein echtes Gesicht im Vordergrund, doch werden zu diesem Zweck Konventionen verwandt, die zeitlichem Wechsel unterliegen. Aber das Porträt ist nicht nur *Gesicht*, sondern auch *Medium für ein Gesicht*, zum Beispiel als Tafelbild, das als ein transportables Objekt mobil gehandhabt wurde und dadurch körperähnlich war. Daher eignete es sich auch zur Repräsentation einer Person in juridischem Sinne, was wir vor Fotos in Amtsstuben noch nachvollziehen können. Gemalte Porträts leben als Erinnerungsgesichter in paradoxer Weise von der Abwesenheit der Person, die sie doch präsent machen. Damit sind sie ein Kronbeispiel der Vergegenständlichung, die einen Wesenszug der europäischen Erinnerungskultur darstellt. Erst in der Ära der Fotografie kam das Porträt in jedermanns Hand und wurde vervielfältigt und wiederholbar. Dennoch blieb es in der analogen «Ablichtung» ein Akt von Vergegenständlichung, die statt lebendiger Erfahrung und Anschauung ein Objekt, den Fotoabzug, erzeugt (S. 193).

Ernst H. Gombrich war in der Studie zu «Maske und Gesicht» allein an der physiognomischen Wahrnehmung interessiert. Wenn er schreibt, dass wir «zuerst eine Maske (sehen), bevor wir das Gesicht erkennen», meint er in physiognomischem Sinne ein individuelles Gesicht und nicht die Maske, die ein Gesicht von sich produziert. Ähnlichkeit könne nur gelingen, wenn der Blick des Malers zu einer «Einfühlung» fähig sei, welche physiognomische Erfahrung erst möglich macht.[6] Die Maske, von der Gombrich spricht, ist gerade nicht das mimische Gesicht, von dem hier die Rede ist. Damit ist ein Gesicht gemeint, das ständig Masken produziert und sich also schwerlich auf ein «echtes Gesicht» zurückführen lässt. Ein weiterer Unterschied liegt darin, dass Gombrich hinter der Maske nach dem wahren Gesicht sucht, während doch im Porträt als Gattung die unvermeidbare Maske entsteht, die nie zu einem lebendigen Gesicht wird.

Gombrichs Suche nach der Wahrnehmung beginnt jedoch schon mit der Frage, *worin* Ähnlichkeit in einem Gesicht besteht oder *wie* sie zustande kommt. Inzwischen wissen wir, dass für die physiognomische Wiedererkennung eine bestimmte Region des Gehirns verantwortlich ist, die bei einigen Patienten ausfallen kann. Doch beschränkt sich das Problem der Ähnlichkeit nicht auf die bloße Wiedererkennbarkeit. Diese ist ohnehin größer in der Stimme als im Gesicht. Hören wir eine Stimme am Telefon oder auf einem Tonband, so erkennen wir eine Person sicherer und deutlicher als im Gesicht, das im Lebensalter wechselt. Nicht umsonst versichern wir Bekannten, die wir nach langer Zeit wiedersehen, sie hätten sich (im Gesicht) gar nicht verändert, weil wir davon überrascht werden, dass sich ihr Gesicht im Leben so wenig gewandelt hat.

Die mimische Maske, von der im Folgenden die Rede ist, endet im Tod, wenn sie zu einer leblosen Maske erstarrt, die wir als «leer» empfinden, weil niemand mehr da ist, der darin lebt. Deshalb verehren wir die sogenannte Totenmaske aus Gips oder Ton gerade nicht als Bild einer Leiche, von der sie doch abgenommen wird, sondern im Gegenteil als Bild des «wahren» Gesichts. Sie versammelt in unserer Wahrnehmung die Summe aller verschiedenen Gesichter eines Lebens in einem einzigen Ausdruck, der erst entsteht, wenn das Spiel der Mimik geendet hat. So konnte denn die «Totenmaske» zu einem Ausstellungsobjekt werden, das die Nostalgie für das Gesicht auf sich zog, weil sie einen Ausdruck hat, den wir dem Leben nicht mehr zutrauen. Sie ist, wie vieles andere in unserer Kultur, vergegenständlicht und zur Anschauung stillgelegt (S. 99). Deshalb fordert sie dazu auf, das Gesicht in einer Maske der Erinnerung an das, was es einmal war, zu verehren.

Belebt sich das Gesicht in Mimik, Blick oder Sprache, so wird es zum Ort vieler Bilder. Daraus ergibt sich, dass das Gesicht nicht nur *Bild ist*, sondern auch *Bilder erzeugt.* Seine Erscheinung wechselt rasch zwischen passiv und aktiv, zwischen

Bild und Bildträger. Im Gesichtsausdruck und in der Gesichtsarbeit liegt ein sozial eingeübter Verhaltenscodex, in dem sich die Kulturen signifikant unterscheiden. Die Ambivalenz von Präsenz und Absenz liegt ohnehin im Bildbegriff, denn Bilder zeigen etwas, das nicht da ist. Diese Ambivalenz ist wohl im Schauspiel des Gesichts einmal eröffnet worden, das ein doppeltes Schauspiel ist. Zwar ist das Gesicht als Träger immer präsent, doch wechselt der Ausdruck so, dass wir einmal darin die Präsenz einer Person finden und im nächsten Augenblick deren Absenz erleben, wenn sie sich gleichsam aus dem Gesicht zurückzieht. Sichtbarkeit ist im Gesicht also keineswegs so eindeutig, wie es den Anschein hat. Denn sie wird vom Willen dessen gesteuert, dessen Gesicht wir vor uns haben. Er ist der Schauspieler seines eigenen Gesichts.

Körper und Gesicht nehmen wir entweder als Einheit oder als Gegensatz wahr, nämlich immer dann, wenn das Gesicht die Führung übernimmt. Diese beiden Wirkungen kommen schon dadurch zustande, dass der räumliche Abstand, als Ferne oder als Nähe des Blickpartners, die Wahrnehmung bestimmt. Unser Blick ist selbst dazu in der Lage, die Distanz, in der wir jemanden wahrnehmen, zu verlängern oder zu verkürzen. Wir ziehen einen anderen Körper in unserem Blick heran oder halten ihn umgekehrt auf Abstand. Der Blickraum ist folglich daran beteiligt, auf welche Weise und in welcher Intensität wir ein Gesicht wahrnehmen. Aus der Distanz erscheint uns ein Gesicht als Teil des ganzen Körpers. Aus der Nähe löst sich das gleiche Gesicht aus der Totalen und monopolisiert den Körper, vermittelt uns also den Eindruck des ganzen Körpers, auch wenn wir de facto nur das Gesicht sehen. In der experimentellen Psychologie, wie sie von Michael Argyle vertreten wird, ist eine solche Wahrnehmung als *gaze-distance effect* beschrieben.[7] Der Nahblick verselbständigt das Gesicht, je mehr wir darauf zugehen. Dabei wird der eigene Affekt, mit dem wir ein Gesicht betrachten, wichtiger als der Ausdruck, den wir im anderen Gesicht erleben. Es findet eine Übertragung statt in dem Sinne, dass wir ein anderes Gesicht mit unserem Ausdruck besetzen. Deswegen hat Gilles Deleuze die «Nahaufnahme» *(close-up*, wie sie im Englischen heißt) oder «Großaufnahme» *(gros plan)* im Film als Inbegriff eines «Affektbildes» beschrieben (S. 264). Und doch ist hier die Situation anders, denn der Zuschauer wird im Dunkel des Kinos, in dem ihm ein solches Gesicht entgegentritt, überwältigt und also einer Wahrnehmung beraubt, in welcher er die für seinen Blick nötige Distanz selbst bestimmen kann.

Gesicht und Maske sind im Falle des Schauspielers ein Sonderfall. Zwar sind wir auf der Bühne daran gewöhnt, dass wir sowohl den Schauspieler wahrnehmen als auch die Figur, die er spielt. Aber wir betrachten diese Ambivalenz als ein Entweder – Oder, indem wir unseren Blick entweder auf das echte oder das gespielte Gesicht, auf Gesicht oder Maske (oder die Maske als Gesicht) lenken, so als ob wir unser Auge einfach je nach eigenem Gutdünken «scharfstellen» könnten. Doch ist es ja das gleiche Gesicht, das diese Doppelrolle in ein und demselben Augenblick und mit eigenen Mitteln spielen kann. Dass es eigentlich zwei Gesichter sind, mit denen der Schauspieler auf die Bühne tritt und mit denen er einen Maskentausch vornimmt, das räumen wir erst ein, wenn er von einer Kunstmaske Gebrauch macht, die nicht sein eigenes Gesicht ist, und sie so in Händen hält, dass wir dahinter auch das gleichsam «ungespielte» Gesicht sehen können.

Ruth Wilhelmi hat im Jahr 1938 eine solche Versuchsanordnung vorgenommen und das Gesicht eines Schauspielers simultan mit einer Maske, die er vor sein Gesicht hielt, mit der Kamera eingefangen (Abb. 4). Erst durch die Trennung von Gesicht und Maske räumt die Fotografin uns die Möglichkeit ein, beides im Zusammenspiel zu beobachten. Das Foto zeigt den Schauspieler Albin Skoda als Luftgeist Ariel in Shakespeares «Sturm» in einem Augenblick, in dem er nicht nur Ariel ist, sondern als Ariel auf Geheiß Prosperos zugleich die Rolle der Göttin Iris übernimmt, also Theater im Theater spielt (S. 72).[8] Er tritt folglich in zwei Rollen auf, einmal mit dem eigenen Gesicht als Ariel und einmal mit der Maske, die im Theater Shakespeares im Allgemeinen nicht mehr im Gebrauch war, als Iris. Hinter der Maske mit ihrer starren Oberfläche erfasst die Fotografie den Schauspieler in dem Moment, in dem er den Ausdruck der Maske überlässt und sich auf sein «ungespieltes», selbstvergessenes Gesicht zurückzieht. Die ungewöhnliche Ansicht entsteht dadurch, dass er die Maske nicht im eigenen Gesicht formt, sondern sie als Artefakt vor seinen Körper hält, wie es auch der Schauspieler Gabrielli in einem alten Stich Carraccis tut (S. 75). Dadurch ist eine Metapher gelungen, welche Rollengesicht und Rollenmaske getrennt in den Blick rückt.

Baudelaire widmete eines seiner Gedichte in dem Zyklus «Les Fleurs du Mal», unter dem Titel «Die Maske», dem Bildhauer Ernest Christophe, dessen «Statue im Geschmack der Renaissance» er bewunderte. Er beschrieb diese Statue im «Salon von 1859» als eine Allegorie, die in der Vorderansicht ein «liebliches, heiteres Gesicht» zeigte, aber in der Rückenansicht eine schmerzliche Grimasse hervorkehrte. Die Moral der Geschichte ist, dass das schöne Gesicht nur eine Maske des Theaters war, «die universale Maske, Eure Maske, meine Maske *(le masque universel, votre masque, mon masque)*, ein hübscher Fächer, dessen sich eine ge-

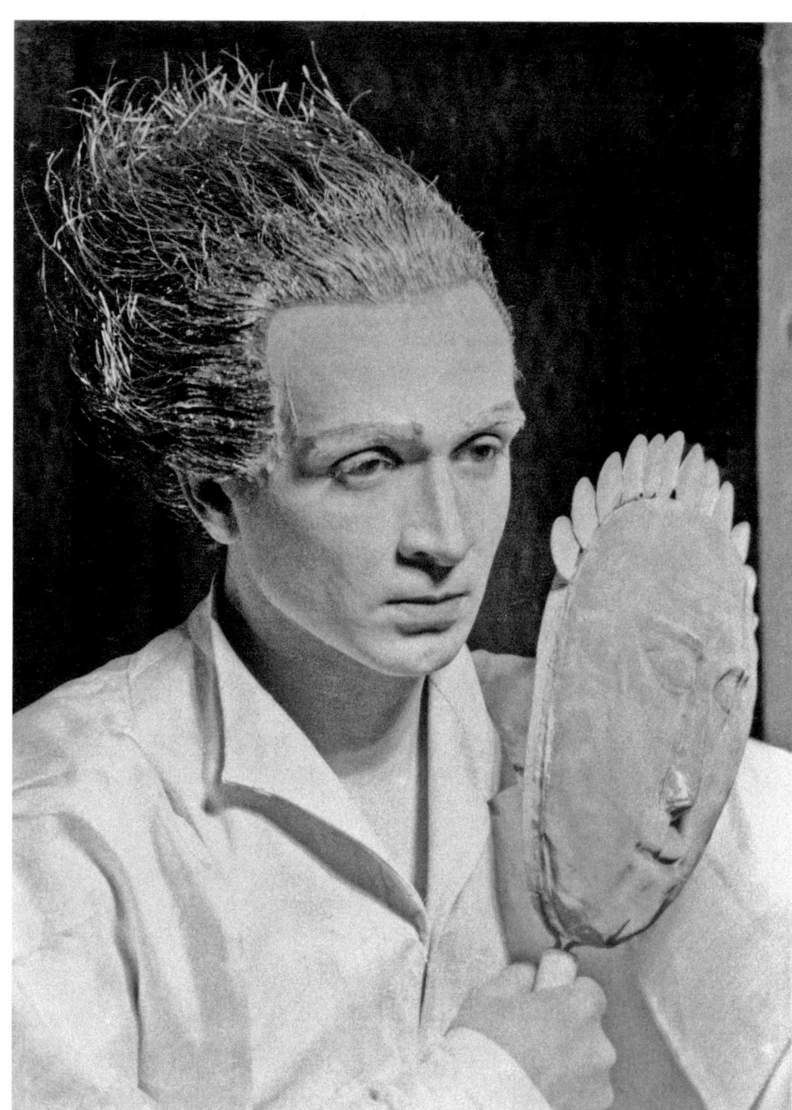

Abb. 4
Ruth Wilhemi, Albin Skoda als Ariel in Shakespeares «Sturm», Berlin, 1938, Fotografie, Deutsches Theatermuseum München, Archiv Ruth Wilhelmi

schickte Hand bedient, um vor den Augen der Welt den Schmerz und die Schuld zu verschleiern».[9] Wir stehen auf der Schwelle der Moderne, in welcher Rilke bald einen Abgesang auf das Gesicht veröffentlichen wird (S. 110).

Die Rolle. Wenn man dem Gesicht zu Leibe rücken will, endet man rasch in der Maske. Mimik und Blick stellen ein unbegrenztes Arsenal von Masken bereit. Auch die Stimme wird zur Maske, indem sie an der Gesichtsarbeit teilnimmt. Gesichter verhalten sich oft als Rollenmaske, um von der Gesellschaft akzeptiert zu werden, und spielen diejenige Rolle, die man von den Trägern erwartet. Deshalb ist auch der Ausdruck eine Handlung, die wir vollziehen. Das natürliche Gesicht ist jederzeit bereit, als Maske zu handeln, denn ein Rollengesicht bietet dem Träger soziale Identität im Schutz einer Maske.[10] Da die Maske aber als «echtes» Gesicht wirken muss, kommt es zu dem Paradox, dass Gesichter gerade ihre Verstellung verbergen. Die Rollentheorie hat in der frühen Neuzeit die Gesellschaft als ein Theater verstanden, in welchem jeder seine Rolle spielt. Diese Rollen sind Masken, die zur Bewältigung einer sozialen Situation dienen, vor allem dann, wenn es keine freie Rollenwahl gibt.[11] Dennoch neigt die Debatte um Gesicht und Maske immer wieder zu Vorstellungen moralischer Natur. Die Unterscheidung des natürlichen Gesichts von einer künstlichen Maske ruft, wie wir sahen, die ethischen Prinzipien von Wahrheit und Täuschung auf. Aber diese Prämissen halten keiner Erfahrung stand.

Der Anthropologe Helmuth Plessner zögerte lange, den Ausdruck im Gesicht mit einer echten Handlung gleichzusetzen, weil dieser einer Handlung bloß «ähnelte». So heißt es in einer frühen Arbeit, dass unsere Mimik «wie das Symbol einer Handlung wirkt».[12] Wo aber liegt der Unterschied? Das «mimische Bild», wie Plessner es mit Recht nennt, wird deutlich von der Absicht gesteuert, einen Ausdruck hervorzubringen. Die Mimik ist also eine Handlung, die mit dem Gesicht ausgeübt wird. Das Gesicht produziert Masken, wenn es «in Aktion tritt» oder sich vor seinem Gegenüber verschließt. Die Frage nach dem Ausdruck suchte Plessner in seinem Essay über den Schauspieler zu beantworten.[13] Freilich kann das Gesicht im Leben nicht so schlüssig interpretiert werden wie im Schauspiel, wo dafür ein Drehbuch existiert. Plessner spricht von einer «Doppelrolle», die der Mensch mit seinem Gesicht spielt, wenn er eine Figur und zugleich sich selbst darstellt.[14] Doch bleibt dabei die Frage nach dem «Selbst», die in der Moderne die Frage nach der Seele ablöste, unbeantwortet.[15] In der Psychoanalyse wurden das Ich und seine Maske gegen das maskenlose Unbewusste oder das «Es» angestrengt. Aber auch Begriffe sind Masken für das, was sie bezeichnen. Das Spiel ist immer besser durchschaubar, als es die Spieler sind.

Die Rollen des Ich waren ihrerseits an Verhaltensnormen einer Gesellschaft gebunden, die sich in der Neuzeit auch vor dem Spiegel fortsetzten. Dieser diente ebenso der sozialen Anpassung wie auch dem geheimen Wunsch, hier dem wahren Selbst zu begegnen. Erst aus der «Spannung zwischen beidem» entsteht, um Sabine Melchior-Bonnet zu zitieren, die Selbsterfahrung.[16] Das Selbst ist sogar vor dem Spiegel nicht mit sich allein, sondern fühlt sich im Blick von der Gesellschaft überwacht. «Das Recht, den Blick auf sich selbst zu werfen, unterlag moralischer Kontrolle.» Hier unterwarf sich der Betrachter einer Zensur, die er bereits verinnerlicht hatte. Die Anhänger von Descartes lehnten es überhaupt ab, die Suche nach dem Selbst noch dem mechanischen Spiegelbild zu überlassen. Die Subjektfessel war jedoch auch vor dem Spiegel nicht abzuwerfen. Shakespeares Richard II. zerschlägt nach seiner Abdankung den schmeichelnden Spiegel *(the flattering glass)* aus Enttäuschung darüber, dass dieser ihm immer noch das gleiche Gesicht zeigt, das er so zuversichtlich für das Bild seines königlichen Selbst gehalten hatte. Dieses hatte einst die Untertanen wie die Sonne geblendet, bevor es von einem Rivalen, der den Thron erobert hatte, gesichtslos *(outfaced)* gemacht worden war. Wütend wirft er es mit den Scherben des Spiegels weg.[17]

Der Wandel des höfischen zum bürgerlichen Gesicht wird bekanntlich von Jean-Jacques Rousseau zur Sprache gebracht, der die Natur gegen die Kunstwelt des Hofes aufrief. «Ich hasse die Masken», lässt er eine seiner Figuren sagen. «Man wagt nicht mehr so zu erscheinen, wie man ist», sondern steht «in dieser Herde, die man Gesellschaft nennt», ständig unter dem Zwang der Anpassung oder der Verstellung. Man entfremdet sich von sich selbst, wenn man in die Spiele verwickelt ist, die das Leben an den Höfen bestimmen.[18] So entstand die «Ungleichheit zwischen den Menschen», wie Rousseaus berühmter Buchtitel lautet, und diese ist wider die Natur. Doch was ist das echte Gesicht? Es genügte nicht, die Maske fallen zu lassen und ganz Mensch zu sein. Das Gesicht bedurfte wieder einer neuen Einübung, um dasjenige auszudrücken, was natürlich ist. Aber der Traum von der echten Natur des Menschen sollte sich nicht erfüllen. Doch eine Zeitlang machte der Wille, sich selbst auszudrücken, Front gegen den Zwang, eine Rolle zu spielen, die von den Höfen diktiert wurde und außerhalb der Höfe keine Rollen einzunehmen erlaubte. Der kämpferische Ruf nach dem natürlichen oder echten Gesicht diente der Befreiung von der Maske, die im höfischen Gesicht verlangt wurde.

Rousseaus Zeitgenosse Louis-Sébastien Mercier verstand sich nicht als Ankläger, sondern beschrieb den Hof als Chronist mit ironischer Distanz. Dort habe jeder sein Gesicht einstudiert, und «die Frauen alterieren ihre Physiognomie noch mehr als die Männer. Und doch verbergen alle diese Gesichter, trotz ihrer Masken *(malgré leur masques)*», die Leidenschaften nicht, die sie verzehren. Mercier konnte nicht alles beschreiben, weil er in die inneren Gemächer nie vorgelassen wurde. «Doch ist es sicher, dass man dort nur Oberflächen *(surfaces)* zu sehen bekommt und dass alle diese Persönlichkeiten bloß Figuren auf einer Tapisserie sind. Die (Gesichts-)Arbeit ist hinter der Leinwand verborgen *(le travail caché derrière la toile)*.»[19] Dieser Kommentar ist geschrieben worden, wenige Jahre bevor in der Französischen Revolution der ganz Spuk verschwand, aber nur, um einem republikanischem Pathos auf den Gesichtern zu weichen. Im Zeitalter der Aufklärung kam es zur Proklamation der universalen Menschenrechte jenseits der bestehenden Gesellschaftsordnung. Auch die Physiognomik, wie sie der Schweizer Pfarrer Lavater betrieb, kann als Kampagne gegen das höfische Rollengesicht verstanden werden, weil sie die Größe eines Menschen ohne Maske anschaulich machen wollte (S. 85). Doch dauerte die Euphorie nur so lange, wie die bürgerliche Gesellschaft bestand. Als die modernen Massenmedien die Gesichter der Masse platt drückten, stellte es sich heraus, dass man der Maske nicht auf alle Zeit entkommen war.

Der Begriff «Mimik», der bekanntlich den Mimen der Antike als Wurzel hat, hat sich erst spät auf das Gesicht verengt. Johann Jacob Engel, der Erzieher der Brüder Humboldt, veröffentlichte 1785 ein Buch über die Schauspielkunst unter dem Titel «Ideen zu einer Mimik». Er verstand Mimik als Allgemeinbegriff für das Bühnenspiel, ohne sie auf das Gesicht im Besonderen zu beschränken. Sein französischer Übersetzer ersetzte daher den Begriff im Titel durch *geste* und *action*, um den Inhalt des Buches besser zu treffen. Doch beweist der Wortgebrauch, wie eng der Zusammenhang zwischen Schauspiel und Gesicht gesehen wurde. Die Mimik, wenn man diesen Gedanken weiterführt, wäre dann das Schauspiel, das jemand mit seinem Gesicht aufführt.

Der Begriff der Charaktermaske, eigentlich ein Widerspruch in sich, erklärt sich daher, dass man bald Charaktere mit ständischen Rollen in der Gesellschaft gleichsetzte. Im Zeitalter Rousseaus war zunächst die Debatte über den wahren Charakter eines Menschen zum großen Thema geworden. Die Physiognomik wollte den Charakter im Gesicht erkennen, ohne ihn mit einem einzelnen mimischen Ausdruck zu identifizieren. Jean Paul bezeichnete «das Gesicht oder das

Äußere eines Menschen» als «Charaktermaske des verborgenen Ich».[20] Für Diderot war einst «in der Komödie der Charakter das Hauptwerk gewesen und der Stand *(état)* nur etwas Zufälliges». Doch wollte er das jetzt nicht mehr gelten lassen, denn man spiele doch in erster Linie den eigenen Stand und könne dessen «Pflichten unmöglich verkennen».[21] Marx nahm den Begriff der Charaktermaske auf, um mit ihm Rollen wie Lehnsherren und Vasallen im gesellschaftlichen Produktionsprozess als «ökonomische Charaktermasken» zu beschreiben.[22] Bei Kant ist der Begriff einmal beschreibend und einmal normativ verwendet, wobei in letzterem Fall «das Frauenzimmer» als Trägerin eines «bestimmten Charakters» ausgeschlossen wird.[23] Ein «bestimmter Charakter» wurde folglich als männliches Vorrecht gesehen.

Die Frage nach den Rollen, die in der Maske gespielt werden, hat in der Genderdebatte noch einmal einen Aufschwung erhalten. Die Geschlechterrollen, in denen Sein und Schein miteinander im Gesicht abwechseln, wurden mit Vorliebe als «Masken» beschrieben, mit denen sich die Geschlechter bewaffnen; aber sie üben auch einen Zwang aus, gegen den die Trägerinnen rebellieren. Die Gendertheorie geht von der Unterscheidung zwischen dem aus, was biologisch bedingt ist, und dem, was eine gesellschaftliche Rolle ist.[24] In der heutigen Gesellschaft erzeugen Transvestiten gerade wegen ihrer «Einmischung» in die Spielregeln der Gesellschaft besondere Abneigung. Joan Riviere brachte bereits 1929 Argumente vor, die dann in der Genderdebatte weitergedacht wurden. Wenn die «Genderrolle» eine Maske ist, wer ist es dann, der darin steckt? Riviere wollte hinter der Maske kein Subjekt erkennen, das sich ihrer bedient.[25] Sie spricht von einer «mask of womanliness» und einer solchen der «feminity». Wenn aber hinter der Maske kein weibliches Subjekt agiert, dann fällt der Unterschied zwischen Weiblichkeit und Maske in sich zusammen. Die genuine «womanliness» und die Maske, so Riviere, «sind dasselbe».[26]

Gerade diese Behauptung hat in der Genderdebatte Widerspruch hervorgerufen. In der Folge der *Cultural Studies* fand Judith Butler dafür die Formel einer mehrfachen und wandlungsfähigen *Identität.* Wenn die Genderrolle mit wechselnden Masken gespielt wird, kommt es zu keinem echten Gegensatz zwischen Selbst und Maske.[27] Die Geschlechterdifferenz, so Ina Schabert, ist ein «kulturelles Konstrukt» und besteht aus dem Wechsel der Rollen und Masken. Die «Geschlechtermaskerade» verfügt ebenso über Gesten der Macht wie über solche der Angst, lässt aber auch Akte der Befreiung zu. Wenn es kein unveränderliches Geschlecht gibt, lässt sich «die Maske und das, was hinter ihr ist, nicht klar und dauerhaft trennen». Das Geschlecht ist nur durch Verkleidung «kulturell vorgegeben und erinnert».[28]

Masken des Selbst. Der Gegenbegriff zur Rolle ist das Selbst, aber dieses unterliegt seinerseits einem Rollenzwang. Das Recht auf unser Selbst löst erst einmal die Frage aus, was denn das Selbst ist, und das führt zu der weiteren Frage, wie verlässlich dessen Ausdruck im Gesicht ist. Das Ich wird von dem Impuls geleitet, ein Selbst auszudrücken, das sich nicht «von selbst» zeigen kann. Das Gesicht gehört jemandem, den wir ohne Gesicht nicht kennen. Zwar lassen sich am Gesicht kollektive Merkmale wie Alter und Geschlecht ablesen. Aber drückt sich darin auch ein Selbst aus? Das Verhältnis zwischen Ausdruck und Selbst ist schwer zu durchschauen. Der Ausdruck eines Gesichts kommt in der Gesichtsarbeit zustande, bei welcher Mimik, Blick und Stimme wechselweise die Führung übernehmen.[29] Das Gesicht ist daher eher eine *Bühne* als ein *Spiegel.* Wird die Ausdrucksarbeit stillgelegt, so bleibt nichts als eine leere Bühne zurück. Erst im Tod siegt eine einzige Maske über die vielen, die im Gesicht kommen und gehen.

Der Impuls zur Selbstdarstellung produziert im gleichen Gesicht viele Masken. Sie sind auf die Wirkung angelegt, die wir auf andere ausüben. Mit dem Gesicht werden wir in der Welt gesehen. Aber das Mienenspiel verwandelt das Gesicht in Masken. Selbst der Sprechakt wird stets vom Mienenspiel und vom Blick unterstützt. Diese Tatsache lässt sich leicht bei Benutzern eines Handys beobachten, die ihre ganze Mimik durchspielen, ohne dass sie ihren Gesprächspartner sehen können. Wir wechseln auf einem und demselben Gesicht ruhelos die Masken, in die wir uns zurückziehen oder mit denen wir uns zeigen. Doch wer sind «wir»? Und was oder wen stellen wir dar, wenn wir ein Selbst darstellen? Zwischen dem Gesicht und dem Selbst gibt es keine stabilen Verhältnisse und kein verlässliches Abbild. Vielmehr üben wir mit Blick, Stimme und Mimik den Selbstausdruck stets aufs Neue ein.

So stellt sich denn die beunruhigende Frage, *ob wir ein Selbst nur erzeugen, um uns ausdrücken zu können.* Sichtbar sind vor allem der Wille und der Zwang, ein Selbst darzustellen oder umgekehrt es zu verbergen. Dieses kann sich in einem Gesicht schon deshalb nicht wirklich abbilden, weil ein Selbst, wie immer man es beschreiben mag, letztlich nicht abbildbar ist. Und doch formt es sich nur im Abbilden. *Bringt also der mimetische Impuls, uns vor anderen darzustellen, das Selbst überhaupt erst hervor?* Erving Goffman schlug den Begriff *face-work* für eine Verhaltensweise vor, die «mit dem Gesicht abgestimmt ist» oder «das

Gesicht wahren» will. Aber ist denn «das Gesicht ein Bild des Selbst», wie er schreibt? Und gibt es ein Selbst, das nicht schon Bild ist, wenn es sich *äußert*? Das ist eine vertrackte Bildfrage, die offen lassen muss, ob sich ein Selbst überhaupt erst in der Arbeit mit dem Gesicht einübt und nur der Wille zum Selbstausdruck ist.[30]

Wenn wir diesen Gedanken weiterführen, müssen wir mit der Möglichkeit rechnen, dass der Selbstausdruck (im Unterschied zum Selbstbewusstsein) zunächst einmal Kalkül und Maske ist. Man kann das Selbst nicht an den Bildern festmachen, die es auf dem Gesicht produziert. Sichtbar ist nur die Tatsache, dass zwischen dem Ausdruck und seinem Träger, der sich ausdrücken will, ein Verhältnis der Intention besteht. Auch das Ich ist ein Trieb, der damit beginnt, dass das Kind «ich» sagt, also willensbetont und wandelbar. Doch unterscheidet sich das Selbst vom Ich ebenso wie das Selbstverständnis vom Ichgefühl. Das Selbst drückt sich nicht in einer spontanen Situation, sondern erst in der biografischen Geschichte aus, die sich immer wieder neu und anders in einem Gesicht spiegelt. Nicht in einem einzigen Gesicht, sondern erst in einer Folge von Gesichtern, beginnend mit der Einübung in der Kindheit, kommt jene schwer zu bestimmende Kohärenz zustande, die wir gewöhnlich als ein Selbst akzeptieren, als ein Selbst, das sich mit dem Lebensalter zugleich verändert und festigt. Die Spuren des Alters, die sich im Gesicht eingraben, bezeugen das Selbst in der Einheit seiner Lebensgeschichte. Allein die Präsenz des «Einst» im «Jetzt» stiftet die Kohärenz eines Lebenszusammenhangs. Und die mimetische Anstrengung, ein Selbst zu erzeugen, hinterlässt die «mimischen Falten» als Spuren im Gesicht.

Eine Lücke zum Selbst öffnet sich bei solchen psychischen Kranken, denen es an eigener Ausdrucksfähigkeit ebenso mangelt wie an der Fähigkeit, den Ausdruck auf anderen Gesichtern zu verstehen. Sie haben keinen Zugang zur Darstellung eines Selbst, weil sie dafür keinen Ausdruck haben. Das zeigte sich in Versuchen, solche Patienten im Rorschach-Test Gesichter und Masken deuten zu lassen. Roland Kuhn, der die Versuche leitete, war einst Assistent jenes Ludwig Binswanger gewesen, der als Psychiater Aby Warburg behandelt hatte. Die Versuchspersonen spiegelten in der Art und Weise, wie sie andere Menschen erlebten, ihre eigene Unfähigkeit, sich im Gesicht auszudrücken, und sahen überall nur leblose Masken. Die «Erstarrung» des Gesichts war bei ihnen nicht Absicht, sondern mimische Hemmung, die sie nicht bewusst herbeiführen konnten.[31]

Doch sind wir bekanntlich in einem westlich geprägten Diskurs, wenn wir von einem «Selbst» sprechen, das in seiner Geschichte oft mit dem «souveränen Subjekt» in eins gesetzt wurde. Dagegen ist die Rede vom Selbstausdruck anders gemeint. Dabei stehen wir unter dem Zwang von Regeln, die von der Gesellschaft als kommunikatives Verhalten bestimmt werden. Der Selbstausdruck ist wie jeder soziale Akt Teil einer bestimmten Kultur und bildet eine Position in derjenigen Gesellschaft ab, in der er sich formiert hat. In Europa lässt sich das am Beispiel der höfischen Gesellschaft beobachten, die eine Gesellschaft von Masken war.

In seinen «Meditationes de prima philosophia» postulierte Descartes ein Ich hinter dem Gesicht, ohne das Gesicht auf den Ausdruck dieses Ich zu verpflichten. «Ich weiß nicht genau, wer ich *(moi)* bin, aber ich bin sicher, dass ich bin.» Er lehnte es daher ab, «etwas anderes für mein Ich zu halten» (II.5), auch wenn sein eigener Körper ihn «darüber zu täuschen» versuchte (II.7). Zwar hat «das Ich ein Gesicht», aber dieses gehört doch nur zu der «Maschine aus Knochen und Fleisch, wie sie auch an der Leiche erscheint und welche ich Körper nenne» (II.6).[32] Im selben Jahrhundert rückte Thomas Hobbes das Verhältnis von Person und Maske in ein neues Licht. Auch eine einzelne Person konnte die Führung im Commonwealth übernehmen. Deswegen endet der erste Teil des «Leviathan» mit einem Kapitel über die Person und ihre Rechte auf Repräsentation. «Eine Person bedeutet im Lateinischen die Verhüllung *(disguise)* oder die äußere Erscheinung eines Menschen, der auf der Bühne gespielt wird.» Auch all diejenigen, die eine Rede halten oder in der Öffentlichkeit auftreten, waren Schauspieler, obwohl sie nicht auf der Bühne agierten, sondern im öffentlichen Leben.[33]

Der Unterschied von Person und Schauspieler bestand für Hobbes darin, dass die Person sich selbst repräsentiert und deswegen eine «natürliche Person» ist. Hobbes unterscheidet sie von einer «künstlichen Person», ob diese nun ein Schauspieler *(actor)* ist oder jemand, der eine Gemeinschaft mit Stimme und Körper öffentlich repräsentiert *(by fiction)*. Schließlich wird eine Menge *(multitude)* von Menschen dadurch zu einer einzigen Person, dass sie von einem einzelnen Menschen repräsentiert wird. Aber dazu bedarf es eines ähnlichen Vertrags, wie er im Theater zwischen Autor und Schauspieler geschlossen wird: Nur dann kann ein Repräsentant die Menge verkörpern und in ihrem Namen sprechen. Das Argument wird im Titelbild des «Leviathan» durch die berühmte Staatsfigur ausgeführt. Sie ist eine «künstliche Person», welche in ihrem Umriss die Vielen «verkörpert», die ihr dazu den Auftrag gegeben haben.[34] Es geht hier vor allem um politische Ikonografie und darum, dass der Staat durch eine Akkumulation des Staatsvolks verkörpert wird. Aber Hobbes hat auch eine Personalisierung des

Staats im Auge, nämlich durch einen lebenden Vertreter und also durch eine «künstliche Person», welche eine «Vielheit repräsentiert», so wie eine «natürliche Person» ihr Selbst.

Zur Kulturgeschichte des Gesichts. In den Massenmedien wird der Zeichencharakter in Gesichtern in gleicher Weise lesbar gemacht wie in anderen Zeiten in Masken. Im TV begegnen sie uns als körperlose Oberflächen, die keinen Blicktausch mit dem Betrachter mehr zulassen und auch in dieser Hinsicht der alten Wirkweise der Maske entsprechen. Die «faciale Gesellschaft», wie Thomas Macho sie nennt, hat sich in den Massenmedien des Gesichts bemächtigt und das «prominente Gesicht» neuer Art hervorgebracht.[35] «Wir leben in einer facialen Gesellschaft, die ununterbrochen Gesichter produziert»[36] (dazu ausführlich S. 214 ff.). «Kein Ding wagt sich mehr ohne Gesicht auf die Plakatwand.» Die «faciale Politik und Werbeästhetik» hat das Gesicht sowohl politisiert wie auch vermarktet. «Facialität» leitet sich folglich nicht mehr vom natürlichen Gesicht her, sondern usurpiert die Bildschirme mit dem blanken Gesichtsschema. Mit seinem anonym gewordenen Gesicht konsumiert der Zuschauer auf dem Monitor Gesichter, auf welche die Gesellschaft ihre Machtstruktur projiziert. Das öffentliche Gesicht hat seine eigene Maske erzeugt.

Solche facialen Masken entstehen im öffentlichen Leben auch dann, wenn der Redner unter einem Monitor mit seinem riesenhaft vergrößerten Gesicht steht und, um dem Publikum die Begegnung im TV anzubieten, zum Sprecher seiner eigenen Maske geworden ist. Selbst im Theater bürgert sich der Brauch ein, das Gesicht eines Schauspielers auf einem Video noch einmal als Close-up zu zeigen. Indem man sein Gesicht auf diese Weise heranholt, verwandelt man es durch Vergrößerung ungewollt in eine Maske. In unserem Alltag scheint sich die Herrichtung des eigenen Gesichts zur Maske auf Frisur oder Schminke zu beschränken. Friseure haben mehr Konjunktur als Maskenbildner. Doch bedeutet selbst die Haarfarbe im Falle des öffentlichen Gesichts mehr. Im Frühjahr 2002 strengte der damalige Bundeskanzler Schröder gegen die Behauptung, er habe seine Haare gefärbt (was sein Friseur Udo Walz hartnäckig bestritt), einen Prozess an, den er gewann. Die Öffentlichkeit sah im gefärbten Haar eine Irreführung über seine Erscheinung. Doch die Debatte über das «echte Gesicht» des Kanzlers übersah, dass er ohnehin ein Mediengesicht einsetzte, um das Wählervolk zu überzeugen. Ausgerechnet eine Image-Beraterin hatte laut einer Nachrichtenagentur bemängelt, Schröder verliere an Glaubwürdigkeit, wenn er seine grauen Schläfen verberge.[37]

Im Privatleben ist die Maske immer präsent, wenn man seine Haut (und was ist die Maske anderes als eine zweite Haut?) durch Schminke und Creme wieder herstellen will. Denn dabei kann man nur eine präparierte Schönheit gewinnen. Eine kosmetische Maske ist im Extremfall ein Leihgesicht, welches das Ursprungsgesicht ent-personalisiert. Das gilt erst recht für den Wunsch, sein Gesicht operieren zu lassen, um es auf Kosten der Ähnlichkeit mit dem angeborenen Gesicht zu verschönern. Ein Sonderfall kosmetischer Operationen besteht in dem Wunsch, das eigene Gesicht im Aussehen einem berühmten Gesicht anzugleichen. Man will lieber als Kopie herumlaufen, als das eigene, ungeliebte Alltagsgesicht zu tragen und zu ertragen. Das ist Mimesis nicht des eigenen, sondern eines fremden Ich in dessen Maske. 2004 wurde auf MTV die amerikanische Serie «I Want a Famous Face» mit Menschen um die zwanzig gezeigt, die sich «mit massiven chirurgischen Eingriffen nach dem Vorbild ihrer Stars ummodellieren ließen» (vgl. auch S. 227).[38]

Man kann also mit einigem Recht von «facialen Masken» sprechen. Aber haben Masken nicht immer Gesichter dargestellt oder Gesichtern geähnelt? Weshalb wären sie sonst entstanden? Dennoch ist die Situation heute darin anders, dass die Massenmedien nur noch körperlose Masken produzieren, die aber alle als Gesichter produziert, aufgezeichnet und gesendet werden und ihren Charakter als Maske entweder leugnen oder durch Gewöhnung vergessen lassen. «Facialität» ist zum Branding von Masken geworden, die an die Stelle von Gesichtern getreten sind. Beim Tod einer prominenten Person werden Bilder aus deren Leben veröffentlicht, weil die Medien nur noch lebende Gesichter verbreiten, auch wenn diese bereits gestorben sind. Gesichter lassen sich nur konsumieren, wenn sie im Bild das Leben zur Schau tragen. Aber gerade dieses Leben ist ein Leben in der Maske.

Gleichwohl ist die Rede von Maske und Gesicht nicht tautologisch geworden. Maske und Gesicht lassen sich nicht gegeneinander aufrechnen, auch wenn ihr Verhältnis in der Mediengesellschaft undurchsichtig geworden ist. Der *face-to-face*-Kontakt hat sich in das Internet zurückgezogen, wo der Name «Facebook» trotz der gesichtslosen Texte noch an das private Gesicht erinnert. Die Massenmedien rauben dem Gesicht die körperliche Präsenz, indem sie die Gewohnheiten unserer Wahrnehmung entkörperlichen. Das «öffentliche» oder «prominente» Gesicht, das allgegenwärtige *face* (S. 215), ist nicht mehr Ausdruck einer bestimmten Gesellschaftsschicht, weil Prominenz nur durch die Medien entsteht. Im globalen Zeitalter ist auch das Gesicht globalisiert worden und nicht länger an vertraute lokale Physiognomien gebunden. Der Prozess, der uns im Medienzeitalter mit facialen Masken überflutet, verläuft aber nicht zwangsläufig und nicht linear, wie es für den unaufhaltsamen Fortschritt der Medien gilt. Immer noch werden natürliche Gesichter geboren, und in vielen Teilen der Welt ist die Entwicklung der Medien noch umkehrbar.

Deshalb lässt sich auch eine Kontinuität in der Geschichte des Gesichts, wenn wir sie nicht als *Naturgeschichte*, sondern als *Kulturgeschichte* begreifen, postulieren. In der Naturgeschichte hat sich das menschliche Gesicht zum Beispiel durch die stufenweise Ausprägung einer sehr spezifischen Mimik entwickelt, welche als Mittel der Kommunikation der Sprache, wie wir sie kennen, wohl zeitlich vorausging. Das Gesicht besitzt ein eigenes Ausdrucksvermögen, wie auch der Blick über das Vermögen verfügt, im anderen Gesicht den Ausdruck zu erkennen. Der Mangel dieser Fähigkeiten ist heute Gegenstand der klinischen Forschung geworden.[39] Kultur dagegen neigt immer dazu, den Ausdruck zu kontrollieren und also zu vergesellschaften, wobei kollektive Standards, Erwartungen und Tabus in den Vordergrund treten. Auch die Maske ist eine Erfindung der Kultur, gleich ob sie im lebenden Gesicht entsteht oder als Kunstmaske aufgesetzt wird.

Thomas Macho führt die «Proliferation der Gesichter» auf die modernen Techniken «zur Vervielfältigung des Porträts» zurück.[40] Mit dem Porträt hatte eine neue Geschichte des Gesichts begonnen, welche die Ikone beerbte und eine Rolle in der Gesellschaft darstellte. Sie wurde am Vorabend des Medienzeitalters durch die Fotografie beschleunigt und demokratisiert. Jetzt gab es kein Halten mehr mit dem Gesicht, das im Reproduktionswahn immer dominanter und zugleich körperloser wurde. Der moderne Gesichtskonsum löste im Gegenzug eine Nostalgie für das wahre Gesicht aus, in der auch die Ästhetik eines Georg Simmel und die Ontologie eines Emmanuel Levinas ihren Platz haben.[41] In der modernen Kunst werden «die Maximen der facialen Politik und Werbeästhetik», um noch einmal Macho zu zitieren, unterlaufen, um das Gesicht aus dem allgegenwärtigen Konsum zurückzugewinnen. Die Geschichte des Gesichts erweist sich letztlich als eine Geschichte der Gesellschaft, die sich dem Gesicht aufzwingt und sich im Gesicht spiegelt.

Eine andere Erklärung für die Allgegenwart des Gesichts, die zugleich als Krise des Gesichts verstanden wird, bieten Gilles Deleuze und der Psychiater Félix Guattari in «Tausend Plateaus», einem Buch, das mittlerweile zum Klassiker geworden ist. Ihr Argument lässt sich aber nur verstehen, wenn man erkennt, dass sie mit der Kolonialgeschichte des weißen Mannes abrechnen wollen. Die Autoren sehen im einstmals christlichen Europa schon immer «eine abstrakte Maschine» am Werk, die ihren Machtanspruch auf das Gesicht wie auf einen «durchlöcherten Bildschirm» projiziert. Im Kapitel über die Zeichen schreiben sie: «Die Maske verbirgt das Gesicht nicht, sie ist das Gesicht. Der Priester benutzt das Gesicht des Gottes. Alles, was öffentlich ist, ist es durch das Gesicht».[42] Und im Kapitel «Das Jahr Null. Die Erschaffung des Gesichts» heißt es dann lapidar: «Was zählt, ist nicht die Individualität des Gesichts», sondern die Schematisierung durch einen einzigen Standard, die es erfährt. «Bestimmte Machtgefüge haben das Bedürfnis, ein Gesicht zu produzieren, und andere nicht. (...) Das Gesicht ist der typische Europäer.» Deshalb sehen die Autoren auch das Heil in einer Dekonstruktion des Gesichts, um sich aus den Fesseln der Kolonialzeit zu befreien.[43]

Man könnte sich aber einen anderen Ausweg vorstellen und die Geschichte des Gesichts in anderen Kulturen als Alternative heranziehen. Die beiden Autoren haben auch diesen Weg beschritten, sich dabei aber sogleich eine neue Grenze gesetzt, um ihr Argument der heutigen «Vergesichtlichung» *(visagéité)* zu verteidigen.[44] Ihre These lautet, dass die «Primitiven kein Gesicht haben und auch keines brauchen». Wenn man aber die Geschichte der Maske im Kult untersucht, wie es im Folgenden geschieht, kommt man zu anderen Resultaten. Die zeremonielle Maske dominierte klar den Trägerkörper, weil man mehr Gesicht brauchte, als es der Körper hergab. Deleuze führte das Argument aus «Tausend Plateaus» in seinem Buch über den Maler Francis Bacon weiter, von dem er behauptete, er sei ein «Maler von Köpfen, nicht von Gesichtern» gewesen.[45] Auch hier ist eine kritische Sicht angebracht. Denn Bacon lief Sturm nicht gegen das Gesicht, sondern gegen das Porträt, um es aus seinen Konventionen zu befreien und es im Schrei auf eine Weise ausdrucksfähig zu machen, welche endgültig die Maske der Darstellungskonvention vernichtet (S. 183).

Entscheidend für Deleuze und Guattari ist die These vom absoluten Gegensatz zwischen Kopf und Gesicht. Sie weisen den Kopf dem Körper zu, während sie das Gesicht vom Körper trennen. Da das Gesicht als Ausdrucksträger dient und als solcher den Körper dominiert, ist diese These nicht einmal erstaunlich. In der Kulturgeschichte finden sich auch viele Beispiele für die Tatsache, dass das Gesicht im Ausdruck umkämpft und, wenn man so will, missbraucht wurde. Das Problem entsteht erst, wenn man für die Machtausübung mit dem Gesicht nach Schuldigen in der Geschichte sucht. In diesem Sinne wird das Gesicht Christi von den beiden Autoren für die Herrschaft des Gesichts über den Körper verantwortlich gemacht. Es gab jedoch im Christentum für das Bild keine «Stunde Null». Das Christentum entfernte sich weit vom Orient und von seinen bilderlosen Anfängen, als es die Ikone Christi in späteren Jahrhunderten zum Kultbild erhob.[46]

1992, etwa zehn Jahre nach Erscheinen des Buchs von Deleuze und Guattari, hat die Fondation Cartier in Paris dem Gesicht eine Ausstellung («À Visage découvert») gewidmet, die eine Gegenposition zu den beiden Autoren vertrat. Sie entfaltete ein weites Panorama der Weltkulturen, in dem sich das Gesicht gerade nicht als starres Schema, sondern als eine offene Form erwies, die stets die Grenzen zwischen Präsenz (Anwesenheit) und Repräsentation (Abwesenheit), zwischen Nähe und Ferne überschreitet.[47] In diesem Panorama ist das Gesicht entweder verhüllt oder von Bildern umstellt, die eine unendliche Vielzahl von Vorstellungen eröffnen und es als Brennpunkt mythischer und religiöser, offizieller und intimer Imagination ergreifen. Es ist also das Gesicht ein Bild, das durch andere Bilder verwandelt wird und seinerseits die Bilder verwandelt. Die Kulturgeschichte des Gesichts ist eine Bildgeschichte, die im Kult beginnt.

2. Die Entstehung der Maske im Kult

Die Geschichte des menschlichen Gesichts lässt sich bis auf die Masken zurück verfolgen, die in der Steinzeit Gesichter darstellten oder wiederherstellten. Masken bezeugen die älteste Anschauung, welche die Menschheit vom Gesicht besaß.[48] Was frühe Kulturen, jenseits der Schriftlichkeit, über das Gesicht dachten, drückten sie in zeremoniellen Masken aus, mit denen sie Geistern und Ahnen ein Gesicht verliehen, um sie im Kult auftreten zu lassen. In solchen Masken liegen auch Aussagen über das lebende Gesicht, das als Träger sozialer Zeichen begriffen und von der Gesellschaft kontrolliert wurde. Masken konnten als Artefakte dem Gesicht aufgesetzt werden oder Bemalungen sein, die das Gesicht verwandelten. Die Herstellung von Masken hatte den Sinn, sie auf einen Ausdruck festzulegen, über den eine Gesellschaft das Verfügungsrecht besaß. Masken dienten der Verkörperung von Geistern oder von Toten, die ihren Körper verloren hatten, durch ein offizielles Leihgesicht. So entstand ein Maskenuniversum, in dem fast alle bekannten Kulturen vertreten sind. Die Vielfalt der Formen und Deutungen ist nahezu unerschöpflich, doch immer ist es das Gesicht, ob als Gegenpart oder Modell, auf das die Maske ausgerichtet ist. Mochte sie auch ein Gesicht verbergen, wenn sie von einem anonymen Träger aufgeführt wurde, so brachte sie auf diesem Wege ein neues Gesicht zur Erscheinung, dessen Sinn in der Gesellschaft verabredet oder nur für Eingeweihte durchschaubar war.

Die Maske hat in Europa schon früh solche Bedeutungen eingebüßt und lebt oft nur mehr im Karneval und in der Folklore fort. Doch sie war noch eine Erinnerung im Theater, das in der Antike den Maskenkult säkularisierte und die Maske auf der Bühne als Rollenmaske einsetzte. Die folgende Skizze zielt darauf, die Maske nicht allein als ethnologisches Thema zu betrachten, sondern ihr in der kulturellen Genealogie des Gesichts ihren privilegierten Platz zurückzugeben, was heißt, das Gesicht mit den Masken zu verstehen, die ein Gesicht abbilden oder inszenieren. Betrachtet man den Maskenkult ganz allgemein, so treten zwei Strukturen in den Blick, die zur Deutung einladen. Da ist einerseits das komplizierte und zuweilen dramatische Verhältnis von Maske und Maskenträger, das nicht selten von Tabus umgeben war, wenn der Träger anonym bleiben musste, um den Auftritt der Maske nicht zu gefährden. Und da ist andererseits eine Aufführungspraxis der Maske, die allzu verkürzt als «Tanz» umschrieben wird. Der Tanz ist in diesem Zusammenhang in Wirklichkeit ein Sammelbegriff für den szenischen Auftritt der Maske, wenn diese mit den rituell vorgeschriebenen Bewegungen eines Tänzers, der eher als Schauspieler fungierte, in Erscheinung trat. Die Kunstmaske füllte sich dabei mit einem Leben, das ihr als Objekt fehlte.

Die künstliche Maske hat im Gegensatz zum mimisch bewegten Gesicht so lange eine starre Oberfläche, bis sie von einem lebendigen Träger aufgeführt wird, der ihr seinen Blick und seine Stimme leiht. Dann scheint auch die starre Oberfläche in Bewegung zu geraten, die in der Aufführung mit körperlichen Gesten ausgestattet wird. Das Maskenritual überträgt die Mimik des Gesichts auf die Gestik eines Trägers, der die Maske in wörtlichstem Sinne «verkörpert» und ihr also den Erscheinungskörper gibt, in dem sie zum Leben erwacht. Wenn die Zuschauer fragen, wer in der Maske erscheint, so meinen sie keineswegs jenen, der hinter der Maske agiert, sondern die Figur, die in der Maske zum Auftritt kommt. Die Präsenz der Maske bedarf der Absenz ihres wechselnden Trägers. Masken übernehmen am Körper noch entschiedener die Führung, als es das Gesicht vermag, und regieren über den Körper, der sie trägt. Indem sie ihn verwandeln, statten sie ihn mit einer symbolischen Macht aus, die den Ausdruck verselbständigt. Roger Caillois nannte die Maske «ein Medium der Metamorphose» und ein «Instrument politischer Macht».[49]

Die Maske ist zugleich Oberfläche und Bild, wie es auch für das Gesicht selbst gelten kann, das sich schon in der Freistellung als Ausdrucksträger als Bild anbietet und auf seiner Oberfläche bemalt werden kann. Für «Oberfläche» gibt es sowohl im Französischen wie im Englischen den Begriff *surface.* In diesem Wort steckt auch der Begriff für «Gesicht», nämlich als *face.* Eine *Oberfläche* ist, etymologisch betrachtet, eine Fläche, die *über* oder *auf* einem Gesicht liegt, so wie sich die Maske als Gesicht auf das Gesicht legt. Sie besteht aus einer Außenseite, die wir sehen, und aus einer Innenseite, die sich unserem Blick entzieht. Doch machen die Öffnungen, die Innen und Außen verbinden, die Maske für das Gesicht durchlässig, das die Maske verbirgt. Die Maske wurde für ein Gesicht erfunden, dem sie sich wie ein zweites Gesicht anpasst.

Es spricht vieles dafür, dass der Totenkult allen anderen Kulten und den Religionen zeitlich vorausging. Bereits in prähistorischen Kulturen finden sich Masken, die Leichen aufgesetzt wurden. Die Ahnen wurden dabei nicht im Maskenritual aufgeführt, sondern im Abbild repräsentiert. Die Toten waren ohnehin auf Masken angewiesen, nachdem sie ihr Gesicht verloren hatten. Wollte man ihnen ein Gesicht zurückgeben, so konnte das nur eine Maske sein, die an die Stelle des lebenden Gesichts trat. Man kann darin eine der Wurzeln der menschlichen Bildproduktion überhaupt sehen.[50] Aus der kultischen Praxis der Maske ergibt sich, dass Gesichter auch im Leben als Bilder verstanden wurden, nämlich als solche, die sich an Toten wiederherstellen ließen, ohne Einbuße an Sichtbarkeit zu erleiden. Die Genealogie von Ahnenkult und Götterkult mag sich auch in der Geschichte der Maske spiegeln. Doch liegt ein grundsätzlicher Unterschied darin, ob die Maske die gesichtslos gewordene Leiche mit einem Double des Toten bedeckte oder ob sie im Ritual aufgeführt wurde.

In einer Maske kehrten die Ahnen zu den Lebenden zurück, in deren Gemeinschaft ihr Tod eine Lücke gerissen hatte. Masken reproduzierten dabei die sozialen Merkmale des lebenden Gesichts und stellten möglicherweise die lokalen Normen dar, welche eine Gesellschaft im Gesicht praktizierte. In der jungsteinzeitlichen Kultur des Nahen Ostens ist schon aus der Zeit um 7000 v. Chr. die epochale Erfindung der Maske überliefert.[51] Diese Masken haben bereits Öffnungen für Augen und Mund, und ein Exemplar im Israel Museum in Jerusalem hat an der Mundöffnung sogar Zähne ausgeformt, als wollte die Maske zu sprechen anfangen (Abb. 7).[52] Die erhaltenen Exemplare besitzen eine glatt polierte Oberfläche und weisen manchmal noch eine Bemalung mit den Farben des Lebens auf, was bedeutet, dass sie als Masken echte Gesichter darstellen sollten.[53] Für wen und wozu waren diese Masken bestimmt? Das schwere Steinmaterial schließt eine

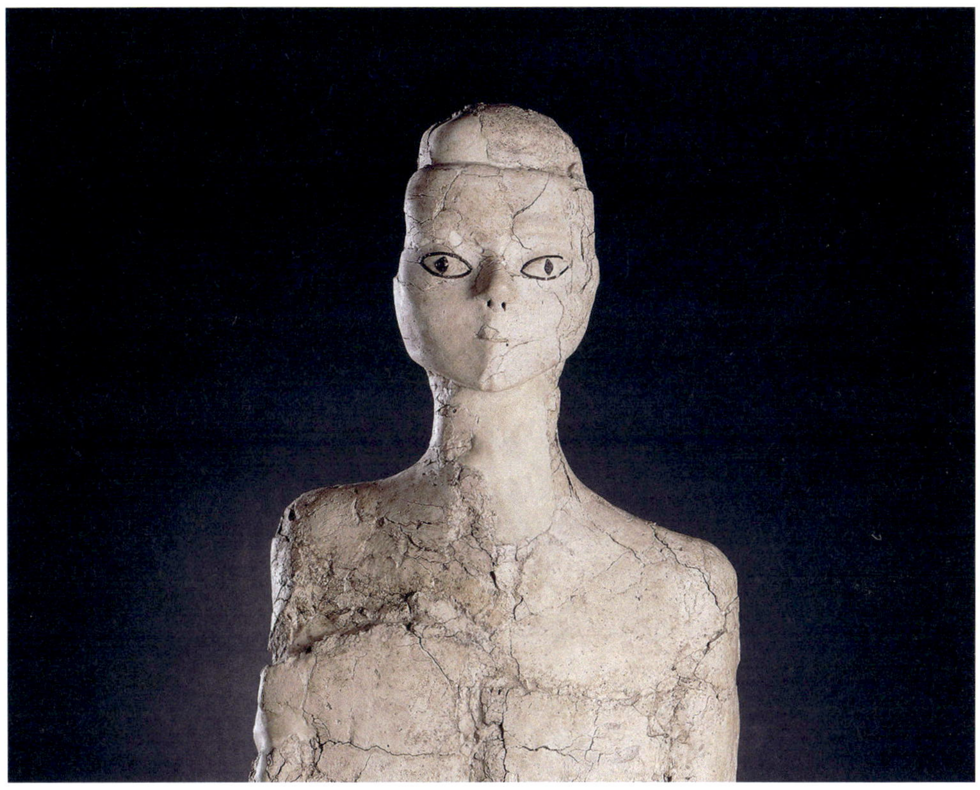

Abb. 5
Statuette aus Ain Ghazal, um 7000 v. Chr., Paris, Musée du Louvre

Benutzung durch lebende Träger oder Tänzer aus. Meist weisen die Masken am Rand ringsum Löcher auf, die einer Befestigung dienten. Es ist möglich, dass sie an eine Leiche gebunden waren, während der Verwesungsprozess noch andauerte. Darauf weist die Tatsache hin, dass im gleichen Fundkomplex der Schädelkult belegt ist, der ein anderes Stadium in diesem Prozess vertritt. Die Öffnungen in der Maske besaßen, folgt man dieser Argumentation, keine praktische Funktion, sondern waren symbolischer Natur, denn sie konnten nur dem Toten gelten. Jahrtausende später kehrten die Masken an der ägyptischen Mumie wieder, wo einzig die Stelle des Gesichts bildhaft ausgezeichnet war, während der übrige Körper unter den Bandagen verschwand.

Im gleichen neolithischen Fundkomplex ist wie gesagt eine zweite Praxis im Totenkult überliefert. Sie besteht aus echten Totenschädeln, die mit einer dünnen

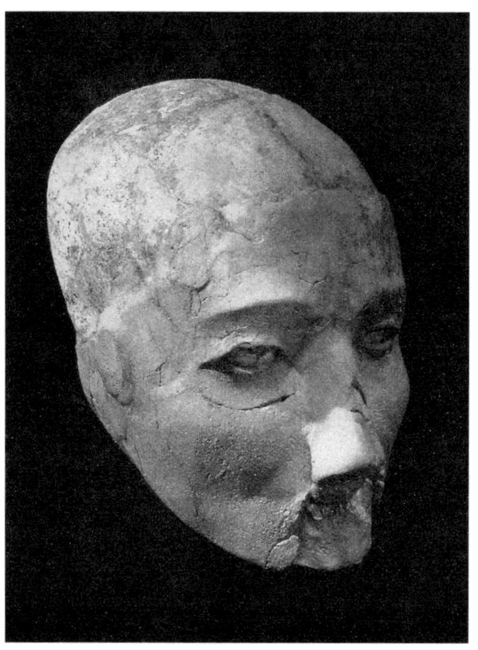

Abb. 6 Totenschädel aus Jericho, um 7000 v. Chr., Damaskus, Archäologisches Museum

Schicht aus gebranntem Kalk und Lehm überformt und deren leere Augenhöhlen mit eingesetzten Muscheln gefüllt waren (Abb. 6). Die Maske liegt in diesem Fall nicht auf einem Gesicht, sondern *ist das Gesicht*, denn sie sitzt direkt auf dem Schädel, dem sie wieder das Gesicht zurückgegeben hat, das dieser einst trug. Mit anderen Worten erhielt der Schädel anstelle des lebenden ein neues, ein dauerhaftes Gesicht, das man auch als Bild verstehen kann. In einigen Fällen wurden die Schädel auf winzige Körper wie auf Postamente montiert. So entstand ein Kompositum aus Schädel (Leiche) und Bild. Allein der Schädel blieb als ganze Form erhalten, um ein Bild zu tragen. Neben den Schädelstatuen treten in diesem Fundkomplex auch Gesichtsmasken auf, die von der Leiche «abgelöst und separat mit dem Gesicht nach unten» bestattet wurden.[54] Eine dritte Fundgruppe besteht aus Statuen oder Puppen, die wohl nur eine kurze Zeit beim Begräbnis verwandt wurden und, wie in einem Exemplar aus Ain Ghazal, noch einen Eindruck davon vermitteln, wie die Schädel mit den eingesetzten Augen einst gewirkt haben (Abb. 5).[55] Die Ausgräber waren der Meinung, dass sich im Schädelkult erstmals der Ahnenkult einer agrarischen Gesellschaft manifestierte, doch weist heute «manches auf eine privilegierte Behandlung von Toten hin, denen in der Gesellschaft eine besondere Funktion zukam und deren Schädel als Kultobjekt zum Einsatz kamen».[56]

Die Masken müssen mit den übermodellierten Schädeln zusammen gesehen werden, um zu einer Deutung der Funde zu gelangen. Entscheidend war wohl die alltägliche Erfahrung der damaligen Menschen mit den Toten. Sie begann mit der unreinen Leiche und endete mit deren Reinigung im gesichtslosen Schädel, die zum Eingriff der Kultur in die Natur Anlass gab.[57] Nie wieder ist die Gesichtsfrage in der Maske so radikal gestellt und gleichsam an der Wurzel gepackt worden. Mit dieser allerfrühesten Praxis wurde der Dualismus von Sichtbarkeit und Unsichtbarkeit, von Zeigen und Verbergen des Bildes an einem und demselben Träger, am Körper selbst, eröffnet. Das Gesicht wurde gegen eine Maske eingetauscht, wenn der Tod es zerstört hatte. Wir lesen an den steinzeitlichen Masken ab, wie früh der Zusammenhang von Gesicht und Maske ins Bewusstsein der menschlichen Kulturen trat. Sie legen die Vermutung nahe, dass die Maske als Bild des Gesichts verstanden wurde, das man im Ersatzgesicht wieder herstellen wollte.

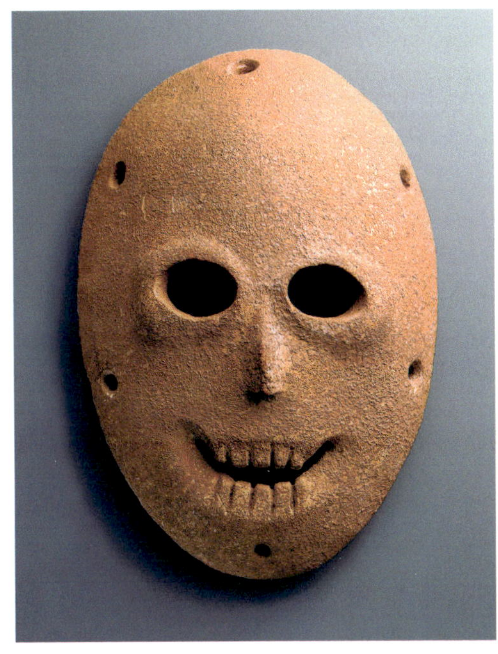

Abb. 7
Steinmaske aus der Gegend um Hebron, um 7000 v. Chr., Jerusalem, The Israel Museum (Gift of Wilma and Laurence A. Tisch)

Die Totenmaske ist bis heute in immer neuen Formen praktiziert worden und hat nicht nur zur Herstellung neuzeitlicher Porträts gedient, sondern auch die moderne Meditation von Geistesgrößen angeregt (S. 100). Es ist deshalb sinnvoll, sie als die Quelle und Wurzel der Darstellung des Menschen, die auf das Gesicht konzentriert blieb, in Erinnerung zu rufen. Die Geschichte des Gesichts ist immer auch eine solche des Menschenbilds gewesen. Die bekannteste und bedeutendste Fortsetzung der prähistorischen Totenmaske war der Totenkult in der ersten Hochkultur, die sich in dem neuartigen Territorialstaat Ägypten entwickelt hat. Schon im dritten vorchristlichen Jahrtausend liegt das reiche Repertoire von Bildpraktiken fertig ausgebildet vor Augen. Alle Formen, vom Porträt bis zur ganzfigurigen Statue, nehmen ihren Ausgang von der Mumie, die im Innern des Grabes den Blicken entzogen war und außen von Bildern des Toten vertreten wurde. Bei der Mumifizierung mit Bandagen, welche den Körper nicht abbilden, sondern verhüllen, zeichnete man das Gesicht durch eine Maske aus, welche sich dem Schädel anpasst und mit den Augen des Toten zu blicken scheint. Ein besonders frühes Exemplar, das aus dem dritten vorchristlichen Jahrtausend stammt und sich heute im Kunsthistorischen Museum in Wien befindet, trägt noch auf der Innenseite der Maske die Spuren der Bandagen des Schädels (Abb. 8). Hier sitzt die Maske aus Gips direkt dem Schädel auf und stellt also wie in den prähistorischen Funden das Gesicht an der Leiche wieder her.[58] In einem solchen Zweitgesicht, das auch vergoldet werden konnte, um eine überzeitliche Existenz anzudeuten, besaß die Verkörperung des Toten ihr sichtbares Zentrum.[59] Ein Bild tritt an die Stelle des Gesichts. Die Maske *ist das neue Gesicht*.

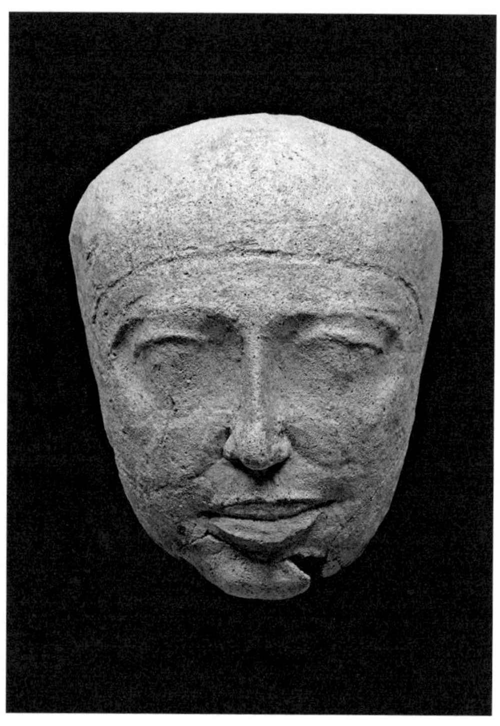

Abb. 8
Schädel einer Mumie mit Stucküberzug, um 2300 v. Chr., Wien, Kunsthistorisches Museum, Ägyptische Sammlung

In der Spätzeit der ägyptischen Kultur, als die Römer bereits das Land besetzt hatten, wurde die vollplastische Maske von einer hybriden Mischform ersetzt, welche das Tafelbild aus den Wohnräumen ans Grab zog. Das sogenannte Mumienporträt (Abb. 9) stellt keine Mumie dar, sondern ist ein Porträt nach dem Leben, das auf der Mumie anstelle der Maske schlecht und recht befestigt wurde. Die junge Frau, die uns im Louvre auf einem Tafelbild aus Fayum anblickt, zeigt auch mit ihrem persönlichen Schmuck eine zeitgebundene Ansicht aus dem Leben, welche zu der zeitlosen Maske, deren Stelle sie einnahm, in einem markanten Widerspruch steht.[60] Der Widerspruch erklärt sich auch durch den so ganz anderen Umgang mit dem Tod. Die Römer führten in der *pompe funèbre* die Ahnengalerie ins öffentliche Leben ein. Die Wachsbildnisse, von denen ein seltenes Exemplar in der Nekropole von Cumae erhalten blieb, waren Abformungen des Kopfes, deren Realismus einen Charakter oder die Familienähnlichkeit hervorhob (Abb. 10).[61] Sie ebneten den Weg zur Porträtbüste aus Marmor oder Bronze, die eine öffentliche Ehrung auf sich zog.

Das Ritual, das die Lebenden veranstalten, ist im Totenkult vieler Kulturen von größerer Bedeutung gewesen als der Gräberkult und die Herrichtung der Leiche. In diesem Rahmen war die Zeremonialmaske nicht so sehr Objekt als vielmehr Requisit für die Rolle eines Darstellers in der Verkörperung und Beschwörung der Ahnen. Damit stellt sich die Bildfrage, auf die wir an der Leiche gestoßen sind, auf ganz andere Weise.[62] Hier kommt es nicht darauf an, wie die Maske aussieht. Vielmehr ist entscheidend, wo und wie sie auftritt. Die Maske ist in einem solchen Ritual die Aufführung selbst. Wir bleiben die Gefangenen eines modernen Bildbegriffs, wenn wir Tanz und Maske trennen. Dafür sind auch die Disziplinen verantwortlich, die sich entweder auf die darstellenden Künste *(performing arts)* oder aber auf die bildenden Künste *(visual arts)* spezialisiert haben. Eine solche Unterscheidung verfehlt aber die Bildpraxis der meisten Kulturen. Eine Maske

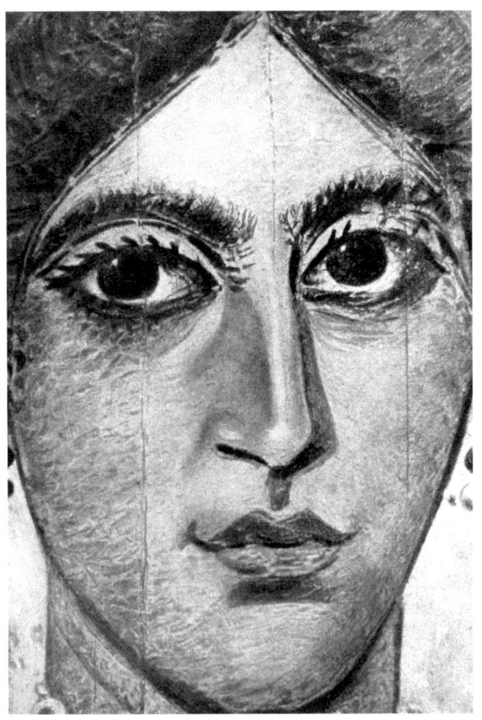

Abb. 9
Mumienporträt aus Fayum, Detail, Paris, Musée du Louvre

erklärt sich nicht allein durch ihre Form, sondern durch den Kult, in dem sie ihre Bedeutung vor einem eingeweihten Publikum gewinnt. Erst der Kult verleiht der Maske das Leben, das der geschnitzten Oberfläche fehlt, und stattet sie mit Stimme, Blick und Bewegung aus. Im Kult wandelt sich die Maske zu einem Gesicht unter Gesichtern, zu einem fremden und oft geheimnisvollen zwar, aber zu einem Gesicht, dem die Körpergestik des Tänzers den Eindruck von Mimik verleiht. Deswegen handeln die meisten Untersuchungen nicht so sehr von *Maskentypen* als vielmehr von *Maskenbräuchen*, die sich in den vom Schnitzer geformten Typen ausdrücken.

In seinem Buch «Der Weg der Masken» («La Voie des masques») beschreibt Claude Lévi-Strauss die überregionale Verbreitung und Wirkung, die Masken bei den Indianern der Nordwestküste Amerikas fanden. Masken spielen eine zentrale Rolle in den dortigen Ursprungsmythen und veranschaulichen die Erzählungen. «Eine Maske existiert nie für sich allein, sondern spielt auf andere Masken an, reale und potentielle, die man hätte wählen können, um sie zu ersetzen. Sie ist nicht bloß das, was sie darstellt», sondern teilt sich auch mit in all dem, was sie gerade ausschließt. Wie der Mythos, so leugnet eine Maske die Existenz anderer Masken, indem sie darauf reagiert, die Konkurrenz transformiert oder sich gegen sie wendet. Deshalb wurde sie von den Einheimischen auch als Verkehrsmittel eingesetzt und diente also der diplomatischen Beziehung mit entfernten Verwandten, indem Familienbeziehungen durch symbolische und kollektive Gesichter ausgedrückt wurden.[63]

In einem Interview zur Ausstellung «Masques», die 1960 im Musée Guimet in Paris gezeigt wurde (S. 62), hob Lévi-Strauss die «unglaubliche Verschiedenheit» der Masken als das Ergebnis dieser Ausstellung hervor.[64] Es sei zwecklos, Gemeinsamkeiten in «morphologischen Ähnlichkeiten» von Masken zu suchen, da deren Bedeutung sich erst in einem lokalen Kult offenbart habe. Die Kommunikation habe auf andere Weise stattgefunden als mit dem alltäglichen Gesicht.

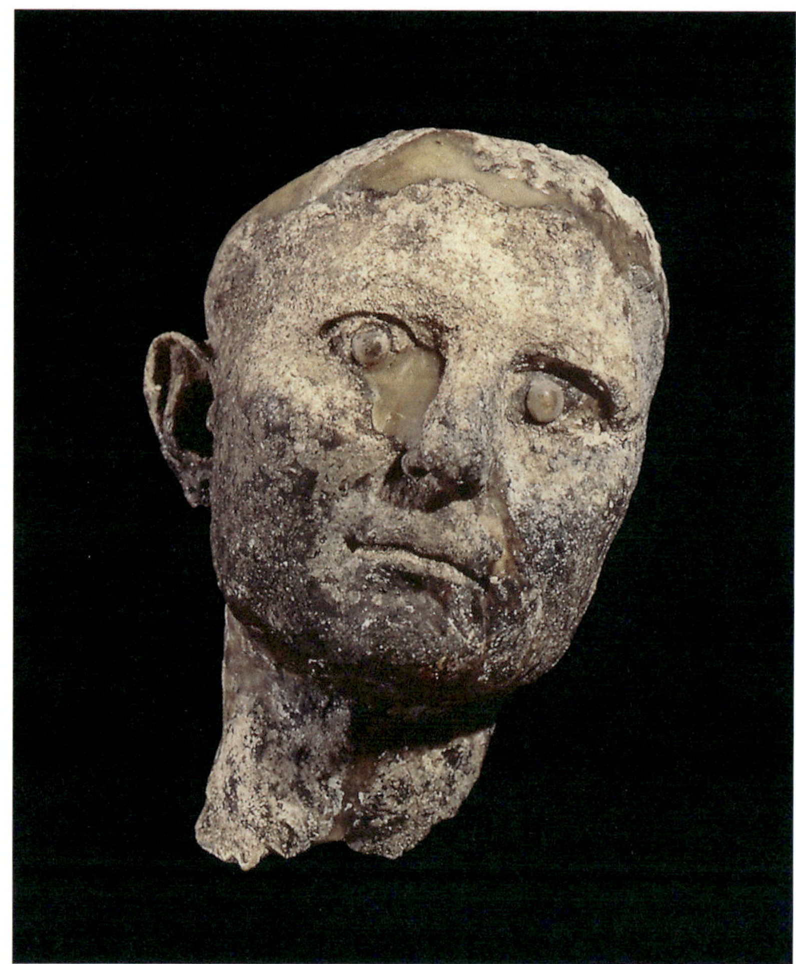

Abb. 10
Totenmaske aus Wachs, aus der Nekropole von Cumae, Neapel, Archäologisches Nationalmuseum

Die Maske, die verbirgt, und jene, die offenbart, ließen sich nicht trennen: «Jede Maske ist das eine und das andere (…) Die Funktion der Maske ist fast das Gegenteil vom Wort», das einer direkten Kommunikation zwischen zwei Menschen dient. «Die Maske unterbricht diese Kommunikation, um eine solche von ganz anderer Art zu stiften. Sie erzeugt Teilhabe oder Korrespondenz und nicht Austausch.» Was also bedeuteten die Masken in den verschiedenen Kulturen? Mit Sicherheit hätten sie «eine gesellschaftliche Funktion» erfüllt, und ihre Zuordnung zu «Religion, profaner Gesellschaft oder Fest» habe sich auch in einer jeweils verschiedenen Stilwahl ausgedrückt. Letztlich habe jede rituelle Funktion eine eigene Maske hervorgebracht. Die Maske sei «wie eine Frau, die sich schminkt, oder eine öffentliche Person, die ihren Ausdruck kontrolliert». Und im Hinblick auf den heutigen Gesichtskonsum fügte der Ethnologe tiefsinnig hinzu: «Die Maske feiert im Augenblick ihrer Niederlage ihren eigentlichen Triumph.»

Einen Hinweis auf das Maskenverständnis in einigen afrikanischen Gesellschaften verdanken wir Robert F. Thompson. Er entdeckte «zwischen den erstarrten Gesichtern der Besessenen und den Gesichtern mancher Masken eine rätselhafte Ähnlichkeit». Das Gesicht eines Besessenen wurde hier selbst zu einer Maske, wenn es von einer «unnatürlichen Starre» ergriffen wurde.[65] In der «Trance und durch die Maske wird die Individualität des Verwandelten ausgelöscht». Trance weist schon als Begriff auf *transitus* im Sinne von Übergang, Überwechseln oder Verwandlung hin. Besessenheit, als ein Zustand in der Maske, spielt darauf an, dass der «besessene» Körper von einem anderen Wesen «besetzt» wird, das den Gastkörper als Maske benutzt. Im Maskenritual wurde die Anonymität des Maskenträgers mit starken Tabus geschützt. Die Kontrollgesetze des Kults regulierten das geheime Verhältnis von Träger und Maske, aber sie vermieden auch die Gefahr, dass Geister und Ahnen in der Maske von Zuschauern überrascht wurden. Solche Tabus sind im Grunde ein Eingeständnis, dass die Maske eine kulturelle Konstruktion war, über deren Sicherung eine Gemeinschaft streng wachte.

Die Maske als «Medium» hat einheimischen Kulten im wörtlichen Sinne ein Gesicht verliehen. Fritz Kramer hat ein geografisch eng begrenztes Gebiet in Afrika beschrieben, in dem die unterschiedlichsten, ja gegensätzlichsten Maskenformen und Maskenbräuche belegt sind.[66] Bei Ahnenmasken etwa wählte der Stamm der Pende einen «abstrakten» Typus. Mit einem realistischen Maskentypus wurden dagegen Charaktere aus der eigenen Umwelt dargestellt. Bei den Katundu «erhielt jede Maske ein eigenes, persönliches Gesicht», so dass man von «Porträtmasken» sprechen kann. Die Afikpo wiederum benutzten eine Maske, in der sie «Frauen und auch Stammesfremde spielen konnten. Eine Maske namens *beke*, also Weiße, diente sogar ausschließlich der Darstellung von Fremden.»[67] So brachten die verschiedenartigen Masken soziale Realität und religiöse Erfahrung in einem lokalen Universum zur Darstellung.

Von Porträtmasken kann man auch bei den rätselhaften Funden sprechen, wel-

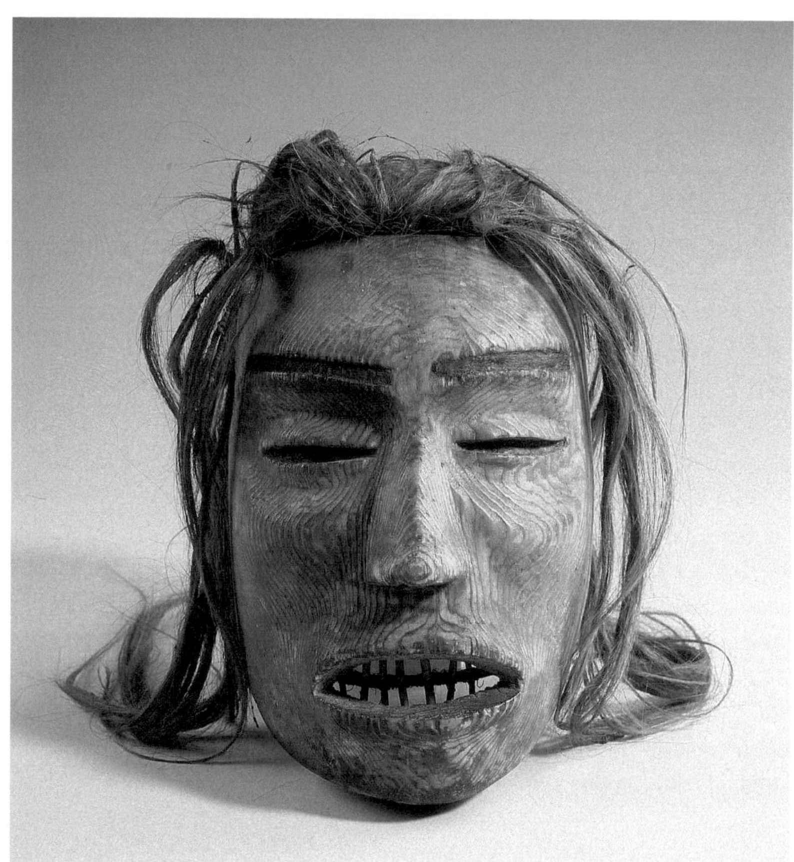

Abb. 11 Anthropomorphe Porträtmaske von Vancouver Island, 18. Jh., Völkerkundemuseum Herrnhut

che die englischen Seefahrer 1778 von den Nootka-Indianern auf Vancouver Island mit nach Hause brachten, ohne über den zugehörigen Kult Nachforschungen anzustellen.[68] Es sind lebensgroße Masken mit Menschenhaar, die ganz individuelle Gesichtszüge tragen und manchmal den ganzen Kopf umfassen. Selbst die Zähne sind nachgebildet, die Augen aber bis auf einen Schlitz geschlossen (Abb. 11). Diese Masken lassen sich schwerlich von lebenden Trägern im Ritual benutzen und legen auch durch ihre massive Anlage aus Holz nahe, dass sie wohl für die Toten des Stammes bestimmt waren, die auf diese Weise für kultische Zwecke zugerichtet wurden. Das Gesicht als Dokument und Erinnerung, wie es der Entstehung des europäischen Porträts zugrunde liegt (S. 156), ist also auch im

Maskenbereich belegt. Aber die meisten Masken waren, im Gegensatz zum europäischen Porträt, nicht Objekte der Kontemplation, sondern Medien der Verwandlung und Requisiten eines Kults. Deswegen konnten oder mussten sie immer neu hergestellt werden, während abgenutzte oder beschädigte Masken, die ihren Dienst getan hatten, so aus dem Verkehr gezogen wurden, dass sie vor neugierigen Blicken geschützt waren, was das Gegenteil von Ausstellung ist.

Michel Leiris hat die Maskenbräuche am Felsplateau der Dogon im heutigen Mali anschaulich beschrieben, als er von der berühmten Expedition von Dakar nach Djibouti zurückkehrte, auf der Marcel Griaule 1931/32 eine bunte Gesellschaft von Surrealisten und Ethnologen durch Afrika geführt hatte.[69] Er hatte den «Auszug der Masken» *(sortie des masques)* beobachten können, der aus Anlass eines wichtigen Begräbnisses stattfand. Die Masken wurden in dafür bestimmten Höhlen aufbewahrt, an deren Wänden die alten Männer die Symbole der Masken erneuerten, um deren Form für neue Kopien zu sichern. Beim Tanz der Masken waren ihre «Träger Gegenstand einer großen Zahl von Tabus. Man darf zum Beispiel ihren Namen nicht aussprechen, denn der maskierte Träger darf nicht erkannt werden.» Wurde er bei der Abnahme einer Maske erwischt, so musste die Maske sofort zerstört werden, denn sie war jetzt kontaminiert und bedrohte ihren Träger. Zugleich hatte dieser die Auflage, «nur in einer geheimen Sprache zu reden». Die Dogon benutzten ihre Höhlen auch, um dort die ausrangierten Masken von Termiten zerstören zu lassen.

3. Masken im kolonialen Museum

Der Bericht von Michel Leiris wurde in einer Sonderausgabe der Zeitschrift «Minotaure» veröffentlicht, in welcher die Surrealisten das Wort führten. Schon dadurch erweist er sich als Bestandteil der modernen Rezeptionsgeschichte, in der die Masken der kolonialisierten Völker ihren Platz fanden. Die Fremdheit der Maske, die als Exotikum faszinierte, war das Motiv für ihre koloniale Aneignung in der Moderne. Die Maske war das schlechthin Andere im westlichen Gesichtsverständnis, das ansonsten Masken nur als Lug und Trug betrachtete. Als ein Nicht-Gesicht wurde sie zum Fetisch, der sich für jedes Missverständnis anbot. Das völkerkundliche Interesse stand so sehr im Vordergrund, dass jede Analogie mit dem eigenen Gesicht ganz aus dem Blick blieb. Die Musealisierung in eigens dafür geschaffenen Museen war eine naheliegende Konsequenz. Masken, die außer Gebrauch gekommen waren oder ihrem Gebrauch entrissen wurden, dienten in solchen Museen als Studienobjekte ethnologischer Neugier.

Unzählige Masken, die Kolonialbeamte auf ihren Expeditionen zusammentrugen, fanden ihren Weg in die Depots von Kolonialmuseen, wo man oft nicht einmal mehr ihre Provenienz feststellen konnte. «Maske» wurde jetzt schnell ein Sammelbegriff für alle Artefakte, die aus den Kolonien stammten. Doch waren die Masken in afrikanischen Kolonialmuseen für die Einheimischen gar keine Masken mehr, sondern jeden Sinnes beraubt. Ohne die Körpersprache eines lebendigen Trägers verstummten sie und mutierten zu einem Objekt mit toter Oberfläche. Gerade die doppelte Trennung der Maske von dem, der sie trug, und von jenem, den sie darstellte, machte sie zum Objekt der Ausstellung, als welches sie nicht geschaffen war. In afrikanischen Sprachen existiert kein eigenes Lexem für Maske, weil diese das Gesicht war, das sie zeigte. Hier waren die Kolonialherren kulturell durch eine unüberwindliche Grenze von den Maskenproduzenten getrennt.

Diese Unvereinbarkeit im Umgang mit der Maske zeigt sich in anschaulicher Weise in der damaligen Praxis, von den «Rassentypen» der sogenannten Naturvölker Lebendmasken herzustellen, die man in anthropologischen Sammlungen ausstellte. Beispiele finden sich in der Anthropologischen Sammlung der Berliner Gesellschaft für Anthropologie, Ethnologie und Urgeschichte. Sie entstanden um 1890 als kolorierte Abgüsse im Bildhaueratelier von Castan's Panopticum, einem Berliner Wachsfigurenkabinett (Abb. 12). Man benutzte dafür Gipsmasken, die der Königsberger Arzt Otto Schellong von Eingeborenen in Papua-Neuguinea, damals einer deutschen Kolonie, angefertigt hatte.[70] Nachdem man die Einheit der Menschheit bejubelt hatte, benutzte man die neue Idee der Evolution dazu, um alte Grenzen neu zu ziehen. Die Praxis des Gipsabgusses, die vom Foto und bald vom Film abgelöst wurde, stellte in der Abformung des ethnischen Typus ein lebensechtes Dokument her. Die Eingeborenen wurden dabei einer Prozedur unterworfen, die ihre Gesichter in Objekte für die Wissenschaft verwandelte. Es waren europäische Maskenformen, in denen sie musealisiert wurden, während die Masken, die sie selbst schufen, in eine andere Museumsabteilung gelangten. Man wundert sich, dass in beiden Fällen der gleiche Begriff «Maske» auftaucht. Aber die Analogie bestand darin, dass auch die lebenden Gesichter, ebenso wie die kultischen Masken, als exotische Objekte für die westliche Neugier stillgelegt und ausstellbar wurden.

Abb. 12 Lebendmasken aus Papua-Neuguinea, um 1890 angefertigt von Louis Castan (Titelseite von: «Castan's Panopticum. Ein Medium wird besichtigt», Heft 6, Berlin 2009)

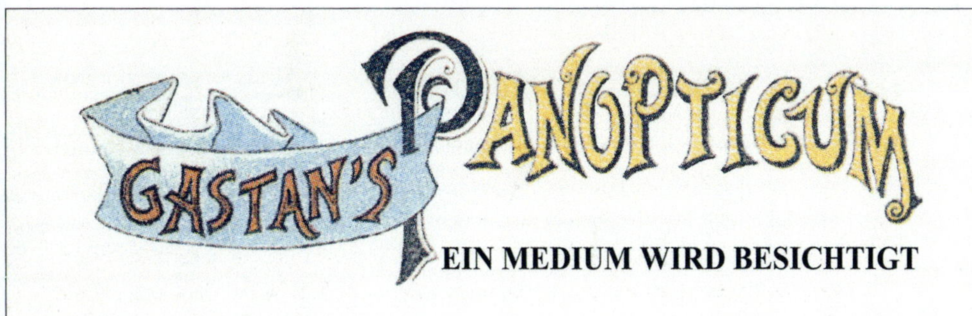

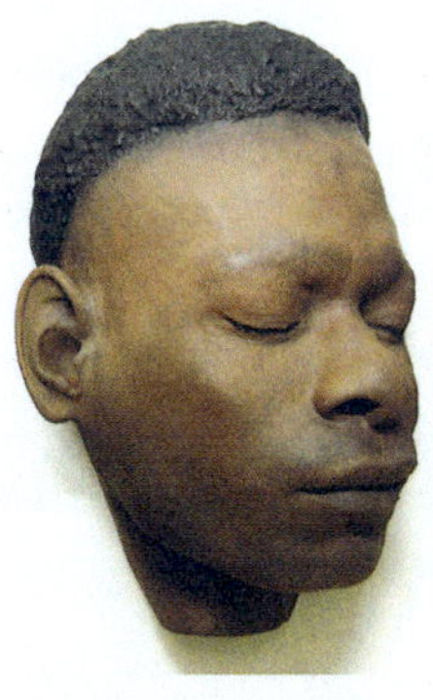

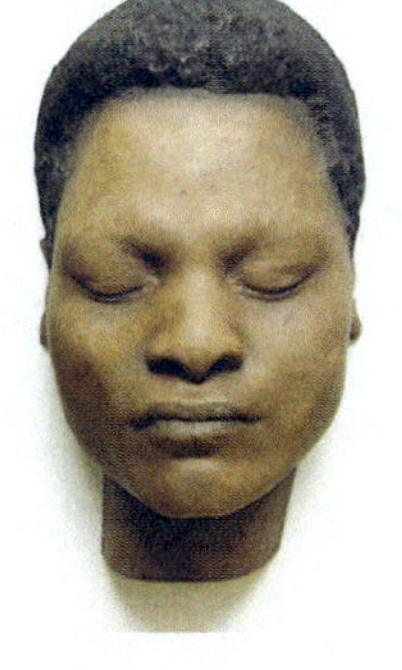

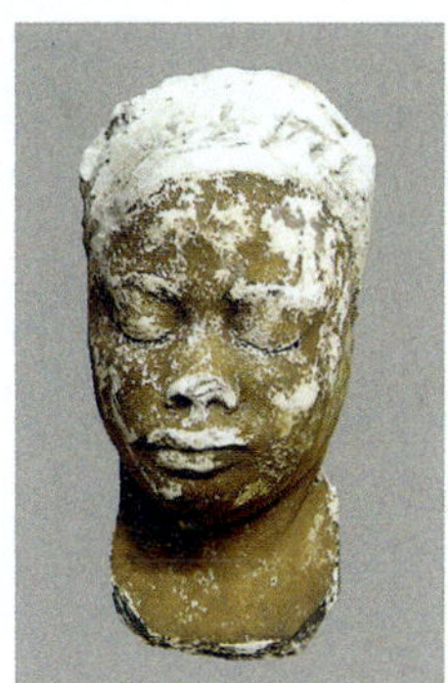

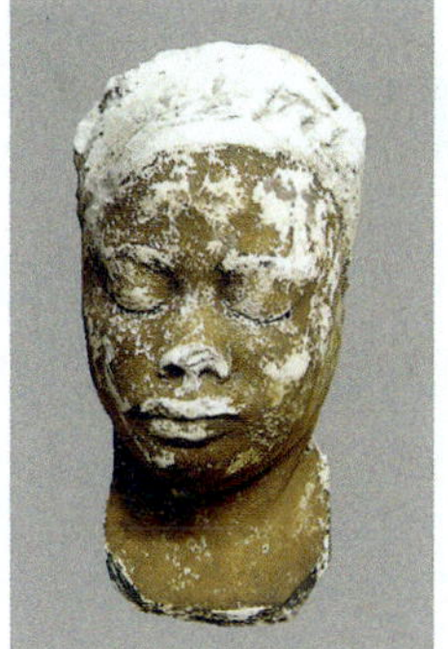

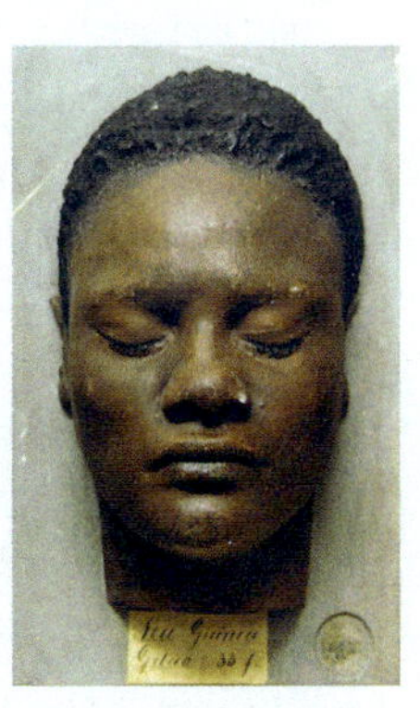

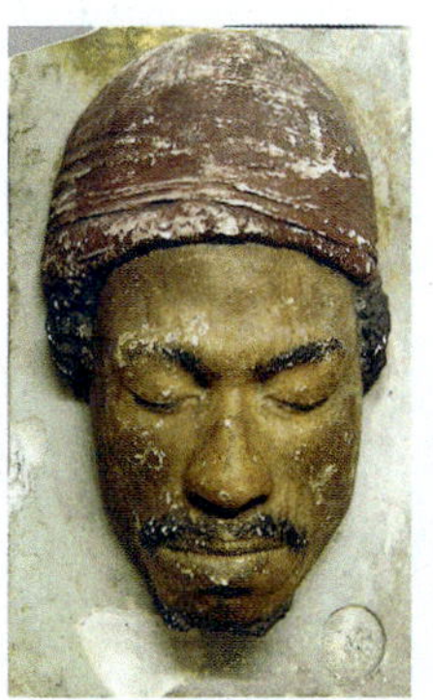

Auf Papua-Neuguinea 1886/88 entstandene, in Castan's Panopticum 1890/94 gefertigte Gesichtsmasken, die in unterschiedlicher Qualität überliefert sind
[Anthropologische Rudolf-Virchow-Sammlung der Berliner Gesellschaft für Anthropologie, Ethnologie und Urgeschichte am Medizinhistorischen Museum der Charité Berlin]

Das Verständnis der afrikanischen oder ozeanischen Maske durchlief im Westen verschiedene Stadien, in denen Sammler, Ethnologen und Künstler eine wechselnde Rolle spielten. Dabei konnte sich eine und dieselbe Maske als Objekt für den westlichen Blick grundlegend verändern, ohne dass sich ihr Aussehen geändert hätte. Selten kam es zu dem Versuch, Masken in einer Kulturgeschichte des Gesichts einen Platz zu geben. Sie blieben ein blinder Fleck in der theoretischen Literatur über das Gesicht, das immer wieder auf die Physiognomie des weißen Mannes bezogen oder in der westlichen Mediengeschichte von der Malerei bis zum Film und darüber hinaus verortet wurde. Fremde Vorstellungen vom Gesicht, wie sie sich in den Masken spiegeln, wurden den Ethnologen überlassen und also ausgegrenzt. Aber auch in der Ethnologie kam es selten zu einer Zusammenschau von sozialer Gesichtspraxis und Maske an einem und demselben Ort.[71]

Auch der Fetischismus, der im 19. Jahrhundert als Begriff Konjunktur besaß, wurde zu einem Hindernis dafür, in der Maske die Repräsentation eines Gesichts zu sehen. Der koloniale Begriff «Fetisch» bedeutete anfänglich nichts weiter als ein fremdes, unverständliches und «gemachtes Ding», für das kein europäischer Begriff taugte und schon gar nicht der Bildbegriff. Fetische wurden dann oft als Zeugen für eine primitive Weltauffassung verstanden, in der unbelebte Objekte eine magische Bedeutung gewinnen konnten.[72] Und die Masken verloren als Sammelobjekte ihre ursprüngliche Funktion an den bloßen Dingcharakter. Karl Marx war mit der anthropologischen Literatur eines Charles de Brosses vertraut, als er die These vom Warenfetischismus entwickelte.[73] Die Analogie lag in der Fetischisierung einer Ware, die vom Käufer oder Sammler bestimmt wurde und nicht vom Objekt selbst. Den stumm gewordenen Fetisch schrieb man der Praxis seiner «primitiven» Herkunft zu, ohne in der westlichen Aneignung den eigenen Fetischismus zu erkennen.

Es ist hier nicht der Ort, um die Umwidmung der Maske zum Werk der «Negerkunst» in jener Richtung der Avantgarde zu verfolgen, die man später mit dem Begriff des «Primitivismus» belegt hat. Es genügt, dazu einen Text aus dem klassisch gewordenen Buch Carl Einsteins zu zitieren, das er 1915 unter dem Titel «Negerplastik» veröffentlicht hat.[74] «Die Maske hat nur Sinn, wenn sie unpersönlich ist, frei von der Erfahrung des Individuums (...) Die Maske möchte ich die fixierte Ekstase nennen (...) Der eigentümlich starre Ausdruck heißt nichts anderes als letzte Intensität des Ausdrucks, befreit von jedem psychologischen Entstehen (...) Noch in den Masken redet die Gewalt des kubischen Schauens.» Hier ist die Maske auf eine ästhetische Erfahrung reduziert, die von der Kenntnis des

Kubismus geleitet war. Vom Gesicht ist nicht mehr die Rede, und ihre Distanz zu jeder Art von Porträt wird als Geburtshilfe der großen Abstraktion gesehen, in welcher die «Geburt» der Moderne gefeiert wurde. Schon im November 1914 eröffnete der Fotograf Alfred Stieglitz in seiner New Yorker Galerie eine Ausstellung mit «Holzskulptur der afrikanischen Wilden» («Statuary in Wood by African Savages») unter dem Titel: «The Root of Modern Art».[75]

1926 wurde in Paris die Galerie Surréaliste mit «Objekten von den Inseln» («Objets des Iles») eröffnet, die mit Arbeiten von Man Ray konfrontiert wurden. Auf dem Cover des Katalogs prangte ein Foto Man Rays, von dem der Künstler behauptete, es zeige den Vollmond auf der Insel Nias hinter einer ozeanischen Statue, die in der Show gezeigt wurde und die von dieser Insel stammte (Abb. 13). Wir haben es hier mit der literarisch-künstlerischen Bewegung zu tun, die James Clifford mit dem Begriff eines «ethnografischen Surrealismus» treffend charakterisiert hat.[76] Im Gegensatz zur Ethnologie betrieb man einen eigenen Kult mit Masken und seltsamen «Objekten», über welche die Literaten eine Deutungshoheit beanspruchten. Hier war jede Barriere von Zeit und Herkunft gefallen, denn die «Objekte» waren einfach «surreal» und daher nicht mehr sicher einzuordnen. Jetzt wendete sich auch das Blatt in der Deutung der Maske, die man kurzerhand dem «Erotischen, Exotischen und dem Unbewussten zuordnete», wie Clifford über die ganze Bewegung schrieb.

Im selben Jahr 1926 entstand Man Rays vielleicht berühmteste Fotografie, die im Titel ein Wortspiel vornimmt: «Noire et blanche», etwa zu übersetzen mit «Die Schwarze und die Weiße» (Abb. 14). Die «Schwarz-Weiß-Fotografie» zeigt sich gleichsam selbst als ein doppeltes Subjekt, als eine Maske und ein Gesicht. Man Rays Modell, Kiki vom Montparnasse, legt ihr eigenes Gesicht wie ein Objekt flach auf den Tisch, während sie eine Baule-Maske von der Elfenbeinküste wie ein Gesicht aufrecht neben sich stellt. Die Differenz von Gesicht und Maske wird bewusst unterlaufen, um den Vergleich anzustrengen zwischen zwei Fetischen. Das Gesicht der Pariserin ist hier ganz Maske, die afrikanische Maske ganz Gesicht. Whitney Chadwick hat daran erinnert, dass Man Ray die Fotografie nicht im Kunst-Kontext, sondern zuerst in der Modezeitschrift «Vogue» veröffentlichte.[77] Der zugehörige Text sprach vom «Gesicht der Frau» (*visage de la femme*), die noch mit «der primitiven Natur» verbunden sei und mit ihrem Geschlecht und ihrer Fremdheit ebenso Schrecken wie Faszination auslöse. Neben der «primitiven» Maske oszilliert das passive und glatte Gesicht der Frau zwischen einem Ding (Handelsobjekt) und der Natur. Dadurch kommt gleich in doppelter Weise

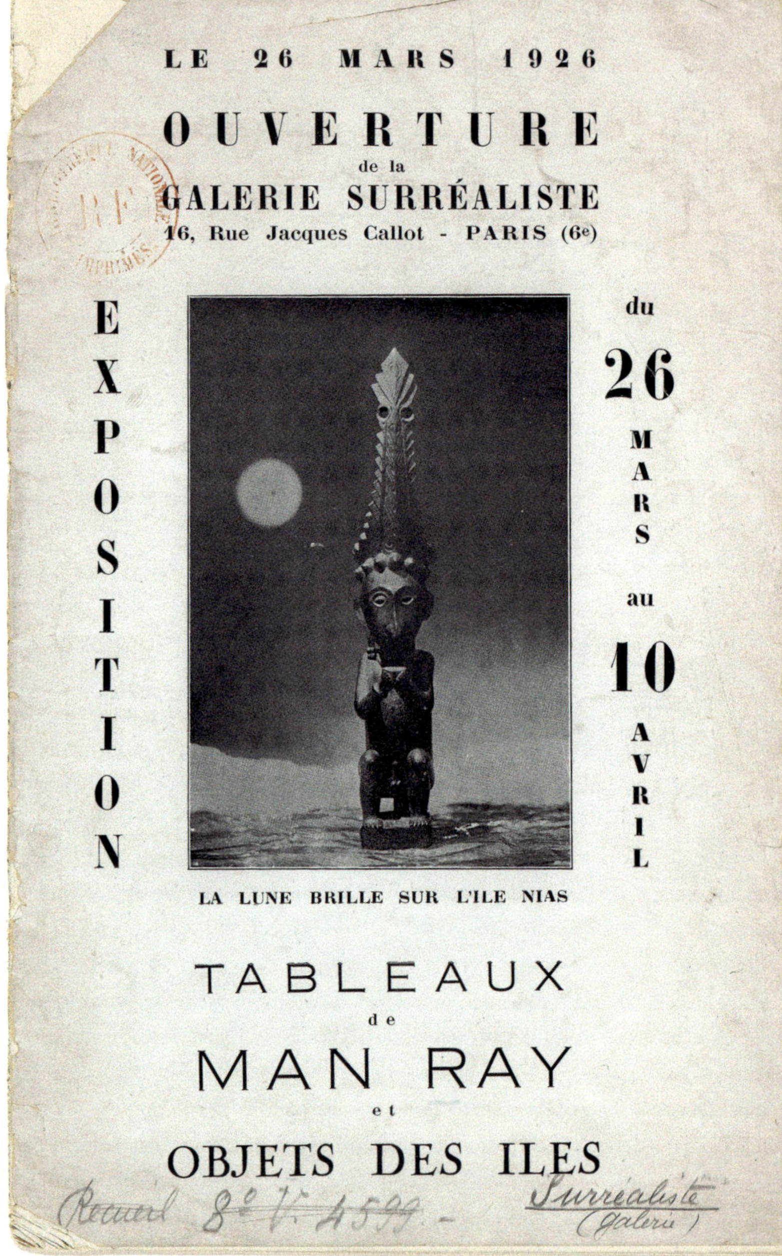

Abb. 13
Cover des Ausstellungskatalogs «Tableaux de Man Ray et Objets des Iles» zur Ausstellung in der Galerie Surréaliste, Paris, 1926

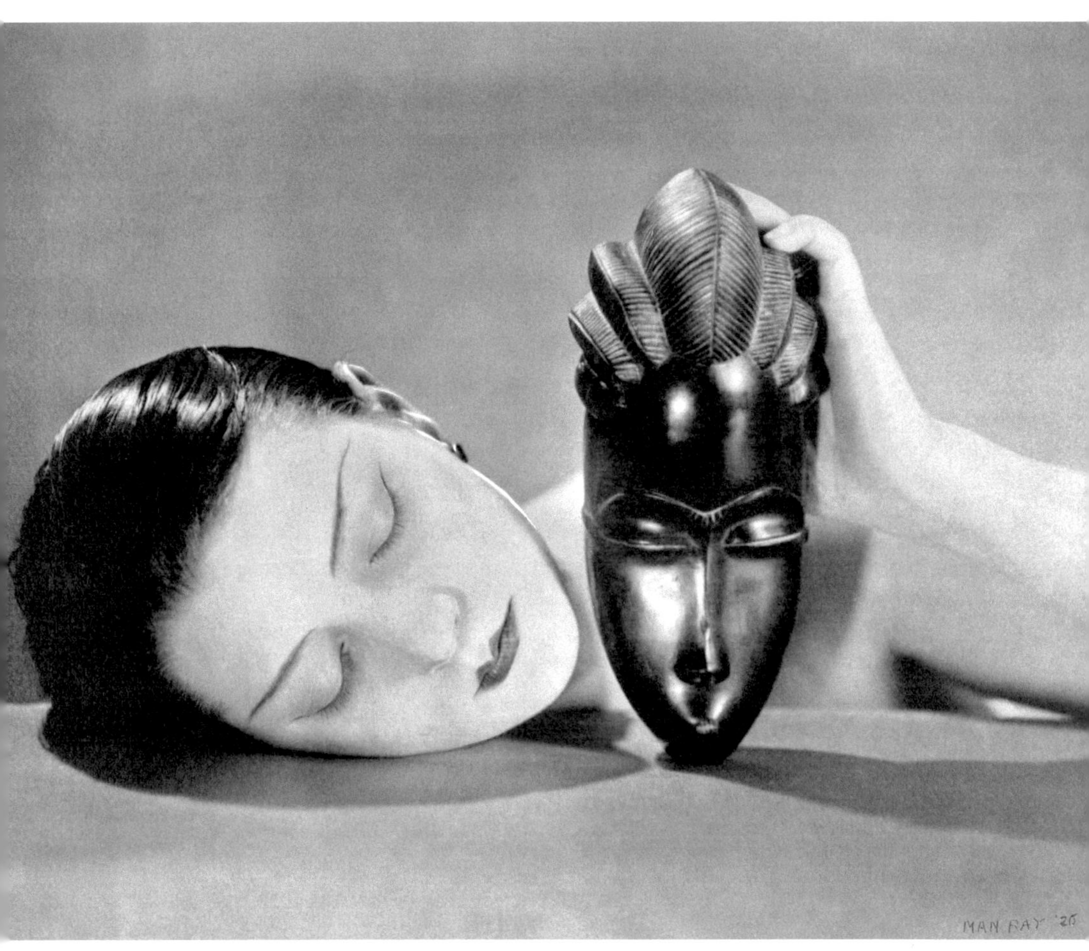

Abb. 14
Man Ray, Noire et Blanche, 1926, Fotografie

der koloniale Umgang mit der Maske ins Spiel, die man mit einer arbiträren Deutung belegte, ohne nach ihrem Ursprung zu fragen. Als das Foto entstand, hatte die «Negrophilie» in Paris Konjunktur. In der «Revue Nègre» im Théâtre Champs-Elysées war Josephine Baker als der gefeierte Star zugleich die Verkörperung der Maske, die man als Sammlerstück kannte. Man Rays Fotografie fasziniert durch die forcierte Ähnlichkeit zwischen einem Gesicht, das als afrikanische Maske tatsächlich ein *Objekt ist,* und einem Gesicht mit geschlossenen Augen, das daneben wie ein schönes, begehrenswertes *Objekt wirkt.* Durch diese Koexistenz entzieht sich die Doppelinszenierung sowohl jeder Aussage über die Maske, die hier dem Sammlerblick unterworfen wird, wie auch jeder Aussage über das Gesicht, das hier auf einen Fetisch der Konsumwelt reduziert ist.

Die Surrealisten sind damals von seltenen Objekten fasziniert, die sich zu «poetischen Objekten» verdichten. Sie sammeln ethnografische Kuriositäten, um sie in ihrem Blick neu zu erschaffen und ihnen eine Existenz in ihrem Universum zu geben. André Breton, das «Haupt» der Schule, war seit den 1920er Jahren in seinem «Atelier» von einer Sammlung umgeben, deren Einheit nur in seinem Blick existierte und deren Heterogenität er souverän negierte.[78] Deshalb ließ er sich immer wieder im Kreis seiner Kunstwerke und Masken fotografieren. Die Sammlung war gleichsam das Spiegelbild seiner inneren Welt. So zwang er auch die Künstlerfreunde, ihre Werke neben Masken und «Fetischen» aufzuhängen. Als das Musée Guimet im Jahre 1960 die Ausstellung «Masques» eröffnete, von der schon bei Lévi-Strauss die Rede war, schrieb Breton noch einmal ein Bekenntnis zu seinem Weltbild, das in dieser Zeit bereits Geschichte geworden war.

Es ist der Text «Phénix du masque», der darauf anspielt, dass die Maske hier wie der Vogel Phönix aus der Asche wieder auferstand.[79] Der Autor beruft sich emphatisch auf ein Maskenbuch aus dem Jahr 1948, in dem der Anthropologe Georges Buraud die Maske auf «das Gesicht der Sphinx» zurückführte. Die Maske, so heißt es da, scheint nicht dem Körper anzugehören, der sie trägt, und ist doch aus ihm geboren und auf ihre Weise Ausdruck seines Geheimnisses. «Die Sphinx ist eine Maske», so wie auch «Frauen an gewissen Tagen eine Maske tragen». Breton erinnert zugleich an Totenmasken wie die «schöne Unbekannte aus der Seine», die uns mit den eigenen Erinnerungsbildern konfrontieren. «Die Maske, für den Primitiven ein Instrument der Teilhabe an den okkulten Kräften der Welt, ist noch nicht am Ende ihrer Karriere angekommen. Nichts davon ist hier schon vergangen.» Wer die Maske aber ohne die «emotionalen Bande» betrachte, die «unsere tiefsten Triebe» berühren, bleibe diesseits «des wahren Problems». Doch was ist «das wahre Problem»? Die Gegenüberstellung des poetischen Essays und der ethnologischen Erklärung von Lévi-Strauss (S. 51), die sich beide auf dieselbe Ausstellung bezogen, zeigt, dass die Deutungen, ob poetisch oder wissenschaftlich, einem gegebenen Diskurs angehören, der sich darin selbst reflektiert. Die Frage nach der Geschichte des Gesichts, die sich in den verschiedenen Kulturen der Masken zeigt, wurde jedoch nicht gestellt.

4. Gesicht und Maske im Theater

Die Maske war in ihrer Geschichte einem Bedeutungswandel ausgesetzt, der aber nicht vom Theater zu trennen ist, seit es überhaupt das Theater gibt. Denn auf der Bühne wandelte sich der uralte Maskenbrauch des kultischen Rituals, mit dem einmal Götter und Ahnen beschworen worden waren. Er kehrte als Darstellung von lebenden Menschen zurück, die als Figuren eines Dramas durch Masken lesbar gemacht wurden. *Die Wahl einer Maske*, die man kannte, war *die Wahl einer Rolle.* In der Neuzeit aber fiel im Drama die antike Maske aus. Dadurch wurde eine *Vergesichtung* des Theaters eingeleitet, in deren Verlauf Gesichter die Rolle von Ausdrucksmasken übernahmen. Selbst in der Commedia dell'Arte, wo Harlekin, ein Typus mehr als eine Person, eine Halbmaske trug, wurde deren Sitz im Gesicht für jedermann durchschaubar. Die antiken Tragödien verlangten in ihren barocken Neuschöpfungen den Charakterdarstellern tiefsten Gefühlsausdruck ab, wozu sie denn ihr Gesicht brauchten.[80] «Die Maske fiel, und langsam trat der Schauspieler mit seiner Person in die Verwandlung ein», wie Helmuth Plessner es in seinem Essay über den Schauspieler formulierte.[81]

Die Unschärfe zwischen Gesicht und Maske erfordert einen genaueren Blick auf den Prozess, in dem sich die Maske dem Gesicht einverleibte und als Gesicht wiederkehrte. Roger Caillois sprach vom «langsamen Verschwinden der Maske als Medium der Verwandlung», doch ist dabei anstelle der Maske das Gesicht zum Medium der Verwandlung geworden, das wie eine Maske gespielt wird.[82] In der Neuzeit ist die Maske eine Rolle, die mit dem ganzen Körper gespielt wird. Das haben wir meist vergessen, wenn wir von einer Maske der Verstellung und Lüge sprechen. Doch war die Einübung des Gesichts nicht möglich ohne die Erinnerung an die Kunstmaske. Die Suche nach der Lesbarkeit des Gesichts, wie sie in der Physiognomik betrieben wurde, setzte synchron mit der Aufführung des Gesichts auf der Bühne ein. Somit verlief die Wechselwirkung zwischen Theater und Leben in doppelter Richtung. Dies wurde dadurch begünstigt, dass das neuzeitliche Theater ein Produkt der höfischen Kultur und ihrer Verhaltensregeln war. Man spielte auf der Bühne so, wie man sich am Hof verhalten sollte.

Seit auf der Bühne keine Kunstmasken mehr getragen wurden, verkörperte der Schauspieler die Figur oder Rolle, die er spielen sollte, mimisch und im Sprechstil mit dem eigenen Gesicht, das er wie eine Maske einsetzte. Das Publikum wurde daran gewöhnt, Gesicht und Maske auf einer und derselben Oberfläche wahrzunehmen. Es applaudiert seither einem Schauspieler, dem die Rolle so gut gelingt, dass sein eigenes Gesicht eine Maske wird. Auch die Stimme des Schauspielers ist an dieser Verwandlung beteiligt, denn sie wird als eine akustische Maske eingesetzt, welche die Unterscheidung von Gesicht und Maske erleichtert. Das *Schauspiel* blieb eine Erinnerung an das alte *Maskenspiel*, denn es lebt von der Rollenmaske.

Helmuth Plessner sprach von einem «Bildentwurf», wenn sich der Schauspieler in der Darstellung seiner Rolle selber zum Bild macht.[83] Aber die Bildfrage, die Plessner so wichtig war, kommt zu kurz, wenn sie nicht auch das Gesicht einbezieht, das sich erst auf der neuzeitlichen Bühne in eine lebende Maske wandelte. Die Maske ist die Rolle, aber sie wird mit dem echten Gesicht gespielt. Gerade im Gesicht zeigt sich die «Abständigkeit des Menschen zu sich». Das heißt, dass er sich mit dem eigenen Gesicht als jemand anderen darstellen und sich folglich «exzentrisch» verhalten kann. Im Schauspieler erkannte Plessner die «Bildbedingtheit» des menschlichen Daseins, das in Nachahmung und Spiel besteht. Das gilt auch für die Zuschauer, wenn sie die Rolle im Schauspieler anerkennen und sein Gesicht für echt halten.

Im Maskenspiel waren in der Antike feste Regeln ausgebildet worden, die ebenso wie feste Typen von Masken die Handlung für das Publikum transparent machten. Die Träger führten ihre Masken als lesbare Zeichen auf. Dieselbe semantische Erwartung bemächtigt sich in der Neuzeit des Gesichts im Theater wie auch im öffentlichen Leben, zwischen denen sich ein neues Verhältnis entwickelt. Im Leben lieferte sich das Gesicht einer Gesellschaft aus, die daran den Charakter ablas und den Träger an sozialen Normen maß, die auf der Bühne außer Kraft gesetzt waren. Als Beute der öffentlichen Aufmerksamkeit konnte sich das Gesicht in der Öffentlichkeit nicht *verstecken*, sondern nur *verstellen*, also eine Maske benutzen. Im Neostoizismus des 17. Jahrhunderts kommt es zur paradoxen Formulierung einer «ehrenhaften oder erlaubten Verstellung» (*dissimulazione onesta*), wie der Titel eines 1641 veröffentlichten Werkes lautet.[84] Darunter verstand man den legitimen Widerstand gegen den Übergriff der Öffentlichkeit auf das eigene Gesicht.[85] Für Justus Lipsius, den holländischen Philosophen, mochte «es einer schönen Seele zwar missfallen, wenn sie ausruft: *Verbannt seien Täuschung und Verschleierung aus der menschlichen Existenz.* Im Privatleben gewiss, aber gerade nicht im öffentlichen Leben, denn dies wäre selbst für jenen unmöglich, der die ganze Republik in Händen hält».[86] Im Theater ging es jedoch entweder um den Ausdruck der Gefühle, der lesbar und deshalb ohne Maske gespielt werden musste, oder umgekehrt um Freiheiten, die nur in Verkleidung aufgeführt werden konnten.

Um das Weiterleben der Maske in der Neuzeit in den Blick zu nehmen, empfiehlt sich zunächst ein Rückblick auf die Antike. Konsultiert man den antiken Sprachgebrauch, so trifft man auf zwei Redeweisen über Maske und Gesicht, die sich diametral widersprechen. Im Griechischen war der Begriff für Maske und Gesicht ein und derselbe, während die Lateiner Maske und Gesicht begrifflich voneinander trennten. Darin treten zwei ganz verschiedene Denkweisen zutage, die sich beide an das Theater anschlossen. Das griechische Wort *prosopon* bedeutet das *gesehene Gesicht*, das «vor den Augen liegt». Gesicht ist dasjenige, was sich dem Blick eines anderen erschließt.[87] Deswegen steht der Begriff für das Gesicht als Objekt des Blicks gewissermaßen im Akkusativ. *Sicht* und *Gesicht* wurden untrennbar. Die Maske aber *wurde* das Gesicht des Schauspielers, von dem sie getragen wurde. Es waren ja seine echten Augen, mit denen die Maske blickte. Die Totenmaske fehlt bei den Griechen, die ihre Toten den Blicken eilig entzogen und verbrannten. Das Gesicht stürzte den Blick in eine Krise, wenn es entstellt war. In der späten griechischen Literatur kommt es offenbar zu einer Reaktion auf das römische Theater und seine Begriffe: wenn von einer Kunstmaske *(prosopeion)* die Rede ist, die vom «echten Gesicht» *(autoprosopos)* oder vom «nackten» *(gymnos)* Gesicht unterschieden wird. Doch umspielen diese Sprachbildungen alle den gleichen Begriff. Der Kirchenvater Gregor von Nazianz wetterte gegen die bereits anrüchigen Theatermasken, die «mit unpassenden Farben» die Schöpfung Gottes übertünchten. Man solle, statt Masken *(prosopeia)* zu tragen, sein Gesicht *(prosopon)* zeigen, das doch ein Bild Gottes sei.[88] Hier sind wir bereits in einer Zeit, in der das Theater auf weltanschauliche Vorbehalte stieß.

Peter Hall, der Gründer der Royal Shakespeare Company, wählte für seine Clark Lectures den Titel: «Exposed by the Mask».[89] *Exposed* ist ein Paradox für Masken, die verbergen. Für Hall aber offenbarte die Maske eine «Quintessenz der Emotionen». Sie diente als Medium für den Ausdruck ebenso in der machtvollen Überschreitung der Natur wie in der Übersetzung von Leben in Kunst. «By hiding, we reveal.» Die Griechen, so Hall, führten die Maske ein, um damit Theater und Leben zu trennen. Durch ihre strenge *Beherrschung* des Ausdrucks, eines einzigen Ausdrucks, hatte die Maske mehr Autorität als das *unbeherrschte* Gesicht und wurde eine Projektionsfläche für die Imagination *(tool of the imagination)*, solange das Spiel dauerte. Sie kam nur in Frontalansicht zum Einsatz, denn sie wandte sich direkt an das Publikum. «The mask is therefore always presented to the audience, telling the story of the character.»[90] Der Unterschied zur Neuzeit besteht nach Hall darin, dass die Maske jetzt unsichtbar getragen wird. Der Schauspieler benutzt seinen Text, bei Shakespeare die Versform, als Maske. Er bringt diesen Text in seinem Auftritt so vollständig zum Ausdruck, dass er selbst zur Maske wird: «The mask becomes him.»[91] Deswegen geht Hall mit dem Schreien im heutigen Regietheater, das den Text vergewaltigt und die Maske abreißt, unbarmherzig ins Gericht. In der Tat hat das Theater heute «den Zeichencharakter von Darstellung zwar nicht abgelegt, aber begonnen, ihn zu verleugnen».[92]

Generell gilt für die griechische Maske, dass sie nicht etwa verhüllt, sondern dasjenige Gesicht zeigt, das eine Figur im Theater erst erschafft. Eine Ausnahme war der Auftritt des Dionysos. Er wurde in der Maske eines lydischen Fremdlings gespielt, der Theben besucht. Dionysos, in dessen Namen die Athener Theater machten, wurde im Kult in einer Maske, einem *prosopon*, verehrt, die an einer mit Efeu umwundenen Säule hing. Im Theater wurde sie in einer Leinenreplik benutzt, wie Erika Simon ausführt.[93] Jean-Pierre Vernant, der Anthropologe am Collège de France, beschrieb die Dionysos-Maske am Beispiel der «Bakchen», dem letzten Stück des Euripides. Hier verkörpert der Fremdling den Gott mit dessen lachender Maske in einem tragischen Kontext. Für Vernant war in diesem Sonderfall die Einheit von Träger und Maske aufgehoben. «Dionysos offenbart sich im Verbergen und wird ansichtig, indem er sich verhüllt *(en se dissimulant)*.»[94]

Nur wenige der griechischen Masken, die aus fragilem Material bestanden, haben sich erhalten. Darunter beansprucht ein Fund aus der Zeit um 500 v. Chr., als in Athen die Theatergeschichte begann, den ersten Rang (Abb. 15). Die Maske aus gebranntem Ton, heute im Museum von Syrakus, stammt aus Megara Hyblaea, einer der ältesten griechischen Kolonien Siziliens.[95] Alles in diesem Gesicht konzentriert sich auf den aufgerissenen Mund und die bohrenden Augen, also auf die Öffnungen, hinter denen der verborgene Schauspieler agierte. Der Sprechakt des großlippigen, vorgewölbten Mundes, eines Trichters wie ein Lautsprecher, ist ebenso apostrophiert wie die Blickmacht der scharf ausgeschnittenen Augenhöhlen, die wie unergründliche Pupillen wirken. Die Maske, welche ein Gesicht in Aktion darstellt, ist kein Ableger der archaischen Statuengesichter, deren Stilisierung nur ein starres Lächeln zuließ, sondern ganz für die Aufführung erfunden und ohne sie stumm. Es fällt schwer, sie einer bestimmten Gattung der Bühne zuzuordnen, weil sie den Ausdruck dem Schauspieler überließ. Diese Maske befreit sich von der Distanz, welche die Götter- oder Ahnenmasken des Kults er-

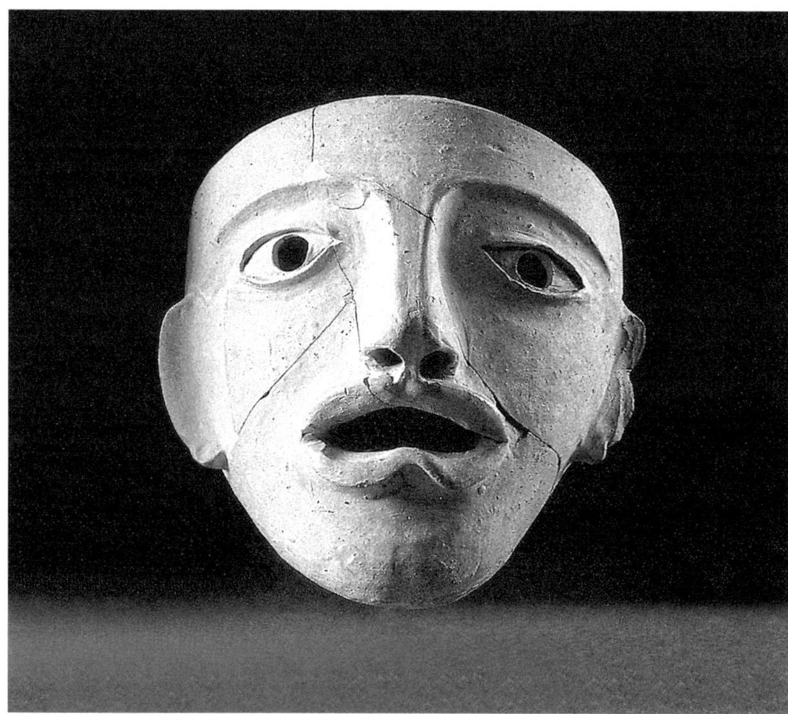

Abb. 15
Theatermaske aus Megara Hyblaea, 5. Jh. v. Chr., Syrakus, Archäologisches Museum

zwangen, und gibt auf der Theaterbühne erstmals dem lebendigen Menschengesicht, dessen Ausdruck sie überhöht, den Vorrang. Sie ist im wahrsten Sinne anthropomorph, wie es auch die Geburt des Schauspiels aus dem Kult war, wenn man auf der Bühne das Schicksal von Menschen im Konflikt mit den Göttern sah. Und sie ist so sehr Gesicht und nichts anderes, dass die Gleichsetzung von Gesicht und Maske in der griechischen Sprache in diesem Werk evident wird.

Für die römische Theatermaske hat Peter Hall nur harsche Worte. Während die griechische von der Emotion des Schauspielers getragen worden sei, hätten die Römer nach festen Typen verlangt, Masken für Gut oder Böse, Tragisch oder Komisch (Abb. 16).[96] Und doch verdanken wir den juristisch denkenden Römern subtile Unterscheidungen von Maske und Gesicht. Die römische Maske wurde *persona* genannt, was auf ihren Sprechakt anspielt.[97] Denn für das «Durchtönen» *(per-sonare)* der Stimme benutzte der Schauspieler in der Maske ein Sprechrohr. Allerdings ist diese Ableitung zwar nicht bei den Römern, doch unter modernen

Philologen umstritten. Für das Gesicht besaßen die Römer zwei andere Begriffe, die beide auf die Maske nicht anwendbar waren. Die *facies*, die im modernen *face* noch aufscheint, meint das natürliche Gesicht, das untrennbar zu seinem Träger gehört, im Unterschied zu *vultus*, dem bewegten Gesicht mit dem Mienenspiel.[98] Die Maske war deshalb ein Gesichtsausdruck ohne das natürliche Gesicht *(facies)* und seine Mimik. Stellte man in der römischen Kunst Masken dar, so machte man dahinter Augen und Mund des Schauspielers sichtbar, wodurch die Maske einem Gesicht aufgesetzt erschien.[99]

Der römische Redner *(orator)*, der auf dem Forum sein Plädoyer vorbrachte, trat mit seinem eigenen Gesicht und mit eigener Rede auf, während der Schauspieler auf der Bühne das Reden «imitierte» und dadurch falsifizierte. Im Gesicht des Redners mussten sich Seelenbewegung und Charakter zeigen.[100] Die Totenmasken, die bei den Griechen unbekannt waren, stellen in Rom einen Sonderfall dar. Sie werden weder als Gesicht noch als Maske bezeichnet, sondern als *imago.*[101] Auch sie wurden von Schauspielern getragen, aber nicht im Theater, sondern bei Begräbnissen. Die Totenmaske bildete das natürliche Gesicht *(facies)* des Toten im Abdruck als *forma* ab und unterschied sich dadurch grundsätzlich sowohl vom lebenden Gesicht, von dem sie ein Double herstellte, wie auch von der Theatermaske *(persona)*, da sie ein Bild der Erinnerung war.

Persona konnte auch die Person im juridischen Sinn bezeichnen, und Cicero stellte den Bezug zur Rolle her, als er im Sinne der stoischen Philosophie forderte, man müsse im Leben eine Rolle wählen und dann im Rahmen dieser Rolle handeln. Aber erst die Theologen sorgten dafür, dass sich *persona* als Rollenbegriff in der Spätantike vom Theater löste. Man muss diese theologische Episode erwähnen, weil damit die Bedeutung der Theatermaske aus dem Wort *persona* verschwand und sich das Begriffsfeld verschob. *Persona* wurde zum Betriebsgeheimnis der Christus-Lehre. Die lateinischen Kirchenväter einigten sich darauf, den Gottessohn als «Maske» *(persona)* oder Rolle der göttlichen Natur zu definieren, die der Mensch Jesus so aufführte wie ein Schauspieler seine Maske oder Rolle.[102] Christus war gerade keine reguläre Person, sondern eine Rolle für zwei Naturen (die göttliche und die menschliche). Während die Griechen mit dem Begriff der Hypostase operierten, lösten die Lateiner das theologische Problem mit dem Rollenbegriff der Maske, der im Theater aus dem Verkehr gezogen wurde.[103] Die antiken Theater wurden ohnehin bald geschlossen und traten ihre Bedeutung an den kirchlichen Kultus ab. Dadurch riss die Kontinuität der antiken Theaterpraxis auch in der Sprache ab.

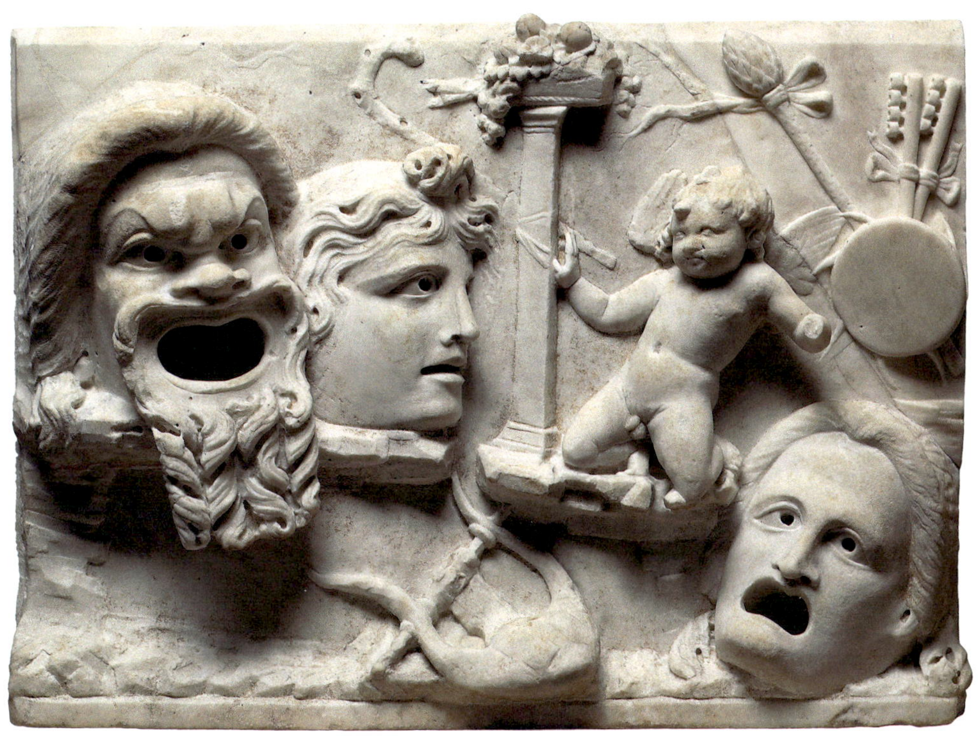

Abb. 16
Maskenrelief,
2. Jh. n. Chr., Wien,
Kunsthistorisches
Museum, Antikensammlung

So legten die Theologen also die Grundlagen zu unserem Personenbegriff.[104] Das antike Wort für Maske lebt zwar heute in der Rede von der Person weiter, doch hat sich dieser Begriff dabei von der Bedeutung als Maske weit entfernt. Nur im Englischen ist die *persona* noch eine Erinnerung an die einstige Bedeutung. Die Maske aber wurde, als das Theater wieder praktiziert wurde, durch einen neu eingeführten arabischen Begriff, nämlich *mashara*, bezeichnet, der in Italien als *maschera* auftaucht. Die Frage lautet hier nicht, warum man einen arabischen Begriff wählte, sondern, wie Richard Weihe zu Recht bemerkt, warum man für den antiken Begriff einen Ersatz suchte.[105] Die Antwort liegt nahe. Der lateinische Begriff stand nicht mehr zur Verfügung, weil er mit neuen Bedeutungen besetzt war und nicht mehr dem Theater entsprach. Nur die ebenfalls lateinische «Larve», die wir heute noch in der Rede vom «Entlarven» im Munde führen, hielt sich im Sprachgebrauch der Neuzeit, doch besaß sie nicht die Autorität der Maske als Zeichen für das Gesicht.[106] Dieser Befund zeigt, dass die Neuzeit im Diskurs über

Gesicht und Maske noch einmal von vorne beginnen musste. Die rituelle Maske war überhaupt aus dem Blick geraten, so dass man ihr in der Kolonialzeit als Exotikum verblüfft begegnete. So entwickelte sich ein negatives Verhältnis zur Kunstmaske, die Goldoni sogar in der Commedia dell'Arte zugunsten der «wahren Charaktere» verbannte. Im Gegenzug rückte das Gesicht, als Träger sozialer Rollen und natürlicher Affekte, im Theater in den Vordergrund. Masken galten nun als falsch und trügerisch, denn sie waren ein Verrat am Gesicht.

Das mittelalterliche Theater entwickelte sich im Schatten des kirchlichen Kultus und war oft nur eine andere Form von Liturgie, in die es meist eingeschoben wurde. Erst in der Renaissance entstand das Theater in unserem Sinne, als säkulares Theater, wobei man sich auf das antike Theater berief, das man aber nur mehr aus Texten kannte. In dieser historischen Wende kehrte die antike Maske auf der Bühne der Neuzeit nicht zurück. Vielmehr schrieb sie sich nun dem lebenden Gesicht ein, das auf diese Weise zur Oberfläche aller gewünschten Masken wurde. Statt ein separates Attribut zu sein, wurde die Maske im Gesicht verinnerlicht, auf dem sie sich nach Belieben oder Notwendigkeit wechseln ließ. Deshalb zog das Gesicht in der europäischen Kultur der Neuzeit den Zeichencharakter auf sich, der in anderen Kulturen auf künstliche Masken übertragen wird. Die Verwandlung in die Maske zwang den Schauspieler dazu, über die Mimik in seinem Gesicht Kontrolle zu gewinnen. Der Ausdruck *ist* nun die Maske, weshalb das Gesicht sie erzeugen kann. Was aber war von der Wahrheit der Gesichter im Leben zu halten? Bald suchte man in der Physiognomik nach einer verlässlichen Methode, um Ausdruck und Träger auf einer und derselben Oberfläche unterscheiden zu können. Menschenkenntnis hieß jetzt, sich von den Masken nicht mehr täuschen zu lassen, die im Gesicht erzeugt wurden.

Die Humanisten aber griffen auf den römischen Maskenbegriff zurück, als sie mit der Idee eines autonomen Selbst spielten, das in der Gesellschaft noch gar nicht gelebt werden konnte und wohl gar nicht zu leben ist. Sie brachten die antike Maske im Sinne einer gelebten Rolle ins Spiel, die der Selbststilisierung oder dem *self-fashioning* diente, wie es Stephen Greenblatt nannte.[107] Das Selbst barg damit in sich den Widerspruch zwischen dem *Selbst-Sein* und dem *Sich-selbst-Zeigen* als Rollenverhalten. Das wahre Selbst konnte nur verborgen sein, und das Gesicht wurde seinerseits zur Maske, mit der das Selbst geschützt wurde. In der höfischen Gesellschaft war die Maske als Ausdruck und Sprache eine Anpassung an die geforderten Verhaltensregeln. Erasmus von Rotterdam erläutert diesen Gedanken in seinem satirischen «Lob der Torheit», in welchem er das menschliche

Leben «mit einer Art von Komödie *(fabula)*» vergleicht. Man solle nur einmal versuchen, den Schauspielern auf der Bühne ihre Masken *(personas)* abzureißen und ihre echten Gesichter *(facies)* sichtbar zu machen. Dann würde kein Gesicht mehr zur Rolle passen. Auch im Leben agiere man im Schutz von Masken *(personis)*, die einen stets so aussehen ließen, wie es gerade zur Rolle passe. Das bleibe immer so, bis man von der Bühne des Lebens abtreten müsse.[108]

Erasmus spricht hier zwar vom antiken Theater, aber weist, ohne es zu wollen, auf das Theater der Neuzeit voraus, in dem man den Schauspielern keine Masken herunterreißen konnte, weil sie keine mehr trugen. «Ihre lebendigen Gesichter» mussten jetzt, um noch einmal Erasmus zu zitieren, «zur Maske passen», ja wurden zu unsichtbaren Masken, in die sich das sichtbare Gesicht verwandelte. Gerade dadurch wurde ein neues Spiel mit der Maske eröffnet, das dem Publikum bei jedem Wandel des Ausdrucks gespannte Aufmerksamkeit und Teilnahme abverlangte. *Eine Maske zu spielen* war schwieriger und aufregender als *eine Maske zu tragen*, denn man hatte auf die vorgefertigte Maske, die einen festen Typus verkörperte, verzichtet. Diese Rolle hatte ein Vorspiel an den Höfen. Erasmus hatte in der höfischen Gesellschaft ein *Spiel mit der Maske* erkannt, das den Träger zum Schauspieler seiner selbst machte. Dieses Spiel hatte keinen Text und keine Zeitdauer, sondern endete erst mit dem Leben. Das Selbst, so sehr es gepriesen wurde, konnte gesellschaftlich nur in der Maske gelebt werden.

Die *masque* hingegen war im Zeitalter der Stuarts eine Bühnengattung, in der gar keine Masken getragen wurden. Die kurzlebige Gattung bestand aus einer prunkvollen Einlage während des Schauspiels, in welcher das gesprochene Wort neben Musik und Tanz fast unterging. Die *masquers* gaben sich durch ihr Kostüm und ein Attribut zu erkennen, wenn sie wie «lebende Bilder» auftraten oder zur Musik tanzten. Ein Franzose der Zeit bemerkt, dass diese Bühnenform «fast allein für die Augen bestimmt war».[109] Dabei hatten die höfischen *masques* zugleich eine diplomatische Bedeutung, weshalb sogar der Monarch auf der Bühne erscheinen konnte, und boten für die Repräsentation des Hofes einen festlichen Rahmen. Das Banqueting House in London, das Inigo Jones 1619 für James I. in Whitehall erbaute, war zugleich Thronsaal und Aufführungsort solcher *masques*. Darauf spielt ein Fries von Masken an, der sich über den Fenstern rings um den Innenraum zieht. Inigo Jones schuf auch die Bühnenbilder und entwarf die Kostüme der *personages*, die in zahlreichen Zeichnungen überlebt haben.[110] Diese lassen keinen Zweifel daran, dass die *masquers*, auch wenn sie als Personifikationen von Wertidealen oder menschlichen Rassen in abenteuerlicher Ausstattung auftraten,

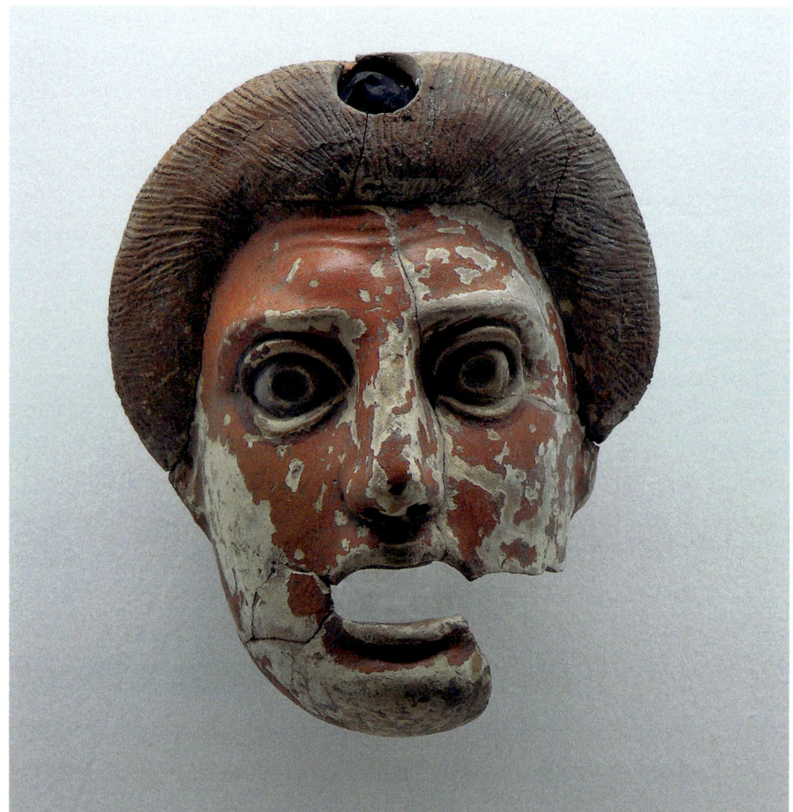

Abb. 17
Maske vom Typ «schöner junger Mann», 2. Jh. v. Chr., Lipari, Archäologisches Museum

ohne Gesichtsmaske auf der Bühne standen. Ein Beispiel liefern die Zeichnungen für die Aufführung des «Temple of Love» (1635), auf welchen die Königin Indamora und ihre Magier zu sehen sind (Abb. 18 a und b).[111] Im «Sturm» spielt Shakespeare auf die Gattung an, indem die Geister unter Prosperos Regie zur Verlobung von dessen Tochter als Theater im Theater eine höfische *masque* aufführen (S. 31). Wenn sie sich in Ceres, Juno und Iris verwandeln, dann genügte dafür zu Shakespeares Zeit im Allgemeinen ein Kostümwechsel und eine andere Sprechweise.[112]

In den französischen Dramen des 17. Jahrhunderts trugen die Heroen oder Personen des Mythos im echten Gesicht die Maske der Rolle. Diderot weist in einem berühmten Essay auf das «Paradox» hin, dass Schauspieler auf der Bühne nicht wütend zu sein brauchten, wenn sie Wut spielten. Wenn sie im Theater «ihre Maske absetzen und wieder aufsetzen *(déposer et reprendre)*», tun sie das beide Male mit dem echten Gesicht.[113] Für die «Maske ihrer verschiedenen Gesichter» brauchen sie nur die *Kunst*, für die ihnen «die *Natur* das eigene Gesicht» verliehen hat. Diderot war, wie Richard Sennett schreibt, «der erste, der die Darstellung als eigenständige Kunstform verstand, unabhängig von dem, was dargestellt werden sollte».[114] Es geht dabei um das Pathos der Distanz, denn Emotionen waren auf der Bühne nur eine Rollenaufgabe. In ihrem Ausdruck mussten sich die Darsteller «*unnatürlich* verhalten», um die Form zu meistern, die wir Rolle nennen, und dabei das *natürliche* Gesicht als eine virtuose Maske einsetzen.

Der Abbé d'Aubignac spricht in seinem Traktat über die Praxis des Theaters, den er 1657 veröffentlichte, von der Täuschung *(tromperie)*, die das Hauptziel des Theaters sei. Diese «ingeniöse Magie» beraube die Zuschauer, die als abwesend vorgestellt werden, ihrer natürlichen Wahrnehmung. Eine Komödie zu erleben, laufe beim Publikum auf einen Prozess der *aliénation mentale* hinaus, als ob man nicht im Theater wäre. Der Vorhang, den es in Paris erst seit 1640 gab, trug dazu bei, dass, wenn er geöffnet war, Realität und Fiktion nicht mehr unterscheidbar waren. Die Komödie half dazu, dass man aus der vorausgehenden Tragödie wie aus einem Traum erwachte, sich also von der eigenen Teilnahme am Spiel in einem befreienden Lachen wieder löste.[115]

Die Texte der großen Dramen dieser Zeit enthalten, auch wenn sie antike Stoffe oder Vorbilder wiederholen, genug Hinweise auf die Bedeutung des Gesichts und seinen Ausdruck. Jean Racine stellte 1677 seinem Stück «Phädra» ein Vorwort voran, in dem es heißt, er habe den Stoff einer Tragödie des Euripides entnommen. Doch ist seine Konzeption des Schauspielers eine ganz moderne. Die Schauspieler wechseln ständig den Ausdruck und versuchen, sich gegenseitig zu täuschen oder sich zu verbergen in dem, was sie sagen und wie sie es sagen. Zwischen ihrer Rede und ihrem Gesichtsausdruck eröffnet sich eine permanente Spannung. So spricht im ersten Aufzug Hippolytos davon, er wolle seiner Stiefmutter nicht mehr das Gesicht zeigen, das diese hasse *(un visage odieux)*. Phädra, die in ihn verliebt ist, ohne es zeigen zu dürfen, klagt bei ihrer Amme darüber, dass «Röte mir das Gesicht bedeckt» und «meine Augen sich wider Willen mit Tränen füllen. Wenn immer ich ihn sah, errötete oder erblasste ich bei seinem Anblick *(je rougis, je pâlis)*».[116] Erröten oder Erblassen konnte man nur im eigenen Gesicht.

Peter Hall erkennt in Shakespeares Theater eine Art Partitur *(score)* am Werk, denn der Text sei genau eingerichtet *(scored)* worden, um als Maske einer «natür-

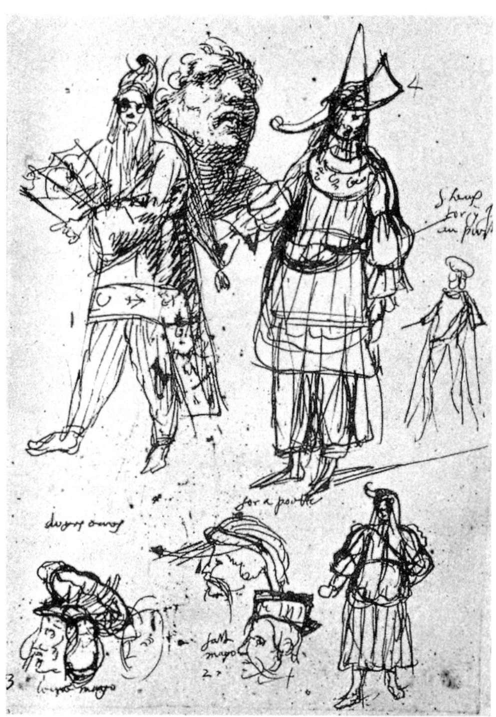

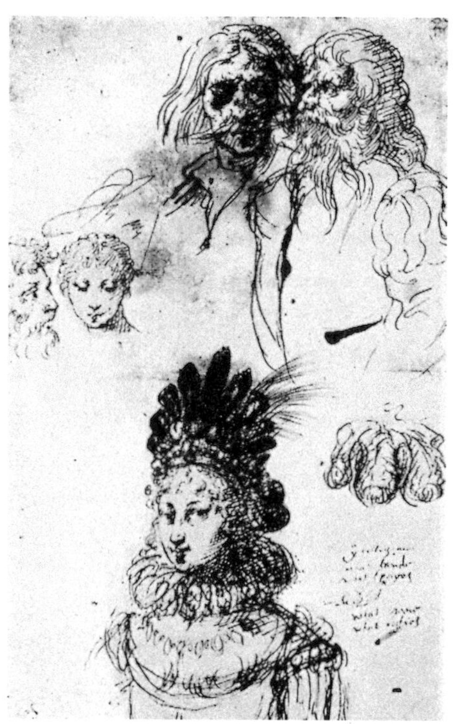

Abb. 18 a und b Inigo Jones, Schauspieler im «Temple of Love», 1635, Chatsworth, The Devonshire Collection

lichen Rede» zu dienen.[117] Den Schauspielern, die keine Kunstmaske trugen, sei dabei die Aufgabe zugefallen, ihr Gesicht in Einklang mit dem Sprechstil *(spoken word)* und dem Auftritt *(acted word)* zu bringen.[118] Das bemalte Gesicht hat dagegen auf der Bühne in Shakespeares Zeit eine negative Bedeutung gewonnen. Die Schminke löste als Firnis des Bösen und Hässlichen – so bei dem weiß geschminkten Gesicht des Teufels – moralischen Tadel aus. Sie diente als Täuschung auch der Mitspieler auf der Bühne. In Shakespeares «Timon von Athen» verraten die bemalten Gesichter dem Publikum das falsche Spiel von Timons Freunden. Hamlet erblickt in dem geschminkten Gesicht Ophelias eine trügerische Maske statt desjenigen Gesichts, das Gott ihr gegeben habe.[119] Gesichtsbemalung galt als eine neue Art von Maske, die sich betrügerisch an die Stelle des echten Gesichts setzte. «In Masken geht die Zeit», sagt der Haushofmeister im «Timon von Athen», und Lady Macbeth fordert ihren Mann auf, «zeitgemäß» zu schauen, wenn er «die Zeit betrügen» wolle, was dieser als Aufforderung zum «Falschgesicht» versteht.[120]

Selbst in der *Commedia dell'Arte* mit ihren Halbmasken wurden die guten Schauspieler dafür bejubelt, was sie aus der Rolle machten, die in jedem Stück als Typus vorkam. Sie traten ihre Karriere in Konkurrenz zur Maske an. Der Triumph über die Maske bestand darin, einen Typus in eine Person zu verwandeln. Bei Goldoni entfiel die Maske ganz, um Menschen durch das echte Gesicht darzustellen.[121] Doch schon Molière suchte für seine Komödien Figuren zu entwickeln, die sich aus den Stereotypen der Maskenrolle und der Pantomime lösten, und schrieb neuartige Sprechrollen für das echte Gesicht. Die Zuschauer waren deshalb erstaunt, was alles sich mit dem Gesicht ausdrücken (und ebenso verbergen) ließ. Denn hier wurde eine lebende Maske im Handumdrehen gewechselt. So heißt es in dieser Zeit von einem Schauspieler, man habe «noch niemanden sein Gesicht so gut demontieren sehen», denn er habe es «in einem einzigen Stück mehr als zwanzig Mal gewechselt».[122]

Im Porträt wurde dann die Maske zum paradoxen Attribut des beruflichen Schauspielers, der auf der Bühne keine Maske mehr trug. Porträts von Schauspielern waren ohnehin ein Paradox, denn wie sollte man ein Gesicht festhalten, das beliebig viele Rollen spielte und jedes Mal anders aussah? So stellte Domenico Fetti ein Mitglied der Mantuaner Schauspieltruppe, Franceso Andreini, um 1611 in Rom mit einer schwarzen Dreiviertelmaske dar.[123] Ebenfalls mit einer Maske in Händen präsentierte um 1599 Agostino Carracci den Schauspieler Giovanni Gabrielli, der sogar in einem und demselben Stück verschiedene Rollen spielen konnte, als «Comicus, genannt Sivello» (Abb. 20).[124] Die Inschrift spricht davon, Sivello habe «ganz allein» *(solus)* «alle Rollen» *(instar omnium)* gespielt. Der Blick aus dem Bild scheint den Betrachter zu fragen: Wer bin ich denn? Existiere ich überhaupt ohne Rolle? In einem späteren Text heißt es von dem Schauspieler, der in der Commedia dell'Arte auch Halbmasken getragen haben mag, er sei ein Stimmenimitator gewesen und habe die «Nachahmung zur Vollendung gebracht», denn «er passte die Worte und Sätze den Sprachen und Stimmen an».[125] Nachahmung, ein vieldeutiger Begriff, wird hier auf die bildende Kunst bezogen. Carracci arbeitete in einem Probedruck (Abb. 19) zunächst allein das Gesicht aus, während er alles andere nur flüchtig skizzierte. In dieser Fassung schaut die Maske so aus dem Bild heraus, als hätte sie der Schauspieler für das Porträt gerade abgesetzt. In der endgültigen Fassung dagegen richtet der Komödiant sie auf sich, als wollte er uns auffordern, sein Gesicht mit der Maske zu vergleichen oder es von ihr zu unterscheiden. Die Maske repräsentiert als Metapher das Gesicht, mit dem der Schauspieler die Bühne betrat.

Rembrandt verzichtete auf die Maske als Berufsattribut, als er den Schauspieler Willem Bartolsz Ruyter in Amsterdam in einer Reihe von Zeichnungen festhielt. Er stellte ihn auf der Bühne in verschiedenen Rollen dar, für welche der Schauspieler nur das Kostüm wechseln musste, um Bauer oder Sultan zu spielen. Jede Rolle wird mit dem eigenen Gesicht gespielt. Der Schauspieler muss Rembrandt erlaubt haben, ihn bei den Proben zu zeichnen. Aber er saß ihm auch Modell für eine Porträtzeichnung (Abb. 22). In diesem Fall spielt Ruyter immer noch eine Charakterrolle, aber nicht mehr auf der Bühne. Er lehnt sich dabei so über eine Brüstung, als wollte er vor einem unsichtbaren Publikum deklamieren.[126] In einer anderen Zeichnung beobachtet Rembrandt Ruyter bei einer Spielpause in der Garderobe, während dieser das Textbuch studiert (Abb. 21). Das Bischofskostüm am Kleiderhaken deutet darauf hin, dass der Mime sich gerade auf die Rolle des Bischofs in dem populären nationalhistorischen Stück «Gysbreght van Aemstel» vorbereitet, das Joost van den Vondel 1638 geschrieben hat, ein Jahr nachdem in Amsterdam in der Schouwburg das erste ortsfeste Theater eröffnet worden war.[127] Seit 1617 sind in der Stadt Aufführungen in der Akademie, dem Sitz der Rhetorikerkammer, belegt, in Haarlem und Leiden schon früher. Französische und englische Schauspielertruppen bestritten hier Aufführungen von modernen ausländischen und antiken Dramen.

In dieser Frühzeit des holländischen Theaters entstand ein bemerkenswertes Gemälde, das im Jahr 1627 von dem Delfter Künstler Willem Willemsz van der Vliet (1584–1642) gemalt und im Januar 2011 bei Sotheby's versteigert wurde (Abb. 23). Es stellt unmissverständlich eine Lektion über das Theater dar, wie die vier Maskenträger beweisen, doch herrscht über das Argument noch Unklarheit.[128] Der Kontrast zwischen dem Gelehrten und der Schauspieltruppe vergrößert sich noch dadurch, dass der Gelehrte mit seiner Toga und dem langen Bart eine Gestalt aus der Antike ist, während die Schauspielerin vor ihm eine resolute Holländerin in Zeittracht ist. Der antike Autor, so dürfen wir ihn nennen, will die Schauspielerin mit erhobenem Zeigefinger über das belehren, was er in seinem aufgeschlagenen Buch geschrieben hat. Aber die Schauspielerin, welche ihre Maske wie ein unbrauchbares Relikt abgesetzt hat, setzt mit ihrem Sprechgestus seiner Lektion offenbar Argumente entgegen. Bei dieser Debatte geht es offensichtlich um die Maske als Metapher des antiken und des neuen Theaters. Denn die übrigen Figuren sind alle Maskenträger. Ein Jüngling in antikem Kostüm hält uns im Rücken des bärtigen Autors eine mit Schnurrbart versehene Maske mit einem verlegenen Lächeln entgegen. Auf der Gegenseite tragen zwei Figuren, da-

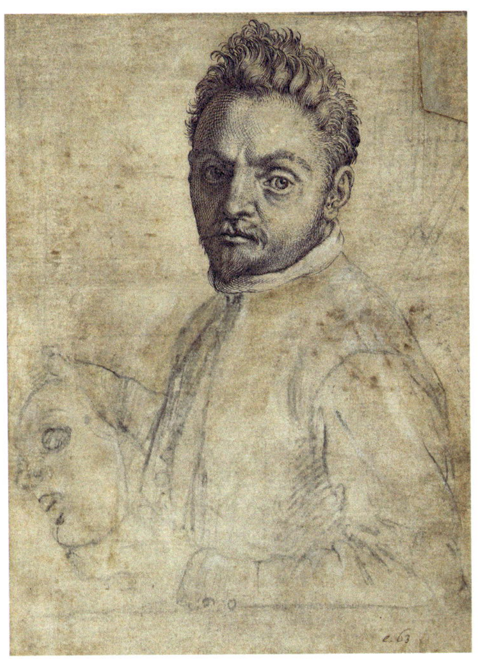

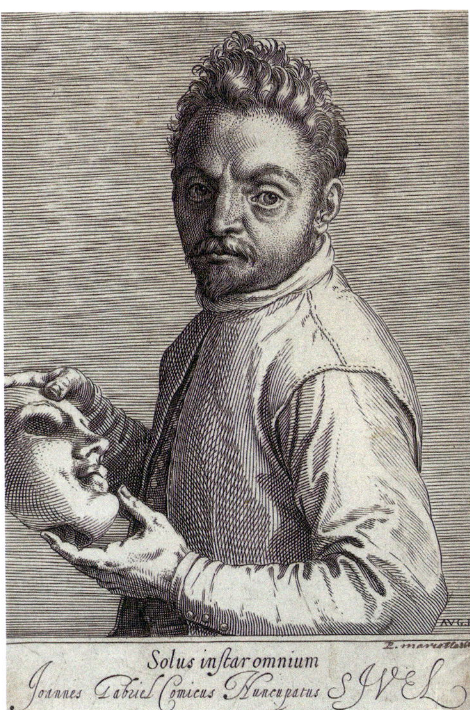

Abb. 19 und 20 Agostino Carracci, Comicus, detto Sivello (Der Schauspieler Giovanni Gabrielli), um 1599, links: Probedruck mit Zeichnung, Chatsworth, The Devonshire Collection, rechts: Kupferstich, Wien, Albertina

runter ein Mann mit Turban, eng anliegende Gesichtsmasken, mit denen man auf einer Bühne gar nicht spielen kann, denn sie haben zwar Öffnungen für die Augen, aber keine für den Mund.

Man mag in dem Bild allegorische Anspielungen auf Verstellung und Maskierung sehen. Doch ist die Maske als Thema vielleicht auf das Theater im calvinistischen Holland und seine umstrittene Einführung mit französischen oder englischen Truppen bezogen, also auf eine Angelegenheit, die zur Entstehungszeit des Gemäldes hochaktuell war. Der Schlüssel zum Verständnis liegt in der Person des Autors, von dem wir nur sagen können, dass er in der Antike gelebt hat und im Bild ein Streitgespräch mit einer jungen Schauspielerin führt. Cicero, Seneca und Quintilian waren die Autoritäten, die in den damaligen Debatten über das Drama eine Rolle spielten. Doch der Traktat über die «Dichtkunst», der von Aristoteles überliefert ist, enthielt immer noch die wichtigste Theorie über den Charakter der Tragödie. Darin verteidigt Aristoteles die mimetischen Künste gegen das Epos

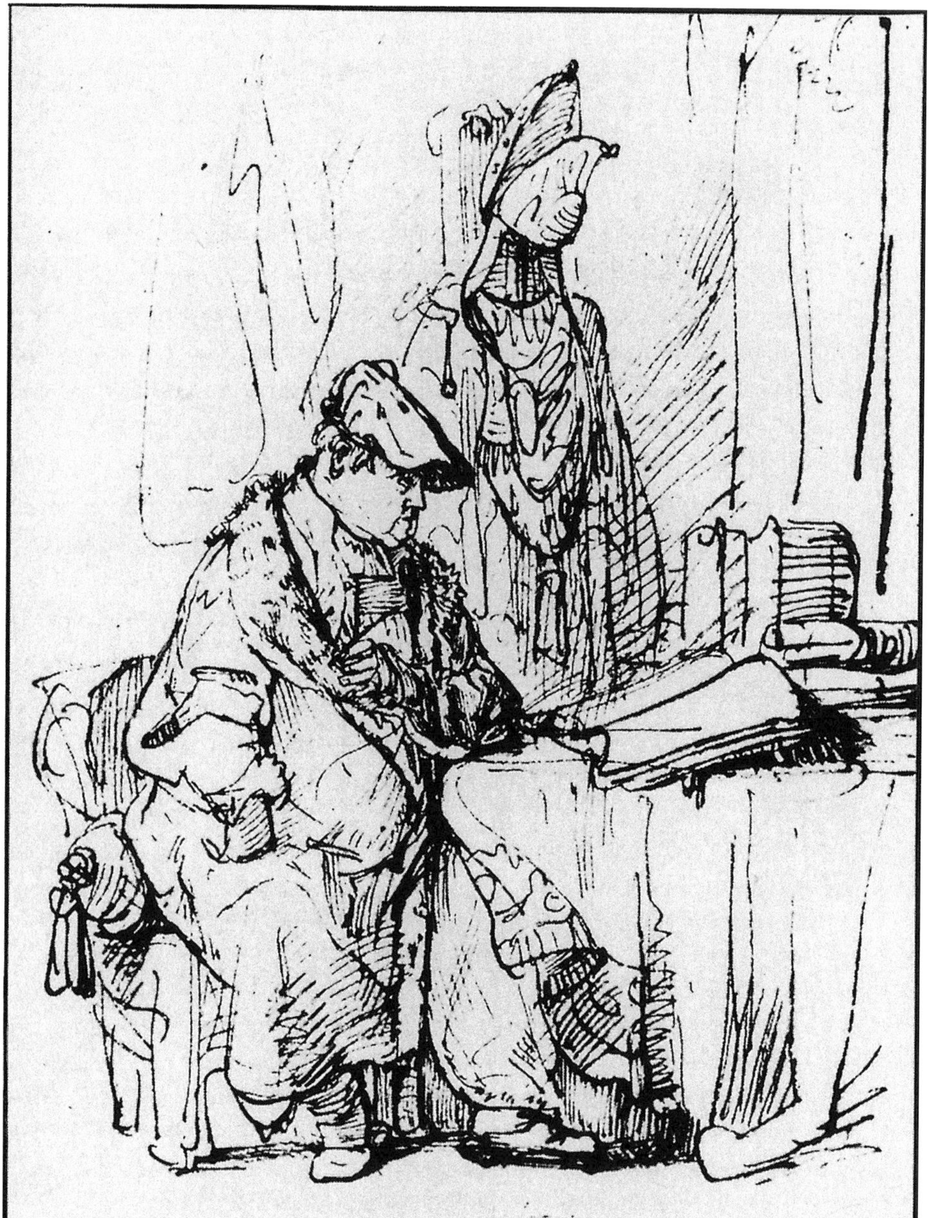

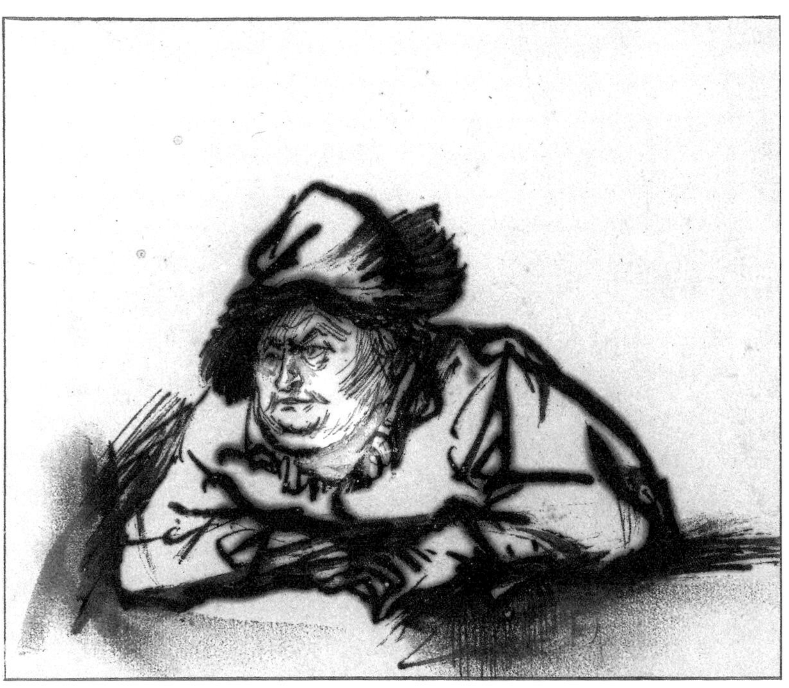

Abb. 22
Rembrandt, Willem Bartolsz Ruyter in der Garderobe, um 1638, Amsterdam, Reichsmuseum

und gegen den Realitätsanspruch der «Historia», die natürlich den holländischen Theologen näher lag. Seine These lautet, dass die Tragödie erhabene Charaktere darstelle und also Vorbilder für eine ethisch geprägte Lebensführung. Der Teil über die Komödie ist nicht erhalten, aber Aristoteles erwähnt den Umstand, dass man nicht wisse, wer die Masken *(prosopa)* in die Komödie eingeführt habe.[129] Aristoteles war denn auch die Autorität für Daniel Heinsius (1580–1655), der an der Universität in Leiden lehrte und 1611 Aristoteles' «Dichtkunst» mit einem eigenen Traktat über die Gestalt der Tragödie neu herausgab.[130] Es ist deswegen von Bedeutung, dass unser Gemälde bereits in den 1670er Jahren in Leiden bezeugt ist. In unserem Zusammenhang darf man das Werk als Streitgespräch über das antike Theater und dessen zeitgemäße Erneuerung deuten. Die patriotischen Stoffe der damals beliebten Dramen sollten mit dem echten Gesicht und nicht mit der Maske gespielt werden, um ihrem moralischen Anspruch voll und ganz zu genügen.

Abb. 21 (links)
Rembrandt, Zeichnung des Willem Bartolsz Ruyter, um 1638, Amsterdam, Reichsmuseum

Die Frage nach der Aufführungspraxis mit dem echten Gesicht wird im

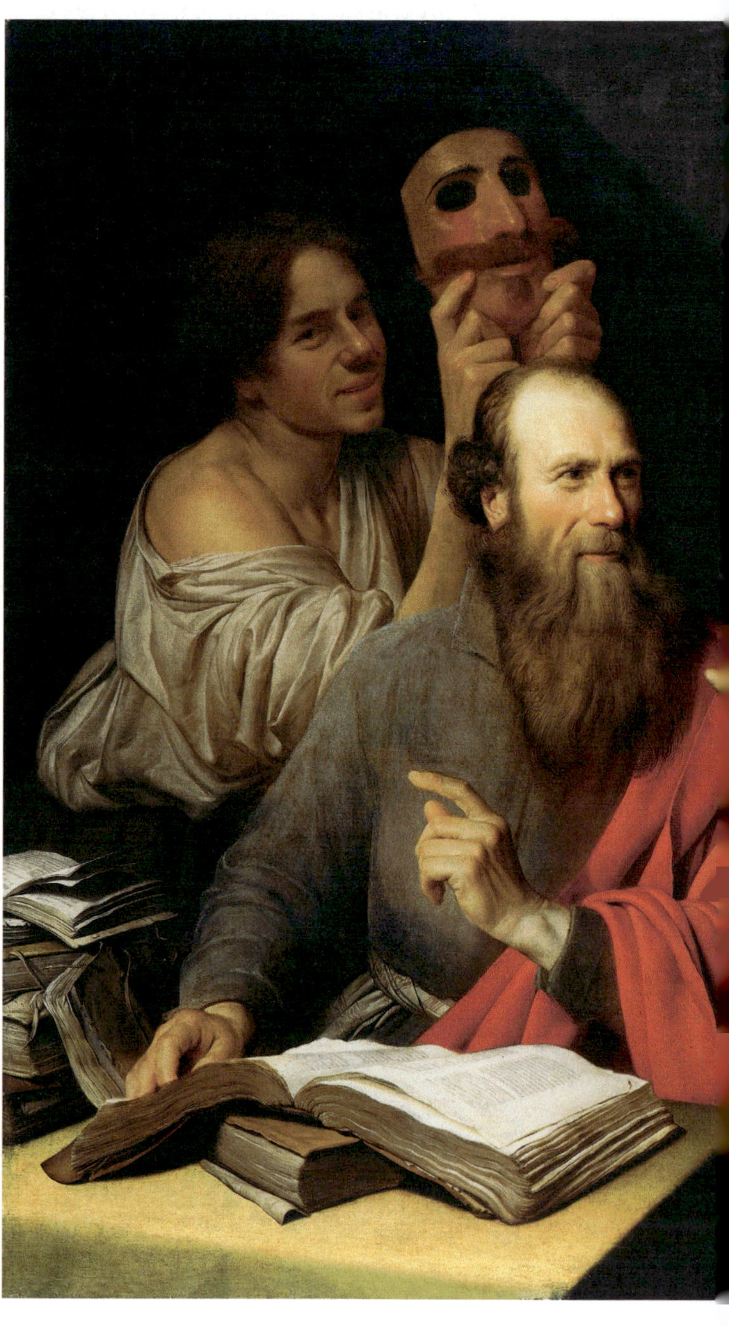

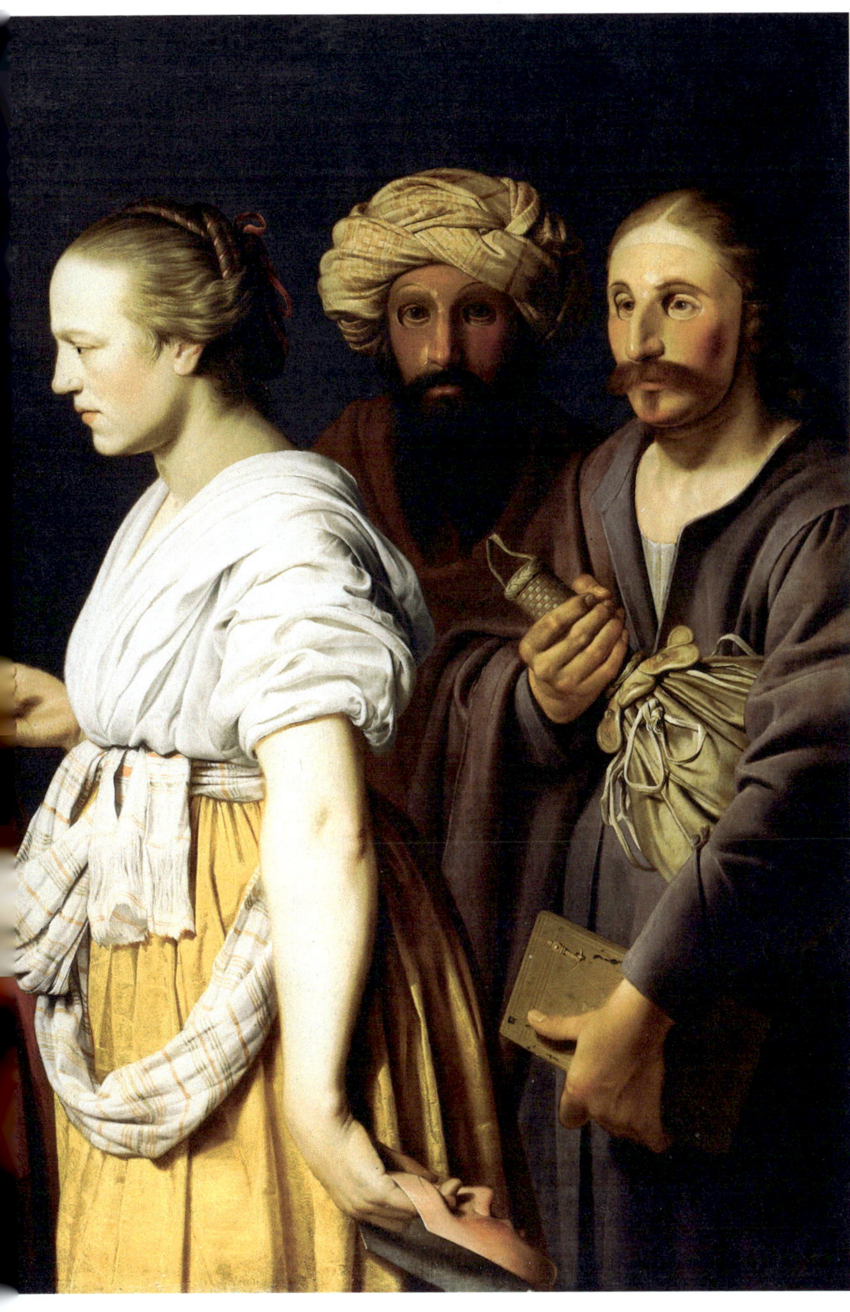

Abb. 23
Willem Willemsz
van der Vliet,
Gespräch über
Masken, 1627,
Privatsammlung

17. Jahrhundert auf ihre eigene Weise von Malern gestellt, die uns in ihr Studio einladen. Sie verhalten sich wie Schauspieler, wenn sie sich selbst malen und dabei Ausdruck und Charakter vor einem imaginären Publikum im Spiegel einüben. Ohne das Schauspiel seiner Zeit zu imitieren, gibt Rembrandt eine Vorstellung davon, wie Schauspieler ihr Gesicht im Ausdruck veränderten. Er kleidete sich in exotische Kostüme, die er auf Auktionen zu exzessiven Preisen erwarb, um vor der Staffelei und im Gemälde ein imaginäres Schauspiel aufzuführen. Vor dem Spiegel probte er das Gesicht, das er malen wollte (S. 166). Sein Schüler Samuel van Hoogstraten riet seinen Schülern, sich vor dem Spiegel «ganz in einen Schauspieler zu verwandeln», um sich in einer Rolle zu beobachten. In der Einleitung zu seinem Kunsttraktat heißt es, die Schilderung der Leidenschaften solle am besten «vor dem Spiegel geschehen, wo man zugleich Schauspieler und Zuschauer ist». Doch sei ein poetischer Geist notwendig, «um sich selbst als jemand anderen vorzustellen».[131] Auch die Schauspieler der Shakespeare-Zeit werden vor dem Spiegel geübt haben, bevor sie vor dem Publikum auftraten, das ihr wahrer Spiegel war.

Die Texte verschweigen oft, dass das barocke Drama ein Maskenspiel mit dem «lebendigen Porträt» *(portrait vivant)* war, wie man in der Widmung von Corneilles «Cid» liest.[132] Man spielte im Theater mit dem gleichen Gesicht, das man auch im Leben trug. Es war ein Rollengesicht und also eine Maske. In der «Maskengesellschaft», welche die damaligen Höfe charakterisiert,[133] wurden Gesichter wie Masken getragen. In der Zeit des Barock dienten Theater und Leben gegenseitig als Spiegel, weshalb Calderón von einem «Welttheater» sprechen konnte. Damals waren nur im Theater die Rollen wählbar. Dort probte man auch das Ich als Rolle. Für sie gab es keine Rezepte. Hamlet und König Lear, die beide an einem Hof auftreten, sind typische Ich-Rollen, durch welche ihre Träger in Konflikt mit allen anderen Rollen geraten. Sie spielen eine Maske in der Maske und also eine Doppelrolle.

Da die Bühne eine Schule der Emotionen geworden war, wurde in der Aufklärung der Ruf nach dem natürlichen Gesicht erhoben. Folglich kam das Spiel mit der Rollenmaske in Verruf. In der bürgerlichen Gesellschaft der Moderne kehrte jedoch die Maske, wie Roger Caillois dargelegt hat, in einer wiederum anderen Bedeutung zurück; das beweist die schwarze Halbmaske, die im Französischen den Namen «loup», also Wolf, trägt.[134] Wie schon in der venezianischen Kontrollgesellschaft,[135] dienen Masken dazu, der Rolle zu entkommen, statt eine Rolle zu spielen. Der Maskierte sucht die Anonymität, weil er vor hat, Grenzen zu überschreiten, etwas Verbotenes zu tun oder etwas, was sich nicht mit seiner bürgerlichen Existenz verträgt. Die Maske steht für den Wunsch, unerkannt zu bleiben, sie signalisiert weniger einen Rollenwechsel als einen Rollenverzicht. Jeder, der eine Maske trägt, suspendiert seine soziale Identität.[136]

5. Von der Gesichtskunde zur Hirnforschung

In der Physiognomik hatte die Bildfrage den ersten Rang. Sie ging davon aus, dass das Gesicht ein zuverlässiges Bild des Menschen liefert. Doch schon in der Aufklärung wandte sich die Wissenschaft dem Gehirn zu, womit sich die Fragen der Physiognomik verschoben. Der Wiener Anatom Franz Joseph Gall tastete Schädel ab, um an ihnen die Form eines Gehirns zu ergründen, das aber nicht die Sichtbarkeit des Gesichts bot. Die Schädelschau oder Phrenologie wurde zu einem Zwischenspiel zwischen der Gesichtskunde und der Hirnforschung. Auch als man das Gehirn selbst untersuchen konnte, musste man sich zunächst mit dem «morphologischen Hirnbild», einer Abbildung der Hirnrinde, als einem Provisorium begnügen. Erst im «funktionalen Hirnbild» wurden die physischen und psychischen Funktionen eines Gehirns darstellbar.[137] Damit vollendete sich auch der Abschied von einem traditionellen Bildbegriff. Das Hirn besitzt keine Bilder von sich selbst, sondern lässt sich nur mit Schaubildern erfassen, die auf Messdaten beruhen. Der Prozess, der die alte Physiognomik von den heutigen Verfahren der Bildgebung trennt, ist Grund genug, um von einem Paradigmenwechsel zu sprechen. Doch war das Gesicht einst der Ausgangspunkt für diejenigen Fragen, die heute die Hirnforschung stellt.

Ein Kernsatz der Physiognomik bestand darin, am Gesicht den Charakter eines Menschen erkennen und aus ähnlichen Gesichtern auf ähnliche Charaktere schließen zu können.[138] Die Anatomie, so hoffte man, verriet in den feststehenden Merkmalen eines Gesichts einen bestimmten Menschentypus. Man ging jedoch in die eigene Falle, als man die Anatomie des Gesichts einer allgemeinen Taxonomie unterwarf und dabei die Mimik vernachlässigte, in der das Subjekt seinen Ausdruck findet. Später hat man die Mimik als eine «Sprache für die Augen»[139] bezeichnet. Doch stellte man damit die Dinge entwicklungsgeschichtlich auf den Kopf. In der Naturgeschichte des Menschen, wie sie Darwin verfolgte, ging wohl die Mimik der Sprache voran. Sie war eine Sprache vor der Sprache, wie es das Zähnefletschen der Primaten verdeutlicht.[140]

Als die populäre Gesichtskunde in Mode gekommen war, rief die Obrigkeit nach einer zuverlässigen Wissenschaft vom Gesicht, um Kontrolle über Menschen zu gewinnen. Shakespeare gibt diesem Trend Ausdruck, wenn König Duncan in «Macbeth» beklagt, dass «es keine Methode gibt, um die Geistesverfassung im Gesicht aufzufinden» (*there's no art to find the mind's construction in the face*; Akt I, 4). Er hatte einen Gegner hinrichten lassen, der sein Gesicht außergewöhnlich gut beherrschte. Aber er ahnte nicht, dass ihn selbst Verräter umgaben, deren Gesichter er nicht durchschauen konnte. 1659 pries Cureau de la Chambre die «Kunst der Menschenkentnnis» *(l'art de connaître les hommes)* als eine Methode, die geeignet sei, «verborgene Absichten und heimliche Handlungen zu entlarven».[141] So entstand schon in der höfischen Gesellschaft ein Bedarf nach Überwachung, der seit dem 19. Jahrhundert zur Angelegenheit der Polizei wurde. Aber die Überwachung litt an einer mangelnden Verständigung darüber, was denn eigentlich den Charakter eines Menschen ausmacht. Deshalb kam die «Ausspähungskunst des Innen im Menschen», wie Kant die Physiognomik benannte, so rasch an ihre Grenzen. Kant kritisiert an der Physiognomik, man könne doch gerade in seiner «Verstellung das Ich haben». Und er stellt mit Genugtuung fest, dass Lavaters Versuche, vom Gesicht auf das Innere zu schließen, inzwischen «aus der Nachfrage gekommen» seien.[142]

Es ist kein Zufall, dass die antike Physiognomik von der gleichen Gesellschaft begründet wurde, die das Maskentheater hervorgebracht hat. Die Römer aber entwickelten eine Bildniskunst, die eher *patho-gnomisch*, also vom Ausdruck bestimmt war als physio-gnomisch, mehr vom *pathos* als von der Naturform.[143] Mit dem Begriff «Pathognomik» wollte Lichtenberg den wechselnden Ausdruck der Affekte hervorheben, mit deren Zeichen wir kommunizieren (S. 90). Römische Autoren legten Wert darauf, dass der rhetorische Ausdruck auf vereinbarte Regeln angewiesen sei. Die römischen Porträts waren dafür geschaffen, im Ausdruck eine Rolle darzustellen, obwohl sie das Mienenspiel im wörtlichen Sinne versteinern mussten. Als im 16. Jahrhundert die Physiognomik wiederentdeckt wurde, fand sie ihren Wortführer in Giambattista della Porta (1535–1615), der in Neapel mit dem Theater vertraut war und in seinen Komödien schildert, wie sich ein Gesicht zur Maske wandelt, wenn man es verzaubert.[144] In den Abbildungen seiner Typologie arbeitet er mit tierischen Gesichtern, um menschliche Charaktere als löwenhaft oder katzenhaft zu bestimmen. Zugleich zielt er auf ein Universum der

Körper, in dem Menschen und Tiere gemeinsam vertreten sind. Seine diagnostischen Überlegungen verfolgen den Zweck, am Gesicht den gesundheitlichen Zustand eines Körpers abzulesen.[145]

1603 schickte della Porta seiner «menschlichen Physiognomik» eine «himmlische Physiognomik» nach, um zu beweisen, dass sich jedermanns Schicksal in den Gesichtsformen ankündigte. Das Gesicht, so erfahren wir, sei «nicht nur von den Sternen, sondern auch von den Körpersäften *(humoribus)*» bestimmt, und die Schönheit im Gesicht verweise auf die Schönheit der inneren Organe. Das Gesicht sei als ein «Bild *(pictura)* von der Natur gezeichnet» worden. Der Mensch trage «eine transparente Maske, die vom echten Gesicht untrennbar» sei, als zweites Gesicht. Dabei ist von *maschera* die Rede, im lateinischen Text noch von *persona*. Im Begriff der «transparenten Maske» liegt ein offener Widerspruch, der fortan die Gesichtskunde beherrschen wird. Der Doppelcharakter der Maske, die sowohl zeigt als auch verhüllt, wird hier auf das Gesicht selbst übertragen.[146]

Die nächste Runde ging an den Pariser Maler Charles Le Brun (1619–1690), der für den Ausdruck der Leidenschaften eine universale Grammatik entwerfen wollte. Er traute den Malern einstweilen noch die Kompetenz zu, das Lehrmaterial für die Wissenschaften zu liefern. Er wollte ihnen aber auch eine praktische Unterweisung geben, wie man menschliche Handlungen mit den passenden Gefühlen wiedergeben könne. So sah er im Sinne der cartesianischen Mechanik in den Augenbrauen eine Art von «Zeigern, die den Stand der Gemütsbewegung anzeigen».[147] Seine schematische Ästhetik sollte bald die Kritik der Anatomen hervorrufen, die anderes Lehrmaterial forderten.[148] Doch der Engländer William Hogarth (1697–1764), wieder ein Maler, rühmt später an Le Bruns Werk, man finde darin «alle bekannten Ausdrucksformen versammelt», obgleich sie nur «unvollkommene Kopien» von echten Gesichtern seien. Le Brun lasse «die Leidenschaften ganz geordnet aufeinander folgen» und habe die Gesichter, ohne dass sie Schatten werfen, «nur mit Linien» gezeichnet. Allerdings konnte die Zeichnung ein Gesicht nur in schematischen Typen erfassen.

Mit dem passenden Bildmaterial kämpfte auch der Schweizer Pfarrer Johann Caspar Lavater (1741–1801), der die Physiognomik als eine neue Leitwissenschaft propagierte. Ab 1775 publizierte er die Lieferungen seines Standardwerks «Physiognomische Fragmente zur Beförderung der Menschenkenntnis und Menschenliebe». Es war geplant als Katalog von vermeintlich universal gültigen Gesichtstypen und Charakteren. Jede Quelle war ihm recht, um das Aussehen verstorbener Berühmtheiten wiederzugeben, als hätte er mit einem Bildmaterial, das gar nicht für die Physiognomik bestimmt war, unmittelbaren Zugriff auf deren Gesichter. Gegen den kritischen «Beobachtergeist» der aufkommenden Naturwissenschaften verteidigte er sich mit dem Argument, er habe ein untrügliches «Gefühl» für die «Wahrheit» eines Charakters im Gesicht. In physischer Schönheit spiegele sich die Tugend, während die Laster «das Angesicht in eine Satanslarve verkrümmen».[149] Wenn Lavater von «Urbild» sprach, meinte er damit sowohl die «Urgestalt» des Menschen an sich wie auch das wahre Abbild eines Individuums.[150]

Lavater erklärt gleich in der Vorrede, die Physiognomik besäße «die Fertigkeit, durch das Äußerliche eines Menschen sein Inneres zu erkennen und das, was nicht unmittelbar in die Sinne fällt, vermittels irgend eines natürlichen Ausdrucks wahrzunehmen». Als Wissenschaft solle sie «alle unmittelbaren Äußerungen des Menschen» analysieren, «wodurch er seine Person zeigt». Im engeren Sinne versteht Lavater Physiognomie als «Gesichtsbildung», und zwar des «allerwichtigsten Wesens, das sich auf Erden unserer Beobachtung darstellt». Er unterscheidet verschiedene Arten von Physiognomik, so die moralische, welche die Gesinnung «aus äußeren Zeichen erforscht», und die intellektuelle, die sich «mit den Geisteskräften des Menschen beschäftigt». Doch nur, wer sich nach dem ersten Eindruck bereits ein Urteil bildet, «ist ein natürlicher Physiognomist».

Da das Gesicht von Hause aus ein Bild war, musste es sich auch angemessen in Bildern wiedergeben lassen. Die «Ähnlichkeit», die ein Gesicht mit einem Charakter verband, würde sich auch auf die Abbildung übertragen. Lavater benutzte stets den Kupferstich, um seine Vorlagen, wo immer er sie fand, abzubilden. Solche Vorlagen waren für ihn «Mitteilung» eines Menschen und dienten der «Aufbewahrung seines Bildes».[151] An neun Profilköpfen des Sokrates, «gezeichnet nach Kopien von alten Gemmen» (Abb. 24), bemerkte er eine «auffallende Ähnlichkeit», die sein Vertrauen in alte Abbildungen verstärkte, auch wenn sie «merkliche Verschiedenheiten des Ausdrucks» zeigten.[152] Mit eigenen Zeichnungen suchte er ein Gesicht direkt «nach der Natur zu beobachten und zu beschreiben». Dabei stellte er zuweilen dieselben Menschen einmal als «Bilder» und einmal als «Silhouetten» gegenüber, ohne sich an der mangelnden Übereinstimmung zwischen der Zeichnung eines Profils und einem Schattenriss zu stören.[153] Die beiden jungen Herren, die hier abgebildet sind, waren «die ersten Menschen, die mir zur physiognomischen Beschreibung saßen und standen» (Abb. 25). Lavater beschreibt sie, ganz im Geiste der Zeit, als Beispiele eines «guten Menschen, in dem so viel Menschheit ist». Erst der Schattenriss aber würde bei einer methodischen Nachmessung eine authentische Wiedergabe des Gesichts erlauben, so wie man

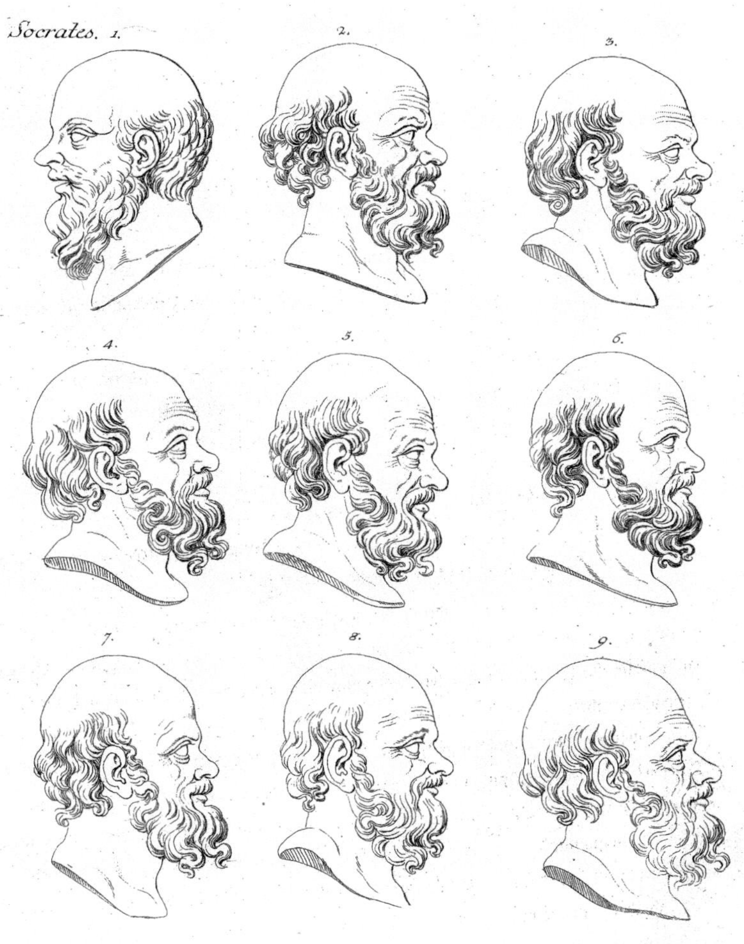

Abb. 24
Sokrates, neun Profilköpfe, aus: Johann Caspar Lavater, «Physiognomische Fragmente», 1775–1778

sie später in der Fotografie eingelöst fand. In einem «nicht ganz genauen Schattenbild» eines berühmten Mannes teilte Lavater das Profil in neun Segmente ein und bemerkte dazu, er «wünsche der Nachkommenschaft Glück», wenn «ein mathematisches Genie diese Bahn betreten und seine Kraft an den Kurven der Menschheit versuchen wird».[154]

Auch Schädel, die bald das Gesicht als Gegenstand der Forschung ablösen sollten, schloss Lavater bereits in seine Untersuchungen ein, denn er hielt sich für

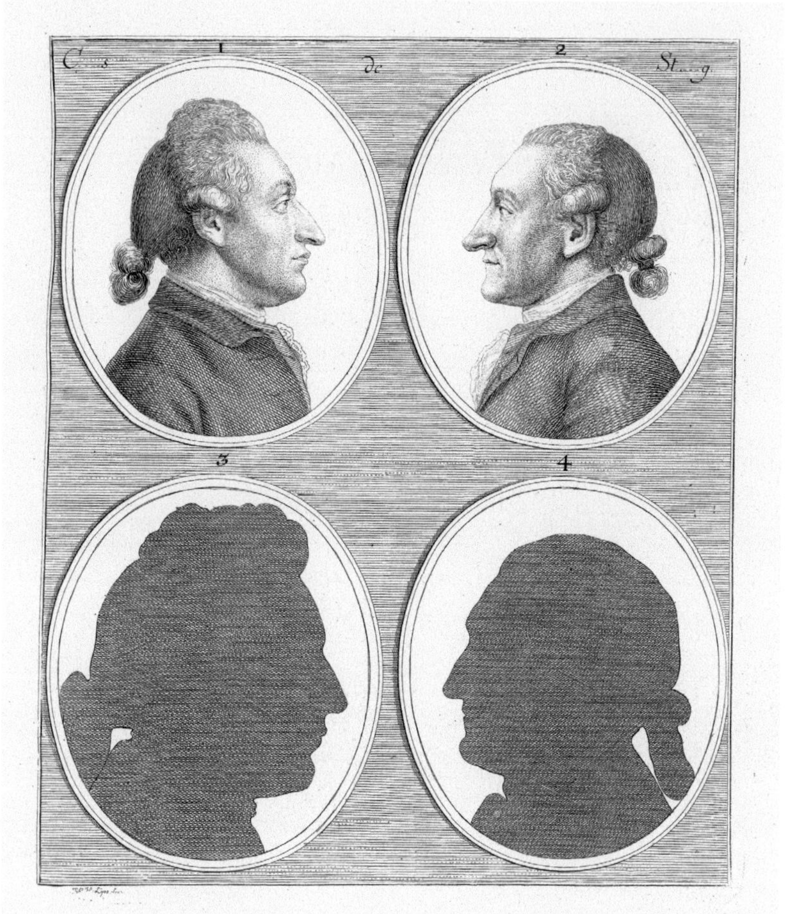

Abb. 25
Profilbildnis und Schattenriss zweier junger Herren, aus: Johann Caspar Lavater, «Physiognomische Fragmente», 1775–1778

einen besseren Beobachter als die pedantischen «Zergliederer». Zu einer Tafel mit vier Schädeln, von denen die beiden unteren Ansichten des Schädels von «einem hingerichteten alten Manne» stammen, bemerkt er, die Schädel verrieten Züge von Weichheit oder «Charakterfestigkeit» (Abb. 26).[155] Sein Bilderatlas schloss sogar die Statue des Apoll von Belvedere ein, die damals als das vollkommenste Kunstwerk aus der Antike galt (Abb. 27). Er beschreibt sie mit den Worten Winckelmanns, «die gerade in ein physiognomisches Werk passen», und fährt fort, er habe «einige Scherflein eigener Empfindung» hinzugefügt. Lavater hatte

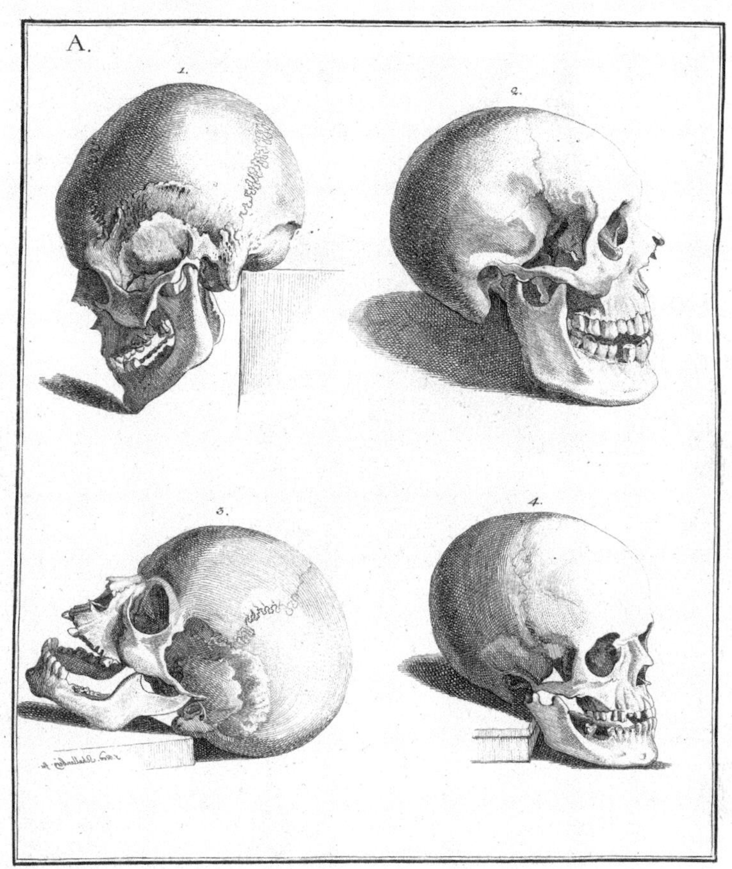

Abb. 26
Vier Schädel, aus: Johann Caspar Lavater, «Physiognomische Fragmente», 1775–1778

den Kopf zweimal «nach dem Schatten gezeichnet» und konnte sich an diesem bloßen Umriss kaum satt sehen».[156]

Der quasi-religiöse Glaube an das Gesicht als Emblem des Menschen verband sich mit dem pseudo-wissenschaftlichen Glauben an die Lesbarkeit jedes Gesichts. Eine verbürgerlichte Religion suchte im Kult der Physiognomie einen Ersatz für die einstige Ikone. In Anlehnung an das bekannte Bibelwort, dass «Gott den Menschen sich zum Bilde schuf», deutete Lavater den Menschen als eine «abgebildete Gottheit», von der er in der Einleitung zum ersten Band schwärmt. Novalis konnte

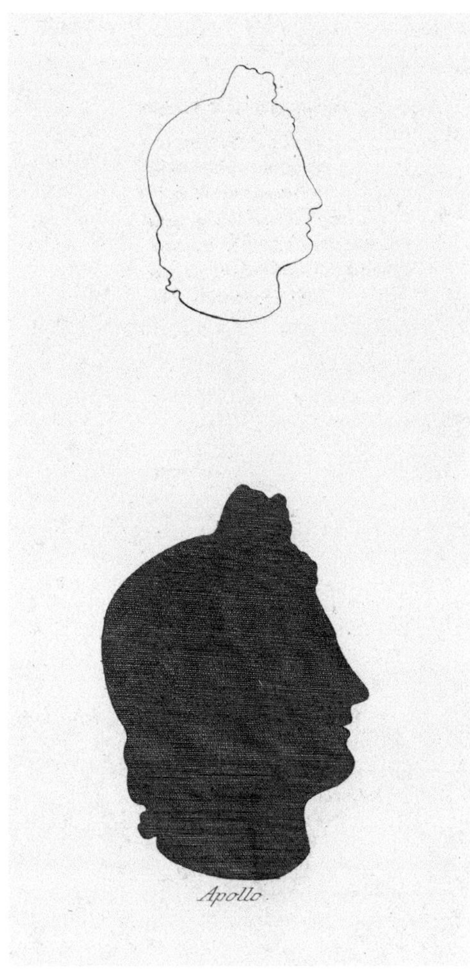

Abb. 27
Apoll von Belvedere, Johann Caspar Lavater, «Physiognomische Fragmente», 1775–1778

von einer «religiösen Essenz» der Physiognomik sprechen, die sich «heiliger Hieroglyphen» bediene.[157] Lavater selbst widerstand nicht einmal der Versuchung, Physiognomik am Gesicht Christi zu treiben. Er betrachtete es als einen «Mangel an physiognomischem Sinn, dass man Christus (einst) nicht glaubte». Und er beklagte, dass die überlieferten Darstellungen Christi «entweder das Menschliche oder das Göttliche oder das Israelitische oder das Messianische» vermissen ließen.[158] Was er so gerne auf dem Gesicht aller Gesichter studiert hätte, musste er nun in der Physiognomie seiner Zeitgenossen suchen gehen.

Wilhelm von Humboldt, der Lavater im Oktober 1789 besuchte, ließ sich von ihm sein eigenes Gesicht erklären, denn «solche Physiognomien» bildeten, wie ihm der Gastgeber erläuterte, einen gut bestimmbaren Charakter ab. Als der Gast Zweifel äußerte, beharrte Lavater darauf, dass sich in der Zukunft «alle physiognomischen Regeln mathematisch erweisen lassen» würden. Doch Humboldt wandte ein, die Physiognomik könne ihr Ziel nicht erreichen, «solange unsere Charakterkenntnis noch so unvollständig ist», zumal «unsere Sprache gar keinen Ausdruck für die feineren Nuancen hat». Man werde also «alles dies in den unveränderlichen, unbildsamen Zügen» vergeblich suchen. Und er fügte hinzu: «Es mag wohl viel Täuschung dabei sein.»[159]

Die schärfste Kritik an der Physiognomik kam von dem Göttinger Physiker Georg Christoph Lichtenberg. In seiner Schrift «Über Physiognomik; wider die Physiognomien» (1778) gießt er den Spott aus über die Illusion «des Physiognomen», aus dem Gesicht auf den Charakter schließen zu können. «Das ruhende Gesicht (…) bestimmt den Menschen noch lange nicht. Es ist hauptsächlich die Reihe von Veränderungen in demselben, die kein Porträt, und noch viel weniger der abstrakte Schattenriß darstellen kann».[160] Die Veränderungen im Gesicht würden aber von den Gemütsbewegungen hervorgerufen. Der Autor fordert eine «Semiotik der Affekte» und die «Kenntnis der natürlichen Zeichen der Gemütsbewegungen», weshalb er in der Pathognomik die Korrektur der Physiognomik sieht. Es seien nicht die «festen und unbeweglichen Teile, zumal die Form der Knochen», sondern die «unwillkürlichen Bewegungen» des Ausdrucks und der Gebärdensprache ebenso wie «die willkürlichen der Verstellung», die es zu untersuchen gelte.[161] Es sei bezeichnend, dass unsere Sprache viele Begriffe für den Gesichtsausdruck, doch keine Worte für die Gesichtsbeschaffenheit habe. Auch gebe es «keine Physiognomik von einem Volk zum anderen, von einem Stamm zum anderen und von einem Jahrhundert zum anderen».[162]

Bald schon wandte sich die enttäuschte Wissenschaft vom physiognomischen Blick ab, um den Menschen an objektiven Kriterien dingfest zu machen. Der Wiener Neuro-Anatom Franz Joseph Gall erregte um 1800 Aufsehen mit seiner Schädelkunde oder *Phrenologie*, die den Sinn hatte, die *Gehirnform* an der *Schädelform* mit ihren Senkungen und Erhebungen abzutasten.[163] Die neue Wissenschaft leitete den langsamen Abschied vom Gesicht ein. Und doch war sie von der Physiognomie ausgelöst worden, welche das Innere des Menschen vergeblich im Gesicht gesucht hatte. Der Knochenbau des Schädels löste den Knochenbau des Gesichts als Studienobjekt ab. Allerdings war für das Seelenorgan, dessen Ausdruck im Gesicht so unsicher geblieben war, im Gehirn kein Platz ausfindig zu machen, denn das Gehirn war und blieb ein Körperorgan. In einer «Physiognomik der Hirnwindungen»[164] konnte von Bildern im alten Sinne nicht mehr die Rede sein. Hier endete jede Art von Ähnlichkeit zwischen Innen und Außen, nach der man die Gesichter durchforscht hatte. Der Schädel wie auch die Gehirnmasse waren kein Ort der Repräsentation mehr. Die Schädelkunde leitete eine neue Etappe in einem Prozess ein, der den Begriff vom Menschen veränderte und eine Kontroverse um den menschlichen «Geist» und seine Funktionsweise auslöste. Lichtenberg aber spottete, man solle nicht «aus dem Gewölbe auf dieses Gehirn schließen», obgleich gerade dies der eigentliche Sinn der Phrenologie gewesen ist. Er hatte «etwa 8 Sektionen vom menschlichen Gehirn beigewohnt, und aus wenigstens fünfen wurden die falschen Schlüsse» gezogen.[165]

Die Schädelschau leitete zwar die Suche nach dem Menschen im Gehirn ein, aber sie war noch beherrscht von der Konkurrenz zwischen Hirnforschung und Charakterkunde. Schädel, in die immer schon der Tod eingekehrt ist, wurden nun mit größerer Inbrunst studiert und gezeichnet, als es dem lebenden Gesicht je widerfahren war. Der gesichtslose Schädel versprach mehr Einsichten in den Charakter als das Gesicht. Man war von dem Gefühl beflügelt, einen Schritt weiter in das gesuchte «Innere» vorgedrungen zu sein, aber man war sich noch nicht darüber einig, was oder wen man dort eigentlich suchte. Auch eine bloße Abbildung des Schädels war von keinem Nutzen. Deshalb musste man Daten erheben und sie auf Zeichnungen oder Schaubilder übertragen. Aber weiterhin lagen Naturphilosophie und Organkunde im Streit. Er entzündete sich besonders heftig an der Frage nach dem Verhältnis von Geist und Hirn.

Carl Gustav Carus, der Dresdener Romantiker (1789–1869), vereinte und erlitt beide epistemischen Systeme in seiner Person. Er hatte seine Karriere als Anatom und Physiologe begonnen, und schon da stach er alle Konkurrenten durch die Brillanz seiner Schädelzeichnungen aus, wobei ihm sein zweiter Beruf als Maler einen unschätzbaren Vorteil bot.[166] Noch immer lieferte der Schädel mehr Anschauung als später die grauen Gehirnwindungen. Er versprach auch mehr Auskunft über Individualität. In seinem Spätwerk wandte sich Carus jedoch unter dem Eindruck der Naturphilosophie Goethes von der aktuellen Hirnforschung ab, um nach einer persönlichen Synthese in der «Symbolik der menschlichen Gestalt» zu streben, wie er sein Alterswerk benannte. Auch der «Atlas der Cranioscopie», den er 1843 vorlegte, war in gewisser Weise ein Rückzug auf die Kontemplation des Geistes. Er wird eröffnet mit einer Profilzeichnung von «Schillers Schädel», den man nach einem kurzen Intermezzo in Goethes Haus in Weimar neu beerdigt hatte (Abb. 28). Die Zeichnung tritt als ein Porträt neuer Art auf, denn sie bildet statt des Gesichts den verehrungswürdigen Schädel des Dichters ab.[167] Carus hat sie von einem Gipsabguss des Schädels gemacht, wie man ihn bisher nur von Gesichtern kannte. So kann man hier vom Porträt eines Schädels oder vom wahren Porträt Schillers in seinem Schädel sprechen.

In seinem Buch über die «Symbolik der menschlichen Gestalt» meint Carus zuversichtlich, eine Personenschilderung werde künftig «ohne die Beschreibung der Schädelbildung» lückenhaft bleiben. «Die Abformung des Kopfbaus» werde wichtiger sein als eine solche der Gesichtszüge. Der Schädel war gewissermaßen bereits präpariert als ein wissenschaftlicher Gegenstand. Er umschließt «das höchste Lebensorgan, das Gehirn». Aber Carus will das Gesicht noch nicht ganz aufgeben, «da in seine Region die großen Sinnesorgane fallen, durch welche doch erst die Vorstellungen der Seele zugeführt werden, an denen dann das Hirn die höheren Erscheinungen des bewussten Lebens entfaltet». Doch sei eine «wissenschaftliche Physiognomik des Antlitzes allein» ein für alle Mal gescheitert.[168]

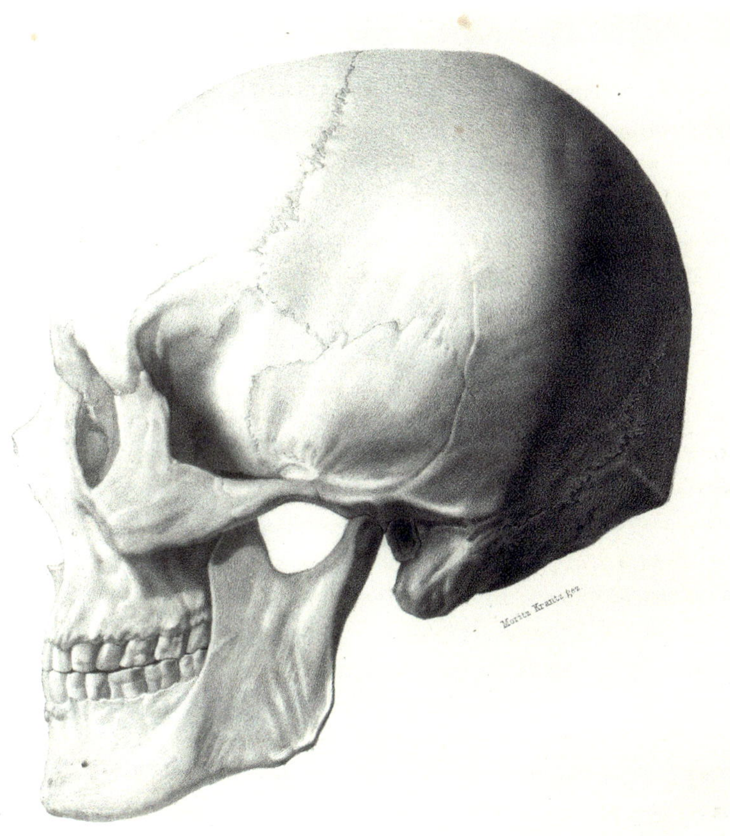

Abb. 28
Carl Gustav Carus, Zeichnung von Schillers Schädel, aus: «Atlas der Cranioscopie», 1843

Hegel ließ natürlich die Entwicklung der Hirnforschung nicht auf sich beruhen. Er rechnet jedoch auch mit der alten Physiognomik ab, wenn er schreibt, die «Wirklichkeit des Menschen» sei nicht sein Gesicht, sondern «seine Tat; in ihr ist die Individualität wirklich».[169] Allein die Sprache sei «die sichtbare Unsichtbarkeit» des Geistes. Deshalb ist auch der neue Schädelkult dem Philosophen höchst verdächtig, denn der Schädel sei doch bloß «das *caput mortuum*», also als sichtbarer Befund ein Totenkopf, und das Hirn sei vom Geist in diesem Stadium ohnehin verlassen. Am meisten missfällt ihm die Lokalisierung der Hirnaktivitäten, weil sie den Geist auf angeborene Anlagen einschränke oder ganz verfehle. Der Schädel sei doch nur eine «knöcherne Eigenschaft des Geistes». Beschwörend heißt es, das «Sein des Geistes» lasse sich ebenso wenig am Sein des Schädels messen wie an den Hirnwindungen.[170] Hegel wehrt sich nicht allein gegen die Methoden, sondern auch gegen die Ziele der neuen Hirnforschung, weil er darin das Menschenbild seiner Philosophie bereits verloren sieht.

Zu dieser Zeit war das Gehirn bereits «als epistemischer Gegenstand wichtiger geworden als der Schädel».[171] Die fieberhafte Durchsuchung von Windungen und Furchen des Gehirns wurde ausgelöst durch die sensationelle Entdeckung des Sprachzentrums. Diese Untersuchungen waren aber erst möglich geworden, als man mit einem Tabu brach und auch Gehirne von Genies und nicht nur Gehirne von Verbrechern freigab. Natürlich gab es immer noch Rückzugsgefechte des bedrohten Idealismus, was schon darin zum Ausdruck kam, dass man sich für die «physiognomischen Merkmale» des Gehirns begeisterte. Doch die «Ausnüchterung des Wissens», wie sie Michael Hagner nennt, erkannte der Pathologie eine zentrale Bedeutung für das Wissen um die Funktionsweise des Gehirns zu. Auch jetzt noch blieb man jedoch an morphologischen Fragen hängen. Man wollte aus der Oberfläche des Gehirns, seiner Größe und Masse Erkenntnisse gewinnen, wo man eher nach Nervenleistungen und Synapsen hätte suchen sollen, für die man allerdings noch keine Instrumente hatte.

Der Streit mit den Nervenärzten um entartete Gehirne leitete eine Blütezeit der gesellschaftlichen Hirnpolitik ein, in welcher der Leipziger Anatom Paul Flechsig als Star auftrat (Abb. 29). Selbstbewusst ließ er sich in seinem Labor mit einer riesigen Gehirn-Ikone fotografieren, die sein Herrschaftsgebiet repräsentierte. Das «wahre» Bild vom Menschen war gesichtslos geworden und umso mehr für das Labor geeignet.[172] Die American Philosophical Society in Philadelphia veröffentlichte 1907 in ihren «Transactions» Abbildungen der Gehirne von «sechs prominenten Naturwissenschaftlern des 19. Jahrhunderts aus Philadelphia», von denen drei Mitglieder der Gesellschaft waren, um «die besonderen anatomischen Eigenschaften» begabter Männer zu demonstrieren. Der Autor hätte gern das Gehirn Walt Whitmans in diese Studie eingeschlossen, doch hatte es «ein nachlässiger Assistent auf den Boden fallen lassen» (Abb. 30).[173]

Die Entwicklung im 20. Jahrhundert, in welchem die Hirnforschung unaufhaltsam zur Leitwissenschaft wurde, kann hier nur kurz gestreift werden. Am Beginn stand der Streit mit der Psychologie, welche aber die Konkurrenz verlor. In der Hirnanatomie siegte die «antiphysiognomische Tendenz». Die neuen bildgebenden Verfahren liefern «eigentlich kein Hirnbild», sondern produzieren Schaubilder der Gehirnfunktionen, die darauf angelegt sind, das Gehirn mög-

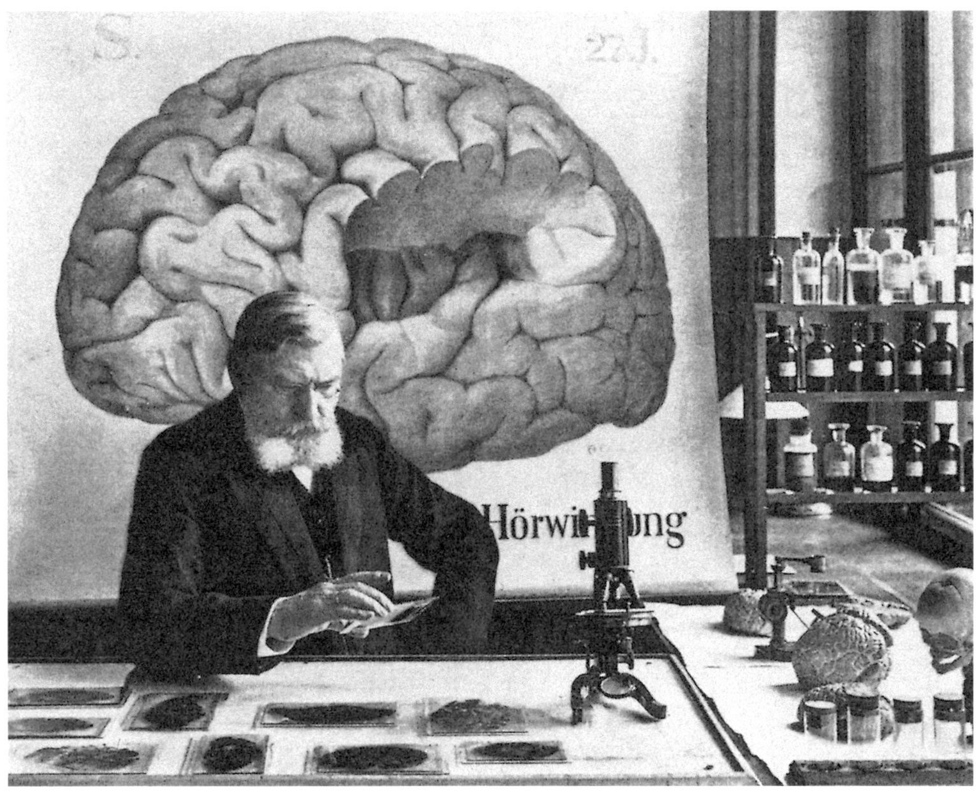

Abb. 29
Paul Flechsig
im Labor

lichst zu entkörperlichen.[174] Das Interesse richtet sich nicht mehr auf individuelle Merkmale von Gehirnen, sondern auf Gesetzmäßigkeiten und Unregelmäßigkeiten der Gehirnarbeit. So musste sich der Gestaltungswille, mit Bildern zu arbeiten, neue Wege suchen. Sie führten zum virtuellen «Traum von einer Physiognomik des Geistes»,[175] in der das Gesicht als Mitteilung und Ausdruck bereits ausgeschaltet ist.

Aber wir haben aus der Zeit nach der Physiognomik noch einen Entwicklungsfaden verloren, der von der 1806 erstmals publizierten «Anatomie des Ausdrucks» des Physiologen Charles Bell ausging und in Darwins Abstammungslehre den vorläufigen Höhepunkt fand. Hier steht das Gesicht im Zentrum der Aufmerksamkeit, aber nicht wegen seiner Individualität, sondern wegen der Gesichtsarbeit seiner Muskeln. Charles Darwin stellt gleich in der Einleitung seines berühmten

VOLUME 11 NUMBER 1 MARCH 2007

NEWS

FROM PHILOSOPHICAL HALL

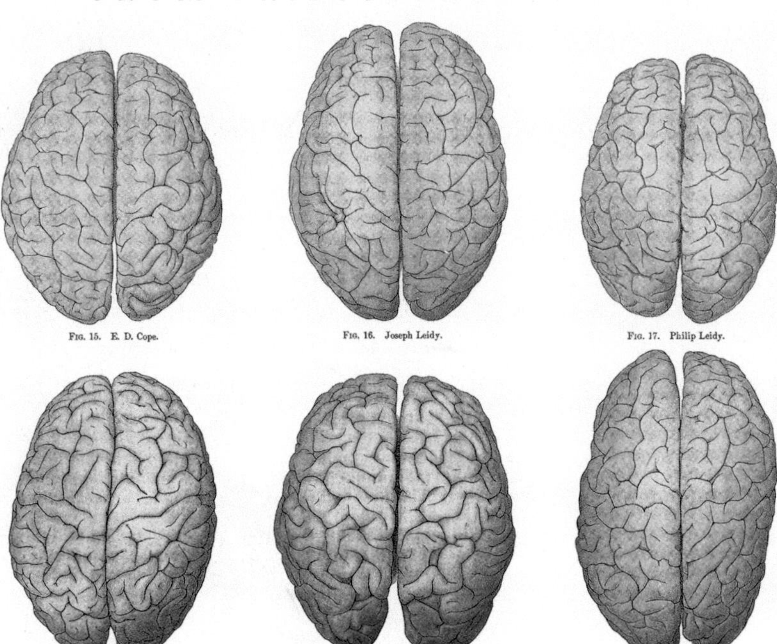

THE APS PUBLICATION PROGRAM: PAST, PRESENT, AND FUTURE

THIS ILLUSTRATION FROM APS *TRANSACTIONS* 21.4 (1907) COMPARES THE BRAINS OF SIX PROMINENT NINETEENTH-CENTURY PHILADELPHIA SCIENTISTS, THREE OF THEM MEMBERS OF THE APS, IN AN EFFORT TO DEMONSTRATE THE SPECIAL ANATOMICAL CHARACTERISTICS OF GIFTED MEN. THE AUTHOR WOULD HAVE LIKED TO INCLUDE WALT WHITMAN'S BRAIN IN THIS STUDY, BUT A CARELESS ASSISTANT DROPPED IT ON THE LAB FLOOR.

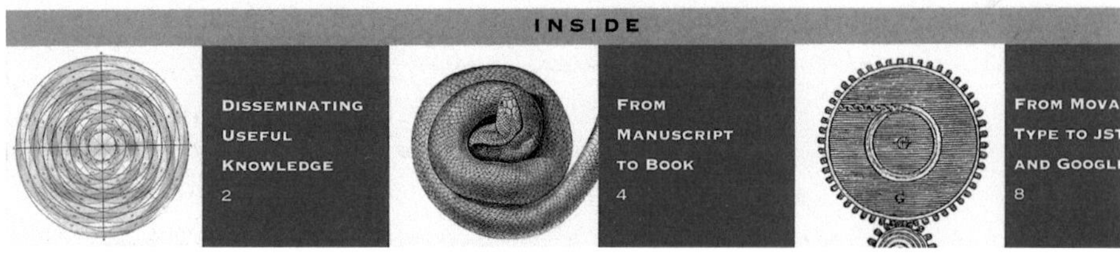

Werks «Der Ausdruck der Gemütsbewegungen bei den Menschen und den Tieren» 1872 fest, es interessiere ihn nicht, einen Charakter «an der permanenten Form des Gesichts abzulesen».[176] Vielmehr verschob er den Akzent von der Physiognomie, die den Menschen vom Tier unterscheidet, zu den mimischen und stimmlichen Merkmalen, die ihn mit dem Tier verbinden: Darwin sah in der Mimik den Ausdruck von stereotypen Emotionen, die sich in der Evolution durch Anpassung und Vererbung herausgebildet hatten, um das Überleben zu sichern. Der Blick wechselte vom Gesicht zu den Muskelbewegungen im Gesicht, in denen sich der Gang der Artenentwicklung spiegelte. Sie sind einzeln mit Buchstaben bezeichnet in einem Diagramm, das Darwin nach einer Vorlage von Charles Bell zeichnen ließ (Abb. 31). Die Muskeln führen Reflexe aus, die durch Gefühle wie Angst, Trauer und Schmerz ausgelöst werden. Es sind Gefühle, die ebenso wie ihr Ausdruck angeboren sind und selten vom Willen abhängen, wenngleich ihnen vom Willen gegengesteuert werden kann.[177]

Der «Ausdruck» ist für Darwin soziale «Handlung» (*action*) und sendet Signale aus, die sich im Leben der Arten herausgebildet und bewährt haben. Charles Bell hatte ihm, wie Darwin in der Einleitung schreibt, mit seiner «Anatomie und Philosophie des Ausdrucks» (so hieß das Werk in späteren Auflagen) den Weg gewiesen. Im Gebrauch der fotografischen Abbildung folgte Darwin dem Neurologen Guillaume-Benjamin Duchenne de Boulogne, dessen Werk über den «Mechanismus der menschlichen Physiognomie» 1862 erschienen war.[178] Duchenne hatte an den Gesichtern seiner Patienten Versuche mit Stromstößen gemacht. Diese bewirkten mechanische Kontraktionen der verschiedenen Gesichtsmuskeln und erzeugten so einen Ausdruck, den er fotografisch dokumentieren konnte, so im Falle des Schreckens, den Darwin in seinem Werk abbildet (Abb. 32). Die Ausdrucksarbeit ließ sich umso besser darstellen, je mehr das Gesicht von Krankheiten oder von Geburtsfehlern gestört war. Die neuen Methoden bewiesen mit aller Deutlichkeit den Abschied von der Physiognomik Lavaters. Die Mechanik des motorischen Gesichtsausdrucks ließ sich erst darstellen, als die ebenfalls mechanisch produzierte Fotografie erfunden war.

Es ist klar, warum Darwin sich für die Versuche von Duchenne interessierte. Dieser hatte, indem er einzelne Muskeln isoliert und getrennt zur Darstellung gebracht hatte, die Entwicklungsgeschichte des Menschen im Gesicht ins Licht gesetzt. Die Muskeln konnten von ihm alle einem bestimmten Ausdruck und also einer Funktion zugeordnet werden, die im mimischen Verhalten den sozialen Umgang mit den Artgenossen regelte. Da gab es einen Muskel der Traurigkeit und

Abb. 30 Titelseite der «News from Philosophical Hall» (2007) mit einer Illustration aus den «Transactions» der American Philosophical Society, 21, 4, 1907: Gehirne von sechs Naturwissenschaftlern

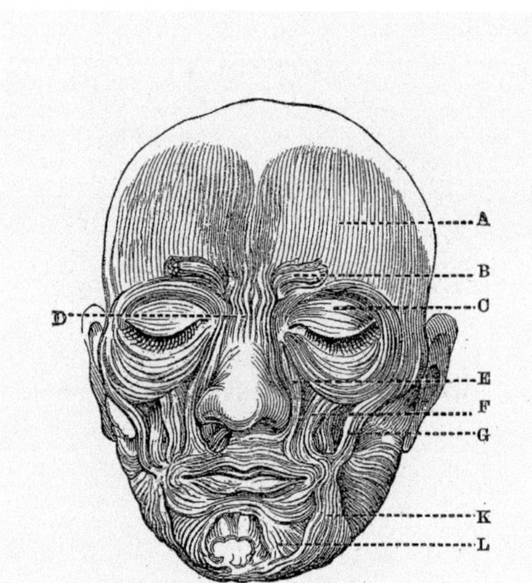

Fig. 1.—Diagram of the muscles of the face, from Sir C. Bell.

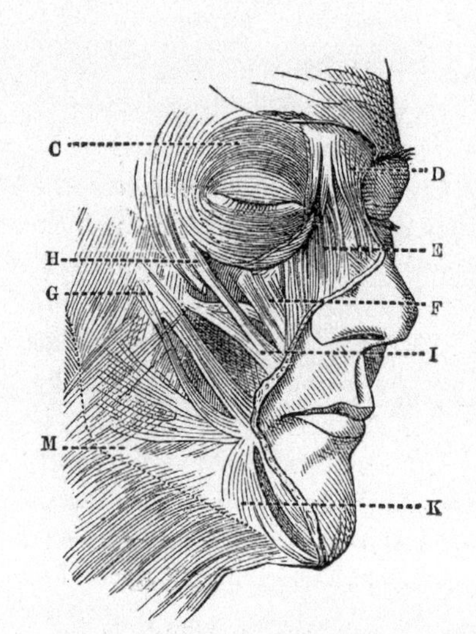

Fig. 2.—Diagram from Henle.

einen solchen des Schmerzes und der Aggression, aber auch Muskeln der Freude und der Furcht. Das Gesicht erwies sich damit als Schauplatz der phylogenetischen Geschichte, in welcher der Ausdruck mit der Zeit immer komplexer wurde. Sicher gab es hier auch Ähnlichkeit, durch die man jemanden in der Horde wiedererkannte, aber vor allem Interaktion mit den anderen, an der nicht nur Stimme und Blick beteiligt waren. Vielmehr transportierte jeder Muskel im Gesicht eine Mitteilung, die ein Partner deshalb deuten konnte, weil er mit dem eigenen Gesicht ähnlich agierte. Entscheidend war, was man mit dem Gesicht machte, und das war wiederum nur deshalb möglich, weil jedes Gesicht über das gleiche Ausdrucksrepertoire verfügte. Die Naturgeschichte setzte sich folglich in der Gegenwart der verschiedenen Kulturen fort, auch wenn diese inzwischen den Gesichtsausdruck auf jeweils andere Weise regulierten. Die Bilder, die ein Gesicht in einem einzigen Ausdruck stilllegten (im Gegensatz zu Duchennes Bildserien), konnten deshalb die Gesichtsarbeit und also die Hauptsache nicht abbilden.

Darwin leitete eine Entwicklung ein, die zu einem neuen Paradigma führte. Die Ikone wich dem Laborversuch. Der Mensch bewies in seinen Emotionen einen arten-bedingten Ausdruck und war also nichts anderes als ein Naturwesen wie alle anderen. Untersucht wurden Emotionen, die auf Situationen reagierten, während Gefühle anderer Art außer Betracht blieben. Der Mensch, so lautete das Fazit, «stammt von einer niedrigeren Form von Lebewesen ab».[179] In seinen Gefühlen und seiner Mimik bildet er eine Evolution ab, in der alle Rassen eine ge-

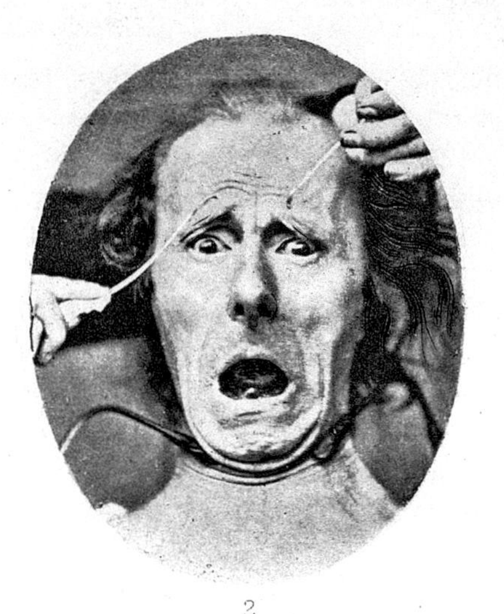

Abb. 32 (oben) Guillaume-Benjamin Duchenne de Boulogne, Versuch an einem Patienten, Studie für «Mécanisme de la physionomie humaine», 1862, Paris, École Nationale Supérieure des Beaux-Arts

meinsame Wurzel besitzen. «Die Sprache der Emotionen, wie sie manchmal genannt wird, ist von großer Bedeutung für die *welfare* der Menschheit» und ihr Überleben. Deswegen verdienten die *various expressions*, die sich «stündlich auf den Gesichtern der Mitmenschen abspielten, das Interesse» des Naturforschers. Entscheidend ist, dass dieser Ausdruck ein kollektives Merkmal ist und also, wie Darwin betont, für alle Menschen gilt. Was man an einem einzigen Gesicht sehen kann, das hat man an allen Gesichtern gesehen. Der Ausdruck formt sich schon im Kleinkind, bevor dieses sich darüber Rechenschaft geben kann. Natürlich gehen hier die Wege der Anthropologie auseinander, und es werden nur mehr Funktionen im Gesicht untersucht, das einmal als Ausdruck der Einheit des Menschen verstanden wurde. Die Folge ist in der Moderne die Klage über den Verlust nicht des Gesichts, aber jedes individuellen Begriffs vom Gesicht und seiner Anschauung.

6. Gesichtsnostalgie und Totenmaske in der Moderne

Die Totenmaske war in der bürgerlichen Zeit «das geheime Zentrum des physiognomischen Feldes»[180] geworden. Als Antrieb hinter einer ebenso utopischen wie emphatisch zeitgebundenen Physiognomik fand der Gesichtskult in ihr seine wahre Adresse, nachdem sich die Wissenschaft längst vom Gesicht abgewandt hatte. Hier haben wir es einmal mit einer Maske im wörtlichen und physischen Sinne zu tun. Sie wendet uns ein leergeräumtes Gesicht zu, das ein Toter von sich hinterlassen hat. «Es trennt sie von jeder anderen Maske die unheimliche Tatsache, daß sie sich vom Gesicht eines Menschen gelöst hat, um nie wieder zu ihm zurückzukehren.» Deswegen spricht Durs Grünbein «von jähem Abbruch. *Facies interrupta*».[181] Aber die Erinnerung an den einstigen Träger der Maske ist nicht

Abb. 31 (links) Zwei Diagramme der Gesichtsmuskeln, aus: Charles Darwin, «On the Expression of the Emotions in Man and Animals», 1872

immer der erste Sinn des modernen Maskenkults gewesen. Vielmehr war es die Präsenz eines Gesichts, das gleichsam jenseits von Leben und Tod auf den Begriff seiner selbst gebracht wurde.

Nur wenige Jahre, nachdem Lavater sein Werk über die Physiognomik beendigt hatte, entstand erstmals eine Totenmaske neuer Art, die noch einiger Überlegungen bedarf. Es war die Totenmaske Lessings, die seine Freunde 1781 von ihm abnehmen ließen, um ihn als Freund und Vorbild in Erinnerung zu behalten (Abb. 33). Sie diente nicht mehr dazu, ein Porträt herzustellen, war also nicht mehr Mittel zum Zweck, sondern Symbol einer intimen Anschauung über den Tod hinaus. Der Herzog von Braunschweig-Wolfenbüttel hatte Lessing damals als erstem Literaten ein offizielles Begräbnis gestiftet, ganz im «aufgeklärten Bewusstsein von der Würde des von Gott begnadeten Menschen».[182] Die Maske verkörperte auch die neue Autorität einer Geistesgröße jenseits aller gesellschaftlichen Schranken. Nicht ein gestorbenes, sondern das *wahre Gesicht* des Menschen war ihre Botschaft, so wie es einmal bei der echten Ikone Christi der Fall gewesen war.[183] Jetzt erregte der Tod als eine sichtbar gewordene Vollendung des Lebens eine neue Faszination. Der Betrachter nahm in der Maske ein Gesicht wahr, in dem sich das Eigene eines Individuums unwiderruflich ausdrückte. Lavater hatte die «wahren und unveränderlichen Gipsabgüsse» dafür gerühmt, dass auf ihnen die «Züge viel schärfer als an Lebenden und Schlafenden (erscheinen). Was ihr Leben wankend machte, setzt der Tod fest.»[184] Lavater redet also von einer stillgestellten Physiognomie, in welcher sich das wahre «Antlitz» des Menschen im Spiegel der Zeitlosigkeit zeige. Man könnte von einer Maske der Physiognomik sprechen, um diesen paradoxen Befund auf den Punkt zu bringen.

Doch geht es hier letztlich um das Phänomen (im wörtlichen Sinne), dass ein Gesicht in der Totenmaske zu einem Bild wird. Es muss sich erst in seine eigene Maske verwandeln, um ganz Bild werden zu können und Bild zu bleiben. Die Faszination durch das Bild liegt darin, dass es ein unauflösbares Rätsel erzeugt: Es stellt eine Präsenz her, die erst durch die Abwesenheit dessen, der dargestellt ist, zustande kommt. Die Totenmaske ist also gleichsam die Maske, die einem Gesicht abgenommen wurde, das im Tode seinerseits zur Maske geworden ist, mit anderen Worten: die Maske einer Maske. Sie wird von einem Gesicht abgeformt, das über keine Mimik mehr verfügt, sondern einen Ausdruck besitzt, der erst jenseits aller möglichen Mienen entstehen kann. Deshalb schlägt sie uns in Bann, obwohl wir wissen, dass Maskenbildner an der Leiche tätig gewesen sein mögen und den Frieden des Schlafes aus dem verlassenen Gesicht hervorgezaubert haben könnten.

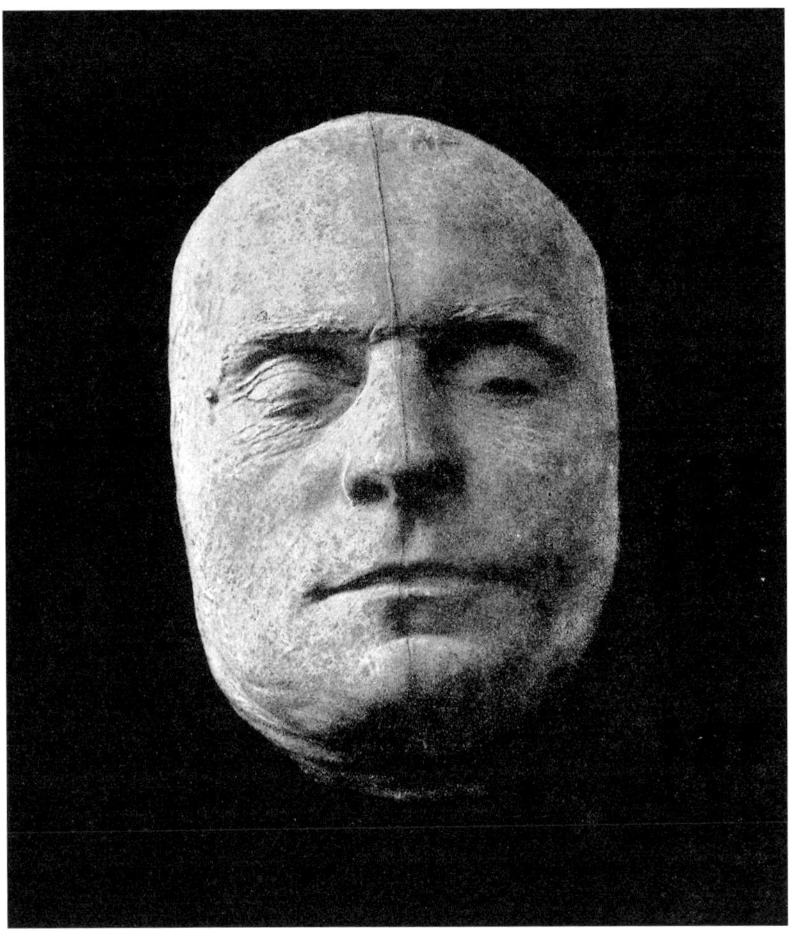

Abb. 33
Totenmaske von Gotthold Ephraim Lessing, 1781, Wolfenbüttel, Herzog August Bibliothek

Der moderne Totenkult war auf kein Grab ausgerichtet, sondern wurde in einem musealen Kontext vollzogen, so etwa in einem Archiv von Totenmasken, wie es das Wien Museum besitzt, das aber erst durch eine Ausstellung wirken kann (Abb. 34). Hier haben wir es in Wahrheit mit einem gesteigerten Kult des Lebens zu tun, das aus dem Spiegel eines unvergänglichen Gesichts noch einmal hervorzutreten schien. Man suchte in der Physiognomie nach einem Charakter, der im Tode zu einer bleibenden Erscheinung gekommen war. Die geschlossenen Augen zogen sich vor dem Betrachter auf Distanz zurück, doch überließen sie sich auch

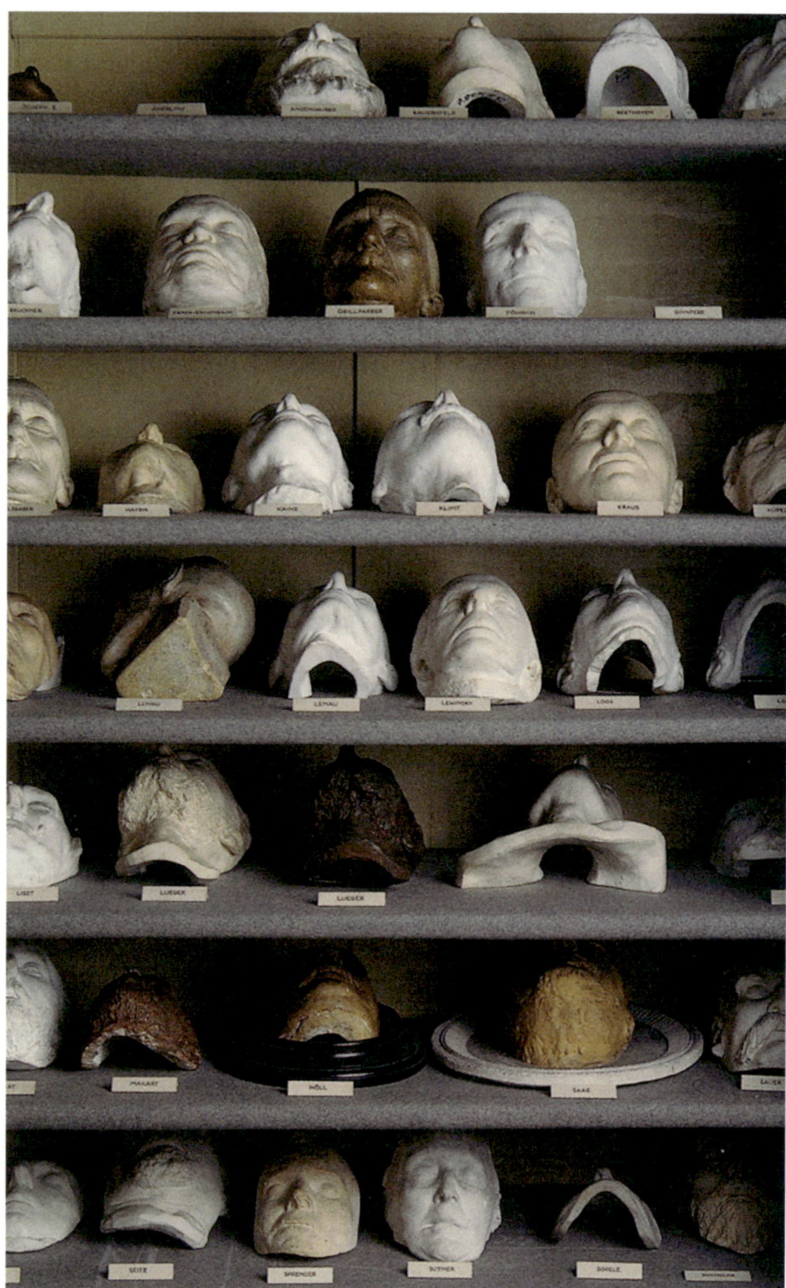

Abb. 34
Schrank mit Totenmasken, Wien, Wien Museum

willenlos einem ungehinderten Nahblick. So empfahl sich eine solche Maske als Projektionsfläche all jener Erwartungen, die auf das Gesicht des Menschen gerichtet waren, als seine Idee bereits bedroht schien. Hier war auf eine wenn auch makabre Weise eine Eindeutigkeit erreicht, die man im mimisch bewegten Gesicht der Lebenden mit seinem unbeständigen Ausdruck vermisst hatte. Die Totenmaske wurde zum Kultobjekt, an dem man den nostalgischen Kult eines überzeitlich wahren Gesichts vollzog.

Davon zeugt auch die sogenannte Unbekannte aus der Seine, die um 1900 in unzähligen Abgüssen und Fotografien verbreitet wurde, nachdem man ihr in einem Pariser Leichenhaus die Totenmaske abgenommen hatte. Denn das Mädchen war namenlos und hinterließ also keine Maske, an der man Ähnlichkeit im üblichen Sinne feststellen konnte. Sie war ganz Bild und stellte als solches nicht eine Tote, sondern den Tod schlechthin als zeitlose Schönheit dar. Rilke schrieb von dem «Gesicht der jungen Ertränkten», man habe es abgenommen, «weil es schön war, weil es lächelte, weil es so täuschend lächelte, als wüsste es».[185] Maurice Blanchot verfasste seinen Essay «L'Arrêt de mort» angesichts der gleichen Maske «mit ihren geschlossenen Augen, aber mit dem Leben eines so feinen und reichen (wenn auch verhüllten) Lächelns, dass man hätte glauben können, sie sei ertrunken in einem Augenblick höchsten Glücks».[186] Hier fand ein Tausch statt zwischen dem Leben, das entweicht, und dem Bild, das dadurch entsteht. In den Worten Blanchots könnte man in der Fremdheit der Leiche auch jene des Bildes sehen, das eine neue Art von Ähnlichkeit dadurch hervorbringt, dass es sich auf nichts mehr bezieht als auf sich selbst. In einer Ära, die an der Wahrheit und Echtheit des Gesichts zu zweifeln begann, bot das reine und unveränderliche Bild eines Gesichts eine neue Zuflucht.

Als es nach dem Ersten Weltkrieg zu einem neuen Kult der Totenmaske kam, verband sich die Nostalgie des Gesichts mit dem Abschied vom Individuum der bürgerlichen Ära, dessen Idee in den Kriegsjahren so schmerzlich zerstoben war. Der neue Maskenkult hatte Konjunktur in aufwändigen Bildbänden mit verräterischen Titeln, wie «Das letzte Gesicht» bei Egon Friedell und «Das ewige Antlitz» bei Ernst Benkard. In seinem Text sieht Benkard die Totenmaske «ferne von Atem und Pulsschlag aufgerichtet als ein Mal am Scheidewege von Vernunft und Glauben (...) Sie ist das letzte Bild des Menschen, sein ewiges Antlitz». Er erkennt in ihr unbeirrt «das Antlitz des Menschen, dem die Grimasse des Tages endlich erspart bleibt».[187] Das stille Gesicht zog wie ein Fokus alle von der Gegenwart enttäuschten Blicke auf sich. Die Abgüsse der Maske, die man vom echten Gesicht eines Toten durch Körperkontakt abgeformt hatte, wirkten wie Abzüge von einem Original. Das Ursprungsgesicht hatte sich bei der «Abnahme der Maske» in das letzte Bild zurückgezogen, das wie ein Fundstück aus einer aufgehobenen Zeit verehrt wurde.

Ernst Benkard wunderte sich darüber, «wie lange es gedauert hat, bis die Totenmaske zu dem geworden ist, was sie uns heute noch bedeutet». Die Gründe dafür hat er jedoch in einem historischen Abriss ihrer Vorgeschichte aus höfischer Zeit selbst geliefert. Sie liegen aber auch in einer Krise der Moderne, in der man sich nach dem Menschen in einem bleibenden Sinne zurücksehnte, einem Menschen, der nicht durch seine gesellschaftliche Rolle definiert war, sondern als Individuum ein Ansehen genoss, in dem man das «Mensch-Sein» verdichtet sah. Auch die Fotobücher, die damals in Mode kamen, hatten ihren Anteil an dem neuen Kult der Totenmaske. Sie boten wie eine Art Andachtsbuch eine ganze «Sammlung» von Geistesgrößen dar, deren Persönlichkeit man in ihren Masken wiedererkennen wollte. Ausgerechnet die Fotografie, welche als technisches Medium der Ähnlichkeit die Erbfolge der einstigen Maskenbildnerei angetreten hatte, brachte die Maske wieder zu einer im wörtlichsten Sinne neuen Art von Anschauung. Im Schwarz-Weiß-Foto tritt der Unterschied zwischen Gesicht und Maske zurück und wird das Gesicht, jenseits der Abformung, als Bild wieder in sein Recht eingesetzt.

Das «Archiv der Gesichter» im Schiller-Nationalmuseum von Marbach überliefert die Totenmasken großer Deutscher, die für einen Kult der Erinnerung gesammelt wurden. Durs Grünbein wandte sich also gerade in einem Katalog zu dieser Sammlung gegen das Genre, als er schrieb, das Gesicht sei im Tode «fertig mit den Geschäften der Reflexion wie mit denen der Expression. Es befindet sich in dem gleichen dinglichen Zustand wie eine ins Schloss gefallene Tür. Was immer sich ablesen lässt vom Gesicht eines Toten, bleibt nunmehr der Andacht des Betrachters überlassen».[188] Aber diese Andacht war doch gerade der Sinn des Genres, denn nach den Katastrophen des Ersten Weltkrieges mit seinen unzähligen, anonymen Toten wurde die Suche nach einem verlorenen Ideal des Menschen populär, das man in der Totenmaske von Dichtern und Philosophen, ungehindert von Mode und Zeitströmung, kontemplieren wollte. Es war eine paradoxe Übung, aus den Umwälzungen der Zeit ein zeitloses Gesicht bergen zu wollen. Man verehrte es wie eine kostbare Reliquie, die vom Gesicht zurückgeblieben war. Dabei war das berühmte Gesicht auch ein Garant für das *Menschenbild* im höchsten Sinne.

Damit eröffnet sich eine Verbindung zwischen so ungleichen Motiven wie der Totenmaske und dem sogenannten Volksgesicht deutscher Stämme, das in der Zeit zwischen den Weltkriegen ein populäres Thema wurde. Im Volksgesicht, so verschieden auch seine Botschaft war, zeichnen sich Grundzüge der gleichen Gesichtsnostalgie ab. Diesmal suchte man bei der Landbevölkerung nach einem zeitlosen Gesicht so dringlich, als ob es in den Städten schon verloren gegangen wäre, und monumentalisierte es gleichsam in Ansichten wie aus einer anderen Zeit. Auch hier trat das Gesicht aus dem Spiegel einer ganz und gar modernen Fotokunst, von deren Beleuchtung es inszeniert wurde, in den Blick. Es ist schwer, eine Grenzlinie zwischen der Aura einer fotografischen Abbildung und dem abgebildeten Gesicht zu ziehen, das in diesem Medium der Verwandlung eine zeitlose Weihe empfing. Die einschlägigen Fotobücher, die man wie eine Bibel vom Menschen propagierte, legten hinter der Totenmaske oder dem «Volksgesicht» auf je verschiedene Weise ein Urbild oder Idealbild des «echten» Gesichts frei, das die Grenzen eines Individualporträts überschritt. Da auch die Totenmaske von dem Wunsch getragen war, das Gesicht zu verklären, treten in den Fotobüchern der Zeit verschiedene Spielarten eines gemeinsamen Gesichtskults zu Tage, der von einem Verlustgefühl gespeist war. Die Totenmaske war ebenso ein symbolisches Gesicht wie auf andere Weise das «völkische» oder regional geprägte Gesicht. Beide Gattungen entstanden aus einer Krise des Gesichts, welche je nach Weltanschauung verschiedene Lösungen nahelegte: entweder die Meditation vor einem zeitlosen Gesicht, das zum beschleunigten Tempo einer reportagehaften Momentaufnahme in größtem Gegensatz stand, oder die Rückkehr zum «einfachen» Gesicht der Landbevölkerung, in dem sich ein kollektiver «Volkscharakter» spiegelte.

Die Konflikte, die um das Gesicht ausgetragen wurden, galten letztlich einem bedrohten und umstrittenen Menschenbild, das auf konservativer Seite in der zeitlosen Totenmaske oder in der ethnischen «Ikone» sein Emblem fand. Karl Jaspers stellte die «Leitbilder», welche den modernen Ikonen zugrunde lagen, damals kritisch zur Diskussion und sah überall «die Liebe zum adligen Menschenbild und den Hass gegen das Unedle» am Werk. «Es entstehen Aspekte des Menschen als Leitbilder und Gegenbilder.» So sei es zu einer Typenbildung gekommen, die überall «von heimlicher Liebe und Abneigung» gespeist sei.[189] Jaspers bezog sich dabei auf Stimmen wie die von Ernst Jünger, der es als eine «Bedrohung» empfand, dass im Gesicht der Großstädter «das ungemein Gleichartige und Typische» im Gesichtsausdruck überhandnahm. Ähnlich äußerte sich Döblin, der

Seite 106/107:

Abb. 35 August Sander, Maurermeister, 1926–1932

Abb. 36 August Sander, Industrieller, um 1920

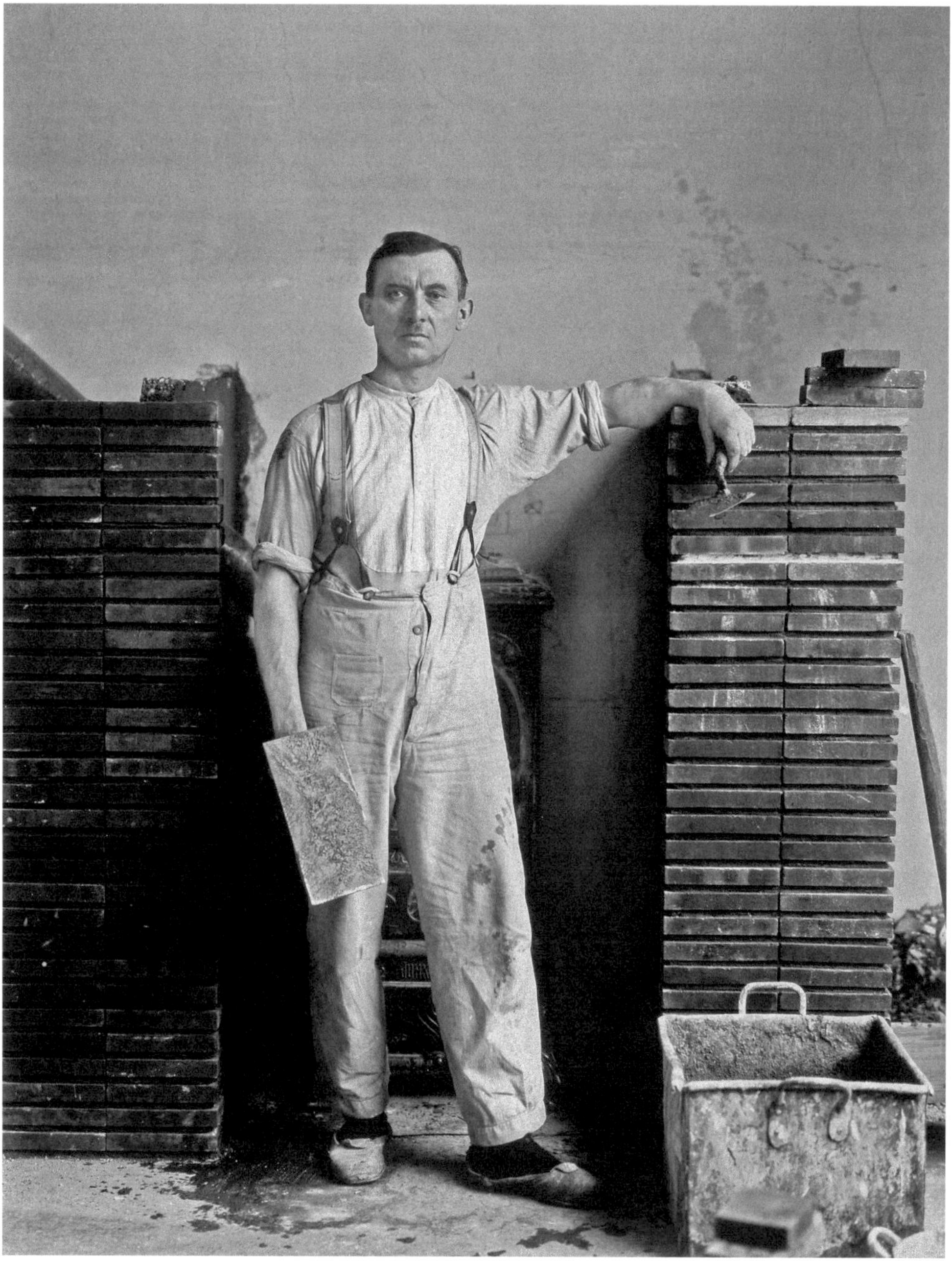

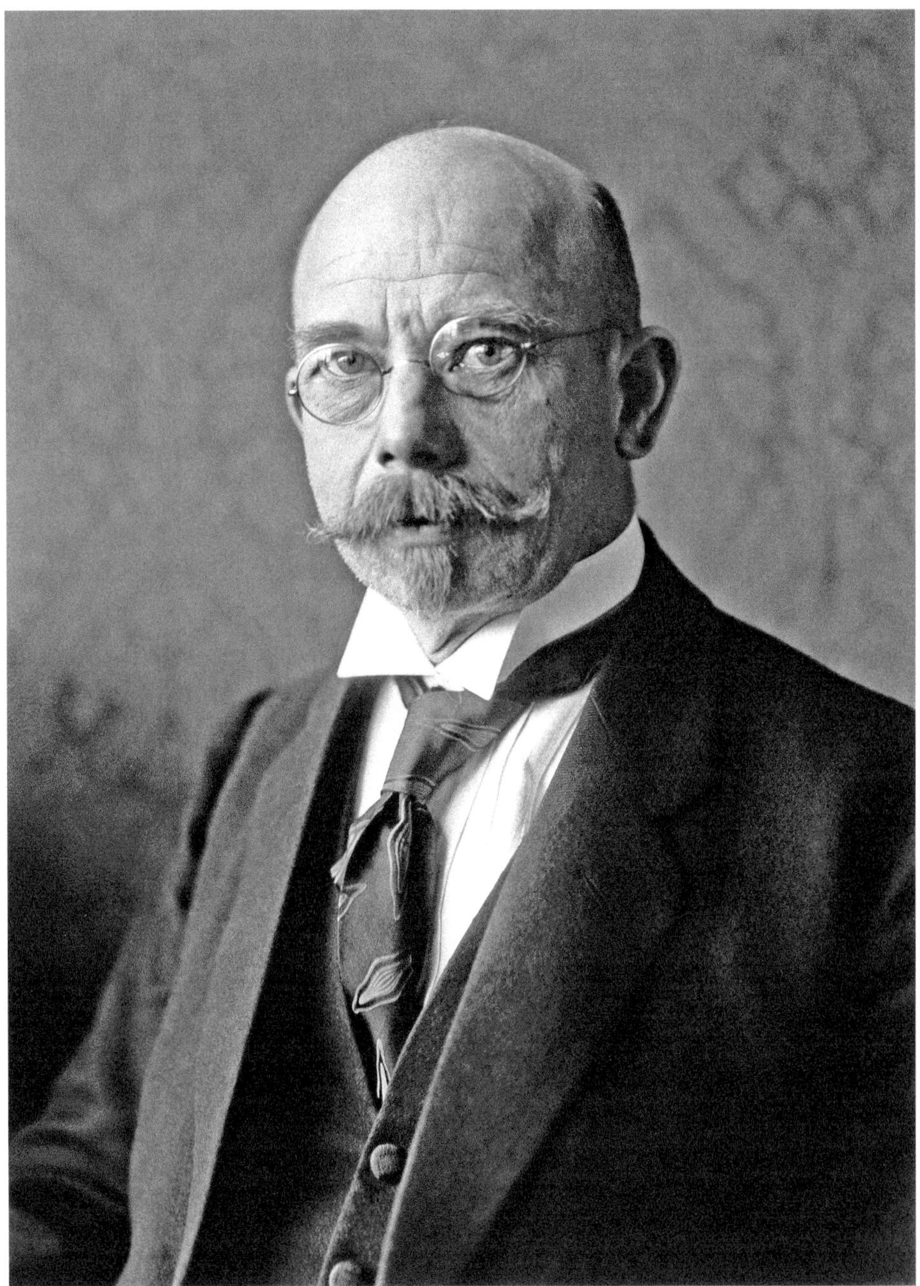

noch «einzelne Originale» überleben sah, «aber schon bereiten sich neue Typen vor».[190] Hier schlug die Zivilisationskritik der Weimarer Zeit durch, bevor die rassistische Ideologie des «Dritten Reichs» solche Debatten mit Gewalt beendete.

Diese konservative Position brachte aber auch eine Gegenposition auf den Plan. Axel Eggebrecht, für den die Porträtfotografie mit dem bürgerlichen Zeitalter geendet hatte, entdeckte bei dem Fotografen Erich Retzlaff das «proletarische Antlitz» als die neue Alternative.[191] August Sander wandte sich in seinem großen Fotoprojekt mit Menschen des 20. Jahrhunderts, für das er in einer Lieferung den polemischen Titel «Antlitz der Zeit» (statt ‹Antlitz der Zeitlosigkeit›) wählte, vom dominanten Gesicht in Nahaufnahme ab und konzentrierte sich auf Sozialtypen und Stände in kollektiver Rollenhaltung, so wenn er einen Industriellen oder einen Maurermeister als Typen festhielt (Abb. 35, 36).[192] Die Physiognomie der Epoche statt des Individuums wurde also in einer Gesellschaft gesucht, in der konservative und «moderne» Typen aufeinandertrafen.

Dagegen propagierte Erna Lendvai-Dircksen das «Volksgesicht», bevor sie im «Dritten Reich» zu zweifelhaftem Ruhm kam und sich den völkischen Rassismus zu eigen machte.[193] Sie produzierte ebenfalls kollektive Typen, doch nahm sie im zeitlosen Gesicht der deutschen Landsmannschaften eine Gegenposition zu August Sander ein.[194] Im bäuerlichen Gesicht sah sie den Gegensatz zur «unechten Maske», die der Stadtmensch trug. Seit 1916 hatte sie, in einer von Zivilisationskritik geleiteten Nostalgie, eine Sammlung von Gesichtern zusammengetragen, die sie seit 1932 unter dem Titel «Das Deutsche Volksgesicht» veröffentlichte. Im Landmenschen erkannte sie den Platzhalter eines Gesichts, das es in den Städten nicht mehr gab. Die Klage über die «allgemeine Nivellierung der *facies*» gehörte zum Kern der damaligen Debatte.

Die Gesichter präsentierten sich bei Erna Lendvai-Dircksen als landschaftliche Prägungen und sollten deshalb so zeitlos wie die Landschaft wirken, die sie in ihnen gespiegelt sah (Abb. 37). Sie war überzeugt, dass sich «das Gesicht der Landschaft in der Landschaft des Gesichts» seit Jahrhunderten eingeprägt hatte. Es war ein Wortspiel, wenn sie sich auf die damalige Rede von der «Landschaft des Gesichts» bezog, aber sie ganz anders deutete. Das Gesicht war für sie nicht Landschaft im Sinne einer plastischen Oberfläche, sondern Spiegel der Landschaft, in welcher sein Träger lebt. Ursprungsmythen mit einer gefühlvollen Anthropologie kamen ins Spiel, wenn sie von den Gesichtern sprach, die sie vor der «wesenlosen Maske» der degenerierten Moderne retten wollte. Ihre «große Liebe» galt «der Monumentalität und Ewigkeit des Volksgesichts». Manche

Abb. 37 Erna Lendvai-Dircksen, Das Gesicht des Ostens: Mädchen aus der Lausitz, Berlin, Berlinische Galerie

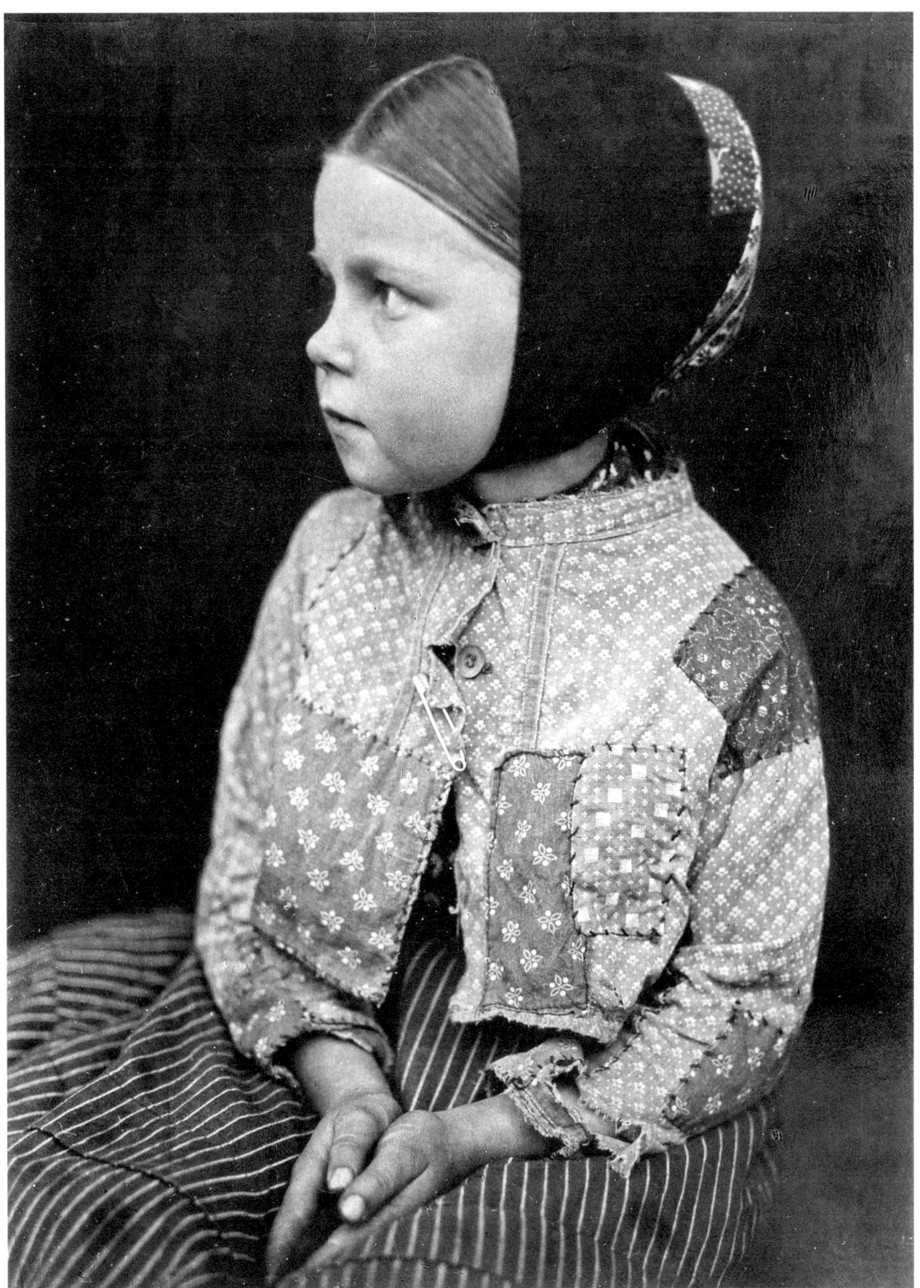

Frauen, so lesen wir bei ihr, lebten auf dem Lande wie «Shakespeare'sche Gestalten, die ganz unpersönlich, dennoch überpersönlich wirkten». Diese Nostalgie ließ sich nur zu rasch von der Rassenideologie des «Dritten Reiches» vereinnahmen, wie es auch bei Erna Lendvai-Dircksen geschah. Doch wurde sie anfänglich nicht von oben gelenkt und aufgezwungen.

Ebenso wie im Kult der Totenmaske äußert sich hier ein Verlustgefühl, das nicht allein in einer antimodernen Denkart verwurzelt war, sondern bei ganz verschiedenen Gruppen anzutreffen ist. Es ist auch nicht identisch mit einer Neuauflage des bürgerlichen Subjektkults, der im Individualismus seine Ideale vertreten sah. Man verehrte ja gerade nicht mehr das starke Individuum, das sein Gesicht wie eine Waffe einsetzte, sondern suchte nach dem Menschen in einer zeitlosen Urform, die man in der eigenen Zeit nicht mehr wiederfand. Auch in diesem Gesichtskult kam es fast zwangsläufig zu einer Ausbildung von Masken. Die Fotobücher produzierten sie mit großem Erfolg, aber es waren Masken, die niemand mehr trug: die Toten schon gar nicht, und auch die Städter nicht, denn sie fanden sich nur noch bei den Landleuten wieder, wo die alte Zeit lebendig geblieben war, die meist die Familiengeschichte bildete. Die Fotobücher stellten entweder tatsächliche Masken dar, nämlich von Toten, in denen man aber nur das echte Gesicht wahrnehmen wollte, oder sie legten die Gesichter ähnlich wie Masken in der Aufnahme still und brachten sie auf eine feierliche Frontalität, in der sie aus der Zeit heraustreten. Darin setzte sich auch das Erbe der Physiognomik fort, die in ihrer idealistischen Spielart die Kontemplation einer Gesichtsikone zu ihrem Programm erhoben hatte.

7. Nachrufe auf das Gesicht: Rilke und Artaud

Die Krise des Gesichts wird nirgendwo eindrucksvoller und nirgends früher beklagt als beim jungen Rilke, der in Paris an den «Aufzeichnungen des Malte Laurids Brigge» arbeitet. Die Fragen nach Individuum und Identität erfüllen den Deutschen, der wie ein verspäteter Flaneur die Metropole durchstreift, mit Schrecken, wenn er den Verlust eines persönlichen Todes, an dessen Drama er sich im Rückblick auf die eigene Kindheit auf dem Lande erinnert, in der neu entstandenen Masse entdeckt. In den Krankenhäusern wird «natürlich fabrikmäßig» gestorben.

«Bei so enormer Produktion ist der einzelne Tod nicht so gut ausgeführt, aber darauf kommt es auch nicht an. Die Masse macht es. Wer gibt heute noch etwas für einen gut ausgearbeiteten Tod?» Das tun nicht einmal die Reichen. «Der Wunsch, einen eigenen Tod zu haben, wird immer seltener. Eine Weile noch, und er wird ebenso selten sein wie ein eigenes Leben, fertig, man hat es nur anzuziehen. Man stirbt, wie es gerade kommt; man stirbt den Tod, der zu der Krankheit gehört, die man hat.» Der Tod, der im Lebensentwurf eines Individuums seinen privilegierten Ort hatte, ja ein Ziel darstellte, «ist natürlich banal» geworden. Er stellt für niemanden mehr eine Aufgabe dar.[195]

Man kann das Gesicht nicht im Tode verlieren, wenn man schon vorher keines mehr hat. Das Gesicht und der Tod treten bei Rilke gemeinsam in den Blick. Deshalb kommt es zu einer sarkastischen Beschreibung all jener Gesichter der Masse, die ein Verfallsdatum haben. Die Identität im Gesicht ist zu einer verlorenen Erinnerung geworden. «Es gibt eine Menge Menschen, aber noch viel mehr Gesichter, denn jeder hat mehrere. Da sind Leute, die tragen ein Gesicht jahrelang, natürlich nutzt es sich ab», und es «weitet sich aus wie Handschuhe, die man auf der Reise getragen hat. Nun fragt es sich freilich, da sie mehrere Gesichter haben, was tun sie mit den anderen? Sie heben sie auf. Ihre Kinder sollen sie tragen.» Aber vielleicht geht auch der Hund damit aus. «Weshalb auch nicht? Gesicht ist Gesicht. Andere Leute setzen unheimlich schnell ihre Gesichter auf, eins nach dem anderen, und tragen sie ab.» Mit kaum vierzig sind sie schon beim letzten. «Sie sind nicht gewohnt, Gesichter zu schonen, ihr letztes ist in acht Tagen durch, hat Löcher (...) und da kommt dann nach und nach die Unterlage heraus, das Nichtgesicht, und sie gehen damit herum.»[196]

Man hat den Eindruck, Rilke spreche hier von Gebrauchsmasken, aber er sagt immer «Gesicht», wenn er Maske meint. Der Unterschied scheint hinfällig geworden. Denn das Gesicht selbst ist zu einer billigen Maske geworden, die sich im Leben rasch verbraucht. Jedermann bekommt eine Stückzahl von Gesichtern zum Gebrauch zugewiesen. Sie sind rationiert wie eine Konfektion. Hier richtet die Moderne einen enttäuschten Blick auf ein altes Menschenideal. Aber vielleicht gab es privilegierte Gesichter immer nur als Ausnahme? Waren sie einmal für jedermann zu haben gewesen? Doch es hatte Rollen gegeben, und die konnte man einüben. Für sie brauchte man ebenfalls Masken. Wenn es aber keine Rollen mehr gab, waren auch die Masken überflüssig geworden. War auch das Individuum eine Rolle gewesen? Und konnte man es wie eine Rollenmaske ablegen? Wenn sich auch das Gesicht inzwischen als Maske erwies, so ließ es sich dennoch nicht abnehmen, denn darunter war nichts mehr (es sei denn der blanke Schädel). Nur ein Bildhauer konnte eine Maske *vom* Gesicht abnehmen. Aber dafür musste er erst einmal ein Gesicht finden. Rilkes Pessimismus hat ein Vorspiel bei Georg Büchner, der in «Dantons Tod» jemanden im Jakobinerklub über die Verräter der Revolution sagen lässt: «Es ist Zeit, die Masken abzureißen.» Als dieser Satz Danton berichtet wird, antwortet dieser, der das Spiel bereits verloren gibt, kurz und drastisch: «Da werden die Gesichter mitgehen.»

Das «Nichtgesicht» scheint sich in den Albträumen des Malte auf eine schreckliche Weise zu bewahrheiten, als dieser an einer Ecke der Rue Notre-Dame-des-Champs auf «die Frau» trifft. Sie «war in sich hineingefallen, vornüber in ihre Hände». Sein eigener Schritt erschreckt sie in der leeren Straße so sehr, dass sie sich «aus sich ab» hebt, zu heftig, «so dass das Gesicht in den zwei Händen blieb. Ich konnte es darin liegen sehen, seine hohle Form». Es kostet ihn Anstrengung, «nicht zu schauen», was sich aus den «Händen abgerissen hatte. Mir graute, ein Gesicht von innen zu sehen, aber ich fürchtete mich noch viel mehr vor dem bloßen wunden Kopf ohne Gesicht.» Da ist es selbst ein Trost, daran zu denken, dass sich im Krankenhaus anonym sterben lässt.

Die Hohlform einer Maske hatte Rilke in Rodins Atelier, wo er Abgussverfahren beobachten konnte, oft genug gesehen. Jetzt spricht er jedoch von einem Gesicht, von dem es keine Rückseite als Hohlform geben kann. In der Kunst lagen die Dinge für Rilke ohnehin anders, da hier das Gesicht eine Form erhielt oder behielt, die es im Leben immer verlor. Gesichter in der Kunst waren eine Erinnerung an das, was sie einst im Leben gewesen waren, oder sie bargen die Hoffnung, dass sie noch eine Zukunft hatten. In den Texten über Rodin nennt Rilke, wie auch Rodin selbst es tat, alles Masken, was der Bildhauer schuf, auch wenn es Vollbüsten waren. Sie waren ohnehin Masken, insofern sie keine echten Gesichter waren. In Rilkes erstem Text über Rodin von 1902 wird «die Maske des *Mannes mit der gebrochenen Nase*», eines frühen Werks aus den Jahren 1863/64, als das erste Porträt gerühmt, das Rodin geschaffen hat (Abb. 38).

«Als Rodin diese Maske schuf, hatte er einen ruhig sitzenden Menschen vor sich und ein ruhiges Gesicht. Aber es war das Gesicht eines Lebendigen» und also «voll Unruhe und Bewegung». Eine Kunst, die das Leben darstellen (und es zugleich bannen) wollte, durfte nicht «jene Ruhe, die es nirgends gab, zu ihrem Ideal machen».[197] Das Leben hatte in einem solchen Gesicht gearbeitet, und Rodin hatte damals «seine Art, durch ein Gesicht zu gehen, schon ganz ausgebildet», und zwar in «jeder Linie, die das Schicksal gezogen hat». Er arbeitete, «ohne zu fragen, wer der Mann war, dessen Leben in seinen Händen noch einmal verging». Er konnte die Gesichter der Menschen nicht mehr sehen, «ohne an die Tage zu denken, die daran gearbeitet hatten». Aber Leben war in jeder Gebärde. In seinen Vollfiguren hatte Rodin längst den Ausdruck des Gesichts – und dessen Nacktheit – auf den ganzen Körper übertragen. Darin bestand die Revolution seiner modernen Skulptur. Rodins Menschen kamen allein in ihrem leidenschaftlichen Körper zum Leben: «Das Leben, das in den Gesichtern wie auf Zifferblättern stand, leicht ablesbar und voll Bezug auf die Zeit – in den Körpern war es zerstreuter, größer, geheimnisvoller und ewiger. Hier verstellte es sich nicht», wie es so leicht in den Gesichtern geschieht. Die Körper Rodins lehnen sich in ihren Gesten gegen alle Rollen auf, die man ihnen immer abverlangt hat. Aber diese Auflehnung gibt dem Verlangen nach Natur und Freiheit mehr Raum als dem Ausdruck einer Person.

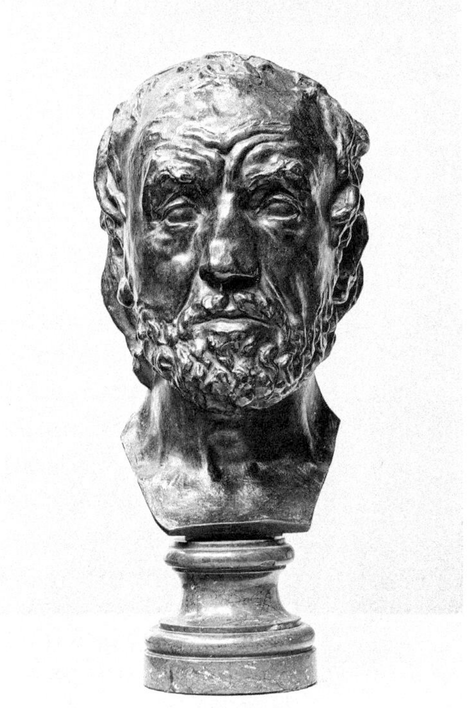

Abb. 38 Auguste Rodin, Der Mann mit der gebrochenen Nase, 1863/64, München, Neue Pinakothek

Rilke befand sich noch im Prolog eines Jahrhunderts, in dem Ereignisse wie Auschwitz die Frage nach dem Gesicht unerträglich verschärften – und alle überhaupt noch denkbaren Bilder in Zweifel setzten.[198] Die bildende Kunst hatte sich aber schon lange vom Gesicht zurückgezogen, denn die Avantgarden ließen sich von der Maschine faszinieren und zogen, wie es Pontus Hultén einmal formulierte, die «mechanische Schönheit» dem «sentimentalen» Gesicht vor.[199] Ein Rennwagen löste bei den Futuristen die berühmte hellenistische Nike-Statue im Louvre als Schönheitsideal ab. Auch der leidenschaftliche Fernand Léger war ein Protagonist der Maschinenästhetik. Da er sein eigenes Ideal vom nostalgischen Kult um das Lächeln im Gesicht der Mona Lisa bedroht glaubte, polemisierte er mit allen Mitteln gegen die Gesichter in der Kunst, die er als ein bürgerliches Klischee abtat, das einen veralteten Subjektbegriff mit sich führte. Für ihn galt nur das «plastische» Objekt, das kein menschliches Gesicht besaß, sondern eine Form ohne andere Bedeutung zeigte.[200] Die Welt sollte aufhören, anthropomorph auszusehen.

In seiner Anklageschrift zur «Antiquiertheit des Menschen» entwirft Günther Anders 1956 ein Szenarium, aus dem der Tod ausgewandert ist. Deshalb weckt auch das lebende Gesicht kein Interesse mehr. Die «Ikonomanie», von welcher er bereits damals spricht, ist Ersatz für eine verlorene Realität des Menschen. In seinem Buch beruft sich Anders auf Evelyn Waughs berühmten Roman über die Friedhöfe von Hollywood, «The Loved One», der 1948 die europäische Kritik an der Kultur der USA einleitete. Die Parfümierung des Todes, so lautet seine These, vertreibt dessen Realität zugunsten einer sterilen Fiktion des Lebens. «Was auf diesen Friedhöfen begraben wird, ist eben nicht der Tote, sondern der Tod.» In der Verwaltung der «Whispering Glades», eines kalifornischen Bestattungsunternehmens, wird die Leiche registriert als «just another has-been», und im Kundengespräch ist nur vom «loved-one» die Rede, statt der Person einen Namen zu geben. Die USA wurden in dieser frühen Kritik noch aus der europäischen Distanz und also als eine unwillkommene Zukunftsgesellschaft gesehen.

Anders erkennt aber erste Anzeichen für den schleichenden Gesichtsverlust des Menschen auch auf dieser Seite des Atlantiks. Er meint dabei nicht «die oft beobachtete Schablonenhaftigkeit heutiger Physiognomien, nicht das Faktum, dass auch Gesichter, durch identische Vorbilder geprägt, heute einander ähnliche Serienprodukte werden, und dass sich Gesicht von Gesicht nur noch so unterscheidet, wie Tuch von Tuch: nämlich durch seinen individuellen Webfehler». Vielmehr gehe jetzt selbst das «schablonisierte Gesicht noch verloren».[201]

Unter den Stimmen der Nachkriegszeit, die aus der Debatte um das gefährdete Gesicht herausragen, verdient Antonin Artauds oft zitierter Text über «Das menschliche Gesicht» («Le visage humain») einen neuen Blick. Artaud hat ihn veröffentlicht im Juli 1947, als seine «Portraits et dessins» in der Pariser Galerie Pierre ausgestellt wurden. Daher der wütende Appell, die eigenen Zeichnungen als Symbole des Gesichts ernstzunehmen. Nach seiner Entlassung aus den psychiatrischen Kliniken, in denen er lange Jahre verbracht hatte, wollte er mit der Produktion von Porträtzeichnungen sich selbst vor dem drohenden Verlust von Identität retten. Seine Freunde sollten dabei als Modelle und Mitkämpfer mitwirken. Die Verstorbenen treten auf diesen Blättern in Totenmasken auf, während die Gesichter der Lebenden in bohrender Intensität danach befragt werden, ob sie denn bereits zu einem wirklichen Gesicht geworden sind. Die intimen Dialoge, die der Zeichner mit allen diesen Gesichtern führt, sollen diese dazu zwingen, all das preiszugeben, was sie selbst noch nicht wissen, obwohl sie es seit langem in sich tragen.[202]

In der Blütezeit der Abstraktion, die in den 1940er Jahren zum unumstößlichen Credo der bildenden Kunst geworden war, wirkten Artauds Zeichnungen als Versuche eines Literaten bereits anachronistisch. Aber er wandte sich gegen den neuen Trend hartnäckig mit seinem Willen, «die Züge des menschlichen Gesichts so wieder(zu)geben, wie sie wirklich sind. Denn so, wie sie sind, haben sie noch nicht die Form gefunden, die sie aufrufen. Was besagen will, dass das (gegebene) Gesicht *(visage)* noch nicht seine *face* gefunden hat und sie deshalb vom Maler erst bekommen muss.» *Face* ist ein anderes Wort für Gesicht, aber der Begriff trägt auch die Bedeutung von Antlitz und Selbstausdruck in sich, der im Gegensatz zur bloß physiognomischen Ähnlichkeit steht. «Das menschliche Antlitz, so wie es ist, sucht sich noch selbst. Es trägt eine Art beständigen Tod in sich, vor dem es der Maler retten *(sauver)* muss, indem er ihm seine wahren Züge zurückgibt.» In diesen Worten liegt auch ein Bekenntnis zum Porträt, das schließlich den Widerstand gegen den Tod einmal zu seiner Aufgabe gemacht hatte. Aber Artaud will sich mit seinen Zeichnungen nicht in eine Tradition einreihen, die er bereits für gescheitert hält. Auf den alten Porträts hätten sich die Maler mit «bloßen Oberflächen» begnügt, um darauf lebendige Gesichter zum Sprechen zu bringen. Artaud jedoch will dem wahren Gesicht der Menschen auf die Spur kommen. Das Gesicht hat als «Form nie ganz mit dem Körper korrespondiert, sondern sich daran gemacht, etwas anderes als der Körper zu sein».[203]

Kurz vor seinem frühen Tod zeichnete Artaud im Januar 1948 ein wunderbares Blatt, mit dem er noch einmal den Kampf um das Gesicht aufnahm und die Suche nach seinem eigenen Gesicht beschleunigte (Abb. 39).[204] Auf dieser Zeichnung agieren die Gesichter körperlos und souverän miteinander wie in einem großen Maskentheater des Lebens. Am linken Blattrand baumeln an einem Seil Theatermasken wie nutzlos gewordene Requisiten, nachdem ihre Rollen allesamt vom Tod eingeholt wurden. Im rechten Teil reihen sich wahllos Gesichter aneinander, als warteten sie noch auf ihren Auftritt. Aber zum Auftritt kommt allein Artauds eigenes Gesicht. Er scheint auf das Leben zurückzublicken, als wollte er sich davon verabschieden. Doch sucht er, als Einziger unter all den Masken, im Leben noch nach seiner wahren *face*, um Artauds eigenen Begriff für das endgültige Gesicht aufzugreifen. Dem Tod, den er damals schon nahen fühlt, ringt Artaud noch einmal einen Ausdruck des Lebens ab, denn im Leben ist das Gesicht noch immer im Werden. Ist es aber einmal zu dem geworden, was seine Bestimmung ist, so ist seine Zeit schon abgelaufen, und es erstarrt zur Maske, wie es die Toten zu beiden Seiten bezeugen. Artauds Gesicht scheint das Haar seiner Freundin Yvonne

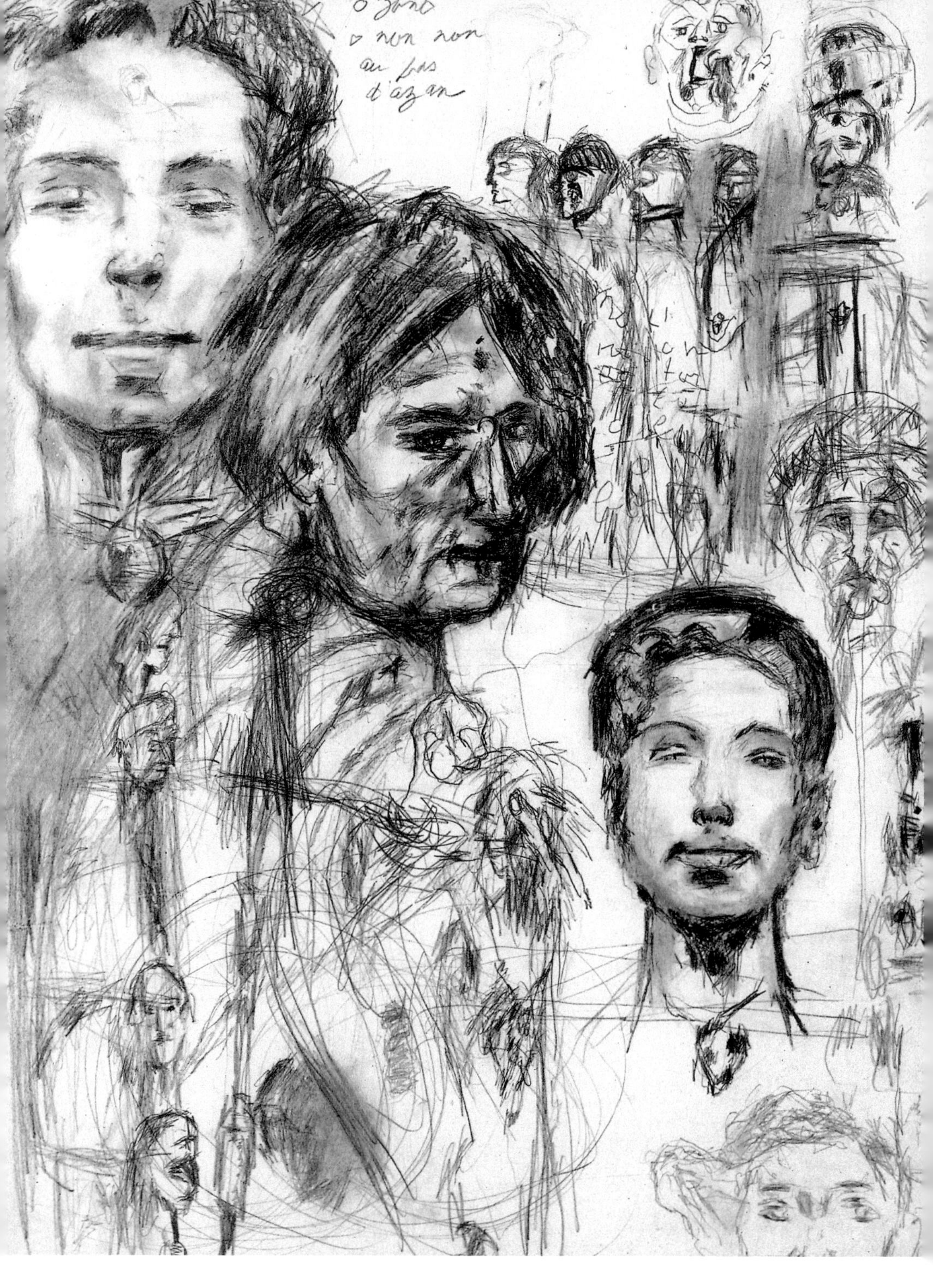
o Zono
o non non
au pas
d'azan

Allendy zu streifen, deren Tod er nach mehr als zehn Jahren noch immer betrauert. Ihre übergroße Maske in unbeweglicher Frontalität ist hinter seinem Kopf zu einem Bild der Erinnerung erstarrt. Aber sie wiederholt sich noch mehrfach auf einer absteigenden Schräge nach unten wie im Echo, als wollte Artaud andeuten, dass mit seinem Tod auch ihr Bild der Erinnerung verblasst. Sein eigenes Gesicht darf jedoch noch eine kurze Zeit lang «sagen, was es zu sagen hat».

Artauds Apologie des Gesichts ist ein vorweggenommener Nachruf. Sie mündet in den Gedanken, dass das Gesicht die Maske schon in sich trägt, während es noch gar nicht seine Form gefunden hat, die es der verbleibenden Zeit abringen muss. Der Unterschied zu den künstlich hergestellten Masken liegt in dem Lebensprozess, der im echten Gesicht abläuft. In diesem Prozess ist das Gesicht nicht statisch, sondern weist ebenso auf den Weg zurück, den es schon durchlaufen hat, wie es auch auf die Maske vorausdeutet, zu der es im Tod werden wird. Die Zeichnungen Artauds weisen über die Begriffe in seinem Text hinaus. Das Drama des Gesichts ist das Drama des Subjekts, das Artaud noch einmal aus dem Schatten des Todes herauszieht. Sein Text wirkt aus heutiger Sicht bereits wie ein Abgesang, der in der Mediengesellschaft kein Gehör mehr finden wird.

Abb. 39
Antonin Artaud, Ohne Titel, 1948, Zeichnung, Privatsammlung

II. Porträt und Maske. Das Gesicht als Repräsentation

8. Das europäische Porträt als Maske

Das Porträt wird in der heutigen Kultur meist als eine verlorene Sache betrachtet, auch wenn wir uns weiterhin ein Leben lang gegenseitig abknipsen und die Künstler jede Anstrengung unternehmen, um dem Porträt neue Rechtfertigungen zu geben und zeitgenössische Formen dafür zu finden. Die Gründe für diesen Bedeutungsschwund sind vielfältig. Das Gesicht, das Motiv aller Porträts, ist in den Massenmedien der «facialen Gesellschaft» (S. 214) inflationär geworden und deswegen auch billig zu haben. In den exakten Wissenschaften ist es längst kein Thema mehr, wie die Hirnforschung beweist, die lieber das Gehirn direkt untersucht als dessen Ausdruck im Gesicht zu befragen. Doch bleibt das Gesicht aktuell schon deswegen, weil wir es trotz aller Nachrufe weiterhin haben und uns damit ausdrücken. Auch das Ich, dessen Ausdruck man immer im Gesicht gesucht hat, ist heute nicht obsolet geworden. Wir identifizieren uns lieber mit einem Ich als mit einem Organ, wie es das Gehirn ist. Ein Ich will sich aber darstellen und im Gesicht kommunizieren. So binden sich auch weiterhin viele ungelöste Fragen an das Gesicht. Sieht man also das historische (und heutige) Porträt als den privilegierten Ort an, um über das Gesicht nachzudenken und seine Bedeutung fortzuschreiben, so verliert es seinen historischen Staub.

Alle Schlachten um das Porträt wurden bereits nach dem Ersten Weltkrieg geschlagen, als der Abgesang auf das traditionelle Menschenbild die verschiedenen Denkschulen entzweite. Im Lichte des damaligen Streits erscheint alles, was in der zweiten Hälfte des 20. Jahrhunderts über das Thema vorgebracht wurde, wie ein schwaches Nachbeben. In der Weimarer Zeit aber entzündete sich am Porträtfoto ein Streit verschiedener Weltanschauungen, der erst von den Ideologen der NS-Zeit mit Gewalt beendet wurde.[1] Es war auch ein Streit um individuelle oder kollektive Physiognomien, um Gesichter oder Sozialtypen. Aus heutiger Sicht fällt in den Debatten die dominierende Rolle auf, die man dem Gesicht als Statthalter eines umstrittenen Menschenbilds einräumte. Der Streit um das Gesicht wurde an Bildern ausgetragen, die dem Urteil über richtig und falsch unterworfen wurden. Nachdem wir heute in die Labyrinthe virtueller Welten geraten sind und die digitale Machtergreifung erleben, wirkt die damalige Debatte wie ein trotziger Glaube an die Realität des Gesichts und an den Realismus von Bildern, die es darstellen.

Im progressiven Lager begrüßte man den Abschied vom Individualporträt als Befreiung von bürgerlichen Konventionen. Aber darin liegt ein Missverständnis, welches die meisten Theorien der Folgezeit übernahmen. Es ist der Glaube daran, dass das Porträt eine Erfindung der bürgerlichen Kultur gewesen sei und also gemeinsam mit ihr ausgedient habe, so wie man auch im Individuum ein Klischee der bürgerlichen Gesellschaft sehen wollte. In einer solchen Polemik geriet aus dem Blick, dass die Geschichte des Porträts lange vorher begonnen und das Bildnis einmal der Selbstbehauptung in einer anderen Gesellschaft gedient hatte. Das Porträt erlebte im Bürgertum einen Epilog, der seine Frühgeschichte vergessen ließ. Nur wenn man diese Prämisse akzeptiert, lässt sich die Bedeutung einer Bilderfindung ermessen, die in der europäischen Kultur eine Schlüsselrolle einnimmt. Im Porträt wurde die Emanzipation des Subjekts in Zeiten höfischer Herrschaft und kirchlicher Vormundschaft demonstriert. Gerade im Porträt der frühen Neuzeit zeichnen sich die Konflikte des Individuums mit der Gesellschaft deutlicher ab als in den Texten der Zeit.

Die westliche Kultur hat seit der Antike keine Masken mehr hervorgebracht, mit denen sie sich identifiziert hätte. Auch auf der Bühne blieb die antike Vollmaske eine seltene Ausnahme (S. 64 f.). Masken wurden eher zu einer Spielform der Folklore. Umso wichtiger wurde das Gesicht, welches als Zeichenträger und Ausdrucksträger ohne Konkurrenz blieb und die sozialen Rollen der Maske auf sich zog. Masken im alten Sinne wurden folglich negativ, als Täuschung des Gesichts bewertet. Zwischen Gesicht und Maske entfiel die einstige Trennung, wie sie gegenüber Trägermasken bestanden hatte, die sich ein Tänzer oder Schauspieler aufsetzte. Es wurde kein Artefakt, wie es die künstliche Maske war, mehr benötigt, um ein Gesicht darzustellen. Und doch gibt es ein solches Artefakt, wenn wir das Porträt als europäische Maske ansehen: Es ist eine Maske, die nicht von Schauspielern aufgeführt, sondern stillgelegt wurde als Träger und Anlass von Erinnerung: von Erinnerung an das Gesicht.

Das Porträt entstand als Artefakt mit einer leblosen Oberfläche, welches die Dauer aller Dinge an sich trug. Andererseits wurde es zum Platzhalter für das Gesicht, dessen Ausdruck es vom Körper ablöste und auf eine symbolische Fläche übertrug. Auf diese Weise kehrte die *Maske als Porträt* in die europäische Kultur zurück. Aber diese Sichtweise erfordert es, das Verhältnis zwischen Gesicht und Maske anders zu bestimmen, als es üblicherweise geschieht. Wir sprechen gerne von der Ähnlichkeit eines gemalten Porträts in einem physiognomischen Sinne. Aber die Ähnlichkeit beginnt schon dort, wo das Porträt überhaupt einem *Gesicht* ähnlich sein will. Diese Ähnlichkeit beruht auf Fiktion: Wie können Holztafeln oder Fotoabzüge einem lebenden Gesicht ähneln? Es findet also ein Akt der Übertragung statt, wie er das Wesen von Repräsentation immer ausmacht. Ein Gesicht ist physisch *präsent*, ein Porträt dagegen nimmt seinen Platz ein in seiner physischen Abwesenheit. Es ist vergegenständlicht als Repräsentation und kann nichts anderes sein. Und es stellt die Ansicht eines Gesichts frei, ohne sie mit dem mimischen Spiel oder mit der Präsenz des Lebens zu durchmischen.

Paradoxerweise bringt ein Porträt das Gesicht auf einen Begriff seiner selbst erst dadurch, dass es eine Maske davon herstellt. Denn ein Gesicht hat eine offene, die Maske aber eine geschlossene Form, was heißt, dass nur die Maske auf Dauer repräsentieren kann, was ein Gesicht ist, während ein Gesicht niemals zur Ruhe kommt und deshalb nicht auf den Begriff zu bringen ist. Tritt das Porträt an die Stelle eines abwesenden Gesichts, so ist es Darstellung nicht in einem performativen, sondern in einem mimetischen Sinne, also im Sinne von Abbildung. Die Darstellung gelingt aber nur dann, wenn sie von den Konventionen einer Zeit und einer Gesellschaft bestimmt wird. Dabei kann sich der Maskencharakter des Gesichts verstärken. Denn im Porträt findet ein Tausch zwischen einer belebten Maske (Gesicht) und einer unbelebten statt, die nicht das Leben, sondern allein die Zeichen des Lebens auf sich zieht. Schon darin, dass jedes Porträt gemacht ist und also immer einen Produzenten und einen Auftraggeber voraussetzt, trägt es die Maske desjenigen Zeitalters, von dem es hervorgebracht wurde.

Es mag befremden, von einer Porträttafel als Artefakt zu reden, da wir sie inzwischen als Kunstwerk bewundern. Wir bekommen Porträts aus der Renaissance vor allem in Museen zu sehen, wo sie Künstlernamen tragen und wie alle anderen Gemälde an der Wand hängen. Dabei gerät in Vergessenheit, dass eine mobile Porträttafel verschiedenen sozialen Praktiken diente, die vom Tauschobjekt bis zum Erbstück, von der Behauptung eines offiziellen Status bis zur familiären Erinnerung reichen, aber auch die Präsentation in Grabkapellen oder in Residenzen einschließen. Amtsporträts sind noch ein Nachhall der einstigen Verwendung, die von einem geschützten und schützenden Status geprägt war. Porträts kamen überall zur Geltung, wo die dargestellte Person abwesend war und trotzdem ihre Rechte vertreten lassen wollte. Sie spielten bekanntlich auch eine Rolle bei Erbansprüchen, die nicht dem Porträt galten, sondern mit dem Porträt geltend gemacht wurden. Wer einmal ein altes flämisches Porträt in die Hand nehmen durfte, wird zustimmen, dass es eine *personale Existenz* in die *dingliche Existenz* eines mobilen Objekts verwandelte. Die Tafel war nicht nur Erinnerungsbild, sondern verlieh der dargestellten Person eine symbolische Präsenz, so als lebte diese statt im Körper auf der Tafel fort. Erst als transportable Tafel erfüllte sich die symbolische Funktion eines solchen Porträts, denn es ließ sich an alle Orte bringen, an denen jemand erinnert werden und seine Rechte wahrnehmen wollte.

Die Analogie von Porträt und Maske wird nirgends so handgreiflich demonstriert wie auf dem Schiebedeckel eines florentinischen Porträts in den Uffizien, der eine Maske zeigt (Abb. 40).[2] Bevor man das Porträt zu sehen bekam, bereitete der Schiebedeckel den Betrachter darauf vor, dass er es in dem Porträt mit einer Maske zu tun hatte. Der Deckel lag über dem Porträt wie eine Maske auf dem Gesicht ihres Trägers. Aber das Porträt war seinerseits kein Gesicht, sondern stellte nur ein Gesicht dar. Es war auch nur gemalt, wie die Maske eine gemalte Maske war. Die Analogie zwischen Maske und Gesicht geht hier noch weiter, weil die Maske trotz der leeren Augenhöhlen mit der rosigen Fleischfarbe eines Gesichts gemalt ist. Dadurch erzwingt sie die Ähnlichkeit von Porträt und Maske. War der Deckel geschlossen, so sah man nur die Maske. Wurde er geöffnet, so gab er ein Gesicht frei, das er bereits im Voraus zur Maske erklärt hatte. Aber Maske in welchem Sinn?

Die Antwort gibt die lateinische Inschrift über der Maske, denn sie formuliert lapidar, dass «jedem seine Rolle (*persona*) zukommt» («sua cuique persona»). In diesem Wortspiel lag für den Kenner antiker Literatur die Gleichsetzung von Rolle und Maske: Es war ein literarischer Topos, in der sozialen Rolle eine Maske zu erkennen (S. 33, 37). Jeder spielte im Leben Rollen, die sich – so sollen wir folgern – auch auf sein Porträt übertrugen und ihn als Rolle darstellten. Aber der Maler führt das Argument noch weiter. Die frische Gesichtsfarbe der Maske steht in gewolltem Kontrast zu den unbelebten Chimären des Ornaments, die zwei ganz andere, nämlich steinfarbene Masken halten. Dieser Widerspruch löst sich auf, wenn man die Maske auf das Porträt bezieht, das unter dem Deckel saß. Also war auch dieses nur eine Maske des echten Gesichts, dessen Lebensfarbe es sich aneignete. Doch um welches Porträt handelte es sich hier? Noch im 19. Jahrhundert war in den Uffizien der Deckel mit dem Porträt einer vornehmen Dame vereint, die mit einem Gebetbuch in der Hand vor ihrem Landbesitz posiert (Abb. 41). Die Maske auf dem Deckel hat die gleichen Maße wie auf dem Porträt das bleiche Gesicht. Man nannte die Dame provisorisch «die Nonne» (*monaca*), obwohl sie keine Klostertracht trägt. Einigkeit besteht heute nur über die Zuschreibung von Deckel und Bildnis an den Maler Ridolfo, der in seiner Florentiner Zeit mit Raffael befreundet war. Vielleicht stellt das Porträt schon die Erinnerung an eine Tote dar. Aber welches Porträt wurde nicht mit dem Gedanken an den Tod gemalt? Wir kennen noch nicht den Grund, warum gerade dieses Porträt so programmatisch mit dem Gedanken an eine Maske gemalt wurde. Gleichwohl bezeugt das Emblem auf dem Deckel, dass die Maske für die ganze Gattung stand. Die Darstellung eines Gesichts konnte mit ihren Konventionen immer nur zeitgebunden und also eine Maske sein.

In letzter Instanz geht der Gedanke der Maske auf Cicero zurück, der in seiner Schrift «De officiis» im Handeln des Menschen vorbestimmte Rollen erkennt. Das Thema wird 1527 in einer Schrift von Francesco Guiccardini aufgenommen, der «unser Leben mit einer Komödie» vergleicht und den Leser auffordert, die Rolle auch zu meistern, die er spielen soll. «Denn ein jeder muss die Rolle spielen *(fare la persona)*, die ihm zugewiesen worden ist.»[3] Ein Jahr später, 1528, veröffentlichte Baldassare Castiglione das berühmte Buch des *cortegiano* oder Hofmanns, in dem es heißt, man müsse bei Hofe die gewünschte Rolle so mühelos spielen, dass niemand bemerkt, dass man überhaupt in einer Maske auftritt. Aber natürlich taten das die andern ebenfalls. Deshalb musste ein Hofmann vor jedem auf der Hut sein. Er durfte keinem und keiner Maske («mai di persona», wie es in einem Doppelsinn von Person und Maske heißt) trauen und darüber das Spiel nicht vergessen.[4] Castiglione beschreibt die Maske des Höflings, während Machiavelli in seinem Buch über den «Fürsten» die Maske schildert, die der Fürst vor seinem Hof tragen soll. So regelte das Maskenspiel auch das Zusammenspiel am Hof. Die Maske musste auf beiden Seiten so eingeübt werden, dass sie wie das echte Gesicht wirkte.

Jedoch gibt es bei Castiglione noch einen anderen Maskenbegriff. In der Widmung bezeichnet er sein Werk «als ein Porträt des Hofes von Urbino», in welchem vor allem solche Personen auftreten, die inzwischen verstorben sind und also nur Erinnerungsbilder sein können. Sein eigenes Porträt, das Raffael von ihm gemalt hatte, beschreibt er in einer Elegie als seinen Stellvertreter bei der Familie,

Abb. 40 Schiebedeckel eines Porträts, Ridolfo del Ghirlandaio zugeschrieben, um 1510, Florenz, Galleria degli Uffizi

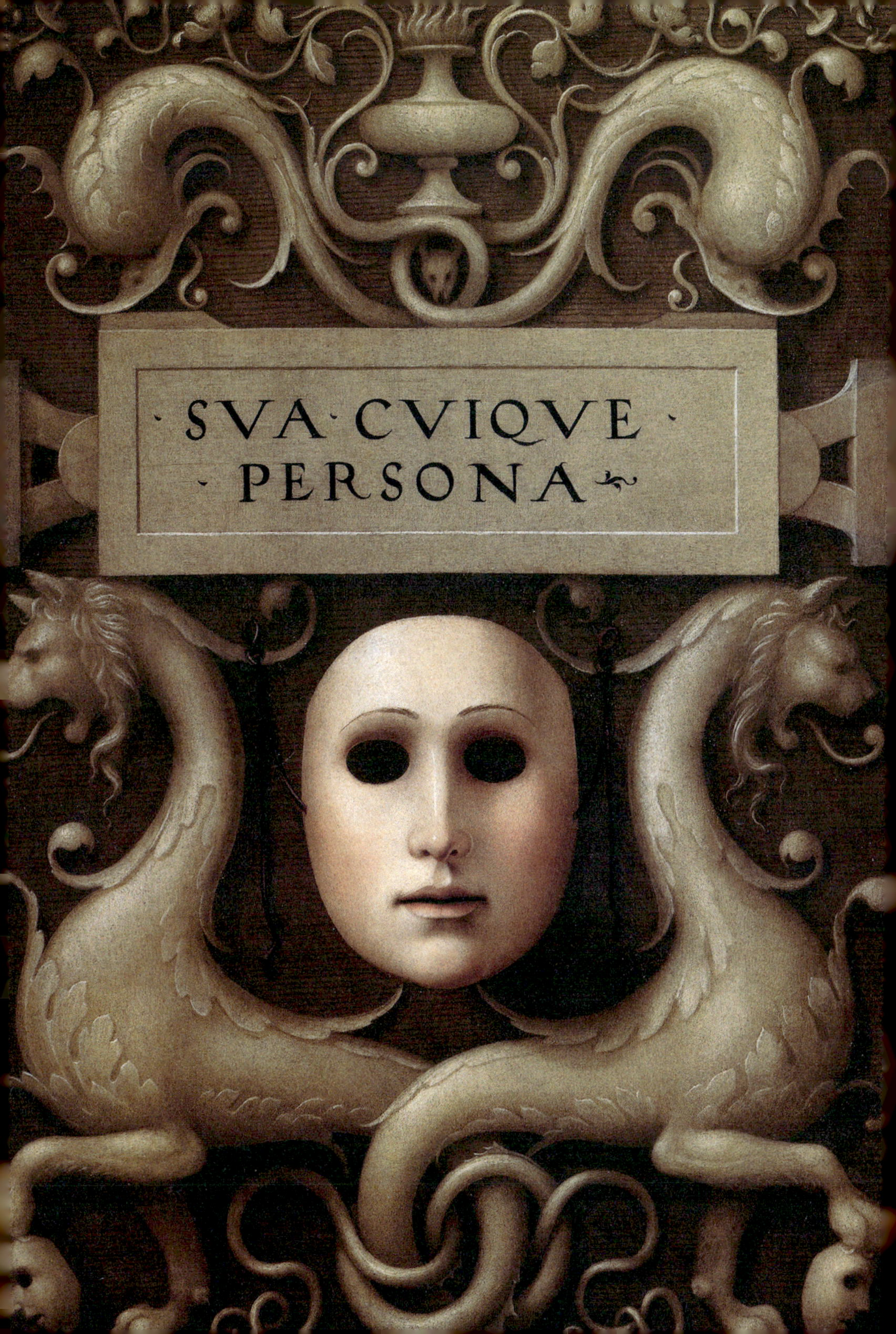
SVA CVIQVE
PERSONA

wenn er auf Reisen und also abwesend ist. Er fingiert diese Elegie als einen Brief, den ihm seine Frau Ippolita einmal schrieb, als er längere Zeit unterwegs war. «Nur das gemalte Bild von der Hand Raffaels hält mir Euer Gesicht in Erinnerung», und «ich lache und ich spreche mit ihm, als wenn Ihr es selbst wäret». Sogar der kleine Sohn erkenne den Vater auf dem Porträt und rede ihn vor dem Bild an.[5] Die Maske als gemaltes Gesicht ist hier Stellvertreterin einer abwesenden Person und nicht die Rollenmaske, die von den gesellschaftlichen Konventionen gefordert wurde.

Man konnte es sich leicht machen, wenn man die Maskenfrage, die primär eine Rollenfrage war, moralisch nahm und sie als Wahl zwischen Tugend und Laster betrachtete, die ein Individuum in seinem Leben treffen musste. Der Dichter Aretino machte von diesem Topos Gebrauch, als er sich von dem Venezianer Sebastiano del Piombo um 1525 auf eine ganz emblematische Weise porträtieren ließ. Giorgio Vasari hat in seinen Künstlerviten die Beschreibung eines verlorenen Porträts hinterlassen, in dem der berühmte Dichter zwischen «zwei Masken, einer schönen für die Tugend und einer hässlichen für das Laster», posierte. Vasari benutzte dabei bereits den neu eingeführten arabischen Begriff der *maschera*, um die Maske als Artefakt vom antiken Begriff der *persona* zu unterscheiden, der inzwischen die «Person» in einem umfassenden Sinne bedeutete.[6] Die Pflicht, sich im Leben zwischen Tugend und Laster zu entscheiden, wird hier nicht mehr mit der Religion begründet, sondern formt das Profil eines Charakters, der Tugend und Laster als Masken des Selbst wählt.

Ein unmittelbarer Zusammenhang zwischen Porträt und Maske bestand in der Praxis, eine tatsächlich vom Gesicht abgenommene Maske als Vorlage für ein Porträt zu benutzen, denn die Maske garantierte Ähnlichkeit durch einen mechanischen Abdruck, also durch die Produktionsweise. Das Gesicht ließ sich durch den Abguss eins zu eins in ein gemaltes Abbild übertragen. Dieser Brauch setzte sich auch in der Abnahme von Totenmasken fort, die meist in das Bild eines lebenden Porträts übersetzt wurden. Eine Ausnahme bildet die Totenmaske des Lorenzo de' Medici aus dem Jahr 1492 (Abb. 42), denn man stellte von ihr mehrere Abgüsse her, um sie an die Stelle eines offiziellen Porträts zu setzen und mit einer politischen Botschaft zu verbinden (S. 141).[7] Die Maske im Palazzo Pitti in Florenz ist wie ein Porträt auf eine Tafel montiert und mit einer feierlichen Inschrift versehen, die den Verlust beklagt, der das Staatswesen durch Lorenzos frühen Tod getroffen hatte, und die Gefahren von innen und von außen für Florenz heraufbeschwor.

Abb. 41
Porträt einer vornehmen Dame («Monaca»), Ridolfo del Ghirlandaio zugeschrieben, um 1510, Florenz, Galleria degli Uffizi

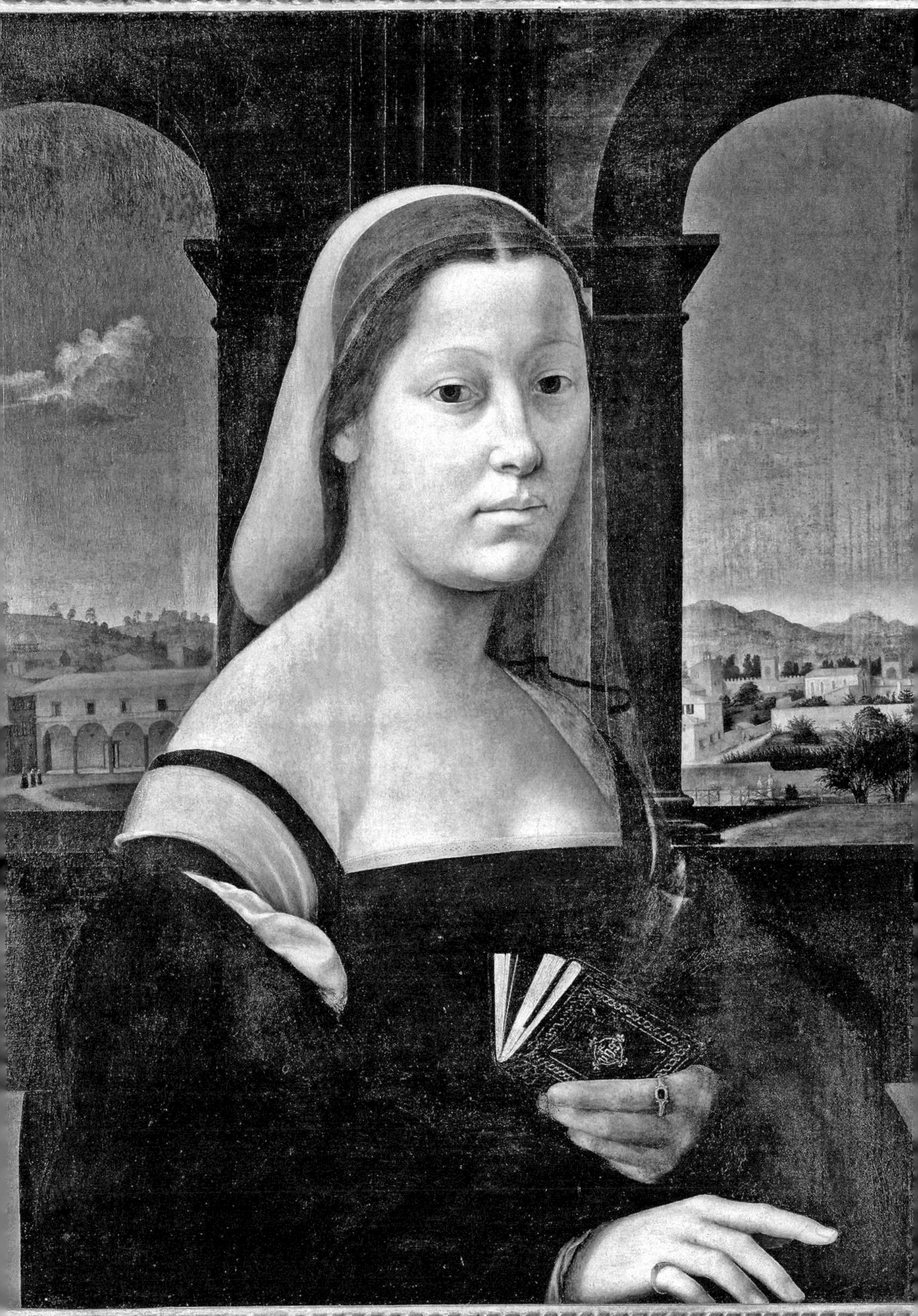

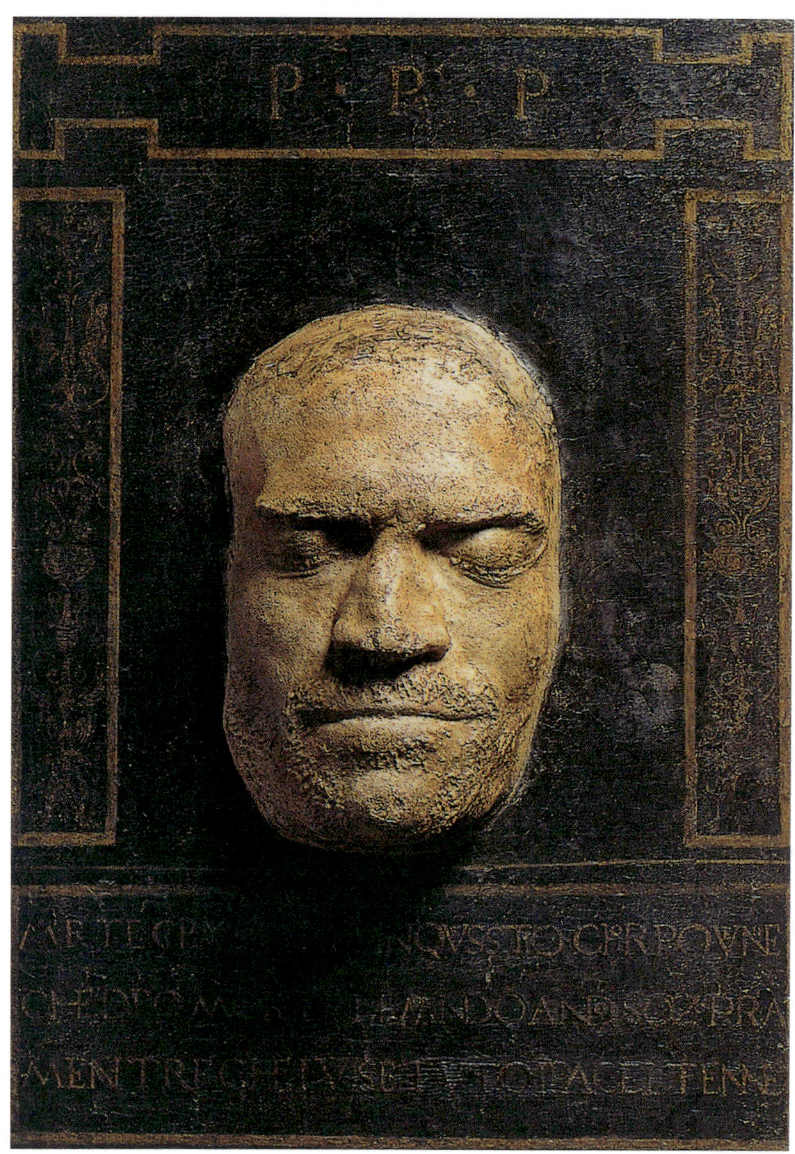

Abb. 42
Abguss der Totenmaske von Lorenzo de' Medici, 1492, Florenz, Palazzo Pitti, Museo degli Argenti

Abgüsse von Gesichtern gehören zu einer Seitenlinie in der Geschichte des Porträts. Als rundplastische Masken ähneln sie in ihrer materiellen Beschaffenheit den Masken in anderen Kulturen. Aber jeder Vergleich würde nur den Unterschied der westlichen Praxis ins Licht rücken. Hier sind die Masken Abformungen individueller Gesichter und widersprechen als «Porträtmasken» dem Sinn der meisten rituellen Masken, dem Fremden und Unbekannten ein Gesicht zu geben. Abgüsse bilden menschliche Gesichter, mit denen sie physisch in Kontakt gebracht wurden, als Faksimile ab, für dessen Authentizität der echte Körper garantierte. Wenn es Totenmasken sind, dann sind sie Erinnerungsbilder, welche ein Gesicht für alle Zeit festhalten sollten. Aber unleugbar ist die Tatsache, dass Gesichter sich in Masken verwandelten, wann immer sie reproduziert wurden. Sie hinterließen dabei ihr Aussehen, aber nicht ihr Leben, und wurden von dem Ausdruckswechsel auf dem Gesicht isoliert. Und doch ist eine solche Praxis ein Beweis für das mimetische Verhältnis von Maske und Gesicht, das die Grenzüberschreitung zwischen beiden förderte.

Das Porträt, dessen frühe Geschichte uns fremd geworden ist, auch wenn wir die Kunst darin bewundern, nahm eine Schlüsselstellung in der neuzeitlichen Kultur ein, aus der wir herkommen. Es entstand unbewusst als Alternative zu den Masken, die in anderen Kulturen eine vertraute Erscheinung bilden. Aber es war auf seine Weise eine Maske, die durch Übertragung des Gesichts auf ein Artefakt zustande kam. Sie war dazu bestimmt, soziale Rollen an dem natürlichen Gesicht einer Person darzustellen. Es gab dabei keinen Widerspruch zwischen dem privaten Anliegen, ein *natürliches Gesicht* wiederzugeben, und dem kollektiven Anliegen, ein *Rollengesicht* zu zeigen, dessen Träger damit seinen Platz in der Gesellschaft anzeigte. Der Erfolg des Porträts bestand darin, ein Spiegelbild der Gesellschaft zu bieten, auch wenn es diese immer an einer einzelnen Person vorführte. Je fester eine Gesellschaft organisiert war, desto verbindlicher war das Rollengesicht und desto eindeutiger zeigte es seine soziale Maske. Ob der Maler nun den Stand oder den Beruf einer Person darstellte, er war stets an Konventionen gebunden, deren Grenzen nicht überschritten werden konnten, es sei denn im Widerstand oder als Extravaganz. Die Probleme des Porträts wurden von den gleichen Fragen ausgelöst, die man auch an das lebende Gesicht richtete. Das Rollengesicht existierte nicht ohne ein individuelles Gesicht, das zugleich als Physiognomie ins Bild kam. Es ließ sich nur im einzelnen Bildnis darstellen und lebte daher in der Spannung von Norm und Natur, von Rolle und Gesicht. Das ist der Widerspruch, für den jedes Porträt eine neue Lösung suchen musste.

Der Maskencharakter historischer Porträts wird ungewollt offengelegt in einem zeitgenössischen Versuch, solche Porträts in Fotos nachzustellen. In einer berühmt gewordenen Werkgruppe setzte die Amerikanerin Cindy Sherman in den späten 1980er Jahren ihr eigenes Gesicht als Maske in historischen Rollen ein (Abb. 44). Es sind echte Fotos, aber sie sind wie Porträts aus der Geschichte der Malerei inszeniert.[8] Die Künstlerin verwendete dafür den von ihr selbst erfundenen Begriff *history portraits* einmal im Hinblick auf ihre Vorlagen aus der historischen Malerei und einmal im Rückblick auf das Porträt als historische Gattung, die sich nur mehr im Zitat wiederbeleben lässt. Die großformatigen Fotos erinnern an Gemälde und verleugnen sich als die analogen Fotografien, die sie tatsächlich sind. Cindy Sherman stand oder saß dabei mit dem eigenen Körper Modell und spielte verschiedene Rollen in wechselnden Kostümen und Posen. Das Maskenspiel beruht auf dem Rollenwechsel eines und desselben Gesichts, das problemlos die verschiedensten historischen Rollen annimmt. Dieser Versuch, Fotografie gegen Malerei einzutauschen, weckt den Verdacht, die historischen Porträts hätten genauso gut fotografiert werden können, denn die Genauigkeit der Darstellung, die sich in der Fotografie noch vergrößert, prallte schon immer an der Dominanz der Pose ab, die vom Modell in Gesichtsausdruck, Körperhaltung und Kostüm gewählt wurde.

Man erkennt viele dieser *history portraits*, auch wenn sie der zeitgenössischen Praxis völlig zuwider laufen, deshalb als Porträts an, weil man die Vorbilder kennt, deren Erinnerung die Künstlerin dem musealen Kontext entreißt und in denen sie schonungslos die gesellschaftliche Attitüde von einst bloßstellt. Überraschend ist dabei die ungewisse Rolle des Gesichts. Cindy Sherman hat ihr eigenes Gesicht kaum verfremdet, um immer wieder anders zu erscheinen, denn die Rolle, die sie spielt, beherrscht fast mühelos die Person, die dafür posiert. Deshalb kann auch keine dieser Fotografien als Selbstbildnis gelten. Dasselbe Gesicht vollzieht sogar den Geschlechtswechsel und passt sich jedem neuen Kontext scheinbar problemlos an. So ist das einzige zeitgenössische Motiv, Shermans Gesicht, jeder zeitgenössischen Aussage entzogen. Aber es verwandelt alles Übrige in eine Schauspieler-Situation. Auch die alten Porträts zeigen einen Schauspieler oder eine Schauspielerin, nur mit dem Unterschied, dass diese ein Ich spielten, das durch die Rolle konnotiert war.

In ihren Werken überschreitet Cindy Sherman ironisch und selbstbewusst historische Grenzen, wenn sie für ein Foto als Aristokratin der Renaissance, als Frau des Peter Paul Rubens oder als Dame aus der Pariser Gesellschaft des

19. Jahrhunderts mit dem eigenen Gesicht posiert. Dafür genügte ein Kostümwechsel. Wir scheinen ein altes Gemälde zu sehen, aber daraus blickt uns, mit einem komplizenhaften Ausdruck, das Gesicht der Amerikanerin an. Auf die gleiche Weise haben wohl die historischen Damen geblickt, als sie gemalt wurden. Die Maske ist das eigene Gesicht, das die Künstlerin als Maske einsetzt. Man vergisst die Maske, wenn uns Sherman als junge Frau aus der Renaissance anblickt, und kann sie doch keinen Augenblick vergessen, weil sie im Akt des Porträtiertwerdens auch in einem zeitgenössischen «Nachbild» wiederkehrt (vgl. Abb. 44).[9] In anderen Arbeiten genügt Sherman das eigene Gesicht für den Rollenwechsel nicht, sondern sie greift zu Prothesen wie aufgesetzten Nasen und Backen, womit sie die Grenzen zur Maske verschiebt. Zwischen Gesicht und Rolle, oder Pose, entsteht auch hier ein Zusammenspiel, das schwer durchschaubar ist. Die Distanz zur historischen Malerei scheint zu schwinden, wenn die Künstlerin in Mimikry die alten Porträts zu einem perfekten Nachleben erweckt. Das gelingt jedoch nur deswegen, weil die Pose schon damals über die Ähnlichkeit mit der Person siegte, die Modell saß. Bestürzend ist nicht die zeitgenössische Verwandlung, sondern umgekehrt die darin sichtbar werdende Wahrheit über die historischen Vorbilder. Schon damals stellte ein Porträt ein Ich dar, das gesellschaftlich konstruiert war. Die gemalte Inszenierung stattete eine Person mit derjenigen Maske aus, die in der Gesellschaft von ihr erwartet wurde.

Das Porträt als historische Maske wurde auf ganz andere Weise, aber ebenso drastisch von dem japanischen Fotografen Hiroshi Sugimoto ins Spiel gebracht, als er 1999 seine Werkserie «Portraits» schuf und darin auch historische Persönlichkeiten aus der Renaissance fotografierte. Die Unmöglichkeit in diesem Vorgang klärt sich auf, wenn man weiß, dass Sugimoto in das Wachsfigurenkabinett von Madame Tussaud ging und die Porträts von den Wachspuppen machte. Wenn es sich dabei um Persönlichkeiten handelte, die vor der Erfindung der Fotografie gelebt hatten, so war die Wachspuppe ihrerseits nach einem gemalten Porträt geformt worden, wenn auch jetzt als Ganzfigur. Sugimoto aber führt uns zu dem halbfigurigen Vorlagen-Porträt zurück, indem er dessen Bildausschnitt und dessen Beleuchtung vor der Wachspuppe wiederholt, wenngleich mit den Mitteln seines modernen Mediums und also als Schwarz-Weiß-Fotografie in einem größeren Format.

Seite 130/131:

Abb. 43
Hiroshi Sugimoto, Jane Seymour, 1999, Fotografie

Abb. 44
Cindy Sherman, Untitled # 209, 1989, Fotografie

Wir haben es demnach in diesem Werkprozess mit einer dreifachen Maske zu tun. Nur die Wachspuppe trägt in wörtlichem Sinne eine Maske, doch basiert diese auf einem gemalten Gesicht und liefert ihrerseits die Vorlage für eine neue

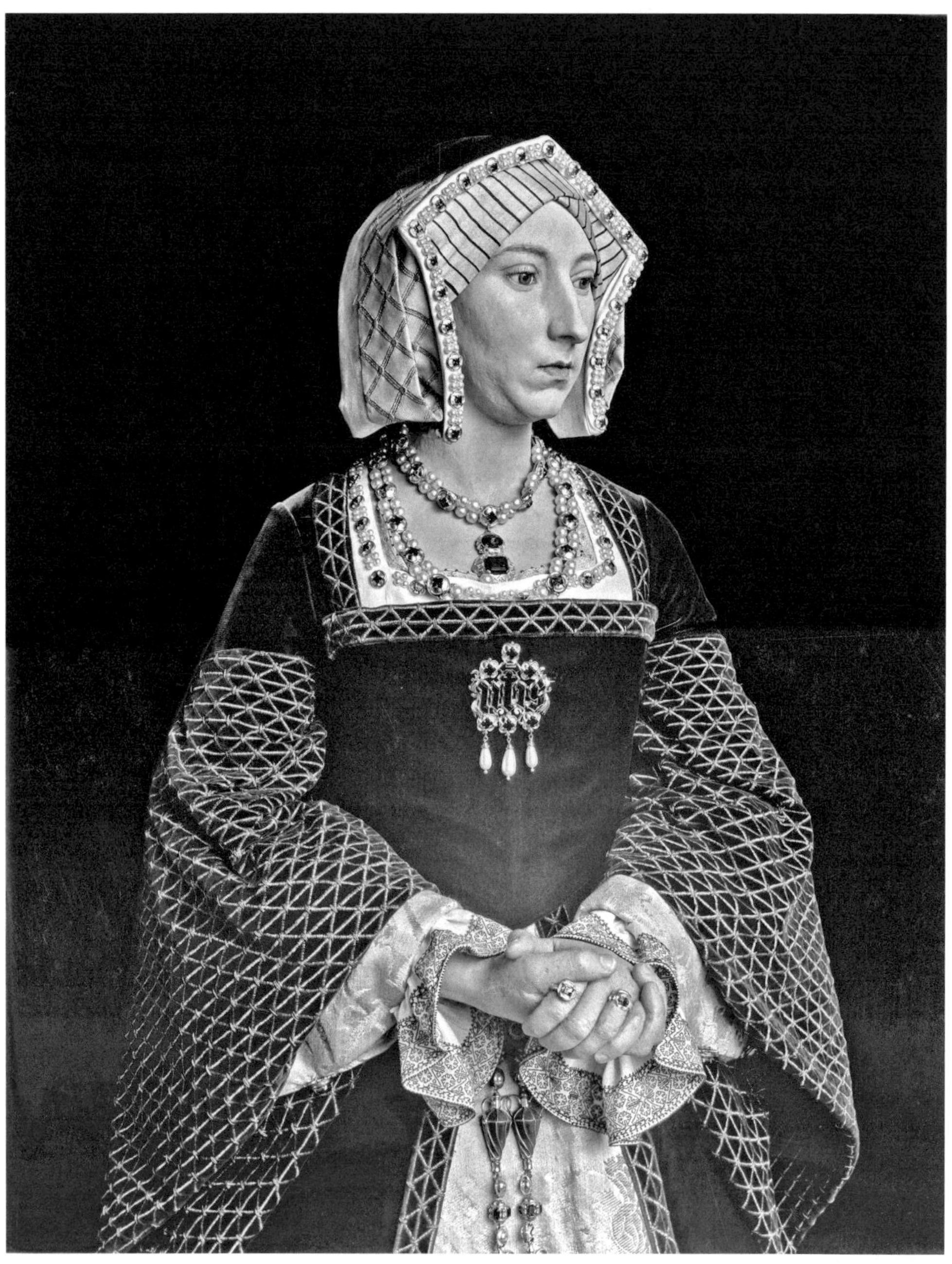

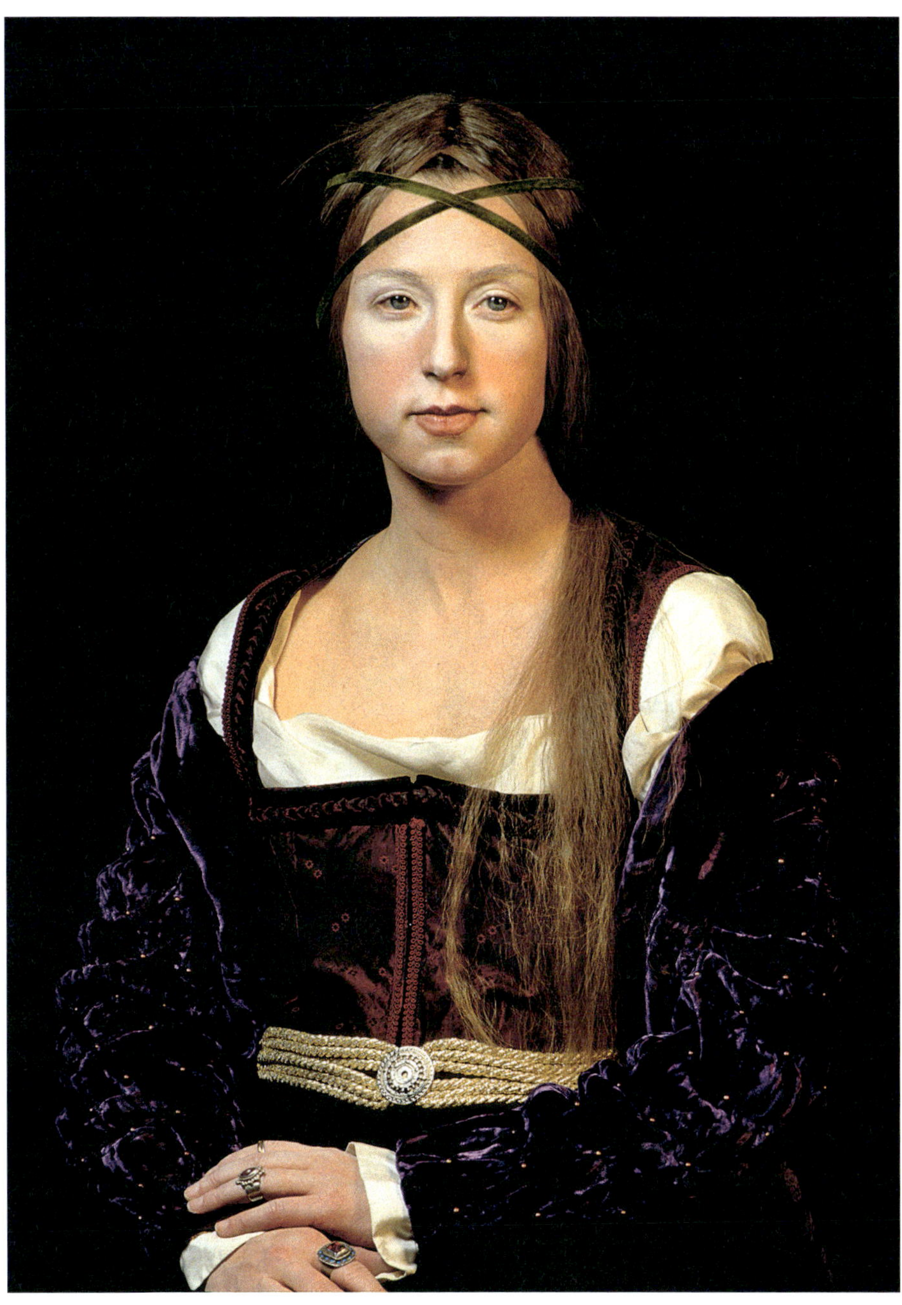

Maske, die im Medium der Fotografie die gemalte Maske wiederherstellt. Der doppelte Medienwechsel ist so perfekt gelungen, weil er auf einem Maskenwechsel beruht. Ein Beispiel dafür ist das halbfigurige «Porträt» der Jane Seymour, einer der Frauen des englischen Königs Heinrich VIII., die mit echten Kleidern, aber mit einem wächsernen Gesicht ins Bild tritt (Abb. 43).[10] Der Vergleich mit dem erwähnten Werk von Cindy Sherman ist aufschlussreich und verwirrend. Beide Male haben wir es mit einem Foto zu tun, und beide Male ist ein historisches Gemälde nachgestellt. Und doch ist der Vorgang ebenso grundverschieden wie die benutzte Vorlage. Nur der Maskencharakter, der trotz des Unterschieds zwischen dem lebenden Gesicht und der Wachspuppe entsteht, erlaubt einen Vergleich. Und dieser Vergleich enthüllt den Maskencharakter der Gattung Porträt, die den so verschiedenartigen Fotografien zugrunde liegt.

Beide zeitgenössischen Künstler bezeugen auf ihre Weise, dass ihr Thema, das Porträt, eine «historische» Gattung geworden ist, die zur Erinnerung auffordert, auch wenn es in einzelnen Fällen noch offizielle Porträts geben mag, die aus Pietät an einer erloschenen Praxis festhalten. Diese Praxis ist im privaten Bilderkonsum verloren gegangen und wird nur mehr von Passbildern aufrechterhalten. Ein Werk aus Cindy Shermans Serie, das ein Gemälde des Bacchus von Caravaggio nachstellt, schmückte im Sommer 1991 das Cover einer Ausgabe der Pariser Zeitschrift «Artstudio», die dem «zeitgenössischen Porträt» gewidmet war (Abb. 45). Schon beim Durchblättern der Bildbeispiele zeigt sich, dass sich alle Konventionen aufgelöst haben, die einmal für das Porträt galten. Es gibt nicht mehr *das Porträt* als geschützte Gattung, aber immer noch das Thema Gesicht, auch wenn sich dieses inzwischen jeder Definition entzieht, die auf seiner Sichtbarkeit beruht. Damit vollendet sich eine Entwicklung, die wir als «Geschichte» des Porträts bezeichnen können. Es ist eine europäische Geschichte, die nicht in eins fällt mit der Bildgeschichte des menschlichen Gesichts, die in fast allen Kulturen anzutreffen ist. Wir sind in einem heuristischen Vorteil, wenn wir, statt über einen Verlust zu klagen, aus der heutigen Distanz den Blick für Fragen schärfen, welche an diese Geschichte gestellt werden müssen. Dazu gehört auch die Frage nach der Maske, welche angesichts der Selbstdefinition des Porträts als authentischer Repräsentation eines Individuums früher nicht gestellt werden konnte. Der Kunstcharakter hat ein Übriges getan, um die Maskenfrage zu verhindern, weil die Kunst ja daran gemessen wurde, dass sie ein Gesicht lebensecht und unverwechselbar darstellte.

Auch die Fotografie ist zu einem Thema der Kunstliteratur geworden, seit sie im Riesenformat von Museumsbildern mit der Malerei rivalisiert und ihren Charakter als Dokument verloren hat. Diesen Wandel hätte Walter Benjamin nicht für möglich gehalten, als er die Fotografie mit ihrem modernen Realismus feierte und sie gegen die Allüren der Kunst definierte. Auf ihren maßlosen Oberflächen verliert das natürliche Gesicht in wörtlichem Sinne seine Konturen und nimmt jedes nur denkbare Format an. Solche Fotos sagen sich von der Geschichte des Porträts gerade dort los, wo sie sich als Porträt präsentieren. Sie legen eher den Eindruck nahe, dass sie mit den Medien der Werbung, die uns in jedem Format betäuben, in Konkurrenz treten. Die digitale Revolution hat das Ihre dazu beigetragen, die Rückbindung an ein Gesicht als den natürlichen Referenten der Abbildung aufzulösen und Gesichter zu erfinden, die es am Körper nicht geben kann. Die Darstellung des Gesichts ist freigegeben, wenn es nichts mehr beweisen muss oder beweisen will. Nur in der Reportage und in den News verlangt man nach echten Gesichtern, um Zeugen eines Ereignisses zu haben, und blendet sogar eigens Fotos ein, wenn der Reporter nur über Telefon erreicht werden kann.

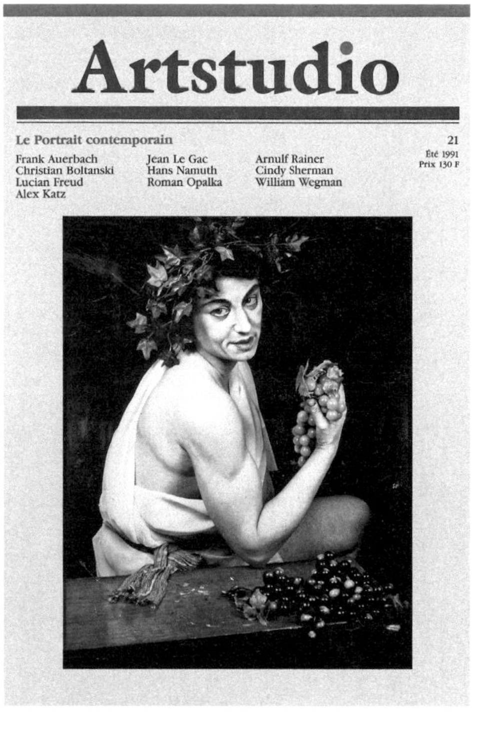

Abb. 45
Cover der Zeitschrift «Artstudio», Sommer 1991, mit einem Foto von Cindy Sherman als Caravaggios Bacchus

Die heutige Krise des Porträts ist kaum überraschend, weil wir in einer sogenannten Mediengesellschaft leben, welche keine Gesellschaft im alten Sinne mehr ist, sondern nur noch in den Medien präsent ist, die sie benutzt. Es sind öffentliche Medien, die den privaten Zugang auf den Zuschauer einschränken. Im Rückblick zeigt sich jetzt umso deutlicher, dass das Porträt, obwohl Darstellung einer einzelnen Person, das Spiegelbild einer Gesellschaft war, die es zunächst nur in Europa gegeben hat, ebenso wie das Tafelbild ein europäischer Bildträger gewesen ist. Der Wandel des Porträts bildet folglich den Wandel der Gesellschaft ab, aus der es hervorgegangen ist. Deshalb lässt sich das Porträt nicht als universale Gattung definieren, sondern nur in jener Geschichte darstellen, die es hervorgebracht und gesteuert hat. Der Text beschränkt sich im Folgenden auf eine Skizze, die das Porträt vor allem an die Kulturgeschichte des Gesichts bindet, die mein Thema ist.

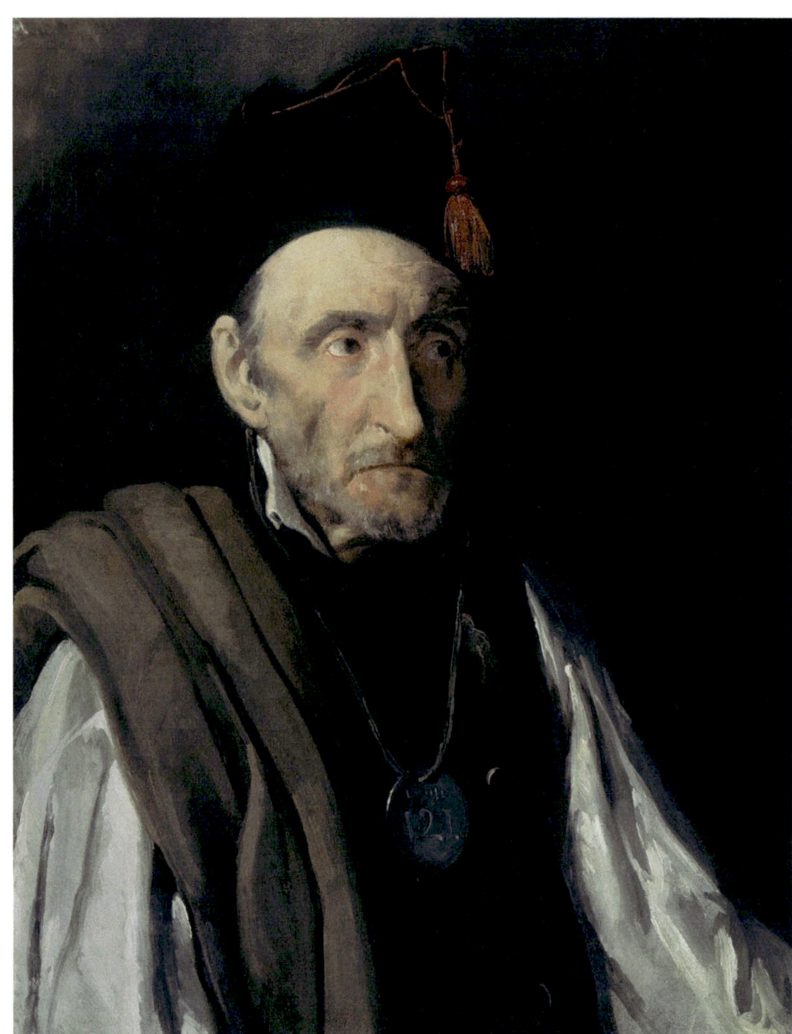

Abb. 46
Théodore Géricault, Geisteskranker mit militärischem Größenwahn, um 1819–1822, Winterthur, Sammlung Oskar Reinhart «Am Römerholz»

Zusammenfassend lässt sich also sagen, dass die Geschichte des Individualporträts im Grunde mit seiner Bestimmung als Dokument und Erinnerung beginnt, als es aus dem Schatten der höfischen Repräsentation heraustrat und den Todesgedanken auf sich zog. Im weiteren Verlauf stand im inszenierten Gesicht die gesellschaftliche Bindung im Vordergrund, die sich im 18. Jahrhundert allmählich auflöste. Die Frage des Selbst, das im Gesicht nicht zu finden war, eskalierte im Selbstbildnis, das gegen die Darstellungskonventionen immer wieder revoltierte. Die Fotografie endlich, die als wahres Dokument des Gesichts begrüßt worden war, erwies sich ihrerseits wieder als Maske, in der das Leben eingefroren ist. Eine Flucht aus der Maske wurde deshalb im Live-Bild gesucht, sobald die zugehörige Technik dafür zur Verfügung stand. In der Moderne kam es zu neuen Revolten gegen die Fesseln des Porträts, als Maler wie Francis Bacon (vgl. Abb. 76) gewaltsam einen Ausweg suchten, um in das allzu lange fixierte Gesicht Leben zu bringen. Meine Überlegungen gehen von der Überzeugung aus, dass sich im Verhältnis von Gesicht und Porträt die Gewichte ständig verschoben, weshalb sich «das Porträt» nicht auf einen Nenner bringen lässt. Die Maske aber war und blieb der dunkle Widerpart des Gesichts, wo und wann immer man es darstellen wollte.

Die Maske liefert auch einen Schlüssel, um der Entstehung des Porträts in der frühen Neuzeit auf die Spur zu kommen. Statt sich auf physiognomische Ähnlichkeit zu beschränken, haben Porträts von Anfang an den Konflikt zwischen der gesellschaftlichen Maske und einer sterblichen Identität in sich ausgetragen. Die Frage, was eine Person ist oder sein soll, musste immer wieder neu gestellt werden, weil alle Porträts hinter dem Anspruch zurückblieben, der Person ein für alle Zeit maßgebliches Gesicht zu verleihen. Das Bildnis, das dazu bestimmt war, an die Stelle eines Gesichts zu treten, ließ sich auf die Repräsentation einer Person ein, für die jedoch kein zeitloser Begriff zur Verfügung stand. So war jedes Porträt ein neuer Versuch, zum anschaulichen Begriff eines Menschen vorzudringen, um ihn für die Gesellschaft der eigenen Zeit ins Bild zu setzen. Gerade die Notwendigkeit, jedes Mal die gleiche Frage neu zu stellen, war die Chance des Porträts. Anders als die Lebend- oder Totenmaske war das gemalte Porträt keinem Gesicht abgeformt und nicht aus dem Körperkontakt legitimiert, sondern eine Deutung, die von gesellschaftlichen Interessen bestimmt war. Dargestellt wurde nicht so sehr das Gesicht als vielmehr sein Anspruch auf Repräsentation. Dafür besaß das Porträt in der symbolischen Oberfläche, wie sie zuerst das gerahmte Tafelbild und in der Moderne der Fotoabzug anbot, einen in Europa erfundenen Träger.

Die Behauptung, dass das europäische Porträt als eine besondere Art von

Maske verstanden werden kann, bedeutet nicht, dass es einer Maske ähnlich sieht. Es kann immer nur einem Gesicht ähneln, aber niemals ein Gesicht *sein*. Die Analogie mit einer Maske liegt darin, dass das Porträt ein Gesicht gegen ein Bild eintauscht. Der Unterschied zu einer Maske besteht darin, dass das Gesicht als abwesend gedacht wird, während Masken in anderen Kulturen stets Präsenz, etwa durch Ritual und Tanz, erzeugen wollten. Der unbelebte Bildträger kann im Porträt gar kein Leben auf die Weise verkörpern, wie es ein lebender Maskenträger immer getan hat. Zwar leugnet das Porträt die Existenz der Maske, die es herstellt, durch eine lebendige Mimik und durch einen Blick auf die Welt. Doch kann es einem Gesicht nur ähneln durch dessen Abwesenheit, die sich mit der Zeit vergrößert. Denn die wahre Bestimmung des Porträts erfüllte sich erst, wenn die dargestellte Person verstorben war und nur mehr in einem Bild präsent blieb, das die Erinnerung an ein Ding band. Ein Porträt wurde als *interface* benutzt, wie man heute sagen würde. Als solches wandte es sich an einen Betrachter und zeigte ihm das gemalte Gesicht der Person, die es abbildete.[11] Das Porträt, mit anderen Worten, bot ein gemaltes Gesicht als *interface* an, um dem Betrachter nahezulegen, mit dem Porträt anstelle des echten Gesichts zu kommunizieren.

Das Porträt ist während der ersten Jahrhunderte seiner Geschichte die Repräsentation einer Person im Rahmen derjenigen Gesellschaft gewesen, welcher die Person angehörte. Es bildete nicht nur eine Physiognomie ab, die sich von anderen unterschied, sondern war auch eine Maske, mit der eine solche Person ihren Platz in der Gesellschaft behauptete: eine Maske, die sie benutzte, um im Bild, also einem Objekt, präsent zu sein und zu bleiben. Die Gegenprobe bieten die «Porträts», die Géricault in den Jahren 1819–1822 von Geisteskranken *(fous)* malte, die Dr. Georget in der Salpêtrière in Paris betreute. Es sind klinische Studien, die ohne Mitwirkung der Patienten zustande kamen und einen «Fall» und kein Subjekt im Auge haben. Sie belegen, wie man an einem Exemplar in der Sammlung Reinhart «Am Römerholz» in Winterthur sehen kann, den Identitätsverlust einer Person (hier ist es ein damals so benannter «Monomane», der sich für jemand anderen hielt und als solcher kleidete, Abb. 46). Mit seinem unsteten Blick verirrt sich der Mann, ohne den Maler wahrzunehmen, in einer anderen Welt und kann deshalb auch nicht den Anspruch auf Repräsentation eines «Selbst» erheben, welcher die Basis jeden Porträts bildete.[12]

9. Gesicht und Totenschädel. Zwei Ansichten im Widerspruch

Im Porträt als Dokument des Gesichts und Erinnerung an ein Gesicht drückt sich der Widerspruch gegen eine alte Todeserfahrung aus, welche in der öffentlichen oder privaten Sichtbarkeit von Toten bestand. Heute bekommen wir schon lange keine Verstorbenen und erst recht keine Sterbenden mehr zu sehen, sondern haben uns an die öffentliche Abwesenheit des Todes gewöhnt.[13] Die prominenten Toten kehren in den Massenmedien mit Momentaufnahmen aus ihrem Leben zurück, bei denen nur der Kommentar sie als Tote ausweist. Doch macht gerade diese Verleugnung den Tod allgegenwärtig. Er versteckt sich in all den kursierenden Bildern, die er unsichtbar beherrscht, indem er sie schon im Voraus für den Todesfall reklamiert. Die Massenmedien lassen nicht mehr erkennen, ob die Gesichter noch leben, deren Bilder sie in Umlauf bringen. Diese räumen wie alle Bilder dem Tod eine neue *Präsenz* ein, die ikonisch ist und also zweideutig. Wir sehen immer nur Bilder von Lebenden, ohne dass wir wissen können, ob sie noch leben. Die Todesopfer von Katastrophen kommen zwar ins Bild, aber sie bleiben dort anonym, so wie längst alle Tode anonym geworden sind. Wir beklagen in diesen Opfern Mitmenschen, deren Leben von einem anonymen «Zufall» ausgelöscht wurde.[14]

Das Porträt der frühen Neuzeit war eine Maske des Lebens, die gegen den Tod zeugte und doch seinen Eintritt vorwegnahm. Obwohl sich das gemalte Gesicht vom Ort des Grabes löste und in den Wohnräumen aufgehängt wurde, stand hinter der Erfindung des Porträts ein Widerspruch gegen den Friedhof. Die Mehrheit der Bevölkerung endete, als man die ersten Individualporträts zu malen begann, noch in Beinhäusern (Abb. 47). Die blanken, gereinigten Schädel starrten, ohne erkennen zu geben, wem sie im Leben angehört hatten, den Besucher auf dem Friedhof aus blicklosen Augenhöhlen an. Das Gesicht war ihnen im Tode entglitten ähnlich wie eine Maske, die ihre Pflicht getan hatte. Was aber hatte hinter der lebenden Maske gesteckt? Nach dem Augenschein war es allein der Schädel gewesen, der das Gesicht trug. Das Leben hatte den Tod verborgen, bis dieser hinter dem Gesicht ans Licht trat. Die Frage nach dem einstigen Träger des Gesichts fand im anonymen Anblick des Schädels keinerlei Antwort. Man konnte die Antwort nur suchen im Glauben an eine unsterbliche Seele, die sich aber ebensowenig abbilden ließ wie in der Moderne das «Selbst», das sich im Tod auflöst.

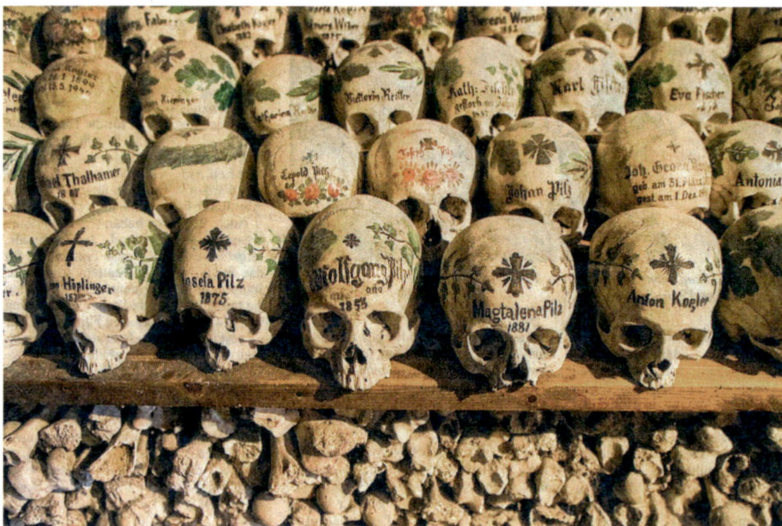

Abb. 47
Totenschädel im Beinhaus (Karner) auf dem Friedhof von Hallstatt

So warf das Porträt[15] die grundsätzliche Frage auf, was die sichtbare Erscheinung für einen Begriff vom Menschen denn überhaupt leisten kann. Nur zwei Zustände des Körpers sind der empirischen Wahrnehmung zugänglich, im Leben das *Gesicht* und im Tode der gesichtslose *Schädel.* Diese Ansichten des Menschen in ihrem endgültigen Widerspruch treten beide gleichzeitig im Repertoire der frühen Porträtmalerei wie eine These und eine Antithese auf. In der Entstehungszeit des Porträts wollte man das Gesicht als eine Maske auf Zeit dem Zugriff des Todes entziehen. Heute bekommen wir keine Schädel mehr zu sehen. Wir pflegen auch längst keinen philosophischen Schädelkult mehr, wie es noch Goethe tat, als er den vermeintlichen Schädel Schillers in seinem Haus am Frauenplan verehrte (S. 92).[16] Deswegen sind wir auch nicht mehr mit dem Kontrast von Leben und Tod vertraut, der sich im gesichtslosen Schädel auftat. Genau diese umstürzende Erfahrung aber hat die Erfindung des neuzeitlichen Porträts angestoßen. Ein Schädel wird erst sichtbar, wenn er das Gesicht verliert, welches er im Leben getragen hat. Das frühe Porträt kehrte den Verlust des Gesichts auf eine symbolische Weise um und holte das Gesicht im Bild zurück. Auf der Bildtafel «zog» man das Gesicht aus dem Körper «heraus», wie es noch im italienischen Wort *ritrarre* angedeutet ist, das dem *ritratto*, dem Porträt, zugrunde liegt.

Im Schädel begegnete man dem eigenen Zerfall, von dem nur die Knochen

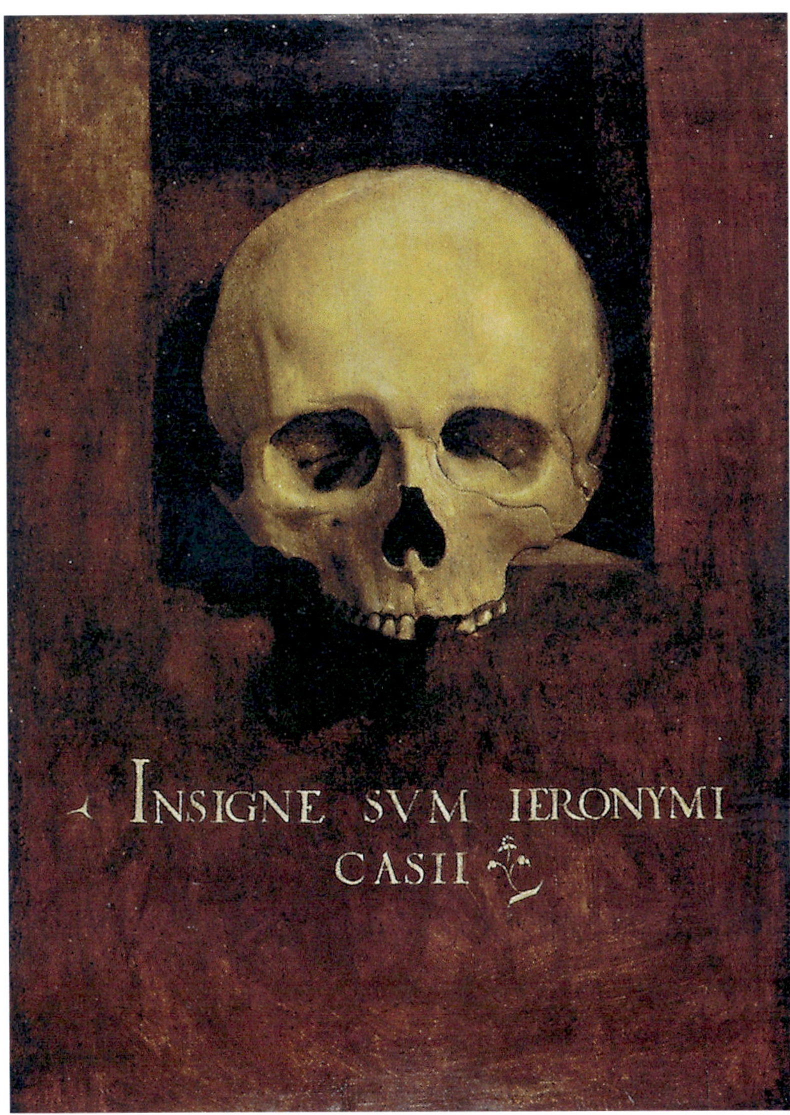

Abb. 48
Giovanni Antonio Boltraffio, Schädel, Rückseite des Porträts von Girolamo Casio, um 1500, Chatsworth, The Devonshire Collection

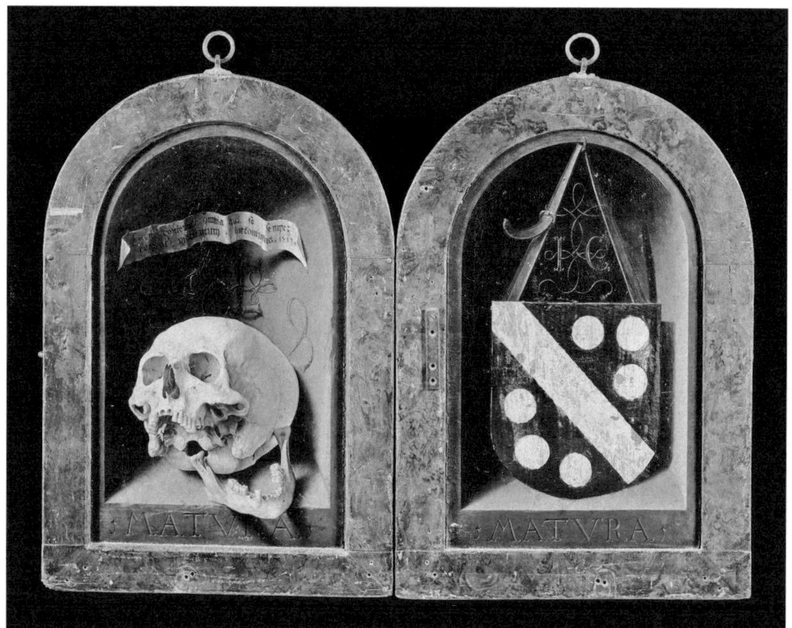

Abb. 49
Jan Gossaert, Diptychon des Jean Carondelet, Außenseite, 1517, Paris, Musée du Louvre

übrig blieben, und der Ansicht des Todes. Von der Anonymität der nackten Schädel mit ihrem grausigen Memento mori waren allein die Heiligen ausgeschlossen, deren Schädel man in kostbare Reliquiare mit Gold und Edelsteinen einschloss. Sie erhielten dadurch ein neues, strahlendes Gesicht, das die Gesichtslosigkeit des echten Schädels maskierte. Die Heiligenbüste trumpfte im Kopfreliquiar mit der *Präsenz* des echten Schädels auf, aber sie barg den Totenschädel oder das, was davon übrig geblieben war, hinter dem Medium einer blendenden *Repräsentation.* Mit der Zeit aber reagierten auch Heiligengesichter auf die neuartigen Porträts der Sterblichen und wurden deshalb mit individualisierten, aber ganz fiktiven Gesichtszügen ausgestattet. In diesem kultischen Zusammenhang waren die heiligen Gesichter mehr Gegenstand der *Verehrung* als Anlass der *Erinnerung.* Der *Schädelkult* der Heiligen stand zur *Schädelfurcht* im Falle der gewöhnlichen Sterblichen in einem vollständigen Kontrast.

Auch die private Porträtbüste, deren Geschichte in der gleichen Zeit wie jene der Porträttafel begann, markierte die anthropozentrische Wende in der Bildgeschichte. Ihre Produktionsweise war jedoch an eine Körperspur gebunden,

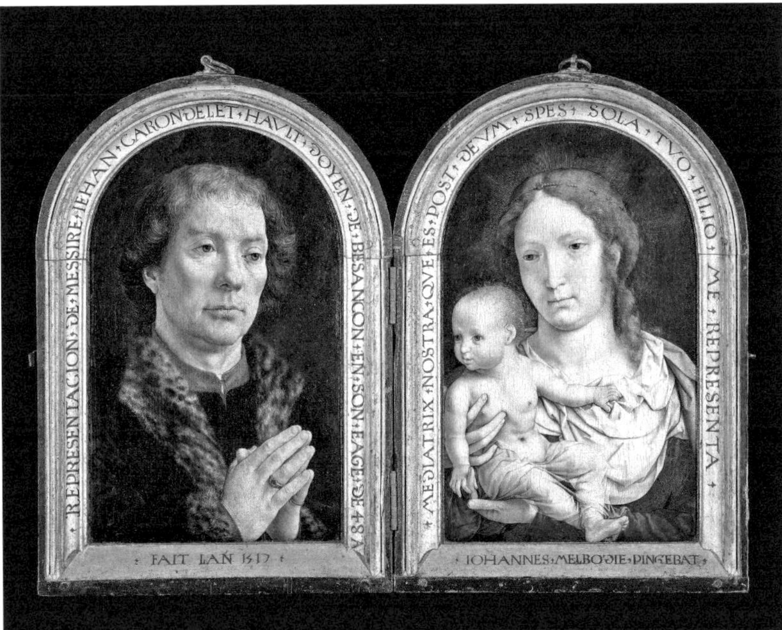

Abb. 50
Jan Gossaert, Diptychon des Jean Carondelet, Innenseite, 1517, Paris, Musée du Louvre

denn sie machte sich die Lebend- oder Totenmaske, die im Negativ-Positiv-Verfahren direkt von einem Gesicht abgenommen wurde, zuweilen direkt zunutze. Das gab ihr eine Authentizität, die ein Maler nie so überzeugend garantieren konnte; doch war sie immer beschränkt auf den Kopf und die Schulterpartie.[17] Sie teilte ihren Ort mit dem Realraum des Betrachters, während die Malerei innerhalb des Bilderrahmens ihren eigenen Raum erfinden musste. In Florenz wurde die Porträtbüste lange Zeit als Erbin der Heiligenbüste verstanden, wenngleich sie nichts weniger als einen Heiligen darstellte. Deshalb wechselte man auch das Modell und berief sich ganz im Geiste der Renaissance auf das Vorbild der antiken Ahnenbüste. In diesem Geiste wurden die «neuen Römer» denn auch seit dem 15.Jahrhundert in den privaten Wohnräumen der Palazzi aufgestellt, an deren Wänden man oft die gemalten Porträts derselben, meist männlichen Familienmitglieder aufhängte. Beide Gattungen trugen den gleichen Verismus zur Schau, in dem die Familienähnlichkeit in der Physiognomie gesucht wurde.

Eine seltene Ausnahme ist die schon erwähnte Totenmaske Lorenzos de' Medici, der 1492 im Alter von 43 Jahren verstorben war, im Museum des Palazzo Pitti

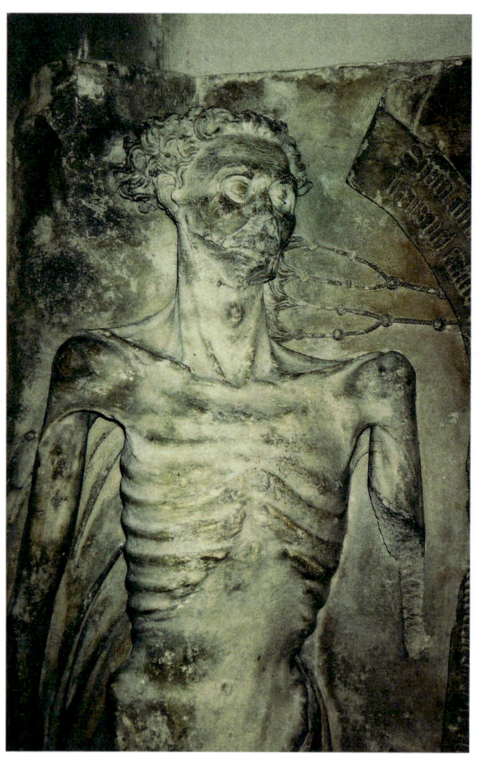

Abb. 51
Transi vom Grab des Jean de la Grange († 1402), Detail, Avignon, Musée du Petit Palais

(vgl. Abb. 42). Die Ausnahme besteht wie gesagt darin, dass man diese Maske nicht für ein Porträt des lebenden Staatsmanns verwendete, sondern sie selbst anstelle eines Porträts – oder als Porträt – auf einer Tafel mit feierlicher Inschrift zur Schau stellte. In dieser Inszenierung zeigte sie das tote Gesicht, das von «diesem Körper» abgenommen worden war, als Mahnung und politisches Manifest.[18] Die Inschrift beklagt den «grausamen Tod *(morte crudele)*, der in diesen Körper kam. Nach diesem Tod fiel die Welt in Unordnung *(sottozopra)*, während dieser, solange er lebte, alles in Frieden hielt.» Immer wieder fordert der Wortlaut dazu auf, hinzusehen auf das, was dem Betrachter gezeigt wird, das verschlossene Gesicht eines Toten, dessen sich die politischen Erben bemächtigten, um die Nachwelt in die Pflicht zu nehmen. Deswegen war die Echtheit des Gesichts eine Beschwörung von Präsenz, die über jede künstlerische Repräsentation hinausging. Die Totenmaske als eine Steigerung des Individualporträts war weder Lebendmaske noch Memento mori, sondern eine stumme Ansprache des Toten, welche den Erben eine öffentliche Legitimation bot.

Als das Individualporträt entstand, war selbst der Besitz eines eigenen Grabes ein unerhörtes Privileg. Ein ähnliches Privileg bestand darin, dem Verlust des eigenen Gesichts eine gemalte Maske des Lebens entgegenzusetzen. Wenn wir heute metaphorisch davon reden, «das Gesicht zu verlieren», so dachte man damals in ganz wörtlichem Sinne an die Arbeit des Todes. Es lag eine grelle Anmaßung in dem Brauch, das eigene Gesicht im Porträt verewigen zu lassen, obwohl es sterblich war und den Tod schon im Altern ankündigte. So war es eine Art Sühne, auch den eigenen Schädel malen zu lassen, den noch niemand zu Gesicht bekommen hatte, und ihn in die Waagschale von Leben und Tod zu werfen. Die Maskenlosigkeit des Todes stellte im Schädel auf drastische Weise die Maske des Lebens infrage, die das Porträt erzeugte. Mit dem Schädel lüftete man im gleichen Medium die Maske, die den Tod verbarg. So wurde der Totenschädel zu einem

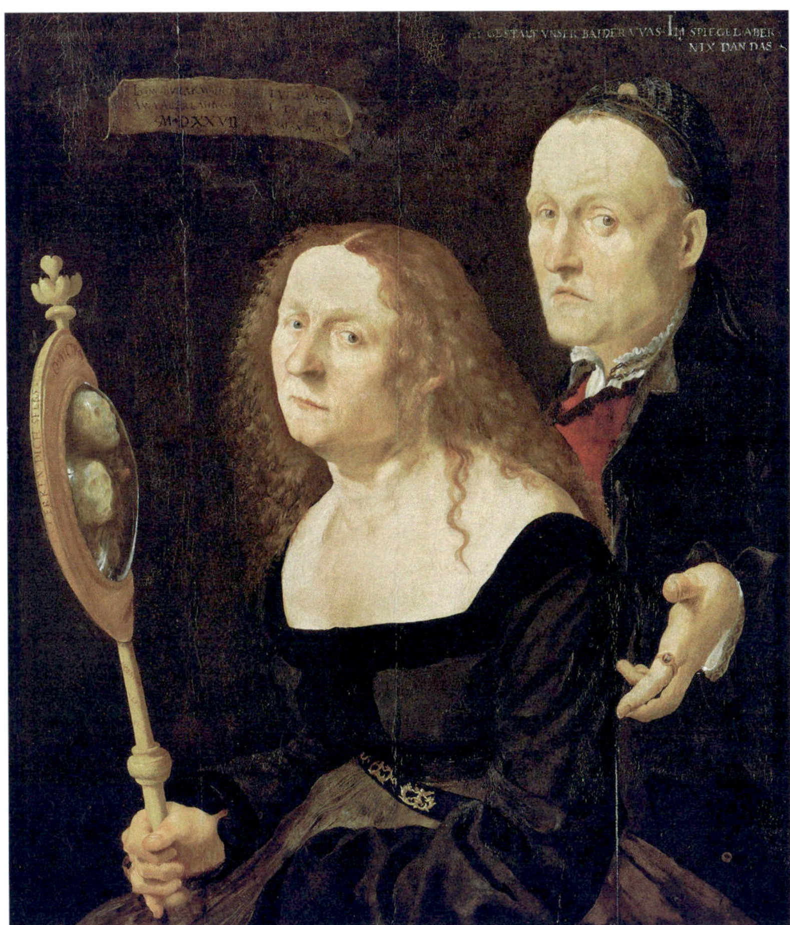

Abb. 52
Lucas Furtenagel, Der Maler Hans Burgkmair und seine Frau Anna, 1529, Wien, Kunsthistorisches Museum, Gemäldegalerie

paradoxen Zweitporträt, das den Anspruch des Porträts als Träger von Repräsentation mit einer Antirepräsentation aufhob. Da das gemalte Gesicht die Dauer der Dinge besaß, trotzte es der unvermeidlichen Enthüllung des Todes, doch der gemalte Schädel machte das Eingeständnis, dass ein Gesicht keine Dauer besitzt.

Gesicht und Totenschädel, die einander im gemalten Porträt widersprechen, hatten bereits vorher an der Totenfigur auf dem Grabe ihren Widerspruch ausgetragen. Gewöhnlich hielt der Tote in dem Stein gewordenen Gesicht, mit dem er in der Öffentlichkeit weiterleben wollte, den Anspruch auf seinen sozialen Status aufrecht, den er im Leben erworben hatte. Aber im späten Mittelalter entlarvte man diese Fiktion des Lebens, als man an einem und demselben Grab eine zweite Figur einführte, welche den körperlichen Tod zur Schau trug. Nur war diese Antithese nicht auf den Schädel beschränkt, sondern stellte den ganzen Körper im begonnenen Zustand der Verwesung dar. Das Schlüsselwerk für diese Praxis ist das im Übrigen beispiellose Prunkgrab, das sich Kardinal Jean de la Grange († 1402) von dem Bildhauer Pierre Morel in der Klosterkirche St. Martial in Avignon setzen ließ (Abb. 51).[19] In diesem Wolkenkratzer unter mittelalterlichen Grabmälern ist der Kardinal zweimal im Bild vertreten: einmal als feierlich eingekleideter bischöflicher Amtsträger, in dessen aufgebahrter Gestalt die Züge des vergänglichen Lebens auf immer festgehalten sind, und einmal als grausig nackte Leiche, an der die Verwesung bereits eingesetzt hat. Das Paradox besteht darin, dass der schleichende Verwesungsprozess des «Transi» im Stein festgehalten wurde, dessen Dauer die Zeit emphatisch leugnet. Paradox ist auch, dass uns das tote Gesicht des Kardinals, das sich vor unseren Augen in nichts aufzulösen scheint (es wird von den unverweslichen Trotteln des Kardinalshuts auf eine groteske Weise gestreift), persönlich anspricht, um uns vor der Illusion des Lebens zu warnen: «Denn auch Du bist Staub und wirst einmal genau wie ich zu einem stinkenden Kadaver werden», also gerade so, wie der Bildhauer den Kardinal dargestellt hatte. Die bischöfliche Amtsfigur und der nackte Kadaver halten einander in Schach oder, besser, widerlegen einander am selben Ort.

Das zweifache Porträt von Gesicht und Schädel – wenn man denn vom Schädel als einem Konkurrenzporträt sprechen kann – wurde so etwas wie ein gemalter Diskurs der Porträtmalerei, solange diese den Anspruch auf Vertretung einer Person noch verteidigte. Ein solcher Anspruch wurde in der gleichen Zeit auch durch eine religiöse Funktion des Porträts legitimiert. Dazu diente meist eine Doppeltafel, welche die Person im Gebet festhielt, das sich im Porträt gleichsam auf alle Zeit fortsetzte, auch wenn die Person nicht mehr für sich selbst beten konnte. Diese Inszenierung begegnet uns in einem Diptychon, welches der burgundische Hofmann Jean Carondelet, ein Kleriker, 1517 bei dem Hofmaler Jan Gossaert in den Niederlanden in Auftrag gab. Die Innenansicht, die den Auftraggeber als Beter zeigt, bietet uns die eigentliche «reprecentacion», von der die begleitende Inschrift spricht (Abb. 50). Carondelet ließ sich dreimal zu Lebzeiten von demselben Maler darstellen. Auch in dem hier abgebildeten Exemplar des Louvre ist das Gesicht ein Erinnerungsbild des Lebens, schon bevor dieses endete. Aber die Außenansicht führt dieses Bild im Widerspruch wieder auf die Sterblichkeit im

Abb. 53
Zwei Ansichten des Toten am Grab des Giovanni Battista Gisleni, 1672, Rom, S. Maria del Popolo

Leben zurück (Abb. 49). Hier gleitet der gesichtslose Schädel mit dem Unterkiefer, der als Sprechorgan auf immer verstummt ist, über den Rand der gemalten Nische herunter.[20] Der Schädel ist ein ebenso lebloses und stummes Ding geworden wie auf der Gegenseite der Wappenschild, der den Bischof im Leben repräsentierte.

Ein männliches Porträt aus der Zeit um 1500, das Giovanni Antonio Boltraffio gemalt hat, wartet mit einem wahren Salto mortale auf, wenn man es herumdreht und auf der Rückseite einen Totenschädel entdeckt, der mit der gleichen Raffinesse gemalt ist wie das Gesicht auf der Vorderseite (Abb. 48). Der Schädel, der schon den Unterkiefer verloren hat, starrt uns frontal, als könnte er blicken, aus einer Nische an, die ihm als Postament dient und sich aus der gemalten Wand zu öffnen scheint. Er sammelt ein bleiches Licht auf sich, das die Schatten des Todes in diesem Grabraum nicht aufhellen kann. Eine lateinische Inschrift spricht uns im Namen des Toten an, der nicht mehr selber sprechen kann. Sie nennt auch den Namen des Toten, Girolamo Casio, und stellt den Schädel als dessen «Wappenzeichen» vor *(Insigne sum Ieronymi Casii)*.[21] Ein sprechender Schädel ist ebenso ein Paradox wie ein redendes Wappen; doch räumt die Inschrift in ironisch-frommer Weise ein, dass der Körper, wenn er das Gesicht verloren hat, ein ähnlich lebloses Ding geworden ist, wie es das Wappen zu Lebzeiten war, und nun auch auf die Dauer der stummen Dinge beschränkt ist.

Die Vergänglichkeit des Körpers ist ein Gedanke, der auch mit dem Blick in den Spiegel aufgerufen wird. Der flüchtige Spiegelreflex,

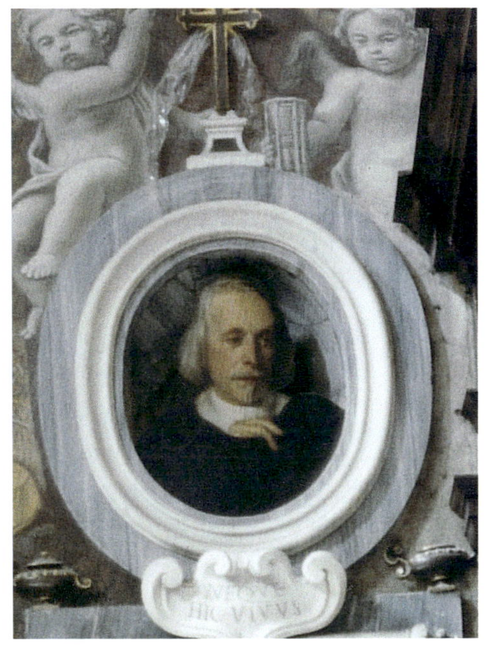

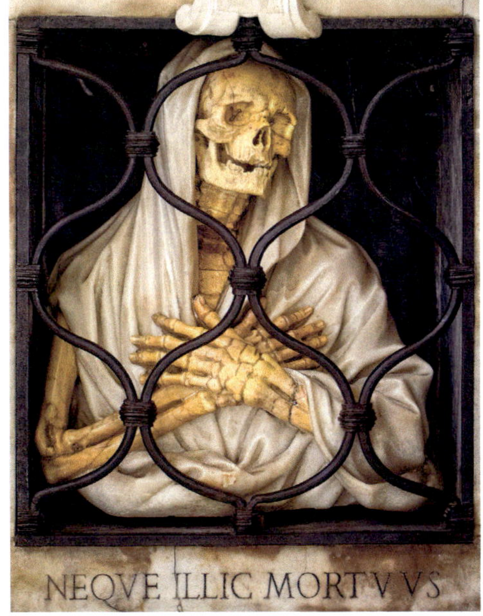

der auf dem Glas nicht festgehalten wird, ist dafür ein Symbol. Das neuzeitliche Subjekt wird sich beim Blick in den Spiegel, der keine Dauer hat, der kurzen Frist vor dem Tode bewusst. Deswegen wurde die Ansicht des Schädels im Spiegel als Metapher benutzt, um auf das Bewusstsein der Lebensfrist, als einer Wahrheit hinter dem Gesicht, anzuspielen. In einem Doppelporträt, das Lucas Furtenagel von dem Augsburger Maler Hans Burgkmair und dessen Ehefrau gemalt hat, sehen sich beide Ehegatten beim Blick in einen Handspiegel schon im Vorgriff auf das Lebensende als Totenköpfe (Abb. 52).[22] Zu Lebzeiten verbarg der Spiegel den künftigen Totenschädel unter dem Gesicht. Nur der allegorische Spiegel brachte die Wahrheit über den Tod an den Tag. In einer Inschrift redet uns das Ehepaar auf dem Bild mit der Klage an, dass «solcher Gestalt unser beider war». Die Schlussfolgerung, dass sie so «waren», wie man sie auf dem Porträt sieht, versetzt das Bild bereits zu ihren Lebzeiten in die Vergangenheit. Und der Text fährt fort, es bleibe «im Spiegel aber nichts als das» übrig, nämlich der Totenschädel, der die Fragwürdigkeit der gemalten Verewigung an den Tag bringt.

Die Schädelmetapher war, außer dass sie durch die Religion als Memento mori legitimiert war und die Eitelkeit der Welt bloßstellte, auch ein Topos, um das bürgerliche Porträt zu rechtfertigen, welches im frühen 15. Jahrhundert das Monopol des höfischen Porträts brach. Es stellte nicht mehr eine genealogische Erbfolge dar, sondern eine sterbliche Person, zu deren Individualität auch der Tod gehörte. Da beides, höfischer Rang und bürgerliche Existenz, im Porträt die gleiche Bildtafel benutzte, war der Klassenunterschied durch die Darstellungsweise nicht mehr offenkundig. Auch das bürgerliche Porträt zeigte ein Gesicht, das auf dem Bildträger dem Alter und dem Tod entzogen wurde und zwar nicht mehr der Amtswürde, aber der familiären und städtischen Erinnerung diente. Gerade weil kein Schädel mehr darunter saß, sondern eine Holztafel, konnte das solchermaßen entkörperlichte Gesicht nicht mehr sterben. Aber der Schädel wurde gleichsam in die Waagschale geworfen, um den Anspruch im Porträt zu beschränken. Das Porträt setzte denn auch eine neue Reflexion über das Recht auf Repräsentation frei, die an die Stelle der körperlichen Präsenz trat. Sie hielt das Gesicht in einem Dokument fest, das die Nachkommen in die Pflicht nahm, den Toten mit Erinnerung zu ehren.

Die Medienfrage, ob sich ein Gesicht gegen ein Bild eintauschen und ob sich in einem Bild der Tod überleben ließ, löste vor allem dann Diskussionen und Zweifel aus, wenn Künstler das eigene Gesicht zum Thema machten. Ein solches Porträt wurde, wenn es die Nähe des tatsächlichen Grabes suchte, von der unsichtbaren Präsenz der Leiche gleichsam widerlegt. Auf diese Ambivalenz von Schein und Sein spielte der Architekt Giovanni Battista Gisleni in einem scharfsinnigen Bildprogramm an, das er an der Eingangswand von S. Maria del Popolo in Rom 1672 für sein eigenes Grab entwarf (Abb. 53). Am Kopfende des Wandgrabes schaut er uns in einem Selbstbildnis, das mit den frischen Farben des Lebens gemalt ist, wie aus einem Fenster heraus an. Am Fußende stellte er sein Skelett in einer Nachbildung aus Marmor mit gekreuzten Armen hinter einem Gitter dar, als könnten wir in das dunkle Grab schauen. Die lateinischen Inschriften warnen aber den Betrachter davor, dem Augenschein zu trauen und nach dem Tode Gislenis Bild und Realität zu verwechseln. «Weder bin ich hier am Leben *(neque hic vivus)*», spricht uns das lebensähnliche Porträt an, «noch bin ich dort tot *(neque illic mortuus)*», antwortet das Skelett. In der unmöglichen Ich-Ansprache widerlegen sich beide Darstellungen als künstlerische Fiktion. Weder den lebenden noch den toten Gisleni bekommt man zu Gesicht, wenn man auf die Bilder schaut. Weder das frische Gesicht noch der gesichtlose Schädel sind das, was sie zu sein behaupten. Sie sind Masken für das, was sie uns zeigen, denn Leben und Tod lassen sich ohnehin nur in Masken darstellen, wenn man sie in ein Bild verwandelt.[23]

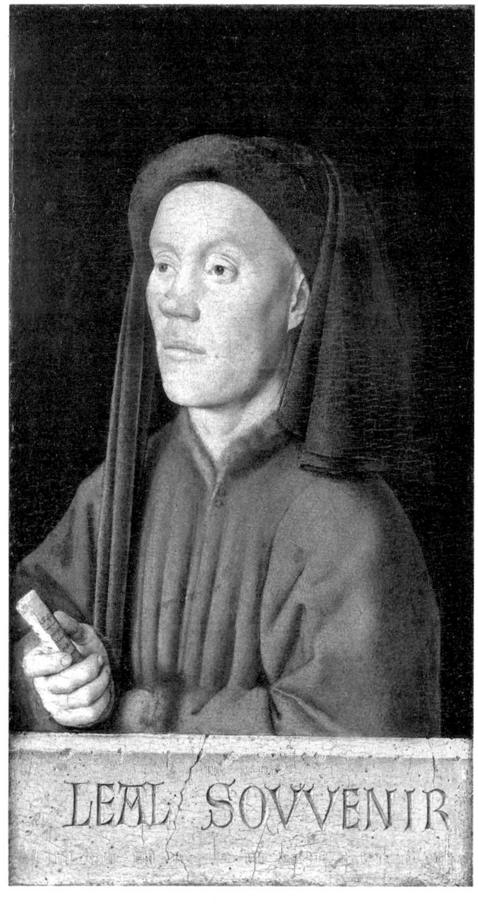

Abb. 54
Jan van Eyck, Porträt des «Timotheus», 1432, London, National Gallery

Ein Sonderfall unter den Werken Jan van Eycks, der das neuzeitliche Porträt ganz wesentlich prägte, begegnet uns im Bildnis des sogenannten Timotheos, welches den Todesgedanken durch das Grab statt durch den Totenschädel ins Spiel bringt (Abb. 54).[24] Es stellt einen noch jungen Mann dar, der hinter einem verwitterten Stein, welcher bereits Risse und Sprünge aufweist, ins Bild tritt. Da der originale Rahmen verloren ist, wissen wir nicht, welche Person der Maler hier porträtiert hat. Ungewöhnlich ist der Umstand, dass er mit einer zierlichen weißen Pinselschrift seine Signatur auf dem Stein, der wie eine Brüstung wirkt, statt auf dem Rahmen angebracht hat. Ungewöhnlich ist auch der Wortlaut der Signatur, denn es ist die Rede davon, dass der Maler das Porträt am 10. Oktober 1432 «vollbracht» oder «verhandelt» *(actum)* hat. Diese Anspielung wird in einem eng beschriebenen Schriftstück aufgenommen, das die gemalte Person wie einen Brief oder einen Vertrag zusammengefaltet in Händen hält. Zugleich trägt der Stein eine antik anmutende Inschrift, die älter wirkt als die Signatur van Eycks und in den Stein eingeschnitten zu sein scheint. Sie wird durch zwei Worte gebildet, zwischen denen ein langer Riss wie die Spur einer bereits lange verflossenen Zeit verläuft: «Leal Souvenir». Die gemalte «Erinnerung» *(souvenir)* wird mit dem Wort *leal* definiert, das in der höfischen Sprache damals zugleich «loyal» und «legal» bedeuten konnte und sich auf das Porträt als Gattung übertragen ließ.

Ein weiches Licht fällt auf das Gesicht, das mit einem träumerischen, verlorenen Blick in die Ferne schaut. Wenn das Porträt tatsächlich einen bereits Verstorbenen darstellen sollte, so fände die hier gewählte Ausnahme in der Darstellungsweise eine gewisse Erklärung. Wesentlich für die Bildform ist auch hier die Ambivalenz von Leben und Tod, von dem gemalten Leben des Gesichts und dem Kontrapunkt des Todes im verwitterten Grabstein. Die Bildform ist zugleich eine interne Bildkritik. Im Hinblick auf das Grab und den Totenschädel ist jedes Gesicht eine Maske, aber sie trägt und drückt das Leben aus, das mit dem Tode aus dem Schädel entweicht. Denn der Schädel bleibt nur als Relikt des Lebens zurück, dem er bis dahin gedient hat.

10. Das «echte Gesicht» der Ikone und das «ähnliche Gesicht»

Die Bildgeschichte der frühen Neuzeit vollzog den Wandel von der Ikone zum Porträt, einen Wandel vom heiligen Gesicht zum Gesicht, aus dem ein Subjekt blickt. Das wichtige Axiom der Ähnlichkeit eines Porträts ist in der westlichen Kultur letztlich von der Ikone abgeleitet. Aber dieses Axiom ist nicht an irgendeine Ikone gebunden, sondern an diejenige römische Ikone, die das Bild aller Bilder war. Sie galt als echtes Bild, weil sie das echte Gesicht zeigte, das Christus nach der Legende in ein Tuch gedrückt hatte, welches ihm die hl. Veronika auf dem Kreuzweg gereicht hatte. Die Existenz der «Veronika», wie das Tuch auch hieß, in Rom ist erst seit der Zeit um 1200 bezeugt, doch knüpft die Legende an die Echtheitsgarantien der frühesten Wunderbilder Christi an. Diese zeigten ebenfalls einen Gesichtsabdruck, der die Echtheit einer Fotografie vorwegnahm. Sie sollten den Beweis dafür liefern, dass der Gottmensch einen echten Körper besessen hatte, und also die Zwei-Naturen-Lehre bestätigen.[25] Die römische Ikone, die in St. Peter aufbewahrt wurde, erfüllte dagegen den Wunsch, bereits auf Erden einmal in das Gesicht Gottes zu schauen, wenn das Faksimile auf dem Tuch aus der Lebenszeit Jesu öffentlich gezeigt wurde. In der europäischen Wallfahrt zum echten Gesicht wurde Rom eine Art christliches Mekka.[26] Schon die Texte aus der Zeit um 1200 sehen im Namen der hl. Veronika eine Anspielung auf die *vera iconia*, also auf das «echte Bild». Ein berühmter Hymnus aus der gleichen Zeit spricht vom «heiligen Gesicht» («sancta facies»), das «nicht von Menschenhand gemalt war».[27]

Diese Ikone ist in der frühen Porträtmalerei etwa in Flandern im Werk aller Pioniere des neuen Realismus (wie Robert Campin, Rogier van der Weyden und Hans Memling) präsent, wenn sie die Legende und die Trägerin der Ikone darstellen. Immer wird dabei das bloße Gesicht Christi mit Haupthaar und Barthaar vom Körper isoliert und in flächiger Frontalität wie eine Maske auf dem Tuch reproduziert. Lösten sich die Maler aber von der Legende, dann verwandelten sie die Ikone in ein Porträt und machten aus dem isolierten Tuchgesicht ein porträthaftes Brustbild. Ein Kronbeispiel dafür liefert Jan van Eyck mit den verschiedenen Varianten eines Porträts, welches anstelle eines lebenden Modells die römische Ikone abbildet (Abb. 55). Da diese Ikone als Original galt und das Gütesiegel der Echtheit an sich trug, nahm sich van Eyck das Recht, von ihr ein Porträt zu machen. Er stellte dabei letztlich nur das Porträt dar, das die Ikone immer schon gewesen war. Ähnlichkeit, die wir von einem Porträt erwarten, war der Sinn der Ikone gewesen. So konnte sie auch jetzt ein modernes Porträt werden, das aber in der starren Frontalität und, wie wir sehen werden, in seinem Blick nicht mit einem privaten Porträt verwechselt werden kann. Der Maler signierte und datierte die einzelnen Fassungen seines Werks, ähnlich wie er es bei allen seinen Porträts tat. Die Berliner Fassung wurde demnach am 31. Januar 1438 vollendet, während die Fassung in Brügge, auf deren Rahmen van Eyck sich als deren «Erfinder» *(inventor)* bezeichnet, auf den 30. Januar 1440 datiert ist. Der Maler begann also offenbar beide Male ein neues Jahr mit der Ausführung einer Christus-Ikone.[28] Seine Autorschaft diente dazu, die Ikone für ein Porträt zu reklamieren. Er fertigte keine Kopie an, wie es in der Ikonenmalerei Brauch war, sondern bot eine persönliche Analyse.

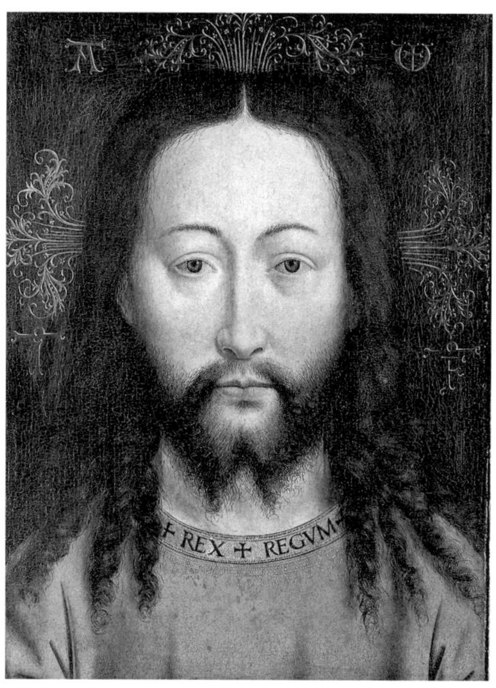

Abb. 55
Jan van Eyck, Porträt einer Christus-Ikone, 1438, Staatliche Museen zu Berlin, Gemäldegalerie

Eine solche Genealogie von Ikone und Porträt wirft ein neues Licht auf die Entstehung des Porträts, das seinerseits den Anspruch erhob, ein echtes Gesicht ins Bild zu bringen: ein Gesicht «nach dem Leben» *(au vif)*, das der Maler im Atelier vor Augen gehabt hatte. Porträts gab es schon vor dieser Wende zum selbständigen Porträt. Aber sie waren oft Serienporträts, welche die höfische Erbfolge einer Dynastie bezeugen sollten, oder fügten sich einem größeren Kontext wie Grab oder Altarbild in einer sekundären Rolle ein. Ein Chronist der Zeit, in der Jan van Eyck die ersten modernen Porträts malte, bemerkte über den burgundischen Herzog Philipp, dass sich dessen «Inneres in seinem Äußeren ausdrückte».[29] Damit meinte er das echte Gesicht; aber der Chronist fährt fort, Philipp habe zugleich «das Gesicht seiner Väter» getragen, deren Züge er ererbt hatte. Auf diese Weise trug der Herzog in seiner Physiognomie auch immer die dynastische Maske der Legitimität.

Meist waren solche Porträts in einer starren Profilansicht wiedergegeben, ohne einen eigenen Bildraum zu besetzen, und besaßen auch keinen Bildträger, der sie als Tafelbild gegenüber ihrer Umgebung «autonom» machte. Ähnlich wie Bildnisse auf Münzen und Medaillen konnten sie niemals aus dem Bild herausblicken oder das Bild für sich behaupten. Das geschah erst, als das Porträt die Wende zur Fazialität vollzog in dem Sinne, dass sich das Gesicht aus der Fläche löste und dem Betrachter zuwandte, wie es bisher das Privileg der Ikone gewesen war. Mit der Herauslösung des Porträts aus der Fläche erwarb die dargestellte Person den Handlungsraum für eine eigene Präsenz, eine Präsenz *in imagine*, welche so suggestiv war, dass sie wie eine Präsenz *in corpore* wirkte. Präsenz ist mehr als Ähnlichkeit, weil sie die Gegenwart eines Gesichts im Bild behauptet und nicht nur eine Erinnerung an das Gesicht ist.

Die Rahmeninschrift eines Werks von van Eyck stellt die Entstehung des Porträts als Wiedergeburt des Körpers im Bild der Geburt der porträtierten Person

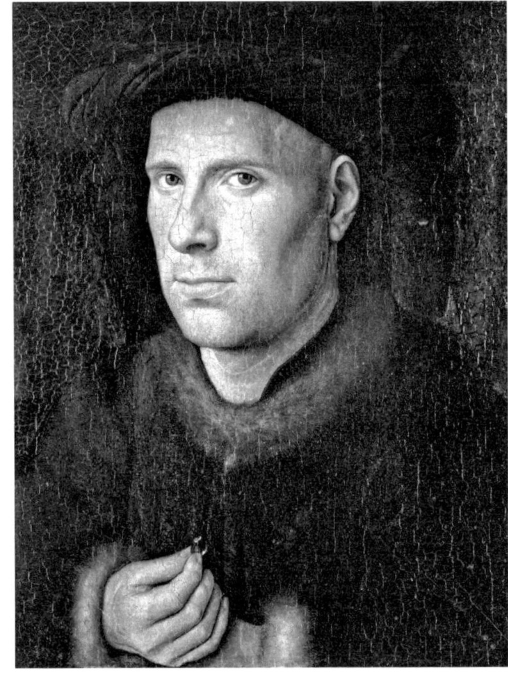

Abb. 56
Jan van Eyck, Porträt des Jan de Leeuw, 1436, Wien, Kunsthistorisches Museum, Gemäldegalerie

gegenüber. Es handelt sich dabei um Jan de Leeuw, einen Goldschmied in Brügge, von dem die Inschrift berichtet, dass er «am St. Ursula-Tag zuerst das Licht der Welt *(dat claer)* mit Augen sah», nämlich im Jahr 1401 (Abb. 56). Des Weiteren berichtet das Bild von sich, es sei von Jan van Eyck «gekonterfeit» worden, und man solle zur Kenntnis nehmen, «wann er es begann», nämlich 1436. Gewöhnlich protokollierte der Maler das Datum der Vollendung. Wenn er hier eine Ausnahme machte und im vollendeten Werk von dessen Beginn sprach, so hatte das nur Sinn, wenn er das Leben des Goldschmieds, das 1401 begonnen hatte, und das Porträt, das er 1436 in Arbeit nahm, aufeinander bezog. Das Gesicht des Porträtierten, das in einem dunklen Innenraum vom Fensterlicht beleuchtet scheint, wirkt so, als wollte es sich gerade in dem Augenblick, in dem wir es betrachten, uns zuwenden. Denn uns trifft seitlich aus den Augenwinkeln ein Blick, der uns in seinen Bann zwingt.[30]

Die neue Fazialität, die Gesichtwerdung des Porträts, wurde erst vollständig verwirklicht durch den gemalten Blick, den Jean-Luc Nancy in seinem Buch über das Porträt im Titel nennt.[31] Nicht nur der oder die Dargestellte blickt, sondern das Porträt selbst blickt. Der Blick im Porträt ist ebenso wie die Präsenz ein Erbteil der Ikone, aber er wurde jetzt neu definiert. Nancy spricht dem Porträt zu Recht die Neuerfindung des innerweltlichen Blicks zu, mit dem das *Subjekt* als ein *blickendes Subjekt* beschrieben und erfahren wird. Der Blick wird zum Medium und zum Ausdruck der *Subjektbeschreibung*, die das Subjekt in die Welt stellt. Mit dem Blick verliert das Porträt seinen Objektcharakter und eignet sich die Präsenz eines echten Gesichts an, mit dem wir im Blick Kontakt aufnehmen können. Als gemalte Holztafel bleibt das Porträt eine Maske, die das Gesicht von sich hinterlässt, aber es fingiert ein persönliches Leben, das eine Holztafel nicht besitzt. Blicken ist anders als Sehen, denn im Blick liegt ein Selbstbezug des Subjekts, eine Aussage des Subjekts über sich selbst. Deshalb kann das Subjekt auch in einem

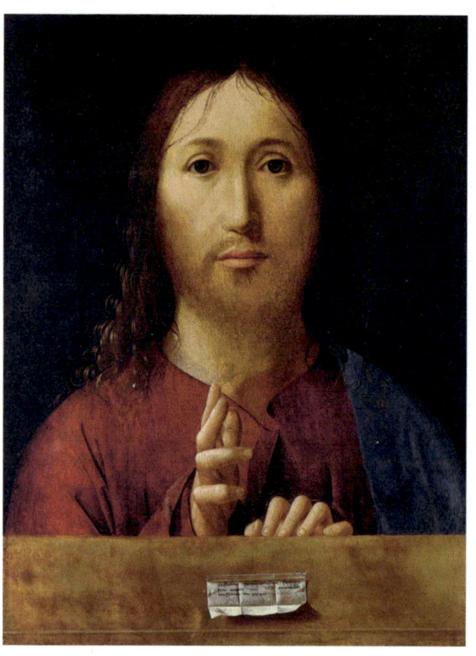

Abb. 57 Antonello da Messina, Salvator Mundi, 1465, London, National Gallery

direkten oder indirekten Blicktausch mit einem Betrachter treten. Mit dem Blick geht das Subjekt aus sich heraus und «macht sich erst dadurch zum Subjekt. Er ist kein Blick auf ein Objekt», sondern bedeutet «eine Öffnung auf die Welt».[32] Im Blick konstituiert sich auch eine Wesensähnlichkeit zwischen der Person im Porträt und der Person vor dem Porträt, über alle physiognomische Differenz hinaus.

Nikolaus von Kues kommt auf diese Wende zum Porträt in einem berühmten Text zu sprechen, der in der Frühzeit des Porträts geschrieben wurde und eine oft übersehene Unterscheidung des innerweltlichen Porträts von der überweltlichen Ikone enthält.[33] Sein Traktat «De visione Dei» bietet auch eine Gebrauchsanleitung für den Blick auf eine Ikone, um ihn vom Blick auf ein privates Porträt zu unterscheiden. Der ganze Konvent in Tegernsee sollte sich einmal vor der «Ikone Gottes» *(eiconam Dei)*, die ein Geschenk des Autors war, aufstellen und dabei erkennen, dass sie jeden Einzelnen der Mönche auf die gleiche Weise ansah. Darin lag für Nikolaus von Kues eine Metapher für die Allgegenwart Gottes, die sich im «absoluten Blick» (*visus absolutus*) von dem menschlichen, also «eingeschränkten Blick» (*visus contractus*) unterscheidet. Hier galt nicht der dialogische Blick zwischen Porträt und Betrachter. Vielmehr blieb man vor der Ikone immer Geschöpf, das von seinem Schöpfer angeblickt wird. Das Porträt dagegen basierte auf dem menschlichen Blicktausch und stellte jemanden dar, der genauso blickte wie man selbst. Diese Unterscheidung überträgt Cusanus einerseits auf den Spiegel als reales Instrument der Ähnlichkeit, wie ihn Jan van Eyck für sein Selbstbildnis (S. 168) benutzte, und andererseits auf den Spiegel als Metapher. «Wenn man in einen Spiegel (…) schaut, so erkennt man die erblickte Gestalt als die eigene, wie es in einem tatsächlichen Spiegel aus Glas der Fall ist.» Doch sollten die Mönche in der Ikone, wie in einem «Spiegel der Ewigkeit», gerade nicht das eigene Bild sehen, sondern eine Wahrheit, von der sie selbst das Bild waren.

Das Porträt aber präsentierte Ähnlichkeit auf die Weise des realen Spiegels, nur dass es jemand anderen darstellte. Der Sizilianer Antonello da Messina, der in

Neapel niederländische Porträts kennengelernt hatte, ging noch einen Schritt weiter als seine Kollegen im Norden und führte in das Gesicht eine lebhafte Mimik ein, mit der er sich auch noch weiter vom ruhenden Ausdruck der Ikone entfernte. Der direkte Blicktausch, in dem sich die Erfahrung von Gegenwart in der Zeit des Betrachtens verstärkte, wurde nun ein konstitutives Merkmal aller seiner Porträts, welche Individualität in einer bisher unbekannten Skala des Ausdrucks erforschen. Das Temperament spricht sich direkt im Blick aus, entweder als Neugier oder umgekehrt als Abwehr. Der Blick löst sich vom Erbe der Ikone und wird dialogisch bis zur Aufdringlichkeit. Dabei unterstützt die Mimik den Blick durch eine impulsive Mundpartie. Ein Menschenbild war geboren, in dem das Schauspiel des Blicks frei ausgeübt wurde. Der Kunsthistoriker Federico Zeri wollte in einem heute in Cefalù befindlichen Porträt das drohende oder verschlagene Lächeln eines Sizilianers wiedererkennen (Abb. 58).

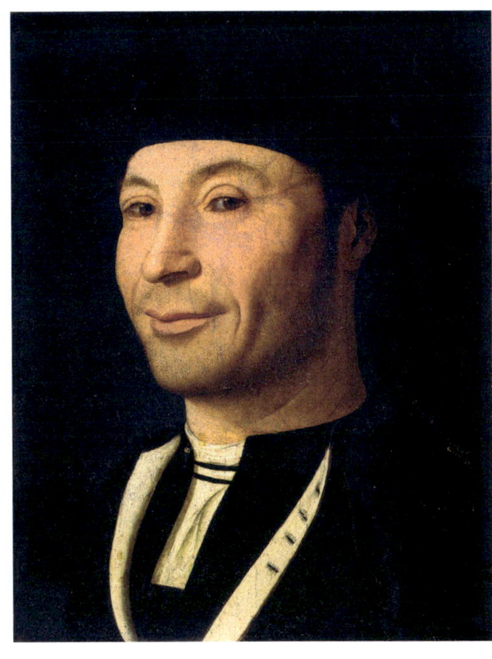

Abb. 58 Antonello da Messina, Männliches Porträt um 1465, Cefalù, Museo Mandralisca

In anderen Porträts von Antonello da Messina ist die Signatur des Künstlers auf einem kleinen, mehrfach gefalteten Billet *(cartellino)* angebracht, das wie ein Trompe-l'œil an eine gemalte Brüstung aus Stein befestigt scheint.[34] Die gleiche Inszenierung mit Brüstung und Künstlersignet kehrt 1465 in der einzigen Christus-Ikone wieder, die Antonello gemalt hat (Abb. 57). Das Porträt einer Ikone, denn so können wir es nennen, ist auf andere Weise modern als die 25 Jahre ältere Ikone van Eycks.[35] Der Erlöser wendet sich im Gestus des Segnens direkt an den Betrachter und legt die Fingerspitzen seiner linken Hand auf die Kante der Brüstung, die in taghelles Licht getaucht ist. Die Präsenz ist also mit der des Betrachters synchronisiert und wie diese ganz aus dem Augenblick geboren. Auch der Blick, so hoheitsvoll er auch aus einer uneinholbaren Distanz gewonnen ist, scheint von dem Betrachter vor dem Bild Kenntnis zu nehmen. Das Gesicht mit seinen asymmetrischen Hälften und den verschieden großen Augen ist an einem männlichen Modell und in einem besonderen Lichteinfall im Atelier einstudiert. Die Grenze des monologischen zum dialogischen Blick wird zwar nicht über-

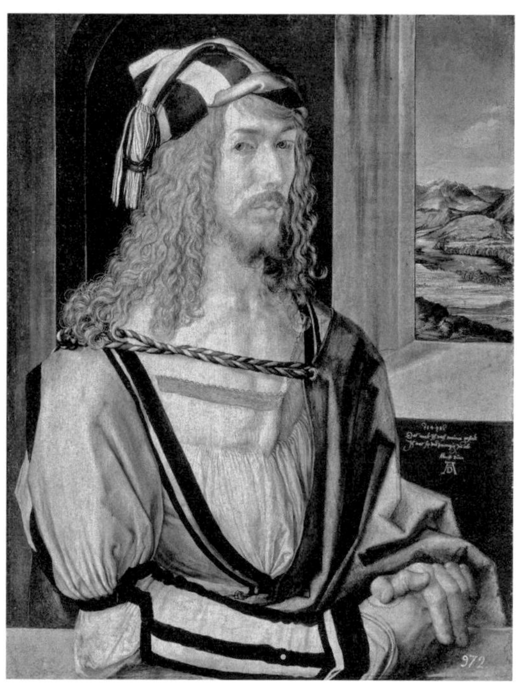

Abb. 59
Albrecht Dürer,
Selbstporträt, 1498,
Madrid, Prado

schritten, aber auf eine so subtile Weise markiert, dass das Intervall zwischen Ikone und Porträt schrumpft.

Auch in Dürers berühmtem Selbstbildnis aus dem Jahr 1500 beschränkt sich das Thema der «Ähnlichkeit» nicht auf die Physiognomie, sondern spielt eine Schlüsselrolle auf mehreren Ebenen (Abb. 60). Die Interpreten sind fast alle auf die Christus-Mimesis in diesem Bild gestoßen, doch fehlt noch immer ein Konsens darüber, worin sie besteht und was sie bedeutet. Joseph Koerner hat als Einziger die «Analogie» zwischen Dürers Gesicht und dem «echten Gesicht» der wahren Ikone untersucht. Er schreibt, einem zeitgenössischen Betrachter wäre zuerst aufgefallen, wie eng sich das Bild an die populäre Ikone der Vera Icon band, noch bevor er darin ein Porträt Dürers erkannt hätte.[36] Die Haartracht mit den langen, ondulierten Locken und der Bart, welche die modernen Interpreten an ein Jesus-Bild denken ließen, sind nicht für dieses Porträt spezifisch, sondern erscheinen schon zwei Jahre früher, 1498, in dem dandyhaften Selbstporträt des 26-jährigen Künstlers, das sich heute im Prado befindet (Abb. 59).[37] Dürer hat auch später noch lange Zeit die gleiche Haar- und Barttracht getragen, so als habe er sich schon in seiner körperlichen Erscheinung zu einem Bild machen und also eine Mimesis betreiben wollen, die nicht auf das gemalte Porträt beschränkt war.

Der Vergleich mit dem früheren Selbstporträt enthüllt auf den ersten Blick, wie ungewöhnlich die Selbstinszenierung in dem späteren Werk ist. In dem Bild des Prado sieht uns der Maler aus den Augenwinkeln mit dem gleichen Blick an, mit dem er einst in den Spiegel schaute. Er tritt dadurch in unser Blickfeld ein, als wollte er uns zum Blicktausch einladen, und erlaubt uns auch eine komplizenhafte Ansicht seiner Umgebung mitsamt einer gemalten Fensterbrüstung, auf die er den Arm mit den eleganten Handschuhen legt. In dem Münchner Bild sind alle diese Momente von Spontaneität und Zeitlichkeit entfallen. Vor allem ist der Blick in der frontalen Ansicht des Gesichts vor einem abstrakt schwarzen Grund

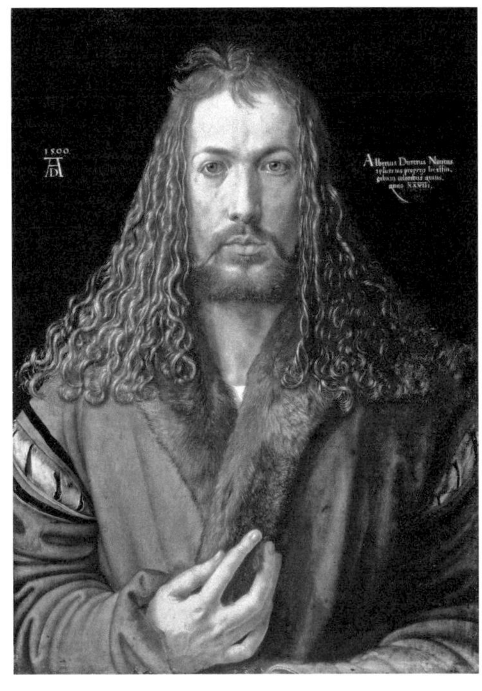

Abb. 60
Albrecht Dürer, Selbstporträt, 1500, München, Alte Pinakothek

gleichsam stillgelegt. Die Frontalität ist mit dem Versuch eines idealen Proportionsschemas begründet worden, dem zuliebe der Künstler sogar die eigenen Gesichtszüge anpasste.[38] Die Idee des Künstlers als eines zweiten Schöpfers oder neuen Appelles war damals in Humanistenkreisen populär.[39] Der Blick Dürers aber verlangt nach einer eigenen Deutung. Bereits Cusanus hatte, als er von der Christus-Ikone sprach, den Begriff eines *visus abstractus* gebraucht, der auch für den Blick Dürers gilt. Wenn ein solcher Blick in einem Porträt erscheint, so wirft er die Frage nach der Gottebenbildlichkeit auf, die von allein zur Ikone führt. Dafür stand die theologische Formel, dass der Mensch «nach dem Bild Gottes» *(ad imaginem Dei)* geschaffen sei (1. Mose 1,27), was das Buch Genesis in einer zweiten Passage (5,1) damit erläutert, dass er dadurch «Ähnlichkeit» *(similitudinem)* mit Gott erlangt habe. Dürer brauchte nicht weit auszuholen, um diesen Gedanken durch die Ähnlichkeit des Porträts mit dem «wahren Gesicht» der Ikone auszudrücken. Er zeigt sich selbst nicht nur in einem Bild, sondern als Bild dessen, der ihn geschaffen hat. In der Repräsentation des Gesichts als Ikone wird durch den Blick wie in einer doppelten Belichtung die Präsenz eines Urbilds aufgerufen, welches Ähnlichkeit theologisch begründet.

Dürer hat zahlreiche Fassungen der Vera Icon oder Veronica geschaffen, auf seiner niederländischen Reise sogar als Gelegenheitsarbeiten. So heißt es in seinem Tagebuch, er habe «ein gutes Veronica-Gesicht in Ölfarben, das 12 Gulden wert ist», gemalt und später «noch ein (anderes) Veronica-Gesicht in Ölfarben, das besser ist als das vorige». In einem verlorenen Triptychon für Jacob Heller bildete eine solche Veronica das Thema der Mitteltafel.[40] Meist aber trugen diese Fassungen eine Dornenkrone, so dass sie nicht auf ein Porträt übertragbar waren. In dem Münchner Selbstbildnis geht Dürer einen anderen Weg, um die Schönheit des Archetyps im buchstäblichen Sinne durch ein menschliches Gesicht zu verkörpern, in dem er, wenn er in den Spiegel schaute, die Ähnlichkeit mit der Ikone hervorheben konnte. Ähnlichkeit hatte schließlich auch eine ethische Komponente. So forderte Dürer in seinem niederländischen Tagebuch den zögernden Erasmus von Rotterdam auf, im Streit der Reformation «hienieden Deinem Meister Christus ähnlich zu sein».[41]

11. Das Dokument der Erinnerung und der Sprechakt des Gesichts

In den Anfängen suchte das Porträt noch seinen Platz in der Kultur der frühen Neuzeit. Doch bald wurde Ähnlichkeit in der Beschreibung eines Gesichts zu einer wohlfeilen Ware, die vom Künstler bereitgestellt wurde, ohne noch einer besonderen Begründung zu bedürfen. In seiner Frühzeit war das Porträt ein Dokument von überzeitlicher Präsenz, das einen ähnlichen Rechtsstatus behauptete wie eine letztwillige Verfügung. Zugleich war es als Einbruch in feudale Vorrechte an ein neues Menschenbild gebunden. Es war ein Privileg des sozialen Körpers in dem Sinne, dass es das Recht der Person auf Repräsentation durch ein Bild einschloss. Die Geschichte des Porträts ist auch deswegen die Geschichte der Gesellschaft, die sich darin abbildet, denn jedes Porträt wies der dargestellten Person ihren tatsächlichen oder gewünschten Platz in der Gesellschaft selbst dann zu, wenn es sich gegen die Gesellschaft behaupten wollte, von der es sich trotzdem nicht befreien konnte. Das Gesicht ist im Porträt keine Gegebenheit, wie sie die Natur in der Physiognomie hervorbringt, sondern eine Maske, die von der Gesellschaft stets auf eine neue Norm gebracht worden ist. In diesem Sinne konnten Jean-Jacques Courtine und Claudine Haroche von einer «Geschichte des Gesichts» in der frühen Neuzeit sprechen.[42] Und deswegen erwies sich Ähnlichkeit immer wieder als eine offene Größe, denn sie wurde an der Maske des Selbst abgelesen, bei der ein Maler nur als Komplize mitwirkte, um den Auftritt seines Modells in der Gesellschaft zu formulieren.

Erst als das Porträt zu einer bloßen Konvention geworden war, wurde sein Wert an der Lebendigkeit eines eingefangenen Augenblicks und also an der Bravour des Malers statt an der Ähnlichkeit des Gesichts gemessen. In der Kunstakademie wurde das Porträt als eine niedere Gattung auf Standards gebracht, für welche die Kunst die Regeln lieferte. Denis Diderot sah 1767 im «Salon», der jährlichen Kunstausstellung in Paris, «viele Porträts, darunter wenige gute, wie es nicht anders sein kann». Im Falle eines bekannten Augenarztes erblickte er ein hässliches Gesicht, das dennoch ein schönes Werk der Malerei war. «Ja, das war er selbst, wie er seinen Kopf durch einen kleinen Rahmen aus schwarzem Holz zwängte.»[43] Auch in der Malerei wirkte der Schnappschuss, den man wiederholt malen konnte, ehrlicher als der Widerstand gegen Zeit und Tod. Und so wurde das Porträt für jeden besonderen Wunsch freigegeben, und sei es der Wunsch, als Schlittschuhläufer durch ein Bild zu gleiten. Zugleich kam damals die Mode auf, Sklaven und exotische Besucher für ein Porträt malen zu lassen, welches die koloniale Neugier befriedigen konnte. Doch wuchs die Übersättigung durch die Gattung ebenso wie die Beliebigkeit der Darstellung in einem solchen Maße, dass die Fotografie als Befreiungsschlag begrüßt wurde, solange sie noch neu war (S. 193).

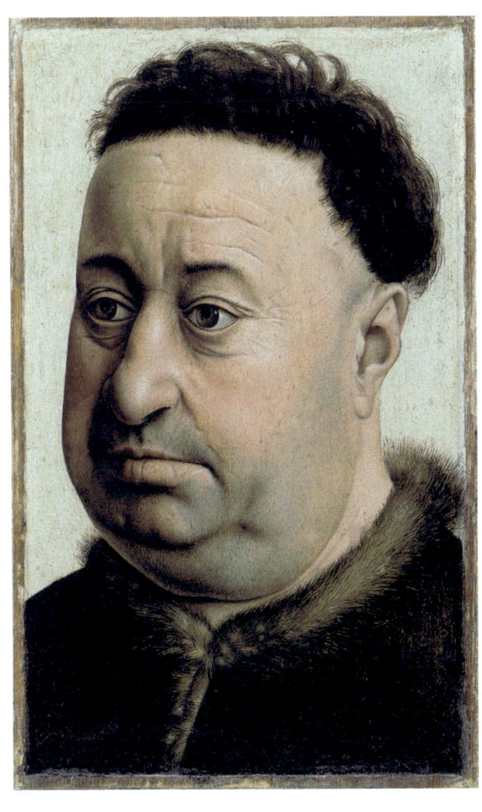

Abb. 61 Robert Campin, Robert de Masmines (?) († 1430), Staatliche Museen zu Berlin, Gemäldegalerie

Die Bilder Jan van Eycks, welche die Geschichte des Porträts eröffnen, sind durch ein Datum und eine quasi notarielle Beglaubigung als Dokument ausgewiesen, in dem auch das Alter und der Name der dargestellten Person auf dem Rahmen beurkundet waren. Der Maler bürgte als Augenzeuge für die Echtheit des Gesichts, das sein Auftraggeber im Leben getragen hatte, und erfüllte damit gleichsam einen Vertrag, den er mit diesem abgeschlossen hatte. Die Präsenz des Porträtierten im Wohnbereich wurde wie in einem Spiegel durch einen gemalten Wohnraum im Porträt eingefangen. Der perspektivische Blick verlieh der Person im Porträt den Anschein, in der gleichen Wohnung zu leben wie der Betrachter. Der Bildrahmen war anfänglich einem echten Fensterrahmen nachgebildet. Mit diesem Rahmen besaß das Porträt gleichsam eine Schnittstelle zwischen der gemalten und der realen Welt, an der ein Betrachter mit der Person im Bild kommunizierte. Der Rahmen fungierte auch als Zeitfenster, indem er die Zeit im Bild von der Zeit vor dem Bild trennte, die Zeit der Erinnerung von der Zeit des Betrachters. Der Realismus, der mit der Analogie des dargestellten Orts und der dargestellten Zeit in das Porträt kam, verdichtete sich im Gesicht, dessen

Echtheit der Betrachter wiedererkennen und also beglaubigen sollte. Dieses war nicht bloß Gesicht oder Gesicht an sich, sondern ein gelebtes Gesicht, ein Gesicht in einem bestimmten Lebensalter, ein Gesicht mit Ausdruck und Blick, eingefangen in einer Lebenssituation, die im Porträt den Part des Gesichts als zeitloses Dokument ablöste und die Inszenierung über die Physiognomie setzte.

In einem der ersten Privatporträts, die in den Niederlanden entstanden, hat Robert Campin wahrscheinlich den burgundischen Hofmann Robert de Masmines dargestellt, der 1430 in der Schlacht von Bouvines fiel (Abb. 61). Das Porträt wirkt altertümlich in dem kleinen Format und in seiner Beschränkung auf das Gesicht. Umso stärker spricht uns der drastische, fast fotografische Realismus der Gesichtszüge an, die sich förmlich aus dem engen Rahmen zwängen. Das Porträt ist ganz Gesicht und nur Gesicht, ein Dokument der Person für die Erinnerung der Familie. Diese Funktion wird dadurch bestätigt, dass es in zwei nahezu identischen und mit gleicher Perfektion gemalten Fassungen erhalten blieb, die es als Erbstück für die Nachkommen und also als ein Dokument dieser Person ausweisen.[44] Beschrieben wird die Naturwahrheit in dem Porträt, das Hans Holbein d.J. im Jahre 1519 von dem 24-jährigen Humanisten Bonifacius Amerbach in Basel gemalt hat. In der Inschrift auf einer Tafel, die an einem Baum aufgehängt scheint, sagt das Porträt von sich, zwar sei das «Gesicht gemalt *(picta facies)*», doch stehe es «dem lebenden (Gesicht) nicht nach», und es fährt fort, dass hier «dasjenige, was der Natur gehört, durch das Werk der Kunst ausgedrückt» sei.[45] Was der Natur gehört, ist das Gesicht, aber das Porträt liefert von dem Gesicht ein gemaltes Dokument.

Um das frühe Porträt als Dokument zu verstehen, bietet sich ein Vergleich mit dem Wappen an, dessen Geschichte weiter zurückreicht. Der Wappenschild war kein Körper*bild*, sondern ein Körper*zeichen*, das mit heraldischer Abstraktion einen Standeskörper beschrieb. Die Unterscheidung zwischen dem Wappen und dem selbständigen Wappenschild *(écu)* gilt ähnlich für das Porträt und die Porträttafel.[46] Wappenschild und Bildnistafel trugen im Übrigen den gleichen Begriff, denn beide wurden im Flämischen als *schild* und im Französischen als *tableau* bezeichnet, und sie wurden außerdem von den gleichen Malern, den «Schildermachern», ausgeführt. Das Wappen wendet uns keine Physiognomie, sondern ein dynastisches Gesicht zu. Wappenschild und Bildnistafel verwiesen aufeinander, wenn sie beide eine und dieselbe Person bezeugten. Repräsentation war im Wappen ein Darstellungsrecht und keine Darstellungsleistung, aber auch das Porträt war zunächst an ein Darstellungsrecht gebunden.

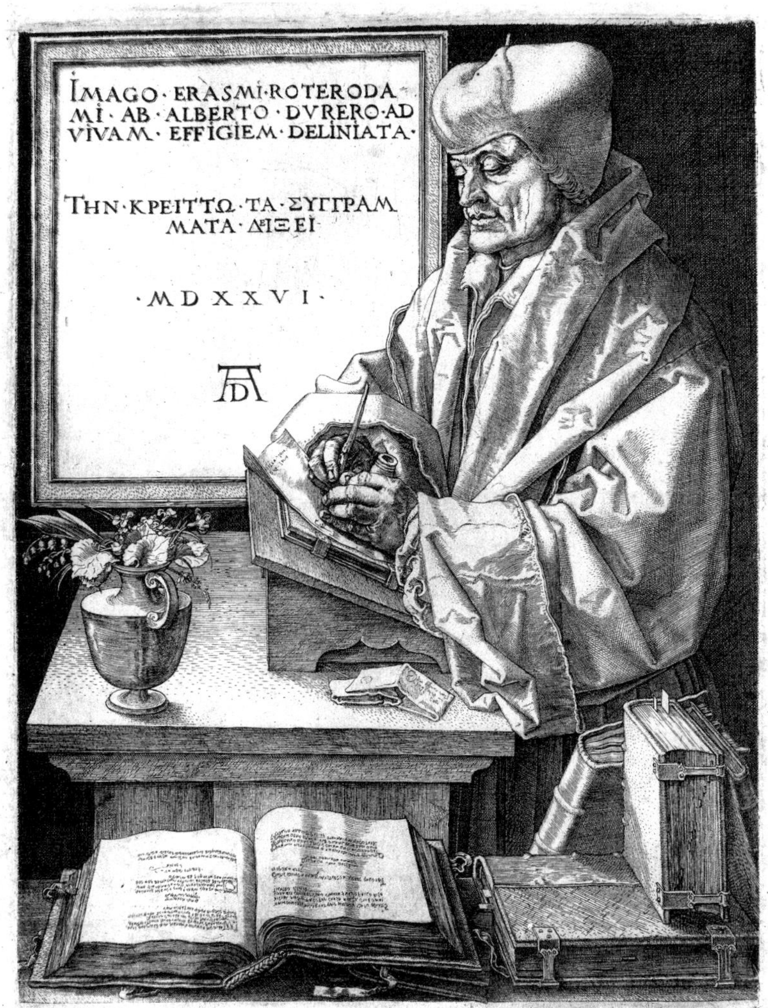

Abb. 62
Albrecht Dürer, Erasmus von Rotterdam, 1526, Kupferstich, Nürnberg, Germanisches Nationalmuseum

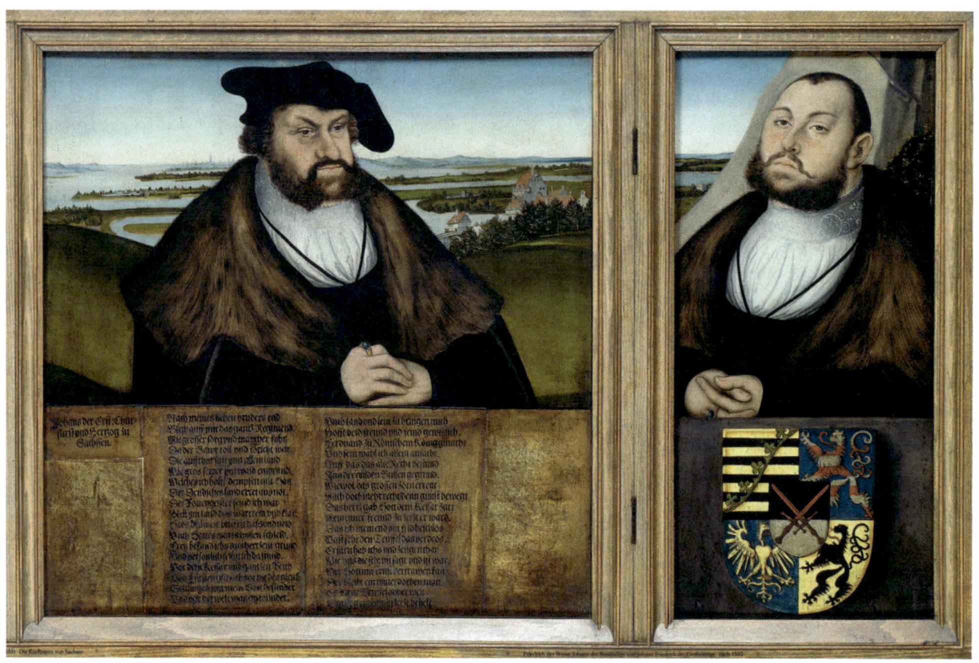

Abb. 63
Lukas Cranach d. Ä., Triptychon der Wettinischen Kurfürsten, Mitteltafel und rechter Flügel, nach 1532, Hamburg, Kunsthalle

Erst im Widerspruch zum Wappenschild fand die Bildnistafel ihre Eigenart, weshalb sie auch die heraldische Fläche leugnete und schon durch die Aktivität des Blicks einen Dualismus von Innen und Axußen, von Seele und Körper zum Ausdruck brachte. Genealogische und personale Zeichen, das Wappen und die Devise, bildeten gemeinsam das «heraldische Gesicht».[47] Das Wappen war vererbbar, das Porträt hingegen dem lebenden Amtsträger und also einer Person vorbehalten. In einem Triptychon, in dem Lucas Cranach d. Ä. drei Wettinische Kurfürsten darstellte, führt alleine der lebende Träger, Johann Friedrich der Großmütige, der 1532 die Nachfolge seines Vaters und seines Onkels antrat, das Wappen des Kurfürstentums (Abb. 63). Er hatte nach seinem Regierungsantritt sechzig Diptychen mit den Bildnissen seiner Vorgänger in Auftrag gegeben, um seine Legitimation zu unterstreichen.[48] Das physiognomische Bildnis, das den genealogischen Standeskörper begleitet, ergreift in der *Gesichtsbeschreibung* (in der Abbildung des Gesichts) die Aufgabe der *Subjektbeschreibung*, die das natürliche Gesicht zum Statthalter des Subjekts macht. Der Stand wird im Wappen, das Subjekt hingegen im Gesicht beschreibbar.

Das Gesicht war im Porträt aber nicht nur Dokument und Erinnerung, sondern auch ein Thema des Selbst, mit dem man die Grenze der Sichtbarkeit und der physiognomischen Ähnlichkeit unweigerlich überschritt. Das Selbst war in der frühen Neuzeit ebenso eine philosophische wie auch eine Bildfrage, denn das Gesicht war seinerseits ein Bild, das sich leicht in eine Maske verwandeln konnte. Und damit wurde die Darstellbarkeit des unsichtbaren Selbst zum Kernproblem. Das Porträt konnte sich nicht darauf beschränken, wie man aussah, sondern warf die Frage auf, wie man sich darstellen oder darstellen lassen wollte. Dazu bedurfte es der Inszenierung mehr als der Aufzeichnung eines Gesichts, und der Sprechakt wurde wichtiger als Ähnlichkeit. Es war jedoch ein Sprechakt ohne Hilfe der verbalen Sprache, und er musste mit rhetorischen Mitteln wie Mimik, Blick, Gestik und Pose zum Ziel gelangen. Zu diesem Sprechakt gehörte auch die Fiktion, im Porträt einen bestimmten Empfänger anzusprechen und in einen Blicktausch mit ihm zu treten.

Damit war die Unschuld dahin, mit der die frühe Renaissance das Porträt als Dokument des Gesichts willkommen geheißen hatte. Rollenfragen gewannen die Oberhand, je mehr die Inszenierung sich des Gesichts bemächtigte und es zum Sprechen brachte, aber auch den ganzen Körper als Mitspieler beteiligte. Jeder Ausdruck, und mochte er noch so flüchtig oder theatralisch sein, wurde wichtiger als die bloße Physiognomie. Die Rechtfertigung bestand darin, dass das Gesicht eine sterbliche Maske war, während das Selbst, dem man im Gesicht begegnen wollte, eine unsterbliche Seele besaß. Die Physiognomie als Domäne des Körpers bedeutete Sterblichkeit, und also bestand die Aufgabe darin, im Gesicht ein Leben zu simulieren, das nicht mit dem Gesicht enden würde.

Dieses Problem stellte sich auch im Kreis der Humanisten, die nicht nur mit ihren Schriften, sondern auch mit einem gemalten oder gestochenen Porträt eine neue Öffentlichkeit suchten. Aber die Kunst zeigte, wie sie immer wieder einwandten, nur ihr Gesicht, während sich ihr Geist im Wort und also in der gedruckten Schrift ausdrückte. Deshalb schränkten sie in Beischriften, die sie selbst formulierten, die Möglichkeiten des Porträts ein, ihr Selbst darzustellen. Erasmus von Rotterdam ist dafür das bekannteste Beispiel. In einigen Porträts von Hans Holbein d. J. ließ er sich im Profil als Autor darstellen, der sich beim Schreibakt über einen Text beugt. Statt das Gesicht dem Betrachter entgegenzuwenden, lenkt er den Betrachter auf den im Entstehen begriffenen Text, mit dem er ein Lesepublikum erreichen will. Die Reproduktionsmedien Holzschnitt und Kupferstich, welche das gleiche Medium benutzten wie das gedruckte Buch, erweiterten die öffentliche Verbreitung solcher Porträts und wurden in der Regel mit einem Kommentar versehen, der den Betrachter von dem, was er sah, zu dem, was er nur lesen konnte, hinlenkte.[49]

Im Jahre 1526 entstand Dürers Kupferstich mit dem Bildnis des Reformators Philipp Melanchthon, der damals in Nürnberg weilte. Die lateinische Beischrift, die wohl von Melanchthon selbst entworfen wurde, belehrt den Betrachter darüber, Dürer habe «das Äußere *(ora)* Philipps nach dem Leben (gemalt)», doch habe «selbst seine gelehrte Hand dessen Geist *(mens)* nicht malen können».[50] Für das Gesicht wird hier der ganz ungewöhnliche Begriff *ora* benutzt, in dem die Bedeutung von Außenseite und Grenze liegt, also der Körper ins Spiel gebracht wird. Das Erscheinungsbild kann den Betrachter nur darauf hinlenken, was sich dahinter verbirgt. Dürers im gleichen Jahr entstandener Kupferstich mit dem Bildnis des Erasmus (Abb. 62) führt in den Inschriften und in der Inszenierung der Gelehrtenstube den Kontrast von Bild und Schrift noch weiter. Die Ansicht des schreibenden Erasmus inmitten seiner Bücher ist ganz auf den Kontrast mit der Schrift angelegt, die in einem gerahmten Schriftfeld eine geradezu ikonische Präsenz gewinnt.[51] Die griechische Inschrift weist uns auf die «Werke» des Gelehrten hin, in denen man ihn «besser» kennenlernen könne. Die lateinische Inschrift spricht von dem Bild *(imago)* des Erasmus, das Dürer «nach dem lebenden Ebenbild *(effigies)*» gezeichnet habe. In der Tat hatte Dürer den berühmten Gelehrten sechs Jahre zuvor auf seiner Reise in die Niederlande gezeichnet. Der doppelte Bildbegriff unterscheidet das Porträt von dem Gesicht, das Erasmus im Leben trug. Wir sehen also das Bild eines Bildes, denn das lebende Gesicht ist seinerseits ein Erscheinungsbild, das Erasmus in seinem Körper bot. Erasmus war übrigens mit dem Stich gar nicht zufrieden und bemängelte mit der fehlenden Ähnlichkeit wohl auch, dass sein Gesicht nicht im Zentrum von Dürers Blatt stand.

Die Bedeutung von *effigies* als Gesicht wird durch das dritte Blatt mit dem Bildnis Luthers bestätigt, das Lucas Cranach im Jahr 1521 gestochen hat. Denn die Inschrift spricht hier von dem «sterblichen Ebenbild *(moritura effigies)*», das man auf dem Blatt sehen könne, während Luther das «ewige (Bild) seines Geistes nur selbst ausdrücken» könne.[52] In einem früheren Stich Cranachs ist sogar explizit vom Gesicht die Rede, wenn es heißt, dass der Künstler «nur die sterblichen Gesichter *(vultus occiduos)* Luthers und nicht die ewigen Bilder seines Geistes *(aeterna simulacra suae mentis)*» ausdrücken könne.[53] Die Reformation hatte in einem Klima der Bildfeindlichkeit besonderen Grund, die neuen, gedruckten

Abb. 64
Raffael, Maler und Modell im Studio (?), um 1518–1520, Paris, Musée du Louvre

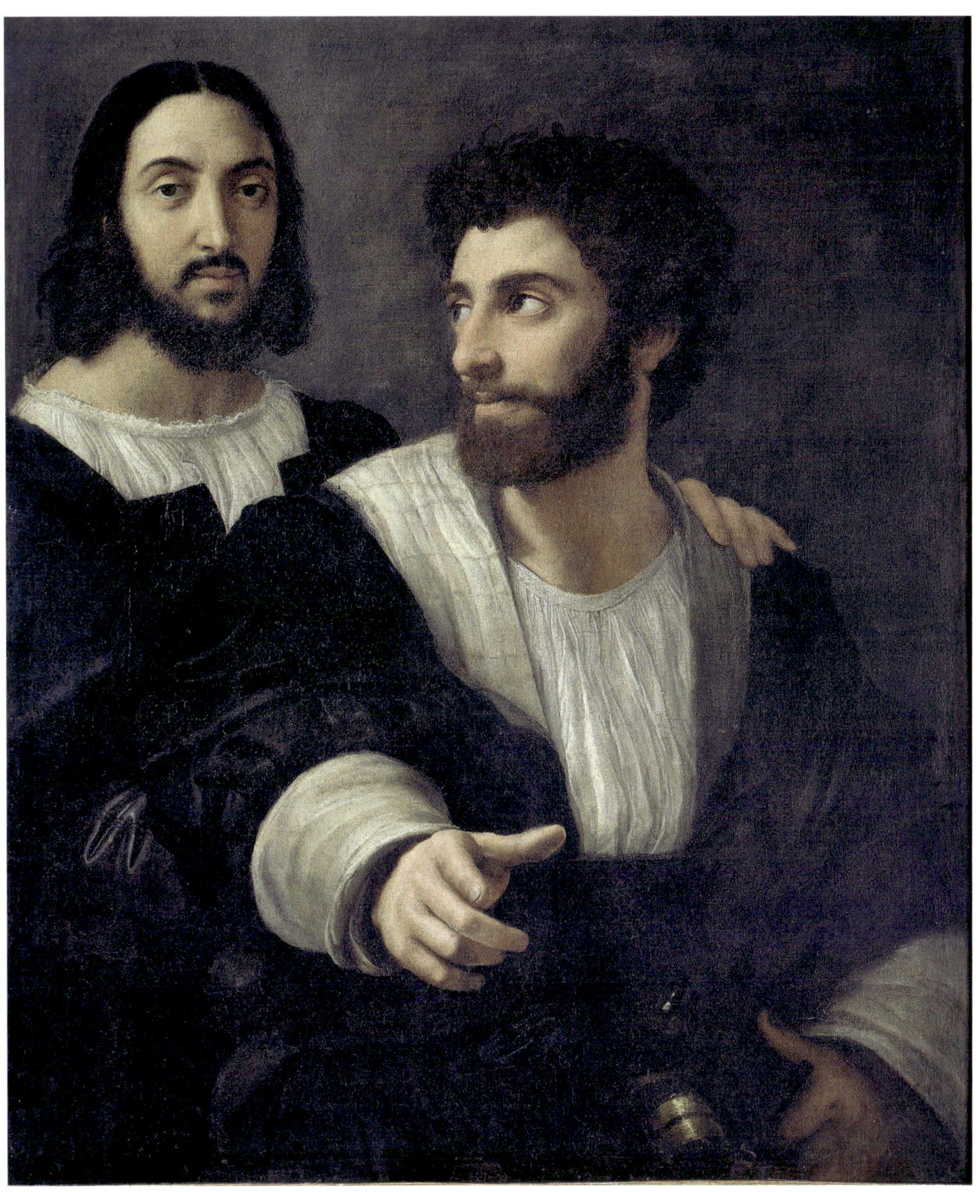

Bildnisse Luthers zu rechtfertigen. Doch ordnet sich der Gedankengang in das neue Bewusstsein von der Differenz zwischen Gesicht und Person ein, das in den Humanistenkreisen verbreitet war.

In solchen Gedanken zeichnet sich eine frühe Krise ab, in die ein Porträt geriet, welches im Gesicht ein Selbst erfassen wollte (oder sollte), das sich aber durch den sichtbaren Befund der Gesichtszüge gar nicht fassen ließ. Die Differenz von Person und Gesicht zwang den Maler dazu, auf das unsichtbare Selbst anzuspielen und gegen die bloße Sichtbarkeit des Körpers Stellung zu nehmen. Wenn das Selbst über viele Masken verfügte, die sich alle im gleichen Gesicht formten, so konnte eine einzige Ansicht nicht genügen, sondern musste zugleich auf alle anderen Masken hinweisen, die außerhalb der Darstellung blieben und erst in der Summe die Person hinter den Masken erahnen ließen. Ohnehin war das Leben der Person, die von ihrem Gesicht nur eine Maske hinterließ, im Bild uneinholbar geworden. Ein Maler vermochte nie so überzeugend wie der Abguss die Gesichtszüge zu garantieren, doch war er im Vorteil darin, dass er den Schein des Lebens erzeugen konnte. Er war auch, anders als die Gips- oder Wachsmaske, im Sprechakt nicht auf das Gesicht beschränkt und konnte dem Porträt die Ansprache an einen zeitgenössischen Adressaten mit auf den Weg geben. Der Part des Gesichts verschob sich dabei so, dass es immer mehr vom Körper inszeniert wurde, statt umgekehrt den Körper zu inszenieren.

Dabei ist nicht die Inszenierung durch den Stand oder das Amt gemeint, sondern eine *Inszenierung des Ich*, die vor allem im Privatporträt in den Vordergrund trat. Sie verfügte über keine Attribute, sondern bestand oft allein in einem auf immer festgehaltenen Augenblick im doppelten Sinne: einem Blick, wie er im Gespräch zwischen zwei Personen die Worte unterstützt oder in dem Intervall zwischen dem, was gesagt wird, und dem, was ungesagt bleibt, entsteht. Der gemalte Blick konnte sich mit Erinnerung füllen, also nach innen gerichtet sein, und damit den Gedanken an einen abwesenden Betrachter ausdrücken. Er konnte auch ein Innehalten bedeuten, als ob im lebendigen Zwiegespräch eine Pause eingetreten wäre, und also die Präsenz einer zweiten Person vor dem Bild simulieren. Immer ging das Bestreben dahin, in dem Porträt ein körperliches Leben zu erwecken, welches die tatsächliche Absenz in eine fiktive Präsenz verwandelte. So erhielt das Gesicht vom Maler das mimische Leben zurück, das ihm durch die Verwandlung in eine gemalte Maske auf immer entzogen worden war. Der Maskencharakter war folglich kein Hindernis, sondern geradezu ein Stimulans, um die Maske zu besiegen oder zu überlisten.

Ein Beispiel für eine solche Inszenierung des Ich ist das Freundschaftsbild, das auch den Maler selbst einschließen konnte und oft einem Freund als Erinnerungsbild geschenkt wurde. Ein Doppelporträt von der Hand Raffaels wurde offenbar von dem venezianischen Dichter Pietro Bembo in Auftrag gegeben, der es später in seinem Haus in Padua aufhängte. Es entstand in Rom, als der Humanist Andrea Navagero (1483–1529) im Jahr 1516 nach Venedig zurückberufen wurde. Navagero wendet sich, als wäre er gerade im Aufbruch, noch einmal zu uns zurück und richtet aus dem Bild heraus einen entschlossenen Blick des Abschieds auf den Betrachter. Neben ihm versinkt sein Freund Agostino Beazzano, der in Rom blieb, bereits in einen verträumten Blick der Erinnerung, der auf kein Ziel gerichtet ist. Die Gesichter treten in heller Beleuchtung aus dem dunklen Fond hervor, als hätte sie der Maler in dem Raum überrascht, in dem sie sich verabschieden mussten.[54]

In einem ungewöhnlichen Doppelporträt, das ein lebhaftes Zwiegespräch im Bild aufzeichnet, bringt sich Raffael selbst in den gemalten Moment ein (Abb. 64).[55] Man sieht ihn hinter einem Freund, dem er die Hand auf die Schulter legt, regungslos und ganz Auge aus dem Bild schauen, als würde er das fertige Porträt des Freundes prüfen, das auf der Staffelei steht. Der Freund, der vielleicht im Atelier Modell saß, wendet sich in rascher Kopfwendung nach dem Maler um und zieht dessen Aufmerksamkeit mit dem ausgestreckten Zeigefinger auf sein Konterfei, das außerhalb des Bildes bleibt, als wollte er ihm sagen, «so sehe ich aus» oder «das lasse ich Dir als Andenken zurück». Die raumgreifende Person vorne, die sich porträtieren lässt, debattiert mit dem Porträtmaler in ihrem Rücken über das Werk, das beide vor sich haben. Entweder war das unsichtbare Porträt, das in unserer Vorstellung bleibt, besonders gelungen oder bedurfte noch einer Revision. So haben wir eine seltene Inszenierung vor uns, in welcher wir nur die Person sehen, die von sich ein Porträt malen lässt; wir sehen sie aber nicht im Porträtmodus, sondern in einer paradoxen Situation: als wäre sie ebenso lebendig wie der Maler, der ganz Betrachter geworden ist, und also noch nicht gemalt. Denn sie suggeriert uns einen Blicktausch mit dem Maler, während das Porträt erst im Entstehen begriffen ist, und wird dennoch bereits im Bild eingefangen. Damit ist Raffael ein brillanter Sprechakt gelungen, der in einem Porträt die Arbeit am Porträt zum Thema macht.

12. Rembrandt und das Selbstbildnis. Revolten gegen die Maske

Der Maskencharakter des Porträts enthüllte sich erwartungsgemäß im Selbstbildnis, in dem man sich nicht darauf beschränken konnte, das eigene Gesicht zu malen, sondern auf die Frage stieß, was oder besser wer sich denn im Gesicht darstellte. Ein Selbstporträt erzeugte bei den Künstlern das schmerzliche Bewusstsein, sich in eine leblose Maske zu verwandeln, wenn sie sich darstellten. Deshalb löste der unausweichliche Maskencharakter des Porträts immer wieder eine Revolte gegen diese Aufgabe aus. Schließlich wollte man im Selbstporträt des eigenen Ichs habhaft werden, um es zur Darstellung zu bringen. Das Selbstbildnis, bei dem Darsteller und Dargestellter eine und dieselbe Person waren, entstand im *Spiegelblick* und war doch mehr als das mechanische *Spiegelbild.* Es war Analyse und Pose zugleich. Die Physiognomie, die da abgebildet wurde, blieb opak und verschlossen, wenn man sie nicht in einen Sprechakt verwandelte, in dem sich der Beobachter selbst als Akteur sah. Sie bedurfte einer Inszenierung, um den Anspruch zu erfüllen, im Namen des Selbst ins Bild zu treten. Die Künstler gerieten hier in das Dilemma, ein Selbst darstellen zu sollen, das sich der bloßen Abbildung entzog.

Auch die Schriftsteller stießen auf die Frage nach dem Selbst, wenn sie sich in der Autobiografie versuchten. Auch für sie wurde die Suche nach dem Selbst, sobald man sich darauf einließ, zu einem unabschließbaren und ungewissen Prozess. Philippe Lejeune sprach von dem «autobiografischen Pakt», der zwischen einem Erzähler und seinem Ich abgeschlossen wird, wenn derjenige, der redet, der gleiche ist wie jener, von dem die Rede ist.[56] Andrew Small zog die Parallele zum gemalten Selbstporträt und nannte Montaigne und Rembrandt die ersten, welche «die Fiktion eines kohärenten Selbst betrieben», also im Selbst eine Fiktion erkannten, sobald sie es zeigen oder beschreiben wollten.[57] Die Frage nach dem Selbst stellte das Gesicht ebenso wie die Selbstbeschreibung als Maske bloß, in welcher der Maler oder der literarische Autor sein Ich nicht wiederfand. Sein Bewusstsein trennte ihn von jenem, den er im Spiegel sah.

Montaigne blätterte in seinen «Essays» die Spielarten seines Selbst wie Buchseiten auf, die zwar alle zu einem und demselben Buch gehörten, aber eben einem Buch mit ganz verschiedenen Texten. Wie in einem Buch war immer nur jeweils eine Seite sichtbar. Und auch Rembrandt malte immer neue Porträts, die sich an

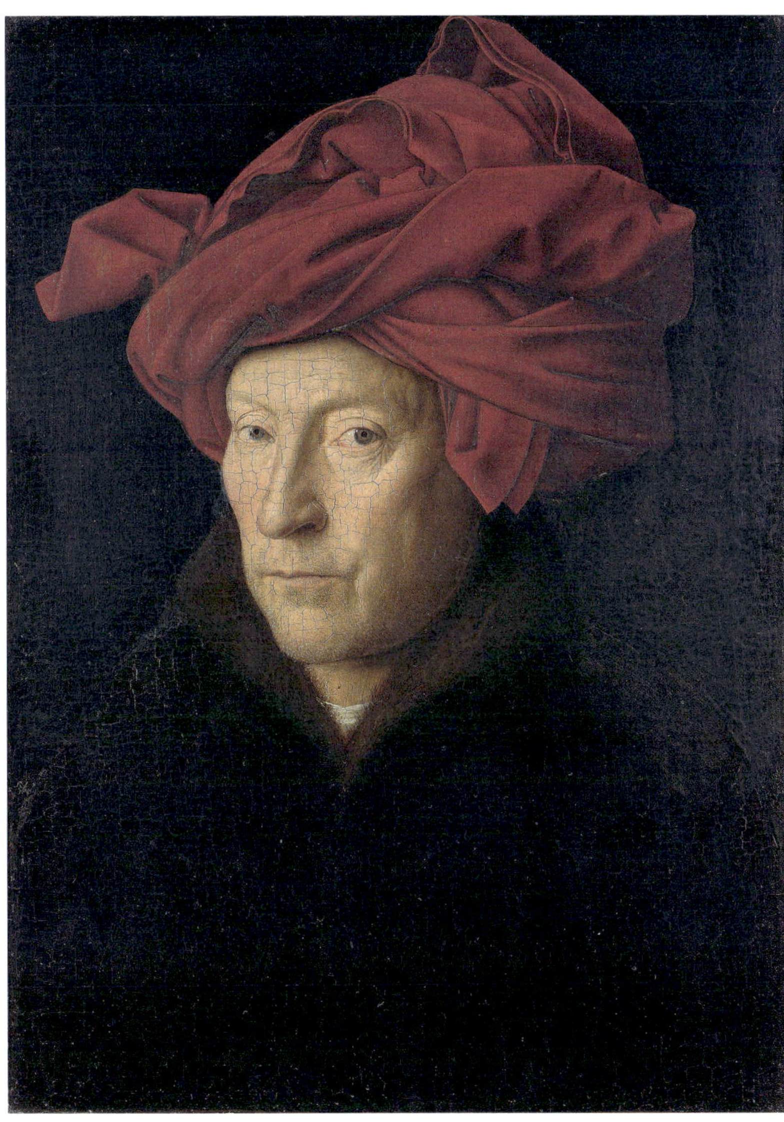

Abb. 65
Jan van Eyck,
Selbstbildnis,
1433, London,
National Gallery

die Stelle der bereits gemalten setzten und diese nicht nur ergänzten, sondern auch infrage stellten. Montaigne nannte die Rollen seines Selbst treffend und knapp «Gesichter» *(visages).* Er verstand sein literarisches Werk als den Versuch, «ein Porträt von sich selbst zu malen», aber es wurde immer wieder ein anderes Porträt, weil ihm keines genügte (II.17.653). Ein Porträtmaler hielte gewöhnlich nur ein einziges Gesicht fest, wenn er sein Modell male. Doch die «Essays» kämpfen ebenso wie bei Rembrandt die Selbstporträts mit dem lebenslangen *Wandel* und der *Wandelbarkeit* des Selbst. Der Autor will die unvollkommenen und unangenehmen Seiten seiner Person «ebenso wenig verbergen, wie es ein Porträt tun würde, das ein Maler nicht von einem idealen Gesicht, sondern vom meinigen gemalt hätte» (I.26.148). In seiner Bibliothek konsultiert er geduldig die Ich-Entwürfe der antiken Autoren, um an ihnen Maß zu nehmen. Im Studium der alten Texte wechselt er jedoch vom Leser zum Autor und vom Nachahmer zum Erfinder, der sein literarisches Selbst immer wieder neu in Stellung bringt. Seine «Essays» sind «Gesichter» seines Selbst. Nur in ihrer Summe erweisen sie sich als wesensgleich mit ihrem Autor (II.18.648c).[58]

Das *Selbstbewusstsein* ist bei Montaigne zwar ein Weg zur *Selbsterkenntnis.* Aber er unterscheidet davon den *Selbstausdruck*, der danach strebt, verschiedene Rollen zu spielen und verschiedene Gesichter zu «machen». Aus der «Unähnlichkeit» *(dissemblance)* des Selbst mit den «Gesichtern» macht Montaigne ein Prinzip. Auch der Maler Rembrandt weiß von der Diskrepanz zwischen dem Ich und seinen Gesichtern, wenn er vor der Staffelei steht und dabei Rollen spielt.[59] Es sind die Metamorphosen des Ich, die das Gesicht in keinem Augenblick zur Ruhe kommen lassen. Das Selbst zieht sich von den wechselnden Bildern immer wieder zurück, die es von sich auf dem Gesicht oder im Sprechen hervorbringt. Aber wohin? Die traditionelle Unterscheidung von Innen und Außen, von Subjekt und Körper führt hier nicht weiter. Denn das Subjekt muss sich ausdrücken, um wahrgenommen zu werden, und dennoch kann oder will es sich nicht dem Blick eines anderen ausliefern. Wenn also das Selbst im Gesicht immer neu eingeübt wird (S. 37), dann wird der Gegensatz zwischen Gesicht und Maske bald fragwürdig.

Es ist von großer Bedeutung, dass Jan van Eyck, als er das neuzeitliche Porträt in der flämischen Malerei erfand, auch sofort die Probe aufs Exempel machte und als Erster den Schritt zum Selbstbildnis tat (Abb. 65).[60] Er wandte dabei das gleiche kostspielige Verfahren an, das er sich sonst von einem prominenten Kunden bezahlen ließ. Da er dabei über kein Modell verfügte, musste er einen Spiegel zur Hilfe nehmen. Nur dort zeigte sich ihm das eigene Gesicht, das er sonst nicht sehen konnte. Der Maler stellte aber nicht nur dar, was er im Spiegel sah, sondern auch den Akt des Sehens und also seinen eigenen Blick. Deswegen beugt er sich auf seinem Bildnis mit angestrengten Augen nach vorne. Er übt dabei zugleich eine Rolle seines Selbst aus, die darin bestand, die Welt mit einer geradezu wissenschaftlichen Neugier zu beobachten und seine Beobachtungen im Gesicht zu dokumentieren. Der Spiegel lieferte den Beweis seiner körperlichen Präsenz in der Welt, denn er konnte nur jemanden zeigen, der vor dem Spiegel tatsächlich stand oder saß. Der dialogische Blick aber, den Porträts sonst auf die Welt werfen, ist hier ein Dialog des Malers mit sich selbst, also eine Selbsterkundung an dem Gesicht, mit dem er in der Welt lebte. Doch was sah er wirklich, als er das Porträt malte?

Er hatte dafür noch keinen Flachspiegel zur Verfügung, sondern benutzte immer noch den alten Konvexspiegel, den er denn auch in zwei anderen Werken als den handelsüblichen Spiegel darstellte.[61] Mit der Erkenntnis, dass van Eyck einen Flachspiegel nur simulierte, geraten wir an einen unerwarteten Befund. Es *scheint* nur so, dass der flämische Künstler einen Spiegelblick einfach abmalte. In Wirklichkeit musste er einen solchen Blick erfinden, indem er dafür das Gemälde wählte. Er malte einen imaginären Spiegel, in den er blickte, um sein Selbst ins Bild zu setzen. Man kann von einer gemalten *Spiegelfiktion* sprechen, mit welcher van Eyck sich als Subjekt ins Bild einbrachte. Die Fiktion musste aber den Eindruck einer dokumentarischen Aufzeichnung erwecken, wie man sie damals von allen Porträts erwartete. Deshalb hielt van Eyck in der Rahmeninschrift das exakte kalendarische Datum, einen Oktobertag des Jahres 1433, fest, an dem er sich in einem bestimmten Lebensalter und an einem bestimmten Ort (dem Atelier) malte und sich dort, wie er beteuert, so sah, wie er sich malte, als einen Chronisten des Auges und einen Archivar für die Nachwelt. Die Konzentration auf den prüfenden Blick, mit dem sich seine Augen, aus der Körperachse verschoben, heute dem Betrachter zuwenden und damals dem eigenen Gesicht, um es in einen gültigen Blick zu fassen, forciert diesen Eindruck. Der Blick ist realer als der Spiegel, den er sucht. Es handelt sich in Wahrheit um eine gemalte *Produktion des Blicks*, wobei sich van Eyck über die Hindernisse hinwegsetzte, welche die damalige Spiegeltechnik ihm in den Weg legte, und sich mit allen Konsequenzen als Modell wählte, das sich selbst kennt und nicht nur sieht. Die Reproduktion des eigenen Gesichts führt in letzter Konsequenz zum Entwurf einer *Produktion des Ich*. Bei van Eyck kündigt sie sich erst an und ist einstweilen noch von der neu erworbenen Fähigkeit, die Selbstbeobachtung ins Bild zu setzen, überlagert. Aber auch die

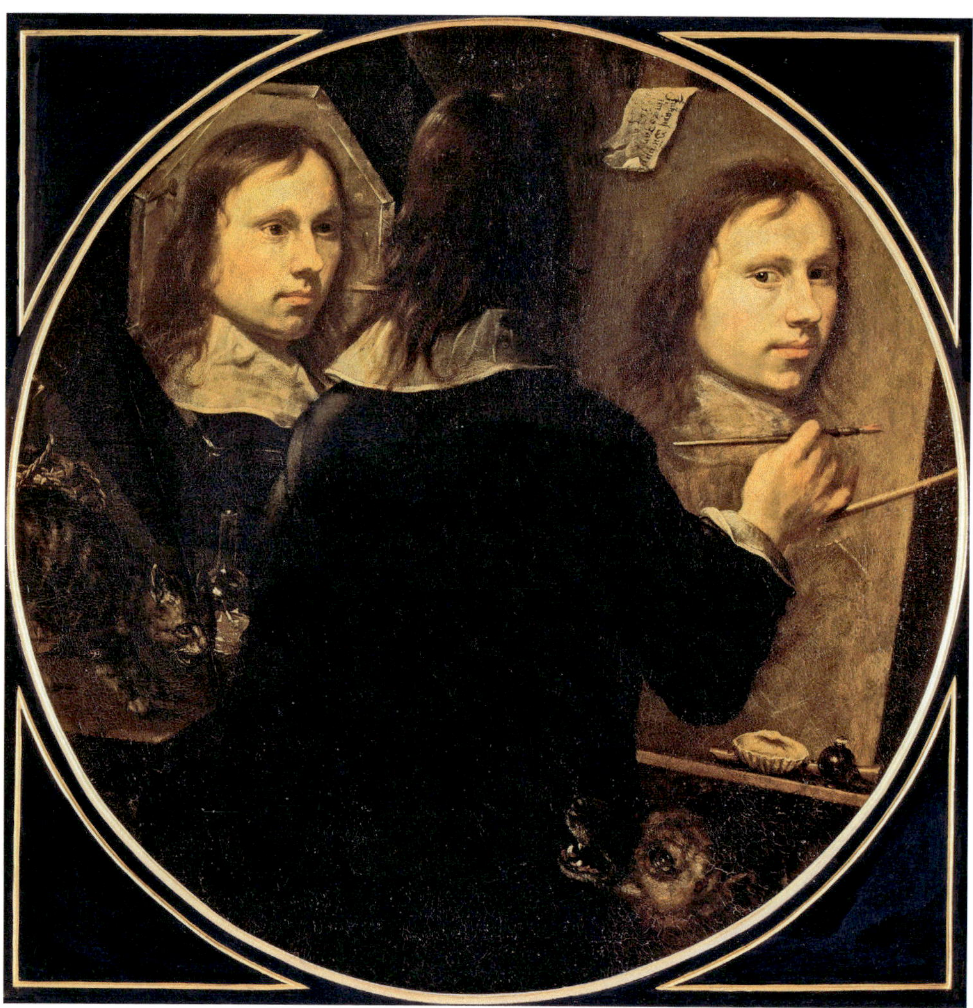

Gesichtsbeschreibung ist schon hier *Subjektbeschreibung* und also Repräsentation des Ich als Selbstdeutung.

Damit ist eine Entwicklung eingeleitet, welche das Selbstbildnis als Gattung nachhaltig bestimmen sollte. Sie kulminiert im 17. Jahrhundert etwa im lebenslangen Projekt Rembrandts, das noch zur Sprache kommen wird. In der Zeit Rembrandts gehen die Künstler auch daran, die Bedingungen ins Werk zu setzen, welchen jedes Selbstbildnis unterliegt: Sie machen die Arbeit am Selbstbildnis statt dieses selbst zu ihrem Thema und führen einen gemalten Diskurs mit dem Betrachter, in dem sie das Porträt von dem Spiegel unterscheiden, den sie für das Porträt benutzt haben. Der Blick aus dem Bild ist ein anderer als der Blick in den Spiegel. Diese Reflexion wird um 1646 mit ungewöhnlichem Scharfsinn in einem Werk des deutschen Malers Johannes Gumpp unternommen, das eine philosophische Würdigung von Jean-Luc Nancy erfahren hat (Abb. 66).[62] Der Arbeitsprozess wird bei Gumpp so dargelegt, als nähme der Maler dem eigenen Gesicht, das er im Spiegel fand, eine Maske ab.

Wir finden den Maler dreimal im Bild, einmal mit dem Rücken zu uns, dann im Spiegel und endlich auf dem noch unfertigen Porträt auf der Staffelei. Der Rücken vertritt (und verbirgt zugleich) die Präsenz des echten Gesichts, das wir ohnehin in einem Gemälde nie sehen können. Seine Stelle nimmt auf der einen Seite das Spiegelbild und auf der anderen das Porträt ein, dessen Oberkörper noch nicht gemalt ist. Im Spiegelbild schaut sich der Maler selbst an. Im gemalten Gesicht scheint er uns über seinen Rücken hinweg anzuschauen. Auch in der berühmten «Malkunst» des Jan Vermeer, die quasi gleichzeitig entstand, sehen wir den Maler an der Staffelei nur von hinten. Auf dem Tisch, der vorne ins Bild ragt, liegt in auffälliger Position eine große Maske, die auf das in Arbeit befindliche Werk, ein paradoxes Porträt der Malerei als einer weiblichen Allegorie, hinweist.

Johannes Gumpp übersetzt das flüchtige und mechanische Bild, das der Spiegel zurückwirft – es ist ohnehin seitenverkehrt –, in ein Bild, das seine Person durch ein Porträt repräsentiert. Er hat also mithilfe des Spiegels eine ähnliche Maske oder eine Maske der Ähnlichkeit in Arbeit. Im einen Fall tauscht er den für uns unsichtbaren Blick mit dem sichtbaren Spiegelbild, im anderen Fall lässt er das Gesicht im Porträt aus dem Bild herausblicken. Die beiden Blicke sind ganz verschieden konnotiert. Als Doppelblick liegen sie jedem Porträt zugrunde: der lebendige Blick des Malers auf das Modell und der gemalte Blick des Modells auf den Betrachter. Eine doppelte Schranke hebt die Illusion in Gumpps Porträt auf, einmal der Rücken vor seinem Spiegelbild und einmal die malende Hand vor dem unfertigen Porträt. Der Spiegel erzeugt Ähnlichkeit mechanisch durch optische Reflektion, dem Gemälde dagegen liegt eine Reflexion des Malers über die Darstellung von Ähnlichkeit zugrunde. Ein Spiegelbild ist an die Gegenwart eines Gesichts gebunden, während ein Porträt von dessen Abwesenheit lebt.[63] Gumpp stellt uns vor Augen, wie Ähnlichkeit hergestellt wird: die Ähnlichkeit mit einem Gesicht, von dem dennoch nur eine Maske entstehen kann, die das Leben des Gesichts verliert.

Abb. 66
Johannes Gumpp,
Selbstporträt,
um 1646, Florenz,
Galleria degli Uffizi

Jean-Luc Nancy beschreibt Gumpps Werk in einem Kapitel, das der «Ähnlichkeit» *(ressemblance)* gewidmet ist. In seiner Analyse betont er die «Unähnlichkeit» zwischen zwei verschiedenen Arten der Ähnlichkeit, zwischen Spiegel und Porträt. Der Blick des Porträts schaut sich nicht selbst an, sondern richtet sich auf uns und also auf einen «anderen», der vor das Porträt als dessen künftiger Betrachter tritt. Unter dem in Arbeit befindlichen Porträt, auf dem der Maler auch seine Signatur angebracht hat, liegt der Hund als Anspielung auf eine zuverlässige Ähnlichkeit, während die Katze unter dem täuschenden Spiegel auf das Gegenteil verweist. Das Spiegelbild *(le reflet)* ist vom Narzissmus geprägt, während das Porträt «den Bezug zu einem anderen in sich selbst oder zu sich selbst als einem anderen herstellt». Das eine Bild findet daher *in praesentia*, das andere *in absentia* statt und ist in jeder Hinsicht auf Abwesenheit eingestellt. Abwesenheit aber «ist nichts anderes als die Bedingung, unter der ein Subjekt sich auf sich selbst bezieht und sich *ähnelt*. Sich ähneln heißt also, man selbst zu sein oder sich als Selbst zu erfahren».[64] Tragen wir eine tatsächliche Maske am Körper, so sind wir hinter der Maske mit dem eigenen Gesicht abwesend. Erscheinen wir in einem Porträt, so tritt unser Gesicht ebenfalls hinter einer Maske in den Hintergrund. Unser eigenes Gesicht hat dort keinen Platz, wo es nur gemalt ist.

Das Rätsel zwischen Anwesenheit im Bild und Abwesenheit als Körper wird gleichsam zum Trompe-l'œil forciert in einer Ölskizze, mit der uns Annibale Carracci um 1604 ähnlich wie später Gumpp an der Produktion eines Selbstbildnisses im Atelier teilnehmen lässt (Abb. 67).[65] Im Halbdunkel des Studios scheint es, als hätte der Maler gerade erst die Arbeit beendet und den Raum verlassen. Das Selbstbildnis steht gleichsam noch mit den frischen Farben, die wir auf der darunter aufgehängten Palette finden, auf der Staffelei. Untersuchungen haben ergeben, dass der Künstler zunächst die Arbeit an einem Porträt begonnen hatte, bevor er sich entschloss, das Gesicht zu übermalen und es durch die Reproduktion eines Porträts zu ersetzen. Wir sehen also das Bild eines gemalten Bildes, womit sich die Abwesenheit des Gesichts verdoppelt. Ein Artefakt tritt an die Stelle des Gesichts. Und gerade hier setzt, gegen jeden Augenschein, ein Bravourakt ein, wenn uns der Blick des Künstlers, als hätte er sich von der Leinwand gelöst, wie mit Zauberkraft in einem scharfen Lichtstrahl trifft. Die Anwesenheit des Blicks verstärkt jedoch nur die Abwesenheit des Gesichts.

Ein nahezu gleichzeitig entstandenes Werk Caravaggios macht unverblümt die Entleibung des eigenen Gesichts im Selbstbildnis zum Thema. Es ist wohl das einzige Selbstporträt der Kunstgeschichte, in welchem ein Künstler das eigene

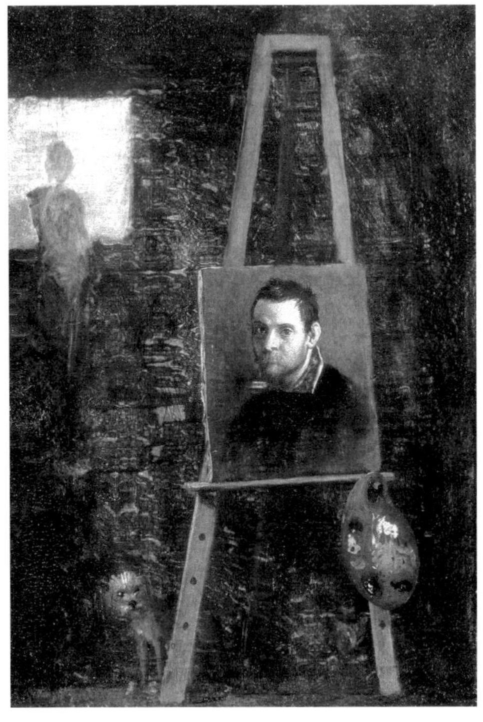

Abb. 67
Annibale Carracci, Selbstbildnis auf der Staffelei, um 1604, St. Petersburg, Eremitage

Gesicht in dem Augenblick darstellt, in dem das Leben daraus entweicht (Abb. 68). Dafür bot die biblische Geschichte von David und Goliath einen erzählerischen Rahmen. Schon im 17. Jahrhundert wusste man, dass das Gemälde in der Galleria Borghese in Rom ein Selbstbildnis enthält. Das abgeschlagene Haupt des Riesen, in dem die Augen brechen und die Leichenstarre einsetzt, trägt die Züge des Malers. Wir sehen förmlich zu, wie sich das Gesicht in eine Totenmaske verwandelt. Nach der Bibel (1. Samuel 17) erschlug David den Philister mit einem Kieselstein, dessen Wunde sich bei Caravaggio denn auch auf der Stirn des Riesen abzeichnet. Dennoch stellt der Maler die anschließende Enthauptung mit dem Schwert dar und also die Hinrichtung Goliaths. Das Gemälde ist schon 1613, wenige Jahre nach dem Tod Caravaggios, im Besitz des Kardinals Scipione Borghese bezeugt, der zu seinen wichtigsten Mäzenen gehörte.[66] Es spielt möglicherweise auf einen Mordfall an, der sich am 31. Mai 1606 bei einer Messerstecherei nach einem Ballspiel in der Nähe der Villa Medici ereignete und auch den Maler «schwer verwundet am Kopf» zurückließ.[67] Caravaggio musste aus Rom flüchten und hoffte bis zu seinem Tod vergeblich auf einen Freispruch. Auf seinen Kopf war im sogenannten *bando della testa*, der ihn zu einem «Banditen» oder offiziell Geächteten machte, eine Prämie ausgesetzt worden. Wenn das Gemälde nach der Flucht aus Rom entstand, so liegt der autobiografische Bezug darin, dass Caravaggio seine drohende Hinrichtung abwenden und den Mäzen dazu bewegen wollte, seinen wichtigsten Künstler zu begnadigen.

Aber in diesem Selbstbildnis liegt noch ein anderer Sinn, wenn Caravaggio uns suggeriert, dass er sich bereits im Vollzug des Malakts selbst entleibt. Zwar gab es die Tradition des «Identifikationsporträts», in welchem das Porträt eine biblische Rolle spielen konnte.[68] In diesem Fall aber tritt uns Caravaggio nicht als der junge David entgegen, der uns, den Betrachtern, mit einem unerwartet (und unerklärlich) schmerzlichen Ausdruck das abgeschlagene Haupt vor Augen hält. Davids

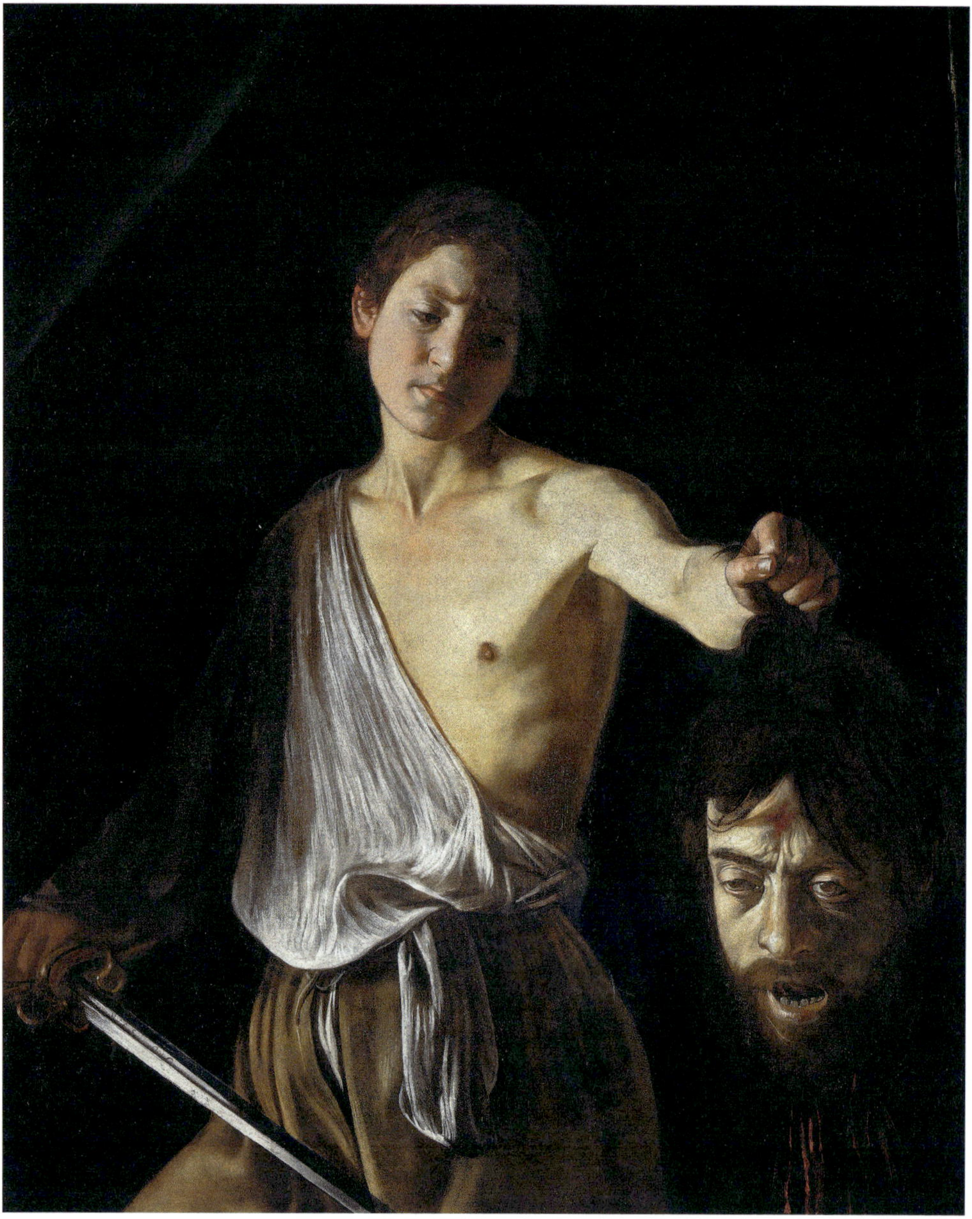

Blick wie auch seine Armhaltung zwingen uns geradezu, die Augen auf das ungewöhnliche Selbstporträt zu richten, das vom eigenen Körper getrennt worden ist. Das Blut, so hat es den Anschein, tropft noch frisch aus dem Hals, doch hat es der Maler in Wahrheit zähflüssig über die Leinwand fließen lassen, die er benutzt hat, als wollte er uns zu Zeugen der Erstarrung und Eintrocknung der Farbe machen. Die Enthauptung wird dabei zu einer Metapher für den Malakt und also für den Lebensentzug des Gesichts durch seine Verwandlung in Malerei. *Enthauptung* und *Entkörperlichung* verweisen in diesem Selbstbildnis spiegelbildlich aufeinander. Im Malakt erstarrt ein Gesicht zur Maske.

Ein Porträt unterbricht oder arretiert den Fluss der Zeit, die stets den Ausdruck des Gesichts verändert. Es legt auch das mimische Leben still, das in den lebenden Zügen stattfindet. Paradoxerweise erst durch den Verzicht auf Mimik lässt sich ein Gesicht in emphatischer Weise auf den Begriff seiner selbst bringen. Aber das geschieht um den Preis, dass es zu einer Maske wird, die einem lebenden Gesicht gar nicht ähnlich sein kann. Jedes Porträt erhebt den doppelten Anspruch, ein individuelles Gesicht wiederzugeben und außerdem das Gesicht überhaupt zur Darstellung zu bringen, obwohl es dafür nur eine tote Oberfläche bieten kann. Deshalb kommt es im Selbstbildnis zur Revolte gegen die Maske. Wir kennen alle die Maskenerfahrung, wenn wir uns beim Blick in den Spiegel erstarren sehen. Die *Selbstbeobachtung* hat sofort zur Folge, dass wir den spontanen *Selbstausdruck* verlieren. Deshalb lädt uns der Spiegel so oft dazu ein, Gesichter zu schneiden, nur um der Maske zu entfliehen, der wir dort ausgeliefert sind, und deshalb betrachten wir Fotografien von uns häufig mit Widerwillen. Ein Subjekt, das sich im Spiegel sucht, findet dort einen anderen. Mit ihm kann es sich erst dann identifizieren, wenn es das Gesicht im Spiegel selbst in Bewegung setzt. Das Spiegelbild bietet einem Maler viele Wahlmöglichkeiten, aber auch Ungewissheiten, wenn er sich für ein einziges Bild entscheiden muss. Das Porträt gründet sich auf ein Konzept des Selbst, das auch ein Maler nicht im Spiegel finden kann.

Rembrandt, der so viele Selbstbildnisse schuf, gab sein Gesicht auch für Studien von Ausdruck und Charakter frei.[69] So kam es denn in der Forschung zu der Frage, wann er ein Selbstbildnis intendierte und wann er mit dem eigenen Gesicht nur eine Rollenmaske aufführte, ähnlich wie er seinen Körper für Verkleidungen benutzte. In Rembrandts Zeit kannte man in den Niederlanden die sogenannte Tronie oder Trogne; der volkssprachliche Begriff war aus dem Altfranzösischen entlehnt.[70] Als Bildgattung war die Tronie kein Porträt eines Individuums, sondern Ausdrucksstudie und Gesicht für fremde Rassen.[71] Manchmal ist auch vom

Abb. 68 Caravaggio, Selbstbildnis als Haupt des Goliath, um 1607, Rom, Galleria Borghese

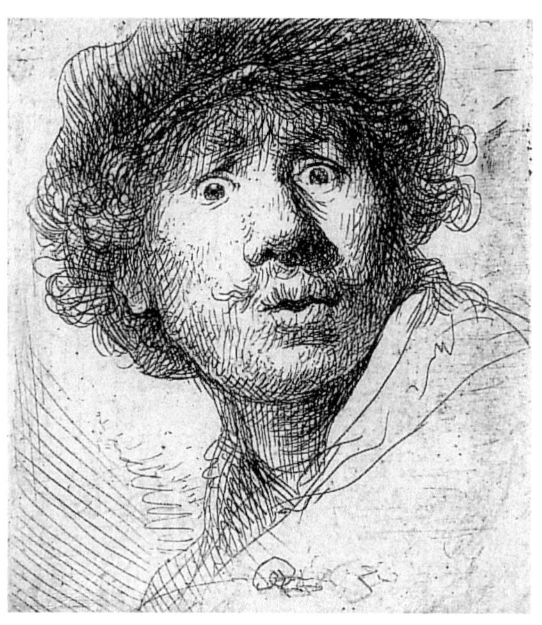

Abb. 69 Rembrandt, Selbstbildnis mit aufgerissenen Augen, 1630, Radierung

Porträt einer Tronie die Rede.[72] So unterscheidet ein Text der Rembrandt-Zeit ein Porträt *(conterfeytsel)* von dem echten Gesicht *(van de tronie)*, das der Maler vor sich hatte.[73] Die Tronie konnte sowohl Gesicht wie Maske sein. Die Wahl des unstilisierten Gesichts, des Gesichts gleichsam als Rohmaterial, befähigte die Tronie dazu, auch einen fremdartigen Menschen, eine *vreemde tronie*, darzustellen. Der Begriff bezeichnete eine Physiognomie, die auf viele Rollen passte, als Leerform für eine Maske. Da Tronien gewöhnlich Rollenbilder waren, also von Hause aus Masken, forcierte man hier auch das Mienenspiel, das einen Augenblick festhielt oder einen mimischen Ausdruck zum Typus machte. Jan van Vliet hat in diesem Sinne die bahnbrechenden Ausdrucksstudien, die der junge Rembrandt mit dem eigenen Gesicht anstellte, in großer Auflage herausgegeben (Abb. 69).[74] Und Constantijn Huygens bemerkte einmal von dem Maler Jan Lievens, dieser habe einen türkischen Prinzen gemalt und dafür ein holländisches Modell verwendet.[75] Das Modell lieferte dem Künstler nur das Gesicht für eine ethnische Maske.

Rembrandt führte, auch wenn er sich selbst malen wollte, vor dem Spiegel Rollen auf und umkreiste sein Ich mit Posen.[76] Erst in einer Sequenz vieler Gesichter (und Porträts) wuchs zwischen diesen im Laufe seines Lebens eine gewisse Kohärenz heran. Das Selbstbildnis lebt ohnehin von einer «Rhetorik des Selbst. Da das Selbst sich ständig wandelt, müssen sich auch die Selbstbildnisse wandeln.»[77] Rembrandts Selbstporträts sind immer im Plural präsent und auf Unterschiede angelegt, die sie am gleichen Gesicht statuieren. Sie stehen also zu seinem Gesicht nicht primär in einem mimetischen Bezug, sondern sind Mittel der Inszenierung. Rembrandts Distanz zu sich selbst charakterisiert diese Bildnisse als Rollen eines Schauspielers, hinter die sich das stets wandelbare Selbst zurückziehen kann. Schon in den Radierungen und Ölstudien der Leidener Zeit tritt der Künstler mit angespanntem Blick und offenem Mund vor den Spiegel. Dabei beobachtet er als Protokollant, wie sein Ausdruck auf dem gleichen Gesicht wechselt (Abb. 70).[78] Die Radierungen geben einen jungen Mann lachend oder mit aufgerissenen Augen wieder, dessen Ausdrucksmaske sich von ihrem Träger löst.[79] Es scheint, als wollte der Maler das Lachen als solches analysieren. Das ungewöhnliche Wagnis setzte den bisherigen Status des Selbstbildnisses außer Kraft und legte im Gesicht das ungreifbare Mienenspiel frei. Meinte Rembrandt sich selbst, so trat er nicht nur «mit Fragen vor den Spiegel, sondern mit einem Programm».[80]

Dieses Programm bestand darin, vor dem Spiegel Rollen aufzuführen, nur um sie in ein Bild zu übertragen. «Jede Pose denunziert jede andere Pose als ungenügend. So kommt es zu einer nicht abreißenden Folge von Masken», die von Rembrandt alle getragen wurden, weil sich das Selbst auch im Spiegel nicht finden ließ.[81] Die Maske wird an der Rolle festgemacht, der sie dient. Auch in seinem Leben spielte Rembrandt Rollen, die sich entweder an die Öffentlichkeit wandten – so etwa, als er im Jahr 1640 in historischem Kostüm als Maler der Renaissance posierte (Abb. 71) – oder gegen die Öffentlichkeit richteten. In den letzten Lebensjahren, in denen Rembrandts Selbstzweifel wuchsen, häufen sich auch seine Selbstbildnisse. Manche stellen ihn immer noch im Akt des Malens dar, doch in anderen verzichtet er auf diese Rolle, um sich ganz auf das fremd werdende Gesicht zu konzentrieren. Dann geht sein Blick ebenso wie sein Bewusstsein auf Distanz zu dem, was er an sich selbst sieht. Die Darstellung seines Blicks verdoppelt sich in der Darstellung dessen, was sein Blick sieht.

Nur einmal in diesen letzten Selbstbildnissen durchbricht er die Distanz und lacht sich selbst ins Gesicht. Es liegt eine ironische Pointe darin, dass Rembrandt, wenn man das so sagen darf, sein Gesicht ebenso wie das Porträt *als Maske demaskiert*. Der alte Maler lacht, weil er noch einmal ein Porträt malt, das sein Selbst wieder einmal nicht fassen kann, sondern nur eine neue Maske produziert. Die Rede ist von dem rätselhaften Selbstbildnis in Köln, das hier einen eigenen Exkurs verdient (Abb. 73).[82] Es ist erst nach Rembrandts Tod zu einem Porträt üblichen Formats zurechtgeschnitten worden, stellte ihn aber ursprünglich als «painting an old woman» dar, wie es noch 1761 im Besitzeintrag einer Londoner Privatsammlung heißt. Tatsächlich sieht man bis heute am linken Bildrand das Halbprofil einer älteren Frau, die ein Perlenhalsband und eine Brustkette aus Gold trägt. Der Künstler stützt sich mit seinem Malerstab natürlich nicht auf das Kleid der Frau, sondern auf deren Bildnis, das auf der Staffelei steht und sich mit einem dunklen Rand noch heute gegen den durchlichteten Raum abzeichnet.

Man weiß seit einiger Zeit, dass hinter der Bildidee eine antike Künstlerlegende

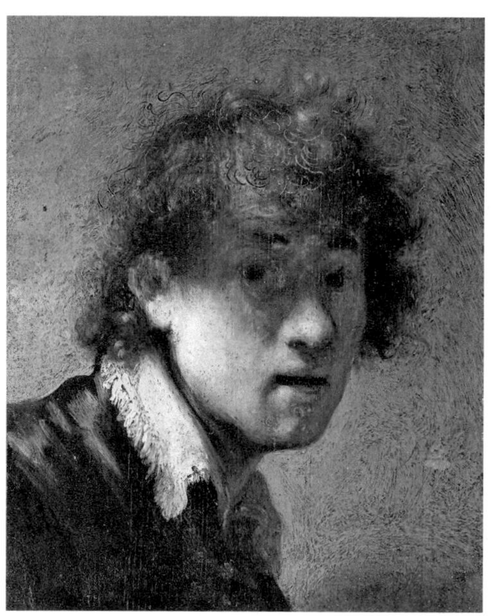

Abb. 70 Rembrandt, Selbstbildnis als junger Mann, 1629, München, Alte Pinakothek

steckt, die in den Malerateliers damals kursierte. Der 1678 veröffentlichte Malereitraktat des Samuel van Hoogstraten redet zweimal davon, wenn er erzählt, der Maler Zeuxis habe keine gewöhnlichen *(gemeene)* Historien malen wollen und in seinem Alter so wunderlich *(zijn wonderliken aert)* gemalt, dass er sich darüber zu Tode gelacht habe. An einer anderen Stelle im selben Text heißt es, der Bildhauer Myron habe mit der Darstellung einer trunkenen Alten großen Ruhm erworben. Dieses Glück sei dem Maler Zeuxis nicht gegönnt gewesen. Denn dieser sei, als er eine «drollige alte Schachtel (*bes*) nach dem Leben gemalt habe, darüber in solch wildes Gelächter ausgebrochen, dass er daran erstickt und gestorben» sei.[83] Der Maler Arent de Gelder hat die Legende 1685 in seinem Frankfurter Selbstporträt ebenfalls zum Thema gemacht (Abb. 74). Er hatte seine Ausbildung bei Hoogstraten begonnen und bei Rembrandt vollendet. Aber er war, als er das Selbstbildnis anfertigte, ein Mann von vierzig Jahren, während Rembrandt ein Altersbildnis mit all den «drolligen» Runzeln malte, von denen schon im antiken Text die Rede ist.

Das Alter mit seiner verlorenen Schönheit war in der Legende nur mehr ein Anlass zum Lachen. Es besaß nicht mehr die zeitlose Schönheit der Klassik, die der Kunst so häufig abverlangt wurde. Doch die Malerei, so lautet die Schlussfolgerung, bedurfte des schönen Modells nicht, sondern war gerade bei unansehnlichen Motiven bereits von sich aus schön – als Kunst. Rembrandt aber schöpft nicht nur ein Plädoyer für die Schönheit der Kunst daraus. Vielmehr hält er Rückschau auf die Jahrzehnte, in denen er die flüchtigen und veränderlichen Ansichten seines Selbst in zahllosen Porträts einzufangen versuchte. Bekleidet mit Malerkappe und einem großen Mantel, um den Hals eine Lupe, beugt er sich in der Werkstatt mit kurzsichtig aufgerissenen Augen zu seinem Spiegelbild, während er die Arbeit an dem weiblichen Bildnis unterbricht. In diesem Werk stellt er einen gealterten Porträtmaler dar, der das Porträt einer alten Frau in Arbeit hat. Darin liegt eine feinsinnige Pointe gegen das Selbstbildnis, das als Gattung entlarvt wird. Es musste ein letztlich vergeblicher Versuch bleiben, in einem Porträt das

Selbst festzuhalten. Rembrandt lacht, weil er inzwischen weiß, dass sein Selbst in seinem Bewusstsein verankert ist und nicht in seinem Aussehen. In seinem Essay über die «Spiegel Rembrandts» spricht Jean Paris zu Recht von den «nacheinander aufgesetzten Masken», mit denen der Maler die Ungewissheit seiner Person bekämpfte.[84]

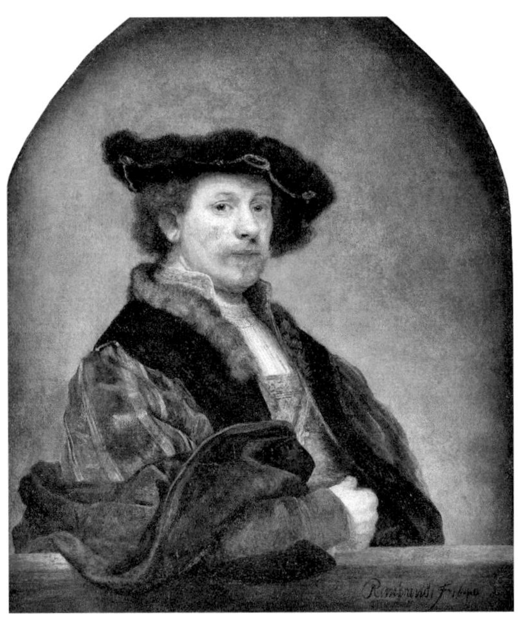

Abb. 71 Rembrandt, Selbstbildnis im Alter von 34 Jahren, 1640, London, National Gallery

Diese bohrende Ich-Befragung, die im Dunkel des Zweifels stattfand und der ungewissen Farbe abgerungen wurde, steht in völligem Gegensatz zu zwei etwa zeitgleichen Selbstbildnissen Nicolas Poussins, die in das taghelle Licht einer durch Kunsttheorie kontrollierten Malerei getaucht sind.[85] Poussin malte für seine Pariser Freunde, die nur ein Porträt, aber kein Selbstporträt erbeten hatten, zwei Bilder mit seiner *effigies*, deren Ähnlichkeit die Freunde nur im Vergleich zwischen den Bildern, in der körperlichen Abwesenheit des Künstlers, feststellen sollten. Sie waren also dazu bestimmt, mit den Empfängern einen Dialog über Kunst zu eröffnen. Im Selbstbildnis des Louvre (1650) richtet Poussin, der uns sein Gesicht distanziert und selbstbewusst über die Schulter zuwendet, einen kritischen Blick nicht auf sich und nicht aus dem Bild heraus, sondern auf sein Werk, ja im Grunde auf das den Freunden aus Rom zugeschickte Selbstbildnis als Manifest seiner rhetorisch gelenkten Kunst (Abb. 72). Die Freunde erhalten nicht nur sein Porträt, sondern auch einen Blick der Selbstdistanz, der sich im Spiegel des Gemäldes abbildet. Der Künstler hält sich nicht bei der Arbeit im Atelier fest. Vielmehr stapeln sich hinter ihm bemalte und unbemalte Leinwände. Auf diese fällt sein Körperschatten, als wollte er damit sagen, dass er jedes seiner Werke als ein Selbstbildnis in der Sprache der Kunst erfunden habe. Als Person blieb er mit seinem Körper außerhalb der Kunst, weshalb vielleicht sein Kopf nicht von den Rahmen der Leinwände eingefangen wird, sondern diese überschneidet.

In der Moderne nahm das Selbstporträt einen romantischen Zug an, denn es wurde zum Ort für den neuen Künstlermythos und dessen unsicheren Anspruch. Im Kampf um Aufmerksamkeit wählte man das Selbstbildnis als Manifest einer

Abb. 72
Nicolas Poussin,
Selbstbildnis, 1650,
Paris, Musée du
Louvre

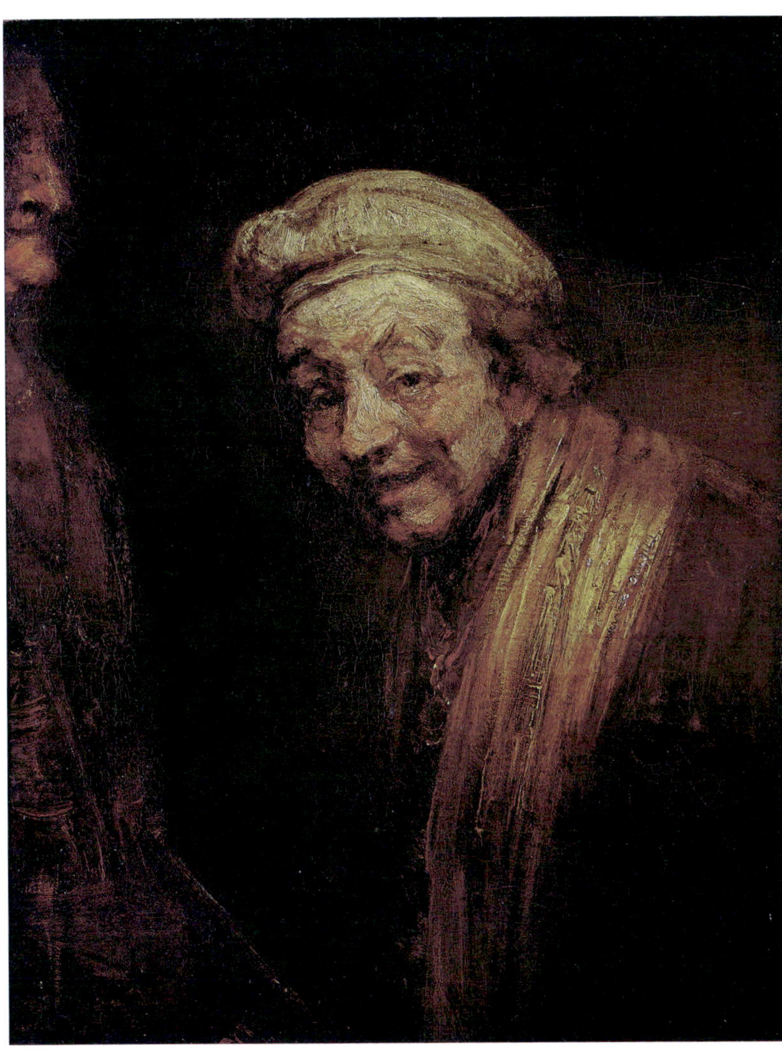

Abb. 73
Rembrandt,
Selbstbildnis, um
1665, Köln, Wallraf-
Richartz-Museum

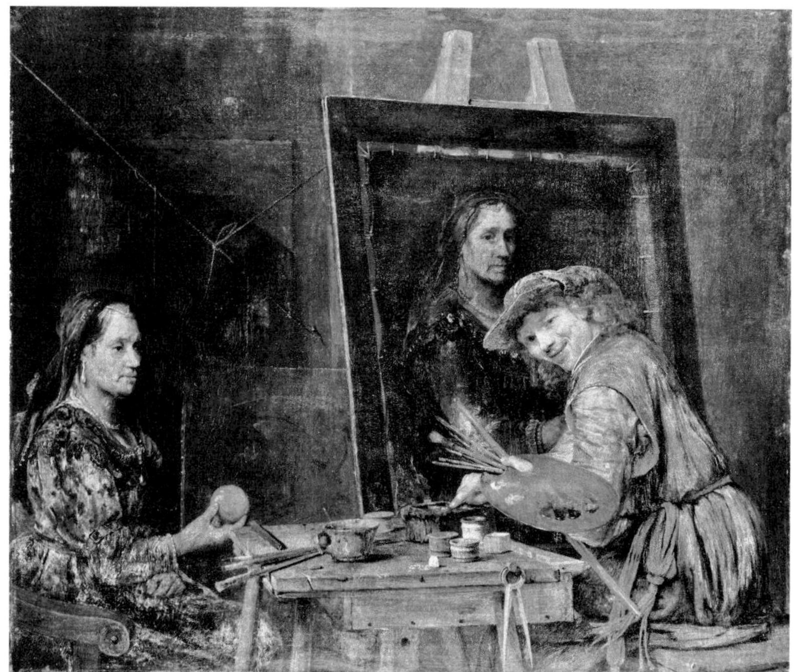

Abb. 74
Arent de Gelder, Selbstbildnis als Zeuxis an der Staffelei, 1685, Frankfurt a. M., Städel Museum

persönlichen Kunstidee. Seit der Romantik ziehen sich die Künstler, die ihre Isolation von der Gesellschaft erleben, im Selbstbildnis auf ein Werk zurück, für das sie noch kein Publikum gefunden haben. Dabei wird die Einsamkeit des prophetischen Kunsthelden zum Thema einer neuen Ikonografie. Die Frage nach dem Gesicht aber ist alltäglich geworden und wird mit dem Aufkommen der Fotografie an das neue Medium überwiesen. Im 20. Jahrhundert ist es nicht mehr das einzelne Selbstbildnis, sondern die Zahl der Selbstporträts, mit denen ein Künstler um Aufmerksamkeit wirbt. In der permanenten Selbstbeobachtung, wie sie in der alten Kunst Rembrandt betrieb, liegt jetzt die Frage nach der Standfestigkeit in der eigenen künstlerischen Position im schnellen Wandel der Kunstszene.

Bei Arnold Böcklin, Lovis Corinth und noch deutlicher bei Max Beckmann formiert sich im Auftritt des Künstler-Ich ein Widerstand gegen kollektive Kunstmoden und die Konkurrenz der künstlerischen Fotografie (S. 193). Max Beckmann setzt sich im Selbstbildnis als Einzelgänger in Szene und führt Rollen auf, die ihn von den anderen trennen. Es sind entweder die Rollen des Clowns und des

Akrobaten, die inzwischen schon alte Künstlermetaphern sind, oder biografische Rollen, in denen sich ein persönlicher Mythos verbirgt. Das Künstler-Ich wertet den Anspruch des autonomen Subjekts gegen alle Zweifel noch einmal auf. Das eigene Gesicht mit dem markanten Kopf, den der Maler mit beharrlicher Energie im Spiel von Licht und Schatten immer wieder ‹modelliert›, setzt sich gegen alle Verkleidungen durch und trotzt dem Wandel des Lebens. 1936 lässt Beckmann kurz vor seiner Emigration als «entarteter» Künstler seinen Kopf in Bronze gießen. Auch das fotografische Porträt nimmt er in Dienst mit der Pose des Visionärs. Die Pose dient dem bohrenden oder glühenden Blick, mit dem er sein Selbst im Blicktausch vor dem Spiegel erforscht, in der Hand oft eine brennende Zigarette, mit der er wie in einem fotografischen Schnappschuss die Pose auflöst und der Maske Widerstand leistet, damit aus ihr nicht das Leben entweicht.[86]

13. Stumme Schreie im Glaskasten. Das entfesselte Gesicht

Im Herbst 1950 stellte der Maler Francis Bacon in der Hanover Gallery in London erstmals eine Serie von sechs Porträts aus. Darunter befanden sich auch drei Papstbildnisse (zwei von ihnen wurden anschließend zerstört). Es waren ganz und gar ungewöhnliche Porträts, denn die fiktiven Papstbildnisse, die jahrelang Bacons Repertoire beherrschen sollten, nahmen ein historisches Porträt aus dem 17. Jahrhundert auseinander.[87] Bacon nannte sie nicht Porträts, auch wenn sie nichts anderes sein konnten, sondern «Porträtstudien» *(study for portrait)*, wie um zu bekräftigen, dass es um das Porträt als Gattung geht, die er aus den Angeln heben will. Lebendigkeit und Präsenz haben dabei den Vorrang vor Ähnlichkeit, die das stillgelegte Gesicht im üblichen Porträt zu einer Maske hatte erstarren lassen. Bacons Porträts haben Spekulationen darüber ausgelöst, ob hier der Kopf (und damit der Körper) den Platz des Gesichts übernimmt, was aber nur für einen Teil seines Œuvres gelten kann.[88] Denn schon die Titel unterscheiden zwischen *head* und *portrait*. Die Gesichter, die Bacon malte, sind gespannte und gequälte, ja schreiende Gesichter, deren Schrei in einem Glaskasten lautlos verhallt. Wie Bacon immer wieder betonte, wollte er im Betrachter eine neue «Empfindung» (*sensation*) auslösen, den Eindruck eines kreatürlichen Lebens, also eine Präsenz, welche den Maskencharakter des Porträts überwindet.[89] So erzeugte er in seinen

Seite 184/185:

Abb. 75
Francis Bacon, Study for Portrait VI, 1953, Minneapolis Institute of Arts

Abb. 76
Francis Bacon, Study for Portrait II, 1951, Kunsthalle Mannheim

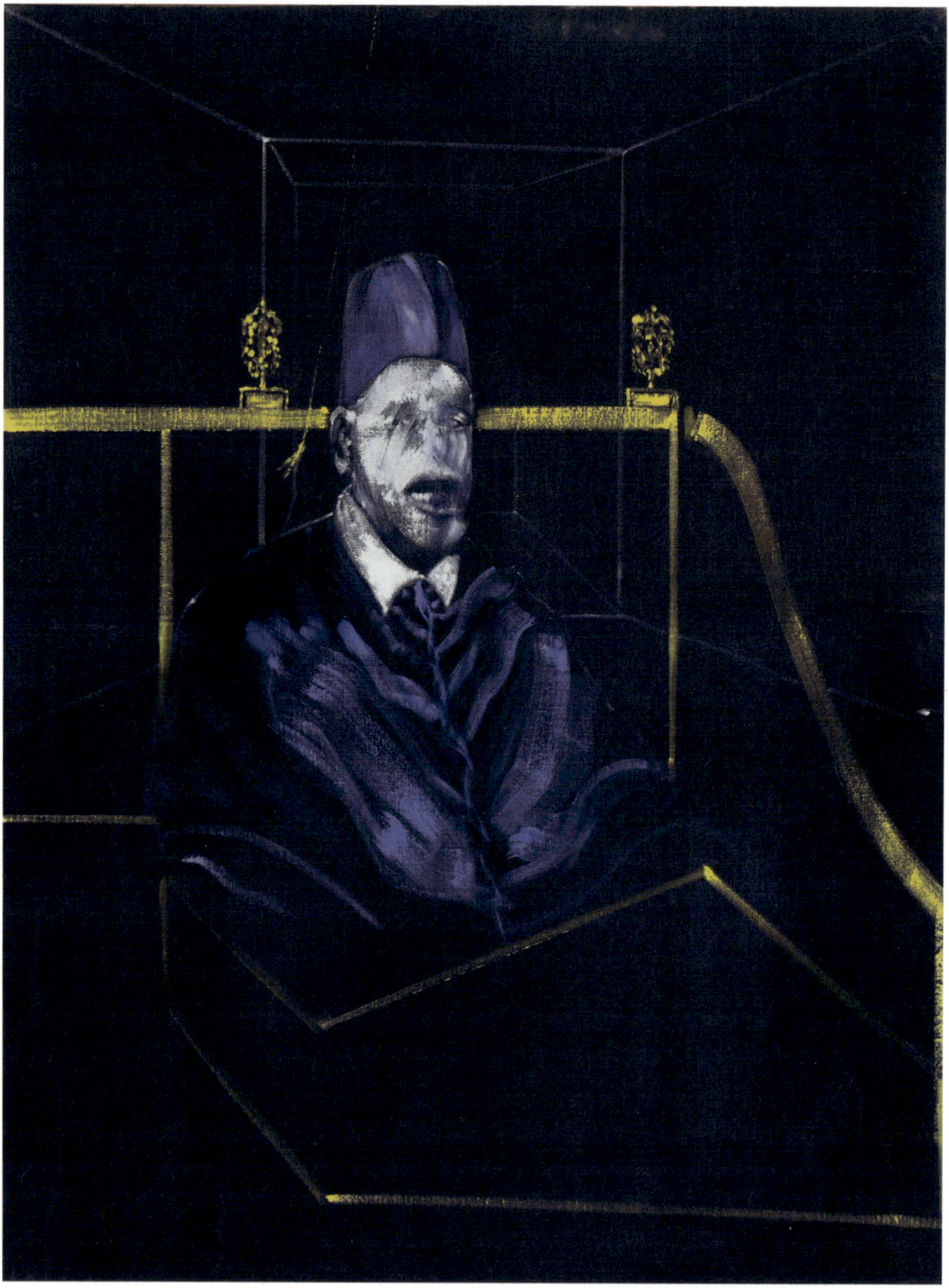

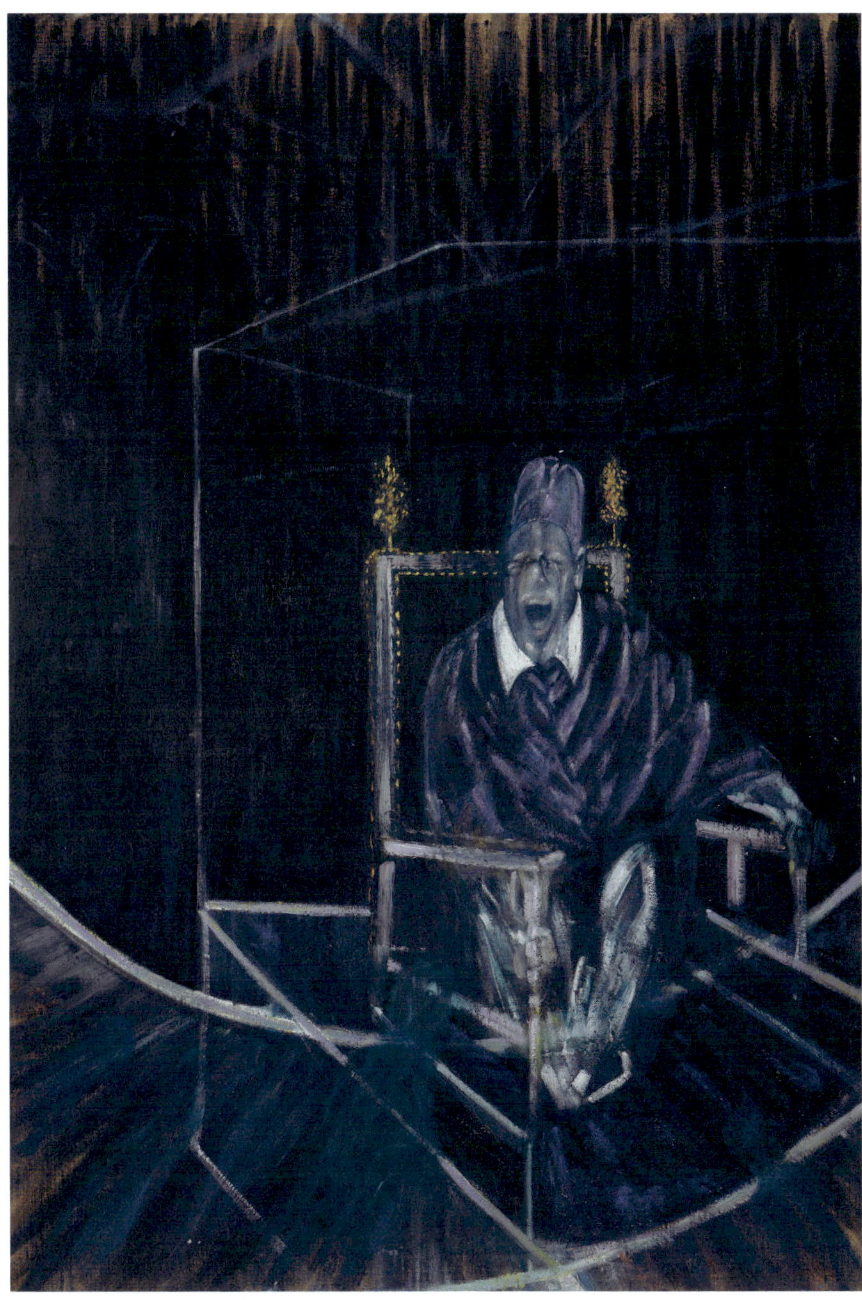

Bildern ein geradezu paradoxes Leben, das wir sonst nur von den bewegten Bildern eines Films kennen.

So macht es auch Sinn, dass sich Bacon in seinen Porträts emphatisch auf eine Szene bezieht, die aus Eisensteins Film «Panzerkreuzer Potemkin» (1925) stammt. Es ist das blutende Gesicht einer Kinderfrau, die beim Anblick des Massakers auf der Treppe von Odessa mit weit aufgerissenem Mund – im Stummfilm ebenso unhörbar wie später in den Gemälden Bacons – zu schreien beginnt. Bei Bacons Porträts fehlt ein auslösendes Ereignis. Seine Figuren schreien, als wollten sie sich aus dem Käfig befreien, in den sie im Bild geraten sind. Zugleich knüpft Bacon überdeutlich an das berühmte Porträt des Papstes Innozenz X. an, das Velázquez während eines Romaufenthalts 1650 malte. Den Papstthron behält er auch dort bei, wo er Menschen aus seiner eigenen Umgebung malt. Das steinerne Gesicht des Papstes von Velázquez stellt den größten Gegensatz zu dem aufgerissenen Gesicht der Kinderfrau dar. Dabei steht der Papst für die ganze Gattung Porträt, die Bacon im gleichen Medium der Malerei einer internen Kritik unterwarf, um sich aus ihren Fesseln zu lösen. So entstand in den 1950er Jahren ein umfangreiches Corpus von tatsächlichen und fiktiven Porträts, das in der Kunst der Nachkriegszeit einzigartig dasteht.

Zu den Papstporträts gehört auch eine von drei Fassungen in großem Format (198 x 137 cm), in denen Bacon 1951 Velázquez' Porträt attackierte, um es mit einer Replik zu besiegen. Der «Pope II» (auch als «Study for Portrait II» bezeichnet), den die Mannheimer Kunsthalle besitzt, zeigt den thronenden Papst, der uns sein schreiendes Gesicht entgegenwendet (Abb. 76).[90] Schrei und Kneifer sind Zitate aus dem Film Eisensteins, aber der Schrei wird noch verstärkt durch den engen Glaskasten, in dem der Papst sitzt, als wäre er in sein eigenes Porträt eingesperrt. Der Kontrast dieses zappelnden Körpers mit dem Gestänge von Thron, Podest und Kasten erzeugt den Eindruck von hilflosem Leben. Der Kasten mit seiner kalten Geometrie tritt wie ein zweiter Rahmen an die Stelle des Gemäldes. Bacon klagte später darüber, dass es ihm nicht gelungen sei, «das beste Gemälde des menschlichen Schreis zu malen». Er habe sich immer für den Mund und dessen Ausdruck interessiert. «Ich wollte den Schrei ohne den Schrecken malen, der ihn auslöst.» Bekanntlich könne der Mund seine Form vollständig verändern.[91] Bacon begründete den Schrei damit, dass er «das Gefühl des Lebens» habe herüberbringen wollen. «Ich denke, dass Entstellungen manchmal dem Bild *(the image)* mehr Gewalt verleihen können.»[92] Offensichtlich wollte der Maler das «Bild» mit dem Leben füllen, das er meist im Porträt vermisste. Deshalb arbeitete er auch gerne mit Fotos, denn sie waren bereits ein Bild von dem, was sie zeigten, und erlaubten ihm, sie in sein eigenes Bild zu übersetzen.

In Bacons Porträts findet auch ein Kampf mit der Maske statt, welche der Künstler von dem Gesicht reißen will, das zum Porträt geworden ist. Deshalb bindet er auch das Gesicht an den Kopf und den ganzen Körper zurück, der dem Gesicht das Leben geben kann. Ein schreiendes Gesicht ist ein aktives Gesicht, während die Maske passiv bleibt. Immer wütender attackiert der Maler die Maske, die ihn aus dem alten Papstporträt anstarrt. Im Sommer 1953 malt er in vierzehn Tagen acht verschiedene Papstporträts, die sich im Ausdruck bis zur Hysterie steigern. Zu ihnen gehört die «Porträtstudie VI», die sich heute in Minneapolis befindet (Abb. 75).[93] Hier drehen sich die Augen des Papstes, wie um die Flucht zu ergreifen, aus der Richtung des Schreis heraus, ohne uns anzusehen. Bei genauerem Hinsehen fällt auf, dass die Gesichtsfläche in einem einzigen Pinselschwung dünn über dem dunklen Grund aufgetragen ist, als wäre sie eine Maske, die sich in diesem Augenblick vom Gesicht löst: einem Gesicht, das seine gemalte Maske im Ausdruck abstößt. Der hektische Duktus des Malers entspricht dem Ausdruck von *violence*, den er einfangen will. Augen und Mund dringen durch das Gesicht wie durch eine zersplitternde Hülle, die sie von uns getrennt hat.

Die Papstporträts hinterlassen den Eindruck, dass es hier nicht um den Papst geht, sondern um das Bild. Ein Bild kann den Menschen nur in einer Maske wiedergeben. Doch will Bacon ihn gerade in der Verletzlichkeit und Erbärmlichkeit seines Fleisches «so direkt und unverfälscht wie möglich herüberbringen», wie er seinem Gesprächspartner David Sylvester anvertraute.[94] Deswegen provozierte wohl das offizielle Gesicht des Papstes, das dieser im alten Porträt wie eine Amtsmaske trug, Bacon dazu, es zu demaskieren. Dabei wurde es zu einem privaten Gesicht. Bacon schreckte nicht einmal davor zurück, das Gesicht bis zur Unkenntlichkeit zu deformieren, um den Ausdruck von Leben einzufangen.

Ein wichtiges Zeugnis für seine Methode sind die «Three Studies of the Human Head» (je 61 x 51 cm), die im selben Jahr 1953 entstanden wie das zuletzt erwähnte Papstporträt (Abb. 77). In den Gesprächen mit David Sylvester erfährt man, dass Bacon das dritte Porträt als Einzelbild gemalt hat. Die beiden anderen schuf er erst, nachdem dieses Bild als unverständlich zurückgewiesen worden war.[95] Aber Bacon fügte nicht einfach zwei weitere Porträts hinzu, sondern konzipierte eine Art Zyklus, der wie eine filmische Sequenz zur Auflösung des Gesichts im dritten Bild führt. Der Ausdruck verschärft sich von Mal zu Mal. Er ist im ersten Bild noch distanziert, verstärkt sich zum Schrei im zweiten Bild und verschlingt das

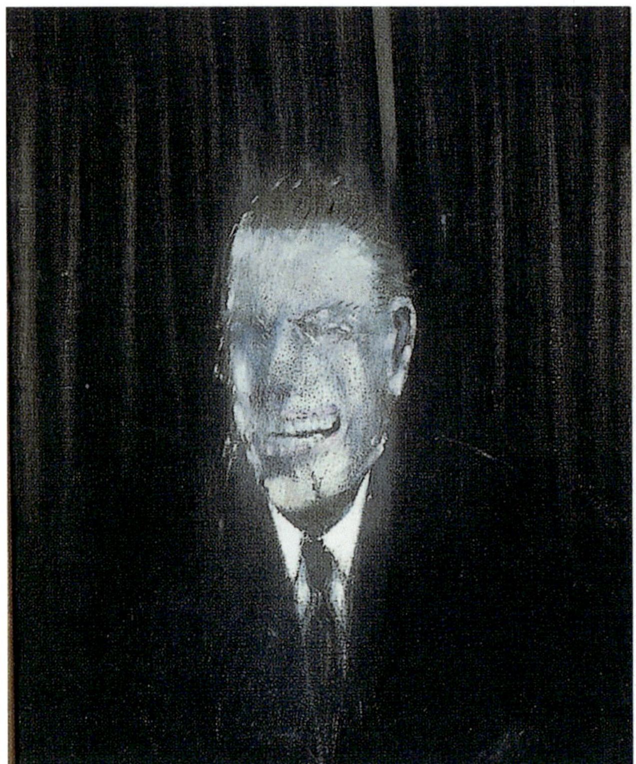

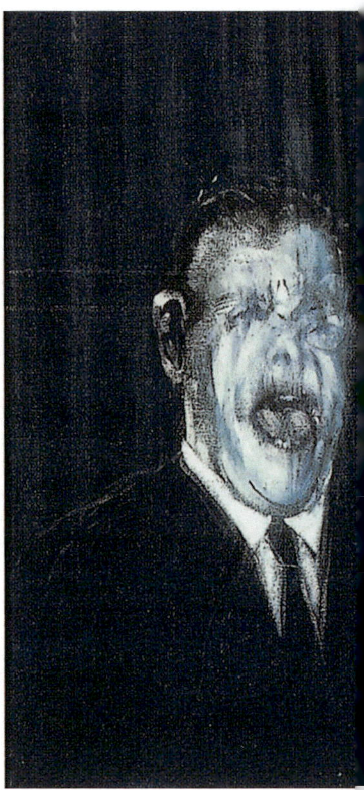

Gesicht im Endzustand. So explizieren die drei «Studien» den Werdegang einer Bildidee, die nicht mehr an ein lebendes Modell gebunden ist und die Grenzen des Bildes überschreitet. Dabei wandelt sich das Bild vom stummen Objekt zur Illusion eines Subjekts, das uns anschreit. Die Bilder hatten als Abbild ausgedient. Diese Funktion wollte Bacon den Medien Foto und Film überlassen.

Der Philosoph Gilles Deleuze wollte einen eigenen Gedanken am Werk Bacons festmachen. Es ist der Gegensatz zwischen Gesicht und Kopf. Sein Thema ist zunächst die Empfindung *(sensation)* als das Gefühl, das Körper vermitteln und aufnehmen.[96] Sie wird im Nervensystem ausgelöst und weitergeleitet. Deshalb trennt Deleuze das Gesicht vom Körper und verbindet den Kopf mit diesem. Das Gesicht sieht er als Zeichensystem, das sich vom Körper löst. So kommt er zu dem Schluss, dass «Bacon als Porträtist ein Maler von Köpfen und nicht von Gesich-

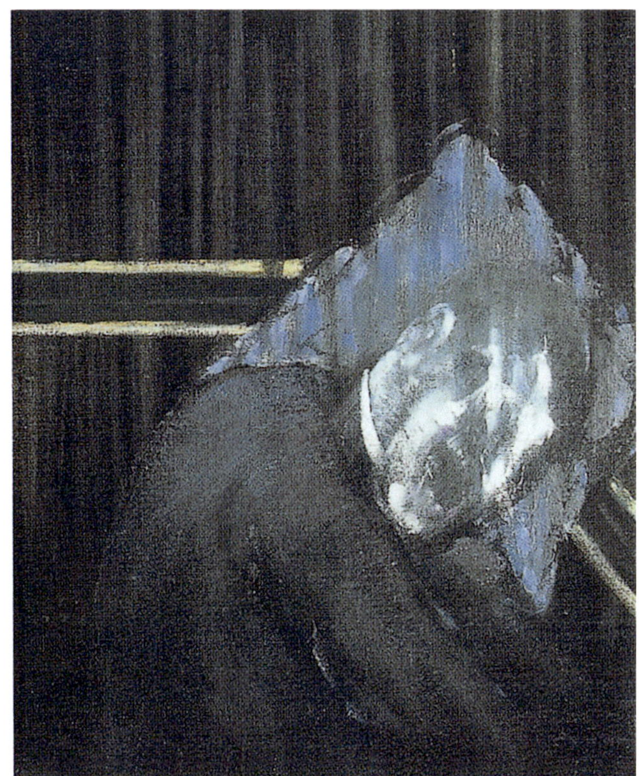

Abb. 77
Francis Bacon, Three Studies of the Human Head, 1953, Privatsammlung

tern ist (…) Der Kopf schüttelt *(secoue)* sein Gesicht ab.»[97] Eine solche These wirft Zweifel auf, die das Porträt als Gattung betreffen. Bacon erweckt im Gesicht ein neues, fleischliches Leben. Wenn das Gesicht bei ihm schreit, dann schreit der ganze Körper. Bacon gibt das Gesicht dem Körper zurück und verstärkt auch den Ausdruck seiner Verlorenheit mit einer Körpersprache, die Gesicht und Kopf einschließt. Das «Bild» *(image)* ist Bacons wahres Thema, wie bei einem Künstler nicht anders zu erwarten. Doch unternimmt er zugleich den nie endenden Versuch, die Grenzen zwischen Bild und Körper mit aller Gewalt zu überschreiten. Das Gesicht aber bleibt der Fokus des Bildes, auch wenn es sich reduziert auf einen blinden Schrei.

Während sich Deleuze darauf beschränkte, seine eigene These am Œuvre Bacons zu demonstrieren, machte Michel Leiris, Surrealist, Schriftsteller und Eth-

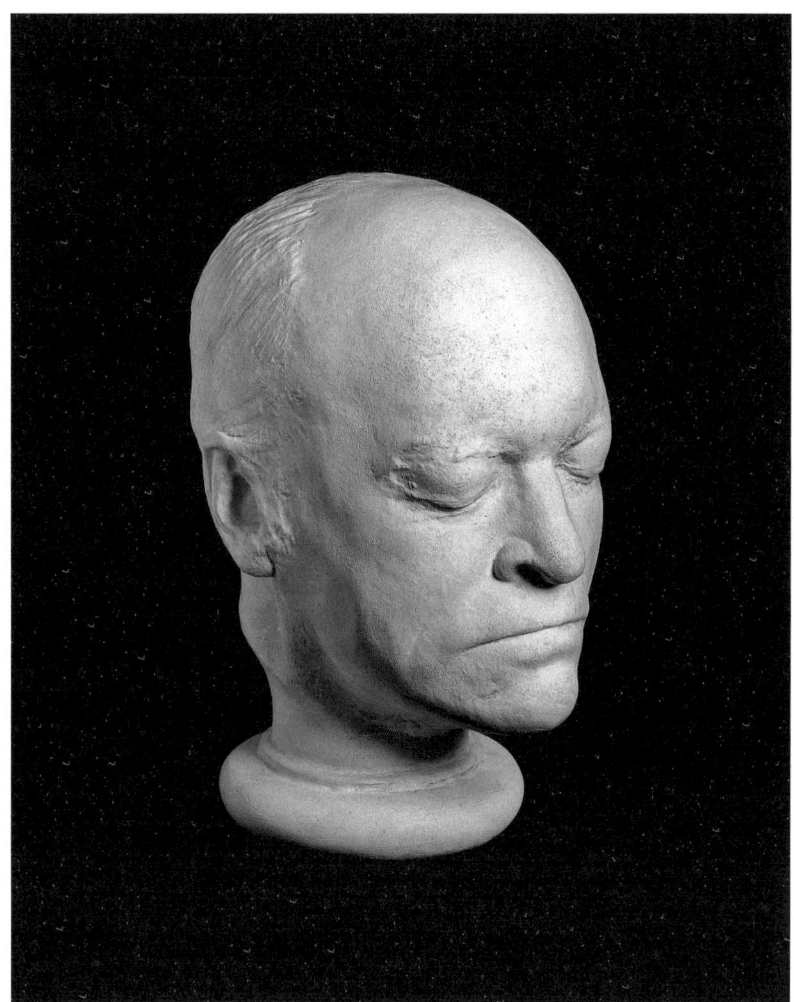

Abb. 78
James Deville,
Lebendmaske von
William Blake, 1823,
London, National
Portrait Gallery

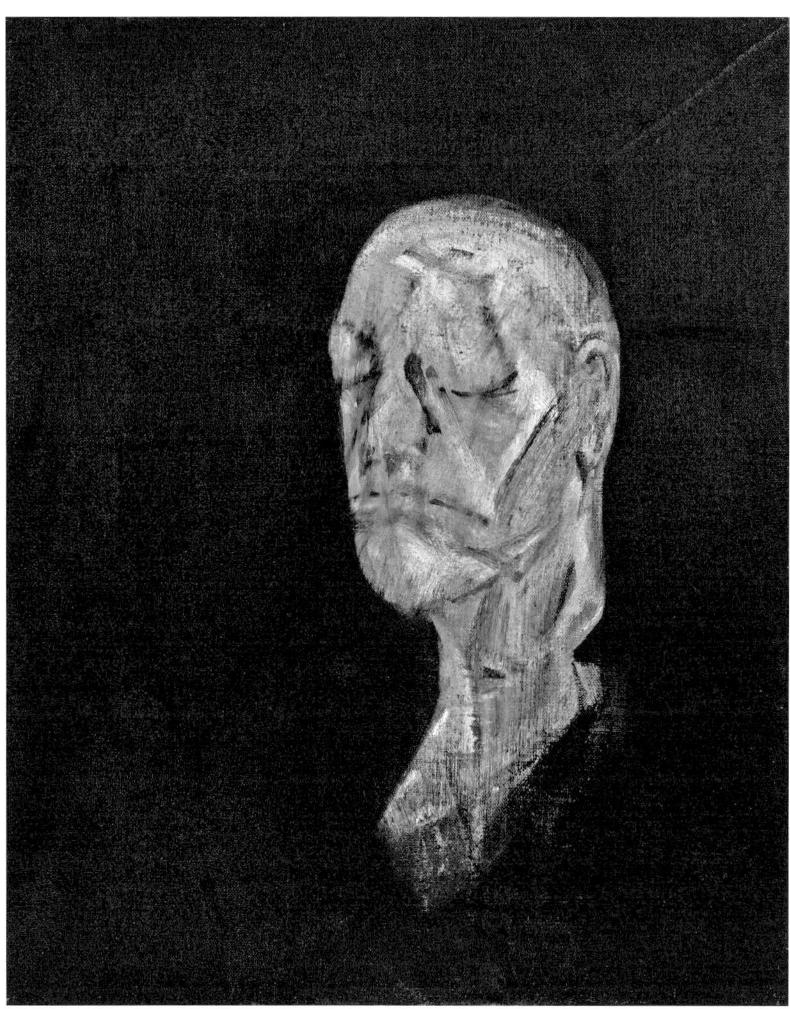

Abb. 79
Francis Bacon, Study for Portrait (after the Life Mask of William Blake), 1955, London, Tate Modern

nologe, in den gleichen Jahren den Versuch, Bacon aus seiner Malerei heraus und also in seinen eigenen Ideen zu deuten. Leiris war mit dem Künstler lange Zeit befreundet und ließ sich von ihm 1976 und 1978 auch porträtieren. Schon im Titel, «Full Face and in Profile», kommt in Leiris' Bacon-Buch das Gesicht zur Sprache.[98] Der Autor betont darin den ephemeren Charakter von Bacons Porträts, «die uns direkt in das Bild hineinziehen, ohne Schranken von Raum und Zeit aufzurichten». Sie fangen wie ein Schnappschuss von der Aufführung auf einer Bühne «den Rhythmus des Lebens» ein, das nie zur Ruhe kommt. Ihre «extreme Spannung» gewinnen diese Porträts durch den Kontrast der unruhigen Körper mit der unbeteiligten, geometrischen Umgebung. Die Direktheit dieser pulsierenden Malerei, so Leiris, ist vom «Durst nach Präsenz» und von der Suche nach «Existenz» bestimmt.[99] Leiris' Deutung geht vom Bild aus, das ein Porträt schließlich ist, und lässt sich faszinieren von einer unerhörten Transgression zwischen Bild und Leben, zwischen Maske und Gesicht. Der stumme Schrei ist ein Widerspruch in sich, denn er verstummt an der Grenze zwischen Körper und Malerei. Hartnäckig versucht Bacon, an dieser Grenze das fleischliche Gesicht hinter der Maske freizulegen, als wollte er um jeden Preis die Maske der Absenz mit der Präsenz eines unmöglichen Lebens füllen, die nur das Gesicht besitzt.

Tatsächlich war Bacons Modell im Jahre 1955 eine Maske. Sie stellt William Blake (1757–1827) dar, der für die nachgeborenen englischen Künstler – und offenbar auch für Bacon – eine Art Idol und Über-Ich geworden war (Abb. 78). Die Maske, die Blake sich 1823 als Lebendmaske hatte abnehmen lassen, wählte Bacon als Modell für drei kleinformatige «Porträtstudien», die 1955 in kurzer Folge entstanden (Abb. 79).[100] Dieser Sonderfall in Bacons Œuvre bedarf näherer Betrachtung. Bacon verwirft die Ansicht, die ihm die Maske bot, und formt diese, wie es scheint, zu einem wild bewegten Gesicht um. Doch liegt die Bewegung allein in der Malerei, welche die Gesichtsfläche zerklüftet und die gestische Malerei der 1960er und 1970er Jahre vorwegnimmt. Im Grunde hat Bacon wenig an der Maske geändert und sogar die geschlossenen Augen beibehalten, und doch ist alles anders geworden. Vor dem schwarzen Grund wirkt der seitlich gedrehte Kopf wie das Relikt aus einer Hinrichtung. Trotzdem klingt in ihm ein Leben nach, das der tatsächlichen Maske fehlt.

Es liegt eine Ironie darin, dass die Lebendmaske Blakes mit dem verkrampften Mund wie tot wirkt, während Bacons Porträts die gleichen Züge mit Ausdruck füllen. Auch diesmal hat an diesem Ausdruck der trotzige Mund – jetzt ohne Schrei – seinen Anteil. Dreimal hat Bacon der Maske, in wiederholten Attacken seines Malakts, das Leben abgerungen, das er in ihr vermisste. Die Maske Blakes legt das Gesicht für die Erinnerung still: Hier sind Gesicht und Maske ein und dasselbe. Bacons «Porträtstudien» dagegen sind paradoxerweise ähnlicher als das «Faksimile», von dem sie inspiriert wurden. Sie lehnen sich gegen die Maske auf und erzeugen mit der wilden Handschrift Bacons den Schein des Lebens. Die Maske hatte jedoch schon im echten Gesicht Blakes begonnen, als man es abformte. Im geschlossenen Kreis der Bilder gibt es aus der Maske keinen Ausweg.

14. Fotografie und Maske. Jorge Molders fremdes eigenes Gesicht

Roland Barthes brachte das Problem der Fotografie auf den Punkt, als er bemerkte, eine Fotografie könne «nur dann Bedeutung annehmen, wenn sie eine Maske zeigt». Er berief sich dabei auf Italo Calvino, der unter dem Begriff der Maske alles das verstand, «was aus einem Gesicht das Produkt einer Gesellschaft und ihrer Geschichte macht». Als Beispiel wählte Barthes das Foto eines ehemaligen Sklaven, in dem «die Essenz der Sklaverei offenkundig wird. Die Maske ist sein eigentlicher Sinn, insofern sie nichts als Maske ist, ähnlich wie sie es im antiken Theater war.» Die großen Porträtisten hätten wie Nadar das französische Bürgertum oder wie Sander die Deutschen vor der Nazizeit in diesem Sinne als Zeit- und Gesellschaftsmasken dargestellt. Die Maske ist jedoch für Barthes «der schwierigste Teil der Fotografie», denn die Gesellschaft wolle ihren eigenen Charakter nicht wahrheitsgemäß offenlegen. Die ungeschminkte soziale Maske stifte Unruhe, da sie immer von einem kritischen Blick gelenkt werde, und rufe die Zensur auf den Plan.[101] Die Maske setzt voraus, dass man sie nicht als Maske sichtbar macht, sondern für das Gesicht hält.

Der Maskenzwang brachte das erwünschte Gesicht hervor. Im Gegenzug war man schnell bereit, Außenseitern die Maske vom Gesicht zu reißen, das sie angeblich unter der kollektiven Maske verbargen. Im «Dritten Reich» waren es die Juden, deren wahres Gesicht im Foto zutage treten sollte. Die Aggression richtete sich aber auch gegen jüdische Fotografen, die in ihren Porträts die Konventionen der Mehrheit verließen. Im Mai 1933 verlangten die «Deutschen Nachrichten» unter der Überschrift «Herunter mit der Maske» die Reinigung der Bildpresse.

Ernst Jünger hatte schon 1930 den Juden vorgeworfen, «Meister aller Masken» zu sein, denn sie unterlägen dem Wahn, «in Deutschland Deutscher sein zu können». Es schien nur eine Frage der Maske zu sein, dass sie wie Deutsche aussahen. Deshalb sollten die Fotografen die «Rassenseele», wie Alfred Rosenberg schrieb, hinter der Maske aufspüren.[102]

Die Flucht vor der Maske geschieht in dem Eingeständnis, dass die Kamera letztlich nur Masken produzieren kann. In einem Foto tragen wir am eigenen Leibe eine Maske, wenn wir zum Bild erstarren. Eine magische Praxis kehrt trotz aller vernünftigen Reflexion zurück, wenn wir ein Foto, das einen Schatten festhält, mit einem geliehenen Leben ausstatten. Wir sehen jemanden, der dort gar nicht ist. Sind wir es selbst, so entsteht eine unwillkommene Distanz zum eigenen Leben. Wir begegnen einer Maske, die uns fremd anschaut, als hätte sie ein anderer getragen. Fotos gehören bereits einer anderen Zeit an, sobald wir sie betrachten. Das «Es ist so gewesen» kehrt sich um in das «Es wird nie mehr so sein». In diesem Sinne ist jedes Bild unwiederholbar. Auch wenn das Bildermachen wiederholbar ist, so sind es nicht die Bilder, die dabei entstehen. Sie weisen auf den Zeitpunkt der Aufnahme zurück und zugleich über unsere Lebenszeit hinaus. Die Absenz eines Körpers wird eingetauscht gegen die Präsenz des Bildes, die uns befremdet (im wörtlichen Sinne), weil Bilder das vergängliche Leben einfangen wollen.

Der «Thanatos-Effekt», den Roland Barthes beschrieben hat, wird im Foto mit einer Macht erfahren, die so alt ist wie das Bildermachen selbst. Barthes scheint von dieser Erfahrung überrascht worden zu sein, denn er widmet dem Argument in seinem berühmten Essay über das Foto großen Raum. Die Überraschung erklärt sich wohl daraus, dass wir im Foto die Todesmaske so beharrlich verdrängen. Wir fotografieren stets die Lebenden, ohne uns darauf vorzubereiten, dass diese im Foto als Tote erinnert werden können. Wir stoßen also unfreiwillig auf die Todesmaske im Fotoarchiv des Lebens, das wir fortwährend vergrößern. Als Medium der Erinnerung ziehen Fotos den Tod ins Bild, je älter sie werden. So kann Barthes mit einer gewissen Verwunderung feststellen, die Fotografie müsse dafür «kämpfen, dass sie nicht den Tod darstellt». Denn im fotografischen Prozess «bin ich ganz Bild geworden, das heißt der Tod in Person». Fotos machen uns zu einem Objekt, über das andere nach Belieben verfügen können. «Der Tod ist das *Eidos* einer solchen Fotografie.» Dennoch kommt Barthes nur zögernd auf den Totenkult zu sprechen, in welchem diese Erfahrung vorweggenommen ist, ebenso wie hier das Theater seine Wurzeln hat. «Das Foto ist wie ein primitives

Theater, wie ein *tableau vivant*. Es ist die Darstellung des unbewegten und geschminkten Gesichts, das wir bei den Toten sehen.»[103]

Die Analogie zwischen Fotografie und Sterblichkeit ist ebenso unerwünscht wie unabweisbar. Sie zeigt sich in dem irreversiblen Zeitsprung, der uns gewöhnlich von Bildern trennt. Deshalb spricht Barthes vom *punctum* als einem Stachel, der die Zeitlichkeit im Foto bildet, denn das Alter des Bildes ist das Signum einer verflossenen Zeit. In manchen Fotos verberge sich «eine Katastrophe, die schon stattgefunden hat», auch wenn sie noch in der Zukunft lag, als das Foto gemacht wurde. Letztlich birgt jedes Foto «diese Katastrophe in sich, ob das Subjekt nun tot ist oder nicht». Zweifellos wählte Barthes zum Ausgangspunkt einen privaten Blick auf Fotos, deren Personen seine Erinnerung mobilisierten. Daraus schloss er, wir könnten zu Fotos nur einen privaten Bezug haben, denn die Fotografie sei zeitgleich «mit dem Einbruch des Privaten im öffentlichen Raum und also mit der Öffentlichkeit des Privaten» aufgetreten. Deshalb wandte er sich mitten im «Bilderlärm» der Medien gerade solchen Fotos zu, die ihn «verletzten», weil sie seine persönliche Erinnerung gespeichert hatten.[104]

Paradoxerweise finden wir jedoch in der Bildpraxis der Massenmedien den schlagendsten Beweis für die Koinzidenz von Tod und Maske. In allen Zeitungsredaktionen und Sendeanstalten lagert ein ungeheures Archiv von Fotos, Tonbändern, Filmen und Videos, die für Todesnachrichten öffentlicher Personen zur Verfügung stehen und «Rückblenden» auf ihre Lebenszeit erlauben. Es sind immer Fotos von Lebenden, mit welchen eine Todesnachricht gesendet wird. Im Foto, das zu Lebzeiten entstand, werden Tote erinnert, ohne dass sich der Tod im Bild zeigt. Nur der Blick auf das immer noch gleiche Foto hat sich jetzt geändert. Der Tod wird durch den Kommentar der Sendung angezeigt, während im Bild das Leben bereits zur Konserve geworden ist. Findet der Tod in solchen Bildern also keinen Platz, so gilt das auch für das Leben. Die anscheinend so lebendigen Bilder zeigen eine Maske, mit der sich auch Tote darstellen lassen. In diesem Moment nimmt das Scheinleben der Bilder Besitz vom Leben einer Person.

Die Ähnlichkeit, die in der Geschichte des Porträts eine problematische Größe ist, spielt bei Barthes keine Rolle mehr. An ihre Stelle tritt ein Merkmal, das er «air» nennt. Es ist mehr als nur «Miene» und erinnert in seiner neuen Bedeutung an die «Aura», wie sie Walter Benjamin verstanden hat: «ein sonderbares Gespinst von Raum und Zeit, einmalige Erscheinung einer Ferne, so nah sie sein mag.»[105] Barthes unterscheidet «air» von der «einfachen Analogie, wie es die sogenannte Ähnlichkeit ist», und nennt sie Beseelung und körperliche Ausstrahlung eines Menschen im Bild. Die Fotos seiner Mutter waren ihm «ein wenig wie Masken» erschienen. «Auf dem letzten aber verschwand die Maske. Es blieb eine Seele, alterslos und doch nicht außerhalb der Zeit, denn diese *air*, das war sie selbst, die ich sah.» Und hier führt Barthes den theologischen Schlüsselbegriff für die Realpräsenz Christi in der Messe ein, indem er die *air* auf dem Foto seiner Mutter als «konsubstantial mit ihrem Gesicht» bezeichnet, also einen Substanztausch des Bildes mit der Person postuliert.[106] So will er der Fotografie, die für ihn immer Maske ist, das Leben entlocken, das in der Maske verloren ging. Damit tritt eine Umwertung des Porträts in Kraft. Es geht Barthes im fotografischen Akt nicht mehr um Repräsentation eines Gesichts, sondern darum, die Spur eines körperlichen Lebens zu legen.

Als Porträt war das Foto schon immer Beweis wie Hindernis gewesen: Beweis darin, dass es ein Gesicht ablichtete, so wie es sich vor der Kamera präsentierte, und Hindernis darin, dass es immer nur eine einzelne Ansicht einfing, der das Gesicht schon im nächsten Augenblick nicht mehr glich. Eine Person, die im Leben stets ihre Gesichter wechselt, lässt sich nicht mit einem einzigen Foto abbilden, wenngleich sich der Betrachter an die anderen Gesichter erinnern mag, die er von der Person kennt. Die Fotografie hat als Dokument zunächst ein neues Vertrauen in das Porträt geweckt, das die Malerei schon verspielt hatte. Im Foto war jede Intervention von außen, durch einen Maler etwa, ausgeschaltet, denn man konnte sich mit einem Apparat selbst ablichten. Aber der Glaube an die fotografische Objektivität als Zeugnis des wirklichen Lebens war nicht von langer Dauer. Der Zweifel schlich sich bei der Pose ein, die man vor der Kamera einnahm. Außerdem war jedes Foto wiederholbar und durch ein anderes ersetzbar, so dass bald auch das Vertrauen schwand, das Foto liefere ein einmaliges und einzigartiges Bild einer Person. Der Pariser Fotograf Disdéri schwärmte, solange die erste Euphorie anhielt, noch «von dem wahren Totalcharakter» der fotografierten Person und hielt seine Kunden an, sich «in möglichst idealer Form» aufnehmen zu lassen, indem er sie inszenierte und zu einer vorteilhaften Stellung überredete.[107] Aber von diesem naiven Glauben musste auch er bald Abschied nehmen.

In der russischen Moderne fand Alexander Rodschenko für den Glauben an das fotografische Porträt nur heftige Kritik. Diese Kritik galt dem Bildglauben ganz generell. In einem Text aus dem Jahr 1928 nahm er «gegen das synthetische Porträt und für den Schnappschuss» Stellung.[108] Nur der Schnappschuss sei dem modernen Leben und seinem Tempo angemessen. Die Fotografie müsse den

Kampf mit der verlogenen *eternity* aufnehmen, die in der Malerei zum Kennzeichen geworden sei. Mit ihr habe das «einzelne, endgültige Porträt» seinen Sinn verloren. Kein Mensch könne eine Ganzheit darstellen, sondern jeder bestehe aus vielen Gesichtern, die sich oft genug widersprächen. Jetzt endlich könne man die «künstlerische Synthese entlarven, die der eine Mensch für den anderen entwarf». Rodschenko ging sogar so weit, dass er den Blickwinkel eines Subjekts, das frontal auf die Welt blickt, aufgab und seine Kamera in einem zufälligen Winkel von oben oder von unten – also so, wie man einer anderen Person nie gegenüber stehen würde – auf das Motiv lenkte, um die mechanische Optik des Apparates herauszustreichen.

Benjamin schwärmte damals in zeitüblicher Weise davon, ein «politisch geschulter Blick» könne das Porträt von allen persönlichen Rücksichten befreien. Man müsse sich nur von der «repräsentativen Porträtaufnahme» lossagen, an welche das Bürgertum so lange geglaubt habe. Und doch sieht Benjamin im Verzicht auf das herkömmliche Porträt keinen «Verzicht auf den Menschen». Die Fotografie müsse fortan nur jene Gesellschaftsschichten einschließen, die noch nie «in Aufnahmen auf die Nachwelt» gekommen seien. Dann könne sie die Menschen «in der namenlosen Erscheinung ausdrücken, die sie im Antlitz haben». Für Benjamin war das kollektive Gesicht der neuen Gesellschaft «zum ersten Mal» in Eisensteins revolutionären Filmen sichtbar geworden (vgl. S. 263). «Und augenblicklich trat das menschliche Gesicht mit neuer, unermesslicher Bedeutung auf die Platte. Aber es war kein Portrait mehr. Was war es?»[109]

Die Antwort darauf suchte er in August Sanders Fotoprojekt, das der «gewaltigen physiognomischen Galerie» in den «Russenfilmen» in nichts nachstehe. Wie schon erwähnt, hatte Sander 1929 Das «Antlitz der Zeit» mit «60 Fotos deutscher Menschen» in erster Lieferung herausgebracht (S. 108). Trotz des Titels löste er den Blick vom Gesicht und gab die Menschen als Sozialtypen wieder. Benjamin erhoffte sich von Sander einen Spiegel der wirklichen Gesellschaft und eine «Schärfung der physiognomischen Auffassung». Gleich ob man politisch «von rechts komme oder von links», so werde man sofort «darauf angesehen, woher man kommt». Bei Sander könne man den Umgang mit den Klassen in der zeitgenössischen Gesellschaft lernen.[110] Da es nicht mehr um die Repräsentation eines Subjekts ging, war der Maskencharakter des Fotos kein Hindernis, denn die Klassen waren ohnehin als kollektive Masken ausgewiesen.

Die Zivilisationskritik der Zeit beklagte jedoch die Masken, wenn sie die modernen Stadtmenschen beschrieb. Sie stimmte die Klage über die «maskenhafte Vordergründigkeit des Photographiergesichts» an, das die Städter scheinbar nach Belieben wechselten. In ihren Augen blieb nur mehr der Rückzug auf das angeblich zeitlose Gesicht der Leute vom Lande übrig. Man verlor sich aber rasch in ideologischen Fallen, wenn man im *«völkischen» Gesicht* nach dem *echten Gesicht* suchen ging und dafür ganz neue Porträtaufgaben erfand, die in kostspieligen Fotobüchern erschienen.[111] Karl Jaspers kritisierte bereits 1931 die «anthropologische Obsession», die er in den gängigen Bildnistypen der Zeit ausmachte. Die scheinbar objektive Unterscheidung von «Volkstypen, Berufstypen und Körperbautypen» verfolge in Wahrheit ideologische Absichten.[112] Ließ sich ein *Typus* oder gar die Gesellschaft überhaupt noch im Porträt darstellen? August Sander entschied sich für Ganzaufnahmen, in denen die *Pose* vor der Kamera die gesellschaftliche *Position* verriet (S. 108, Abb. 35 und 36).[113] So arbeiteten sich die unterschiedlichsten Parteiungen am Porträt in der vergeblichen Hoffnung ab, es im Spiegel einer Gesellschaft neu zu erfinden.

Die illustrierte Presse der Weimarer Zeit stellte jedoch den Sinn des Porträts drastisch infrage, wie es auch der Stummfilm mit seinen Gesichtern in Großaufnahme tat.[114] In den Massenmedien wurden «Stars» geboren, die ebenso wenig Subjekte waren, wie es der Einzelne in der Masse war (S. 214). Und schließlich gab es die Kunstszene, in der man das Porträt auf ein künstlerisches Problem reduzierte, um es auf einen zeitgemäßen Stil zu bringen. Ob man sich vom autonomen Subjekt lossagte oder es für nicht mehr darstellbar hielt, lief auf das gleiche Resultat hinaus. Der Ausbruch aus der traditionellen *en-face*-Ansicht ist ein Symptom dieser Krise, die wiederum eine Krise des Gesichts war und jeder Selbstinszenierung den Boden entzog. Einige Künstler hoben in einer extremen Nahansicht die Distanz zum Gesicht auf, die für jede Ich-Darstellung notwendig ist. Je näher die Kamera einem Gesicht rückt, umso mehr löst sich dieses von der Person, zu der es gehört. Es wird reine Oberfläche oder «Landschaft», wie es Carl Schnebel 1929 nannte.[115] Wir sehen Einzelheiten wie Nase oder Mund, aber keine Person mehr. Für Helmar Lerski war das Gesicht nur mehr eine Skulptur, als er seine Mappe «Verwandlungen durch Licht» produzierte: Das Gesicht war schon ein Artefakt, bevor es im fotografischen Artefakt abgelichtet wurde. Bei László Moholy-Nagy füllt die Gesichtshaut das ganze Foto, während sich die Augen darin der Nähe zu erwehren scheinen, mit der unser Blick in das Gesicht eindringt.[116]

Eine andere Flucht aus dem Porträt bestand in der «Reihenaufnahme».[117] Die Nähe zur Reportage ist hier evident. Der Fotograf porträtierte dabei sein Modell in Serie, um den Zeitfluss wieder einzuführen, der im Porträt abgeschnitten ist. In einer Reihe von Schnappschüssen wird dem einzelnen Bild das Recht entzogen, eine Person gültig und endgültig wiederzugeben. Jedes Bild in der Serie ist jedem anderen Bild gleichwertig. Nur die Aufreihung simuliert eine Bewegung des Lebens, die in keinem einzelnen Foto einzufangen ist. Josef Albers fotografierte am Bauhaus den Maler Paul Klee im Rauch seiner Zigarre, womit er den flüchtigen Augenblick noch unterstrich. Eine ähnliche Porträtserie machte er von Marli Heimann, deren Gesicht in wechselndem Licht und mit wechselndem Ausdruck erscheint. So entstand eine Collage aus zwölf Abzügen, die «alle während 1 Stunde» aufgenommen sind, wie Albers am Rand notierte.[118]

Eine Herausforderung stellte damals das fotografische Selbstporträt dar, in dem die Künstler den Spiegel wieder einführten, den die Fotografie in gewisser Weise abgelöst hatte. Sie posierten nicht vor der Kamera, sondern neben der Kamera vor dem Spiegel. So gaben sie dem Blick auf sich selbst eine Bedeutung zurück, die sich gegen das mechanische Objektiv behauptete. Auch der Draht des sogenannten Selbstauslösers gewann dabei einen symbolischen Sinn. Die Krise im Selbstbildnis hatte auch das fotografische Medium erreicht. Das Spiel mit dem Selbst verlangte nach einem Schauspieler, und der hatte nur die Maske zur Wahl. In einem Selbstbildnis von 1928, für das er sein Gesicht stark geschminkt und also in eine gemalte Maske verwandelt hatte, schaut Werner Rohde hinter einer Pappmaske von «Renate» hervor, welche die Inszenierung zu einer Doppelmaske erweitert.[119]

Ein Schlüsselwerk für die Frage nach Maske und Porträt ist die Fotografie, auf der Man Ray, der Amerikaner in Paris, 1922 die Schriftstellerin Gertrude Stein abgelichtet hat (Abb. 81). Stein saß während des fotografischen Akts vor dem Porträt, das Picasso von ihr fast zwanzig Jahre zuvor, 1906, gemalt hatte. In seiner Autobiografie, die er ab 1951 unter dem Titel «Self-Portrait» schrieb, nennt Man Ray die Fotografie der Amerikanerin – der gefeierten «Sibylle von Montparnasse» – ein «Doppelporträt» der gemalten und der lebenden Person.[120] Es ist die Fotografie eines Porträts und also die Maske einer Maske, mit der Man Ray im Porträt derselben, wenn auch inzwischen älter gewordenen Frau den Vergleich mit Picasso anstrengt. Gertrude Stein saß vor dem Gemälde gleichsam vor sich selbst in einem anderen Alter, in einem gemalten Double. Die Ähnlichkeit mit dem Modell, die wir von einem Foto erwarten, wird gleichsam gespiegelt in der Ähnlichkeit der Person mit ihrem Porträt.

Doch die Anspielung auf die Maske geht noch weiter, denn um das frühe Porträt Picassos rankte sich eine Legende, die von der Entstehung einer Maske handelt

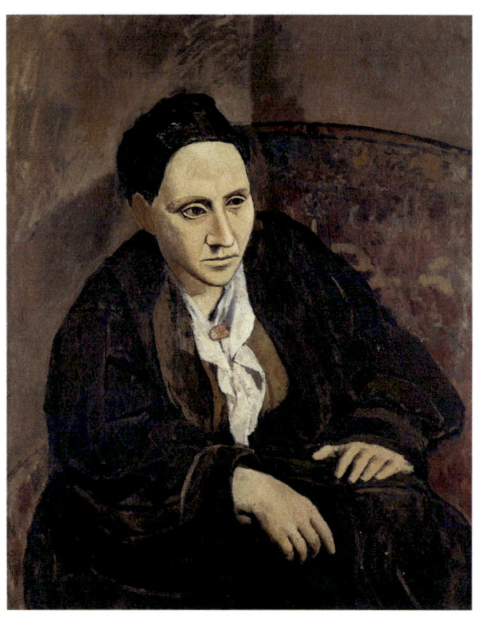

Abb. 80
Pablo Picasso, Porträt Gertrude Stein, 1906, New York, Metropolitan Museum of Art

(Abb. 80). Gertrude Stein selbst hatte ihren Anteil an dieser Legende, die sie noch 1938 in ihrem Picasso-Buch wiederholte. «Ich saß ihm den ganzen Winter über achtzig Mal Modell, und am Ende übermalte er den Kopf. Er sagte mir schließlich, er könne mich nicht mehr ansehen, und brach wieder nach Spanien auf. Unmittelbar nach der Rückkehr malte er meinen Kopf, ohne mich wieder gesehen zu haben, noch einmal neu. Dann gab er mir das Bild, und dieses ist für mich mein Ich, und es ist die einzige Abbildung von mir, die für mich immer Ich ist», das Selbst.[121] In dieser «komischen Geschichte», wie Stein sie nennt, identifiziert sie sich emphatisch und hintergründig mit einer Maske. Vielleicht wurde deswegen das «Doppelporträt» auch von ihr selbst angeregt. Sie bemüht sich darin, der Maske zu gleichen, die «für mich immer Ich ist», ein unwandelbares Ich, das dem Alter und der Zerstreuung im Leben trotzt, ihr Ich als Schriftstellerin.

Natürlich wusste sie inzwischen, dass Picasso für ihr Gesicht eine prähistorische Maske suchte, als er mit den Modellsitzungen aufhörte. Im Sommer 1906 fand er sie schließlich in der Begegnung mit den Osuna-Figuren seiner iberischen Heimat, die ihn schon faszinierten, bevor er die afrikanischen Masken in Paris für sich entdeckte. Tatsache ist, dass der Maler in dem Porträt, das er in Arbeit hatte, das Gesicht durch eine Maske ersetzte, die dennoch mit dem Gesicht der Porträtierten eine endgültige Ähnlichkeit besaß. Das Gesicht löste sich auf diese Weise aus der Situation, in der Picasso sein Modell bei den Modellsitzungen vor sich sah, und nahm einen zeitlosen Charakter an, wie er dem Wesen früher Erinnerungsporträts eigen ist. Dazu trägt auch die scharfe Beleuchtung bei, welche das Gesicht auf dem Gemälde aus seiner Umgebung isoliert.

Alles Zufällige hat Picasso aus diesen Gesichtszügen und dem bannenden Blick genommen. Und doch erkennen wir den gleichen Ausdruck im Schwarz-Weiß-Foto wieder, welches auch den Unterschied des farbigen Gemäldes aufhebt. Die Analogie zwischen Gemälde und Foto verstärkt sich in dem starren Ausdruck, mit dem die Schriftstellerin auf dem Foto ins Weite schaut. Sie wird noch betont

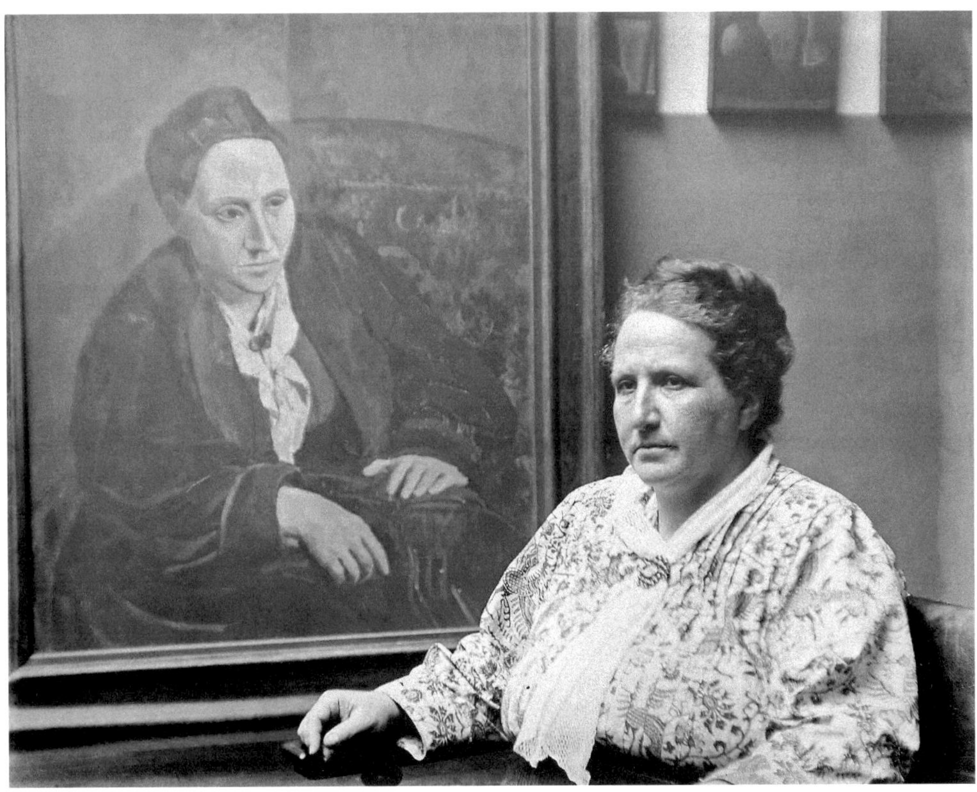

Abb. 81
Man Ray,
Gertrude Stein,
1922, Fotografie

durch das Sitzmotiv und das Jabot mit der Brosche, das Gertrude Stein beide Male trägt. Im Foto verwandelt sie ihr Gesicht, als wollte sie ihrem eigenen Porträt ähneln, in eine Maske, in welcher der Gesichtsausdruck stillgelegt ist. Man ahnt noch etwas von den Gesprächen, die bei solchen Gelegenheiten stattgefunden haben, denn Gertrude Stein wird Picasso auch gefragt haben, welches Gesicht er denn malen wolle. Der Satz Picassos, den sie zitiert (und vielleicht erfand?), lautet: «The face is as old as the world.» Darin liegt noch einmal die Gleichung von Maske und Gesicht, welche erst im Rückblick auf alte Kulturen ihre überzeitliche Bedeutung offenbart.

Man Ray war, als er die Schriftstellerin fotografierte, bereits als Fotograf im Maskenspiel geübt. Das zeigt sein Porträt des Künstlerkollegen Marcel Duchamp, das durch Kostüm, Hut und Perücke eine weibliche Maske im echten Gesicht trägt.[122] Die «Rrose Sélavy», die Duchamp hier 1920 spielt, wird schon dadurch als eine reale Person beglaubigt, dass sie in einem Foto festgehalten wird, das Duchamp handschriftlich mit der Widmung «lovingly, Rrose Sélavy» signierte. Dennoch gibt es diese Frau nur im Foto und nicht im Leben. Das dadaistische Maskenspiel will beweisen, dass sich ein Selbst nur in einer Summe lebenslanger Auftritte auf der Bühne des Gesichts fassen lässt.

Der Rahmen, der ein Gesicht in ein Bild einschließt, ist nicht allein ein äußerer Rahmen, wie er das Format eines Fotoabzugs markiert, sondern auch ein symbolischer Rahmen, mit dem wir jemanden als Bild wahrnehmen. Man Ray ließ deshalb den Dichter Jean Cocteau für ein Porträt mit beiden Händen einen leeren Bilderrahmen vor sein Gesicht halten. Auf diese Weise machte Cocteau sich vor der Kamera selbst zum Bild, noch bevor der Auslöser betätigt wurde (Abb. 82). Er wählte damit schon im Leben die Maske, die in der Fotografie auf ihn wartete. Der Rahmen ist das Symbol für das Zeitintervall, das den Betrachter von jedem Foto trennt, das er zu sehen bekommt. Die abgelichtete Person kann den Ort, den sie vor der Kamera eingenommen hat, nie mehr in der gleichen Weise besetzen. Es «gibt für die Bilder kein nächstes Mal, denn alle beziehen sich auf das erste Mal», wie Adolfo Bioy Casares in seinem futuristischen Roman «Morels Erfindung» schreibt.[123]

Im digitalen Zeitalter reden wir vom analogen Foto bereits im Rückblick. Aber auch das fotografische Porträt hat sein Aussehen so verändert, dass es kaum mehr auf einen gemeinsamen Nenner zu bringen ist mit dem, was es einmal gewesen ist. In den letzten Jahrzehnten ist die Fotografie museal und zu einem Ausstellungsgenre geworden, und auch deswegen scheint die alte Gleichung zwischen Gesicht und Bild abhanden gekommen zu sein. Im Ausstellungsraum begegnen wir porengenau fotografierten Gesichtern in monumentalem Format, die brutal den menschlichen Maßstab des Gesichts verlassen und mit den *faces* der Massenmedien, die uns im öffentlichen Raum erwarten, rivalisieren (S. 216). Und schließlich befinden wir uns in einer neuen Situation, seit die digitale Technologie die alte Bindung des Bildes an ein Gesicht, das es bezeugen kann und will, auflöst und die Bilder in unsere freie Verfügung stellt.

Doch überlassen wir uns nicht allzu einfachen Schlussfolgerungen. Die Analogie zwischen Gesicht und Foto war schon in der analogen Technik immer wieder bestritten und geleugnet worden, denn ein Foto führt statt zum Gesicht eher zu einer Maske. Auch der Selbstbezug eines Gesichts, das im Foto auf immer fixiert wird und damit hinter dem Leben zurückbleibt, endet häufig in einer offenen

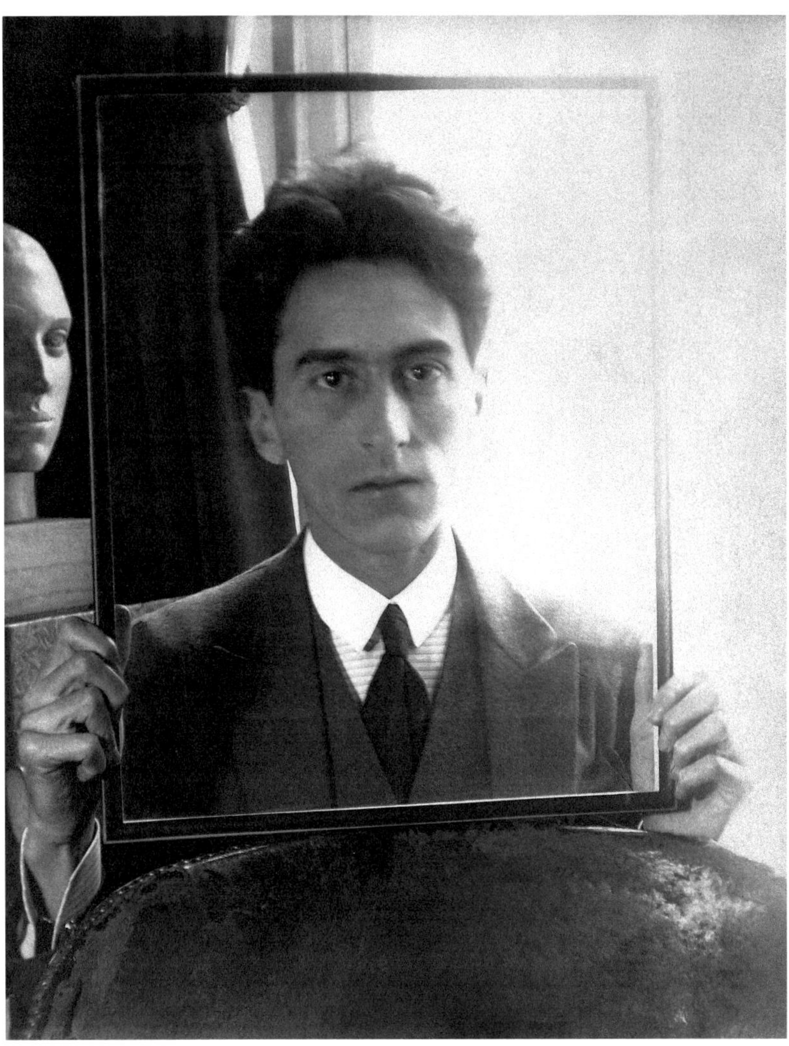

Abb. 82
Man Ray, Jean Cocteau, 1922, Fotografie

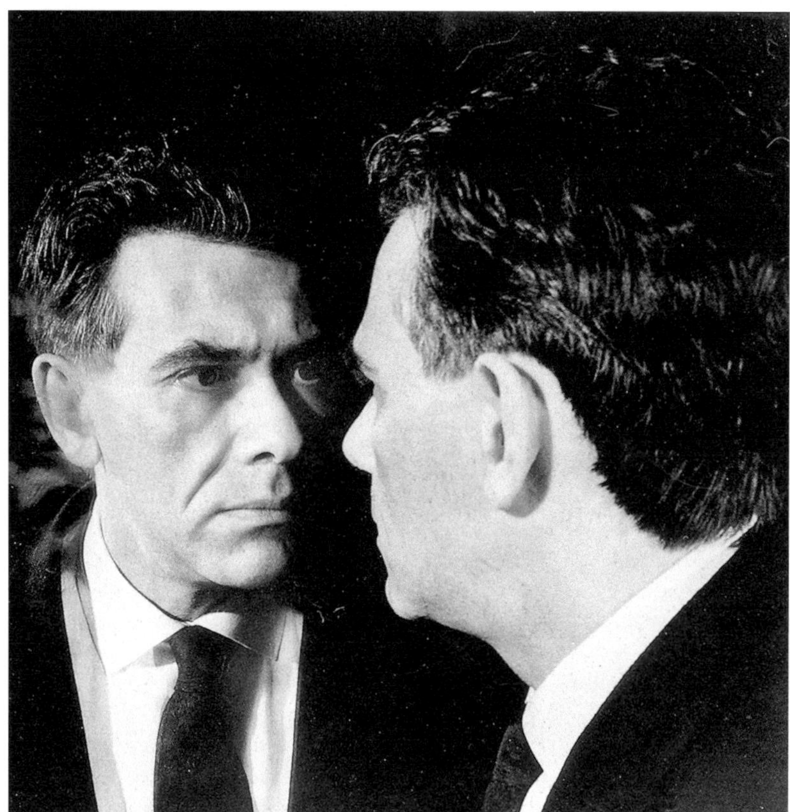

Abb. 83
Jorge Molder, Aus der Serie «Points of No Return», 1995, Fotografie

Frage. Jorge Molder, der Fotograf aus Lissabon, stellt diese Frage seit mehreren Jahrzehnten an sein eigenes Gesicht. In seinen verschiedenen Fotoserien – Serien mit narrativen Titeln – tritt er als Schauspieler des eigenen Gesichts, dem er vergeblich zu Leibe rückt, gleichsam in verschiedenen Rollen und Bühnenstücken auf. Die Fotos, die dabei entstehen, lösen stets aufs Neue die Frage nach der Präsenz der Person aus, deren Gesicht sie einfangen. Es war schon immer das Thema des Selbstporträts, die eigene Gattung zu hinterfragen. Aber Molder geht darüber hinaus und spielt mit dem Porträt, um es gegen das Gesicht in Stellung zu bringen. Beleuchtung und Blickwinkel sind Mittel einer Inszenierung, die nie ans Ziel kommt, sondern das Gesicht in ein seltsames Zwielicht zieht. Das Gesicht, das in den verschiedenen Ansichten und Rollen der einzelnen Fotoserien die Ähnlich-

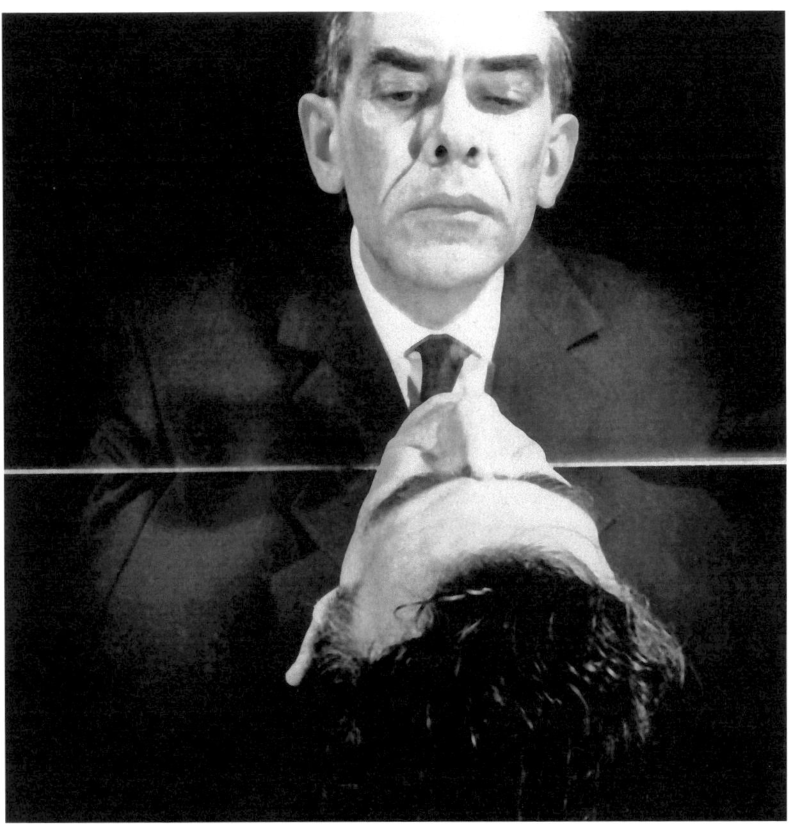

Abb. 84
Jorge Molder, Aus der Serie «Anatomy and Boxing», 1996/97, Fotografie

keit mit sich verweigert, entpuppt sich schon dadurch als eine Art Fremdkörper, dass es als Körper ins Bild tritt. Nach seinen eigenen Worten trifft Molder in seinen Fotos auf einen «Charakter, der mir selbst nicht ganz entspricht. Und trotzdem kann das niemand anders sein als ich selbst.»[124] In Wahrheit aber trifft er auf einen Körper und also auf eine Oberfläche, die ihm selbst «nicht ganz entspricht». Deswegen bleibt erwartungsgemäß der Versuch vergeblich, sich in der Fotografie der eigenen Person zu bemächtigen. Die Fotografie produziert stets Masken, so oft sie auch das gleiche Gesicht aufs Korn nimmt.

Im Gespräch hat Molder darauf hingewiesen, dass er als Darsteller seines Gesichts nur «etwas zeigen kann, von dem ich nicht weiß, was es ist, und das weder ich selbst bin noch etwas anderes noch ein anderer». So entsteht «ein We-

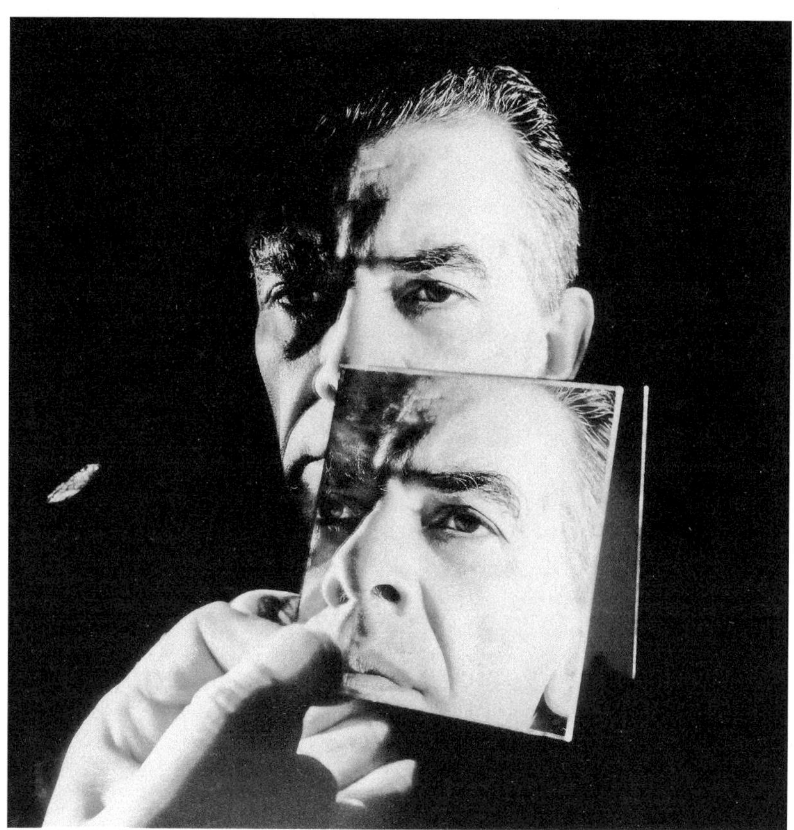

Abb. 85
Jorge Molder, Aus der Serie «Nox», 1999, Fotografie

sen im Dazwischen», im Raum zwischen dem Ich und einem Anderen. Die Doppeldeutigkeit liegt schon darin, dass Molder zugleich Modell und Fotograf, also Beobachter, ist und deswegen auf Distanz zu dem geht, was er sieht. «Selbst wenn man Selbstdarstellungen betreibt», so Molder, «trägt man eine Maske.»[125] Manuel Olveira spricht hier passenderweise vom paradoxen «Selbstgespräch mit dem anderen».[126] Die «Fremdheit», von der bei Molder die Rede ist, ist jedermann bekannt, der sich morgens im Spiegel erblickt und die Distanz zu dem spürt, was sich dort zeigt. Man kann sich nur als Gesicht zeigen, will es aber nicht dem Spiegel oder dem Foto überlassen, dieses Gesicht zu zeigen. Solche Distanz kommt in einer Spiegelsituation aus Molders Serie «Points of No Return» (1995) zum Ausdruck (Abb. 83). Wenn sich Molder im Spiegel anblickt, so produziert das Foto zwei Gesichter, die doch einer einzigen Person gehören. Aber sie nehmen im Bild, oder als Bilder, ganz verschiedene Positionen ein. Die seitliche Ansicht streift den Körper vor dem Spiegel, während die volle Ansicht das Gesicht im Spiegel festhält. Molder fotografiert ein Gesicht, das sich selbst anblickt und gerade dadurch im Blick Distanz zu sich hält. Hier ist eine paradoxe Regie ins Bild gesetzt, die eine philosophische Frage nach Sichtbarkeit und Existenz enthält.[127]

Die inquisitorische Haltung, die nie an ihr Ziel gelangt, setzt sich fort in einem Foto aus der Serie «Anatomy and Boxing» (1996/97, Abb. 84). Wieder handelt es sich um einen Spiegelblick, doch diesmal, so scheint es, blickt das eine Gesicht auf das andere herab, als wollte es das erblickte Gesicht zum Zweikampf («Boxing») herausfordern oder es zum Objekt machen.[128] Wir sehen nur eines der beiden Gesichter, während das andere als liegender Kopf von unten ins Bild ragt. Das Bild ist im buchstäblichen Sinne ‹auf den Kopf gestellt›. Wenn die weiße Trennlinie zwischen beiden Gesichtern ein Spiegelrand ist, dann ist allerdings das Gesicht, das von oben auf den Kopf herabschaut, das Spiegelbild und der Kopf der blickende Partner, also Narziss. So würde sich die übliche Spiegelsituation umkehren, und doch verlassen wir den Spiegel weder im einen noch im anderen Fall, denn auch der Kopf ist von der Kamera eingefangen. Der Blicktausch ist allein deshalb darstellbar, weil ein dritter Blick, der Blick des Fotografen, die zweimalige Ansicht inszeniert hat. Die Bilder vervielfältigen sich und entziehen sich dabei dem Gesicht, von dem sie stammen. Insofern sie Bilder sind, bleiben sie Doppelgänger im Feld des Sichtbaren. Deshalb geben sie auf die Fragen, die sie aufwerfen, keine eindeutigen Antworten.

Das gilt auch für die Regie einer Arbeit, die im Rahmen der Serie «Nox» («Nacht») 1999 entstand (Abb. 85).[129] Hier schiebt sich die Hand eines unsichtbaren Dritten, welcher der Fotograf selbst ist, von unten ins Bild. Sie hält zwischen Daumen und Zeigefinger einen Fotoabzug vor den Spiegel, in dem das gleiche Gesicht in einem anderen Blickwinkel erscheint. Auch das Licht nimmt an dem Spiegeleffekt teil, denn es beleuchtet beide Gesichter von einer anderen Seite als die Hand, die das Foto im Foto präsentiert. Für einen Augenblick sieht es so aus, als hätte Molder das Foto aus dem Spiegel abgelöst und ausgeschnitten, aber es ist nicht das gleiche Bild, sondern das gleiche Gesicht. Aber was heißt hier Gesicht? Spiegel und Foto haben eine andere Materialität und eine andere Oberfläche als das körperliche Gesicht, das sie einfangen wollen. Wir können uns immer nur in Bildern sehen, wenn wir unser Gesicht sehen wollen, und es gibt davon beliebig viele Ansichten, doch bekommen wir nirgends das Gesicht selbst zu fassen, ge-

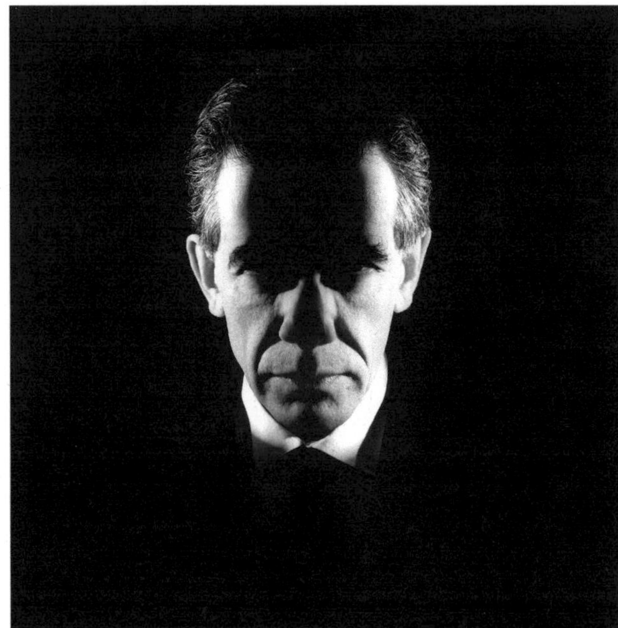

Abb. 86 a–c Jorge Molder, Aus der Serie «INOX», Triptychon, 1995, Fotografien

schweige denn jene Person, welche sich im Gesicht zeigt. Hier öffnet sich ein Labyrinth des Gesichts, in dem es nur Masken gibt.

Aber die Maske hat bei Molder noch eine besondere Rolle gespielt. Für eine Rauminstallation in Santiago de Compostela und in Madrid stellte er 2006 ein Double als Puppe mit der eigenen Lebendmaske her. Eine Probeaufnahme, die bei diesem Werkprozess entstand, zeigt ihn einmal im Foto und einmal als Maske, um die Haltung zu demonstrieren, die er im fertigen Werk einnehmen wollte (Abb. 88).[130] Diese Situation ist aus zwei Gründen bemerkenswert. Einmal bringt sie zwei Medien des Porträts zusammen, die einander im 19. Jahrhundert ablösten: die Gipsfigur als Abdruck und die Fotografie als Ablichtung des Menschen. Wichtiger noch scheint mir der Umstand, dass die Fremdheit des eigenen Gesichts, die Molder in jedem seiner Fotos empfindet, in der Maske gleichsam zum Thema stilisiert wird: Die Fotografie einer Maske, die Maske einer Maske, hält auf doppelte Weise Distanz zum Gesicht.

Die Installation «Algún Tiempo Antes» («Einige Zeit davor») kann hier nicht näher beschrieben werden. Molder trat dabei als fiktiver Zuschauer des legen-

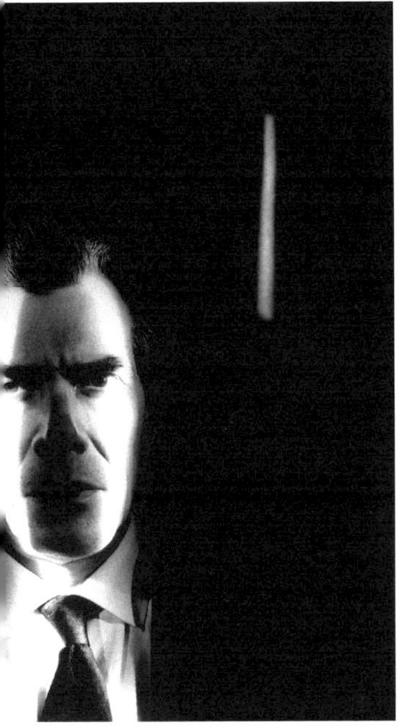

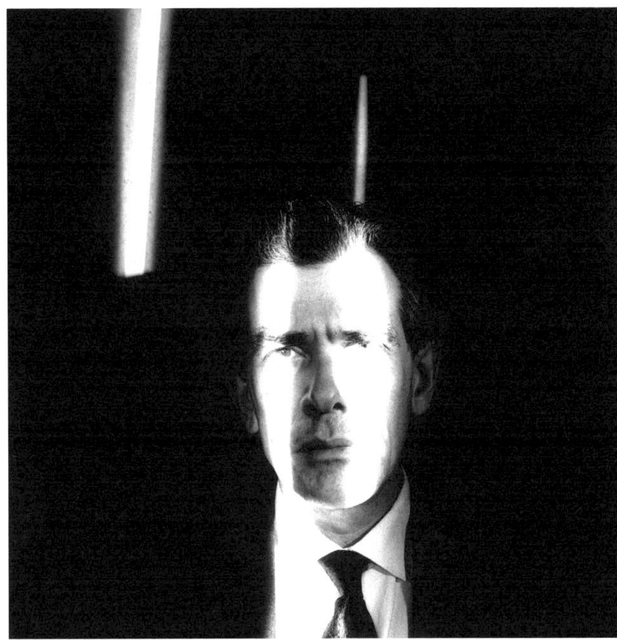

dären Fenstersturzes auf, den Yves Klein in einer Fotomontage aus dem Jahr 1960 als «homme dans l'espace» («Mensch im Raum») simuliert hatte. In diesem Rahmen warf Molder einen Blick der Erinnerung in den Abgrund, in dem sich sein berühmter Künstlerkollege in freiem Fall befand. Doch die Nebenrolle, die Molder in dieser Installation einnahm, brachte ihn auf die Idee, einmal die Hauptrolle zu spielen und sein Double in der Maske zum Thema zu machen. Dafür wählte er die prototypische Figur des Pinocchio, der mit seinen Streichen und seinem Doppelleben als Holzfigur und im Körper alle Welt gefoppt hatte. So entstand eine Kleiderpuppe mit echten Haaren, in der Molder in buchstäblichem Sinne einen Doppelgänger seiner selbst konstruierte. Diesmal wurde der ganze Werkprozess sukzessive in einer Reihe von Fotos festgehalten, die für sich stehen und eine erstaunliche Verwandlung dokumentieren: die Verwandlung der Lebendmaske in ein Faksimile des ganzen Körpers. So entstand, als eine paradoxe Gattung, das Porträt einer Maske (Abb. 89). Das Foto, das wir hier abbilden, gibt einen Zustand wieder, in dem der fertig modellierte Kopf schon in die Puppe, der nur noch die Haare fehlen, und ihre Kleidung eingesetzt ist. Molder registriert

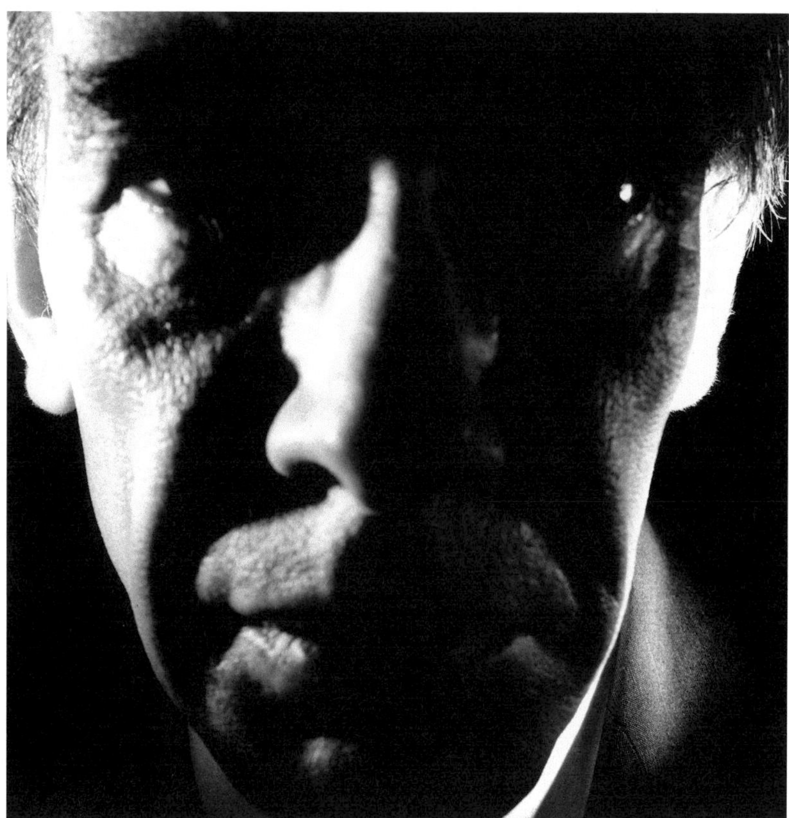

Abb. 87
Jorge Molder, Aus der Serie «T. V.», 1995, Fotografie

dabei mit fotografischen Mitteln wie Blick- und Lichtführung die in der Maske porengenau wiedergegebene Haut mit den eingesetzten Glasaugen so suggestiv, dass man den Kopf im ersten Augenblick für echt hält.[131] Hier überschreitet das falsche Porträtfoto in voller Absicht die Grenze zwischen Gesicht und Maske, die für Molder gar keine feste Grenze bildet. Im Rückblick auf all die Serien, in denen er mit seinem echten Gesicht figuriert, erscheint die Ambivalenz von Gesicht und Maske, die in diesem Foto auf die Spitze getrieben ist, als Programm.

Kehren wir aber zum Porträt zurück, dem dieses Kapitel gewidmet ist. Der Gedanke an die Maske hat in diesem Zusammenhang erbitterten Widerstand gegen ihre Unausweichlichkeit hervorgerufen, selbst wenn dabei das Gesicht bis zur Unkenntlichkeit mobilisiert werden musste und die Frage der Ähnlichkeit zur

Nebensache wurde. Das Kronbeispiel dafür war das entfesselte Gesicht bei Francis Bacon. In zwei Fotoserien der 1990er Jahre lässt Molder schon im gewählten Titel erkennen, dass er die moderne Geschichte des Porträts und insbesondere das Beispiel Francis Bacons im Auge hatte. Da ist zunächst die Serie «INOX» aus dem Jahre 1995, deren Titel auf Papst Innozenz X. und das Velázquez-Porträt verweist, das Bacon zu seiner furiosen Sequenz von Überbietungen und Gegenentwürfen herausgefordert hatte (S. 186). Bacon hat dabei mit Fotografien gearbeitet – er weigerte sich sogar, das Original in Rom zu sehen –, um an ihnen und mit ihnen die Auflösung der gemalten Maske ins Werk zu setzen.

Molder kehrt diesen Prozess gleichsam um, wenn er in seiner Serie schon an der Fotografie die Entfesselung der starren Gesichtsform betreibt. Wie aber ist das möglich, wenn doch die Kamera dafür gebaut ist, das Gesicht gleichgültig zu registrieren? Es gelingt Molder, indem er die Kamera mit der Arbeit des Lichts überlistet, dem sie als Apparat ausgeliefert ist. In drei Fotos aus der Serie «INOX» löst sich das Gesicht Molders in einer Steigerung des Lichts sukzessive auf, so dass es im dritten Foto ganz überblendet wird und nur mehr hilflos blinzeln kann (Abb. 86 a–c). Das gleiche Licht, welches das Gesicht im ersten Foto vor dem schwarzen Grund modelliert (die Mittelachse liegt dabei im Schatten), zerstört seine Form bei zunehmender Helligkeit. Dadurch wird der Ausdruck in wachsendem Maße zum Gegenspieler der Physiognomie, obwohl sich nichts im Bild bewegt. In seiner Serie scheint Molder einen Prozess aufzunehmen, der schon Bacon einmal zu einem Triptychon angeregt hat. Es sind die «Three Studies of the Human Head» aus dem Jahr 1953, die wie eine filmische Sequenz das Gesicht als feste Form in reinen Ausdruck auflösen (vgl. Abb. 77, S. 188/89). Hier sind wir zwar nicht mehr bei den Papstporträts, aber immer noch bei Bacon, der für den Fotografen Molder eine Herausforderung war und ihn zu einer unmöglich erscheinenden Antwort mit den Mitteln der Fotografie angeregt hat.

In der gleichen Zeit wie die Serie «INOX», im Jahr 1995, entstand auch die Serie «T. V.», die ein anderes Verfahren wählt, um sich dem Gesicht zu nähern, und es dadurch noch mehr verfehlt als sonst.[132] Der Titel spielt nicht nur auf das TV als Medium an, sondern auch wieder auf den Papst Innozenz X., dem Molder den Ausdruck in den Mund legt, Velázquez habe ihn «allzu lebensecht» («troppo vero») gemalt, worauf er das unangenehm genaue Porträt zurückgewiesen haben soll. Man könnte auch sagen, Velázquez habe zu sehr die offizielle Maske gelüftet, die der Pontifex von ihm erwartete. Molder aber legt es in seiner Serie darauf an, das eigene Gesicht zu entgrenzen, indem er ihm zu nah auf den Leib rückt.

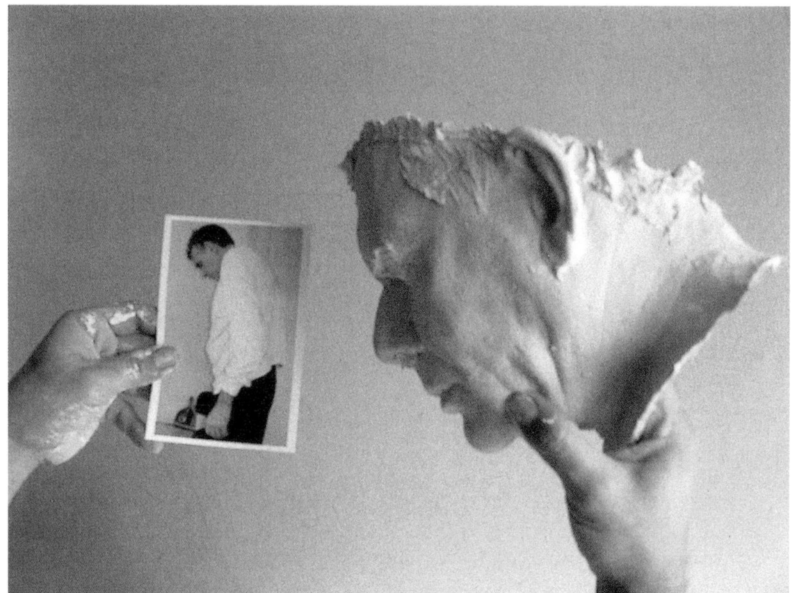

Abb. 88
Jorge Molder, Arbeitsfoto für die Installation «Algún Tiempo Antes», Santiago de Compostela, 2006

Zunächst sieht man noch den ganzen Kopf, aber Licht und Schatten, die ihn doch sonst modellieren, ergreifen hier eigenmächtig die Herrschaft über die Physiognomie und liefern das Gesicht einem wilden Wechsel von Hell und Dunkel aus, in dem nichts mehr an seinem Platz bleibt. Nur die Augen, die ebenfalls im Dunkel liegen, blitzen im weißen Augapfel auf, doch lassen auch sie den Blick nicht erkennen, der sich auf uns (?) oder die Kamera (?) und das eigene Gesicht richtet, das sich so nah herandrängt (Abb. 87). Man sieht nur mehr eine Gesichtslandschaft, aber kein Gesicht, das man noch jemandem zuordnen könnte. Die Annäherung geht so weit, dass das Gesicht aus dem Fokus gerät und damit in der Fotografie, wie man zu sagen pflegt, unscharf wird. Während Molder in anderen Serien zum Gesicht auf Distanz bleibt, unterläuft er hier die vom Apparat geforderte Distanz und verliert im *troppo vero* das Gesicht aufs Neue. Diese Belagerung des eigenen Gesichts verhindert nicht, dass es in allen diesen Annäherungen ein Fremdkörper bleibt, um noch einmal Molder zu zitieren. Wenn die Kamera diejenige Maske demontiert, die ein Porträtfoto so leicht herstellen kann, dann verfehlt sie auch das Gesicht, das sich – so dürfen wir schließen – nur in der Maske abbilden lässt.

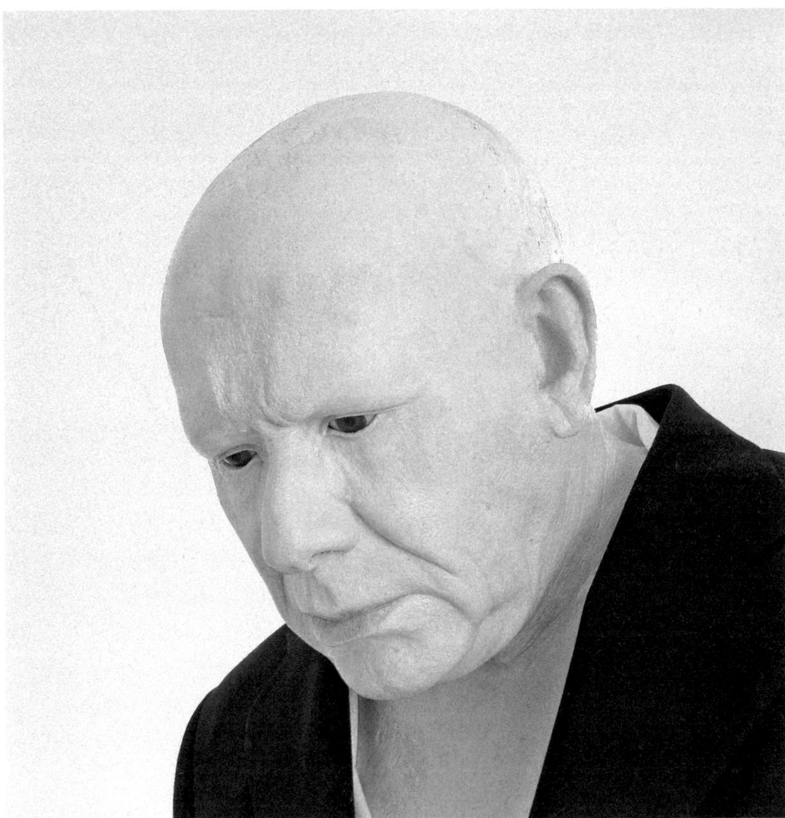

Abb. 89
Jorge Molder,
Arbeitsfoto für
die Herstellung
seines Doubles
als «Pinocchio»,
2009/10

Die Fotos, die Jorge Molder von seinem Gesicht in ganzen Serien und immer neuen Konstellationen produziert, verschärfen den Blick auf die Krisen, die im Porträt immer präsent waren. Das Porträt machte stets das Versprechen, eines Selbst habhaft zu werden, und hinterließ zugleich eine Enttäuschung, wenn hier das Selbst auf einer Oberfläche entglitt. Der Maske konnte selbst die Fotografie nicht entgehen. Molder machte diese Schlussfolgerung unausweichlich, als er ein Double mit seiner Gesichtsmaske fotografierte.

III. Medien und Masken. Die Produktion von Gesichtern

15. Faces. Der Konsum der Mediengesichter

Die Geschichte des Gesichts setzt sich im Medienzeitalter auf eine neue Weise fort. Denn die Mediengesellschaft konsumiert ohne Ende Gesichter, die sie selbst produziert. Es sind Artefakte, welche auf den neuesten Stand der technischen Bildproduktion gebracht sind und mit ihrer Schnelligkeit Eindruck machen. Man kann davon sprechen, dass Mediengesichter in der Öffentlichkeit das natürliche Gesicht verdrängt haben, das bereits für die Aufzeichnung durch die Kamera und die Übertragung auf dem Bildschirm als Maske eingeübt wird. Die Medien bedienen das Publikum mit Gesichtsklischees, die der Stellvertretung einer Person in der Öffentlichkeit dienen. In der digitalen Revolution vollendet sich schließlich die technische Produktion von Gesichtern. Sie bringt ein synthetisches Gesicht hervor, welches sich aus der Bindung an einen lebenden Körper gelöst hat. Bereits der Begriff des *cyberface* bekundet die Abkehr von Ähnlichkeit und Abbildung (S. 295 ff.).

Für eine Generation mit kurzer Erinnerung scheint die Bildgeschichte des Gesichts mit der modernen Mediengeschichte zusammenzufallen, die mit der Fotografie und dann mit dem Film begann, sich im TV fortsetzte und im Internet, etwa in Facebook, ihren vorläufigen Höhepunkt erreicht hat. Die heutigen Medien bedienen in einem beschleunigten Zeittakt ihre Konsumenten mit Gesichtern, deren Zirkulation in der globalen Ära selbst kulturelle Grenzen überschreitet. In den Massenmedien fehlt der viel beklagten Bilderflut jedoch paradoxerweise nichts mehr als das Gesicht, denn es erfährt durch seine Überproduktion eine schablonenhafte Entleerung oder Verflachung. Französische Filmkritiker haben deshalb selbst in der filmischen Großaufnahme, die sich doch auf Gesichter konzentriert, den schleichenden Verlust des humanistischen Gesichts beobachtet (S. 259).

Gerade wenn man die Geschichte des Gesichts als eine Bildgeschichte erzählt, stellt sich heute die Frage, ob es sich gegenwärtig überhaupt noch um das gleiche Thema handelt und ob sich diese Geschichte über alle Brüche hinweg weiter fortsetzt. Die «faciale Gesellschaft», wie sie Thomas Macho genannt hat (S. 41), macht den Mangel an echten Gesichtern in der Öffentlichkeit durch eine Überschwemmung mit Bildern wett, die sich an die Stelle des Gesichts setzen und mit ihm in Konkurrenz treten. Es sind die *faces*, die das amerikanische Bildmagazin «Life» schon 1937, im Jahr seiner Gründung, als Verlagsprogramm vorgestellt hat (S. 216). Diese Gesichtskonjunktur beherrscht die Unterhaltung ebenso wie die *news* so unangefochten, dass sie den Betrachter nur mehr als passiven Konsumenten zulässt, während sie in Wahrheit Masken produziert. Auch in den Biowissenschaften zieht das einzelne Gesicht keine Fragen mehr auf sich, die ihm noch seine alte Bedeutung sichern könnten (S. 94). Hier richten sich die Fragen nach der Gattung oder dem System Mensch gleich an das Gehirn, wo man die Antworten also in einem Körperorgan und nicht mehr in einer individuellen Person sucht. Aber im Gehirn gibt es wenig zu «sehen», was dem alten Bild von Physiognomie und Mimik noch entspräche.

Die Gesichter der Mediengesellschaft entsprechen der Logik von Politik und Werbung. Die Massenmedien, die ihre Bestimmung bereits im Begriff anzeigen, liefern Gesichter als Ware und als Waffe. Dabei besteht ein geheimes Wechselspiel zwischen den *prominenten Gesichtern*, die die Medien fortwährend in Umlauf bringen, und den *anonymen Gesichtern* der Masse. Der Gesichtskonsum in den Medien nährt sich von Gesichtern, die bereits als Masken entstehen, also «gemacht» werden, während sich gleichzeitig im Internet ein privater Konsum von Gesichtern breit macht, bei dem man sein eigenes *face* für andere ins Netz stellt, als würde man sich an einer imaginären Dauerparty beteiligen. An die Stelle der alten Formen von Öffentlichkeit und Privatheit tritt als Parallelwelt eine neue Auflage der «Spektakelgesellschaft» *(société du spectacle)*, welche Guy Debord schon vor einem halben Jahrhundert auf den Begriff gebracht hat.

Das individuelle Gesicht wird heute auch nicht mehr als Zeuge gegen den Tod gebraucht, weil dieser ohnehin tabuisiert ist. Während die Bilder privater Toter immer noch an einen Verlust erinnern, lächeln die öffentlichen Toten im Augenblick ihres Todes noch einmal aus den Medien. Sie sind schon vorher zum Stoff der *news* geworden, deren Repertoire sie bilden. Masken wurden sie nicht erst im Tod, weil sie bereits zu Lebzeiten Masken waren, die in den Bildarchiven der Medienfirmen auf Abruf gespeichert sind. Da sie dort aber keinen Nachschub mehr bekommen, wenn der Tod eingetreten ist, können sie von diesem Zeitpunkt an nur Archivbilder sein, aus denen das Leben entwichen ist (S. 136).

Allerdings bedarf dieser Befund einer Einschränkung. Das natürliche Gesicht ist weiterhin von seinen Lebenslinien gezeichnet, wie es Roland Barthes in den «Mythen des Alltags» noch einmal zu sagen wagte.[1] Die Diskurse über das Gesicht, in deren Bann man allzu leicht gerät, werden von dem zweifelhaften Grundsatz geleitet, dass wir in einem Zeitalter leben, in dem alles anders geworden und die Kontinuität zur früheren Geschichte des Gesichts bereits abgerissen ist – als ob lebende Gesichter inzwischen durch bloße Stereotypen ersetzt worden seien. Dabei wird außerdem der Irrtum erzeugt, dass es in historischen Zeiten öffentliche Gesichter gar nicht gegeben habe, die es in Wahrheit doch schon gibt, seit Gesellschaften sie für ihre Normen brauchen, also schon immer. So verfangen sich die modischen Diskurse in Widersprüchen, in denen die Absicht unverkennbar ist, sich diesseits einer beispiellosen Zeitenwende mit neuen Theorien einzurichten und um Aufmerksamkeit zu werben. Dieser Vorbehalt muss gemacht werden, wenn wir uns der Mediengesellschaft zuwenden und sie dennoch nicht als völligen Bruch mit der Bildgeschichte des Gesichts verstehen.

Von den Gesichtern, die im Zeitalter der Massenmedien zirkulieren, lässt sich nur reden, wenn zunächst von den Medien selbst die Rede ist, deren Geschichte im vergangenen Jahrhundert mit den amerikanischen Printmedien zwar nicht begonnen, doch einen starken Auftrieb erhalten hat. Dies lässt sich am Beispiel des Bildmagazins «Life» nachweisen, das Henry R. Luce, der auch Herausgeber des «Time»-Magazins war, am 23. November 1936 auf den Markt brachte. Die Redaktion bemühte sich anfänglich darum, ihrer Kundschaft die Tatsache zu vermitteln, dass die Bilder hier die bisherige Vorherrschaft der Informationstexte verdrängten. Deswegen brachte das Magazin schon am 28. Dezember, also einen Monat nach dem ersten Heft, eine Kolumne unter dem Titel «Faces» heraus, welche die Allgegenwart der Mediengesichter proklamierte (Abb. 90). Nur nebenbei ging es dabei um Werbung für eine firmeneigene Wochenschau, die das Haus als einen neuen *cinematic journalism* lancieren wollte, den sie als «The March of Time» aus der Taufe hob.[2] Im Kommentar heißt es dazu, man könne im Zeittakt eines jeden neuen Jahres die fortgesetzte Parade alter und neuer *faces* erleben, auf den Titelseiten der Presse ebenso wie auf den Kinoleinwänden. Es seien «notable faces – notorious faces», gleich ob es sich um das «hängende Stirnhaar Hitlers» oder die «tiefliegenden Augen» Roosevelts handelte. Auch Mussolini und der abgedankte englische König erscheinen auf der gleichen Bildleiste.

Abb. 90
Faces, aus: «Life», 28.12.1936, S. 6

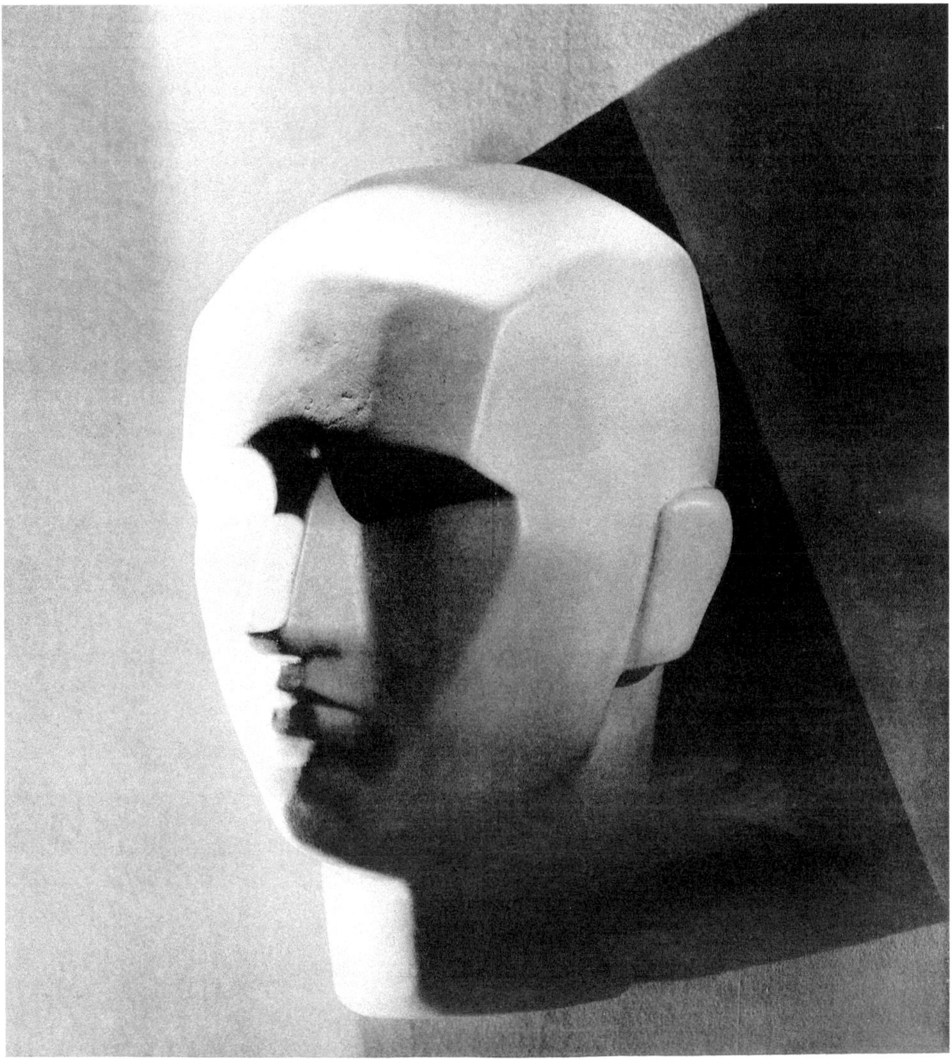

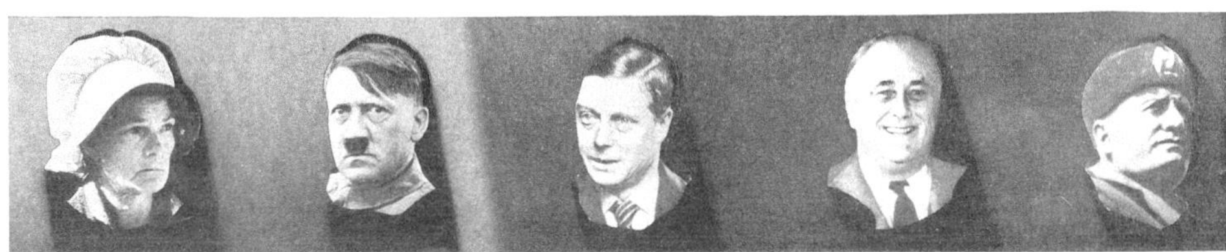

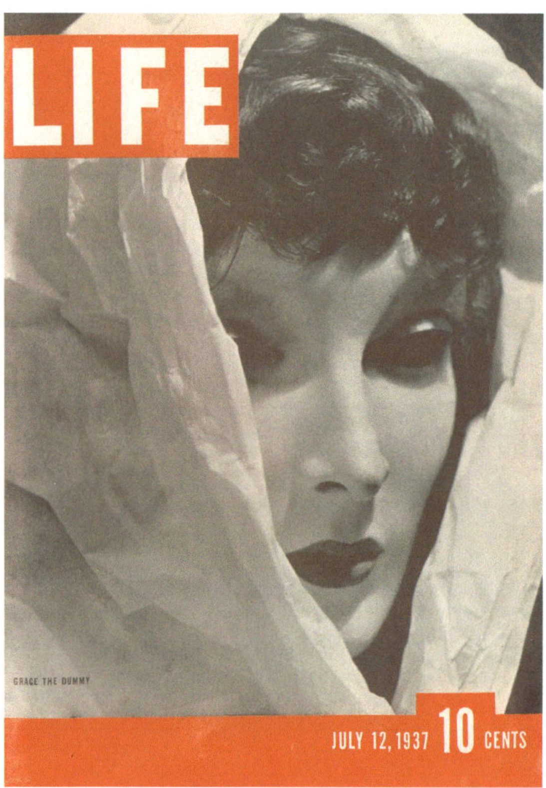

Abb. 91
Die Kleiderpuppe Grace the Dummy, Titelblatt zu: «Life», 12.7.1937

Um das Wesen der prominenten *faces* auf eine anschauliche Metapher zu bringen, präsentierte das Magazin einen gesichtslosen Kopf, auf den sich beliebig viele Gesichter alle auf die gleiche Weise projizieren ließen. Diese Schablone ähnelt dem Ständer von Kostümpuppen, die stets neu bekleidet werden. Sie verkörpert gleichsam eine gesichtslose Medienpraxis, die sich als Matrix von all den Gesichtern eignet, die auf ihr Platz finden und sich dort ständig den Platz streitig machen. Es ist diese unbeschränkt verfügbare, aber auch gefräßige Medienpräsenz, welche Gesichter zu Mediengesichtern macht, weshalb die harmlos erscheinende Erklärung des Magazins das eigene System anpreist. Die Gesichter sind aktuelle Gesichter, die alle durch den gleichen Raster geschickt werden, ob Roosevelt oder Hitler, ob gut oder böse, wenn sie nur Furore machen. Die Beispiele, die unterhalb des anonymen Kopfschemas nebeneinander aufgereiht sind, bieten eine handgreifliche Lektion für das Paradox, dass die Gesichter ausgewechselt wurden und doch in jedem Fall unverwechselbar waren oder unverwechselbar schienen. Die Gesichter kamen und gingen, die Medien aber blieben.

Das Layout des Magazins vermittelt den Eindruck, dass es an den *news* und ihrem Bonus der Aktualität liegt, wenn ein Medium, das selbst gesichtslos ist, immer neue Gesichter auf sich zieht, die einander wie Masken ablösen. Man sieht die neuen Gesichter am selben Ort, und man sieht sie stets auf die gleiche Weise. Es liegt eine merkwürdige Koinzidenz darin, dass ein halbes Jahr später, am 12. Juli 1937, auf der Titelseite von «Life» der Kopf einer Schaufensterpuppe erschien. «Grace the Dummy» war von Saks an der Fifth Avenue als erste Kleiderpuppe mit Gesicht ausgestellt worden (Abb. 91). Damit ging die Ära der *headless forms* in den Schaufenstern zu Ende. Die Puppen sollten mit dem gleichen Gesicht die jeweils neuesten Kleider vorführen. Was im einen Fall die Kleider sind, das sind im anderen Fall die Gesichter. Der Werbetext für die firmeneigene Wochenschau von «Life» versprach denn auch dem Publikum, es werde in der Zukunft nicht an einer Neuauflage der *distinguished gallery* von politischen Größen fehlen. Denn es kämen auch im neuen Jahr interessante neue Gesichter hinzu *(be added)*, die dann Prominenz erlangen würden.

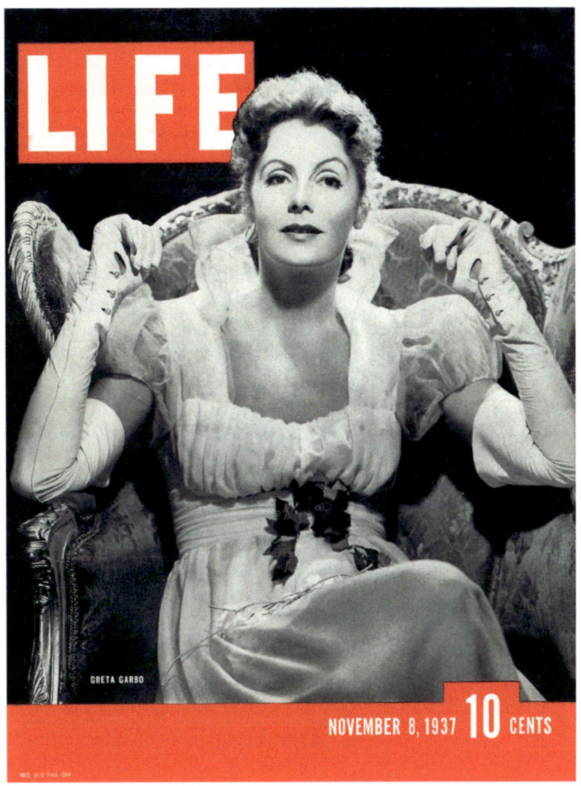

Abb. 92
Greta Garbo,
Titelblatt zu: «Life»,
8.11.1937

Doch im Hollywood-Zeitalter waren es die Kinostars, welche die Phantasie der Massen fesselten. Das bewies «Life» wiederum einige Monate später, in seiner Ausgabe vom 8. November 1937, mit einem Cover, welches das Bild einer Schauspielerin zeigt (Abb. 92). Sie thront vor uns in der Pose eines Idols, das von der Aura der Unnahbarkeit umgeben ist. Es ist die «göttliche» Greta Garbo, die «Einsiedlerin *(recluse)* von Hollywood», von der das Magazin berichtet, sie wolle sich demnächst aus der Öffentlichkeit ganz zurückziehen und nach Schweden zurückkehren. Garbo präsentiert sich zugleich in einer Filmrolle, denn sie trägt das historische Kostüm der polnischen Gräfin, die sie 1930 als Geliebte des Kaisers in dem Napoleon-Film «The Conquest» gespielt hatte, einem der teuersten Filme Hollywoods. Was im Film eine Einstellung hätte sein können (und vielleicht auch gewesen ist), ist durch den Wechsel des Mediums eine Rolle geworden, in der Greta Garbo sich selbst spielt und wie eine Trophäe das berühmte Gesicht zur Schau trägt, mit dem sie immer eine andere spielte und doch immer sie selbst war. Auch das Lächeln in ihrem Gesicht ist ganz ikonisch. Es ist hier auf niemanden und nichts gerichtet, ganz Repräsentation ihres legendären Gesichts und ohne Präsenz in einem körperlichen Sinne.

Nach der Werbung mit den prominenten Gesichtern, der am 28. Dezember 1936 die Kolumne «Faces» diente, machte «Life» in derselben Ausgabe eine etwas scheinheilige Konzession an die Leser. Denn das Magazin versicherte eilig, dass die alltäglichen Gesichter «ebenso interessant» seien wie die berühmten. Sie seien so deutlich dem Zeitgeschehen ausgeliefert, dass auch sie in der Wochenschau Platz finden sollten. Am anderen Ende der Skala wollte man die Gesichter der Masse noch einmal dem Dunkel ihrer neuen Anonymität entreißen. Aber das idealistische Vorhaben konnte nicht gelingen. In dem Magazin wurde lediglich das scheindemokratische Angebot gemacht, die amerikanische Gesellschaft selbst ins Bild zu bringen und beispielsweise Arbeiter aus dem Fort Peck zu zeigen. Zugleich wurde das Monopol der hauseigenen Bildreporter scheinbar aufgegeben. Das Magazin lud seine Leser ein, Schnappschüsse aus ihrem Leben einzuschicken und sie mit den zugehörigen *stories* zu erklären. Doch auch dieses Projekt scheiterte, weil die Bildproduktion des Magazins, die professionelle Produktion von Gesichtern, alle anderen Rücksichten beiseite schob. Heute machen wir eine ähnliche Erfahrung, wenn im Fernsehen Leute von der Straße einen Augenblick lang ins Bild geholt und vor der Kamera dazu befragt werden, wie sie ein aktuelles Ereignis erlebt haben, während es allein die Reporter sind, die darüber berichten dürfen.

Die Aktualität des amerikanischen Bildmagazins als Ort prominenter Gesichter wurde bald durch die Konkurrenz des TV bedroht. In der Live-Berichterstattung vom Vietnamkrieg gab sich «Life» im Dezember 1972 schließlich geschlagen und stellte sein Erscheinen ein. Schon seit dem Herbst 1963 hatten die *TV News* im Halbstundentakt Bilder geliefert, die von tragbaren Filmkameras stammten, und damit das Angebot des Wochenmagazins «Life», das bis dahin immerhin 30 Millionen Leser erreicht hatte, zunichte gemacht. Dort wehrte man sich gegen die Konkurrenz mit der Devise, «permanence» bleibe eine Stärke der Fotografie. Das TV stelle doch nur den flüchtigen Augenblick («the fleeting moment») dar, während man die «großartigen Fotos in *Life* für immer betrachten» könne.[3] Nach der Trauerfeier für Churchill in London im Januar 1965 charterte die Redaktion sogar eine DC-8, um die acht Stunden Flug nach Chicago an Bord, sogar mithilfe einer mobilen Dunkelkammer, für die Bearbeitung der Bilder in der Montagsausgabe zu nutzen. Aber das war bereits ein Rückzugsgefecht. Das digitale Zeitalter war noch nicht angebrochen, in dem Bilder in jeder Form und jedem Zustand per Internet sekundenschnell verschickt werden können. Damals blieben die Printmedien als langsame Speicher und Archive schnellerer, aktuellerer Medien auf der Strecke.

Auch die Produktion öffentlicher Gesichter veränderte sich mit dem Aufstieg des TV, das den Kinofilm aus seiner Dominanz vertrieb. Die Bilder waren nicht mehr auf Kinofilme und Schauspieler beschränkt, sondern kamen jetzt in Echtzeit ins Haus und stellten Figuren aus dem öffentlichen Leben, aus der Welt von Politik, Wirtschaft und ‹Glamour› dar, Personen also, die nie im Kino erschienen wären und in nahezu jedem Augenblick öffentlich waren. Der Schnappschuss ist seither Chance und Risiko des neuen Gesichtskonsums, dem unzählige Bildreporter dienen, welche quer über den Globus hasten und jede Figur mit einem bekannten Gesicht umlagern. Dazu gehört auch die Live-Übertragung einer Rede oder einer Galaparty. Doch bleibt die Kommunikation mit dem prominenten Gesicht im TV Simulation und ist in der Sendung unsichtbar von den Techniken und Regeln der Medien gesteuert. Die Reporter können, wenn sie die einstudierte Fassade eines prominenten Gesichts belauern, um dahinter das echte Gesicht aufzuspüren, nur das stereotype «Lächeln für die Kamera» erbeuten. Deshalb halten sie unbeirrt nach einem unverhofften Moment Ausschau, in dem sich die Maske lüftet und etwas von sich preisgibt, auf das die Konsumenten der Bilder stets aufs Neue warten.

Zwischen den prominenten Gesichtern der Massenmedien und den anonymen Gesichtern der Masse, von denen sie konsumiert werden, findet kein direkter Kontakt mehr statt, wie wir ihn von den lebenden Schauspielern im Theater gewohnt sind, wo immerhin vor unseren Augen gespielt wird. Durch das Bild, das sich an die Stelle des Gesichts setzt, gewinnt dieses eine abstrakte Gewalt. Es erwidert keine Blicke aus dem Publikum, auf das seine Wirkung berechnet ist, und bleibt unerreichbar auf sich selbst bezogen und ebenso anonym, wie es die Übertragung ins Wohnzimmer ist, auch wenn man beharrlich ein *face to face* vortäuscht. Gerade deshalb stößt der mimetische Impuls in der Masse ins Leere. Er richtet sich nur auf die öffentlichen Masken, hinter denen ihre Träger verschwinden. Die mediale Präsenz ist immer das Produkt von Repräsentation. Als solche löst sie die rituelle Präsenz von einst ab, bei welcher ein Repräsentant vor der Öffentlichkeit körperlich in Erscheinung trat. Jetzt bleiben die Gesichter in ihrer «Fernanwesenheit», wie Thomas Macho sie nennt, blind für ihr Publikum.[4] Dabei gehört es zur Natur einer Ikone, dass sie alle Blicke auf sich zieht und doch keinen Blick erwidert. So wirkte die Ikone schon immer durch eine Asymmetrie, die sie für ihre Betrachter unerreichbar machte. Eine neue Asymmetrie ist in der TV-Übertragung eine Folge der Technik. In den Medien ist ein Gesicht auf ähnliche Weise maßstabslos wie die Masse, auf deren Bildschirme es übertragen wird.

In autoritären Regimes erscheinen die Gesichter der Machthaber in gigantischen Formaten, die heute durch den Bilddruck ermöglicht werden, überall an den Wänden des öffentlichen Raums. Politische Macht wird ausgeübt durch die Macht der Bilder, denen niemand im Straßenraum entgehen kann. Ein einziges Gesicht unterwirft sich alle Gesichter der Menge, die daran vorbeigehen. Präsenz als Herrschaft wird symbolisch durch die Präsenz im Bild ausgedrückt. Ein Gesicht, das die Passanten jeden Tag in den Printmedien oder im Fernsehen erleben, kehrt im Straßenraum, dem öffentlichen Raum von einst, als kolossale Maske wieder. Es sind denn auch solche Plakate oft das erste Ziel, das Aufständische attackieren, um einen Machtwechsel zu proklamieren. Einst richteten sich solche ikonoklastischen Akte gegen die Kultbilder der Kirchen oder die Standbilder eines Herrschers. Auch heute enthüllen sie deren Machtlosigkeit, indem sie die Bilder zerstören, mit denen bis dahin Allmacht demonstriert wurde. So rissen Demonstranten im Januar 2011 während der ägyptischen Revolution Bilder des Tyrannen Hosni Mubarak, die sich plötzlich als nichts anderes als bedrucktes Papier erwiesen, in Streifen von den Wänden herab (Abb. 93). Ein Pressefoto, das bei dieser Gelegenheit entstand, veranschaulicht drastisch die Fiktion wie auch die Maßstablosigkeit des öffentlichen Gesichts, das wie ein Gesicht aussieht, aber kein Gesicht mehr ist.[5]

Im Rückblick auf die Geschichte der Mediengesichter tritt auch die Bedeutung der modernen Reproduktionsmedien ins Licht. Die Konjunktur der *faces* hatte einen Vorlauf in der Fotografie, durch die jeder ins Bild kommen wollte und kommen konnte. Die «Produktion von Gesichtsbildern» wurde durch die technische Verfügbarkeit der Bilder für jedermann möglich: Seither wird «niemand mehr bilderlos und niemand gesichtslos leben», wie Ulrich Raulff schreibt.[6] Aber die Masse bekommt dadurch kein Gesicht, sondern zieht sich auf den privaten Schnappschuss zurück, der einen beliebigen Moment und eine beliebige Ansicht festhält. Dagegen bewährte sich die offizielle Fotografie im 19. Jahrhundert als ein neues Medium der Selbstdarstellung des bürgerlichen Subjekts, das zur Masse Distanz hielt und seine gesellschaftliche Position mit ihren eigenen Standards abbildete. Deshalb brauchte man die professionellen Fotografen, die in den Salons für ihre Kunden besondere Bühnen und Kulissen bauten, um sie standesgemäß zu inszenieren. Die anderen Fotografen kamen erst zum Zuge, als man sich im Kodak-Zeitalter selbst ablichten konnte. In der Frühzeit der Fotografie hingegen stritt man um die fotografische «Wahrheit» eines Gesichts, das erst in seiner Mimik im wörtlichsten Sinne zum Leben erwacht, während es in der Ablichtung in ebenso wörtlichem Sinne stillgelegt wird (S. 193 ff.).

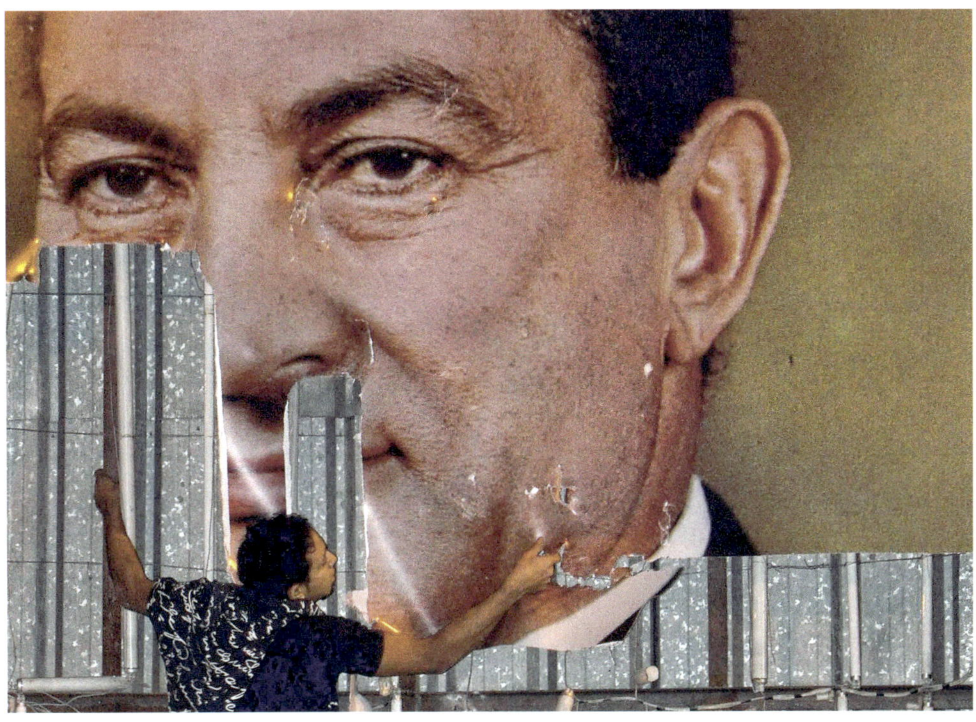

Abb. 93
Demonstrant vor einem Plakat mit Hosni Mubarak, Kairo, Januar 2011

Die Produktion von prominenten Gesichtern war jedoch an solche Printmedien gebunden, die für die Fotografie noch lange Zeit keine geeigneten Drucktechniken besaßen. Deshalb richtete Mathew B. Brady, der Pionier in der amerikanischen Fotografie, in den 1840er Jahren in New York und Washington eine «Gallery of Illustrious Americans» ein, die man in einer Ausstellung bewundern konnte. Die Veröffentlichung der Fotos in «Harper's Weekly» konnte nur durch den Holzstich erfolgen, während der fotomechanische Druck erst viel später begann. So wurde im November 1860 das Porträt Abraham Lincolns auf der Titelseite des Magazins nach einem Foto Bradys gestochen, das man aus der Ausstellung kannte (Abb. 94).[7] Das Magazin stand in der Verbreitung offizieller Fotos in einer komplementären Beziehung zu Bradys Ausstellungsraum. Von Brady fotografiert zu sein, wurde in der jungen Republik zu einem Gütesiegel für Prominenz. Die «distinguished Americans» erwarben öffentliche Präsenz durch das Medium, in dem ihre Gesichter veröffentlicht wurden. Die amerikanische Gesellschaft sollte sich in den Gesichtern ihrer «most eminent citizens» spiegeln. Indem man diese als moralische Vorbilder präsentierte, wollte man ihnen im demokratischen Aufbruch dieser Jahre einen verdienten Platz geben.[8] Heutige Prominenz hingegen findet allein in den Medien statt und bildet sich außerhalb von Wertekategorien der sozialen Hierarchie.

Nach dem Ende der bürgerlichen Gesellschaft im Ersten Weltkrieg entwickelte August Sander wie erwähnt das neuartige Projekt, die Menschen offen als Repräsentanten von Berufen und Ständen abzubilden. Er zeigte sie als soziale Typen in ganzfigurigen Ansichten ihrer gesellschaftlichen oder beruflichen Tätigkeit am Schreibtisch oder auf der Baustelle (S. 197). In diesem Projekt wurden gleichsam alle Stände, selbst die bisher ausgeschlossenen Klassen, in offiziellen Fotografien mit einer je eigenen Norm vorgestellt. In Sanders berühmtem Fotobuch treten deshalb gerade die lange geleugneten Widersprüche in der Gesellschaft offen zutage. Das Projekt wurde gleichsam im Widerstand gegen das bürgerliche Porträt entworfen, was nicht ohne Kontroversen abgehen konnte. Sogar in der Einleitung von Sanders Fotobuch beklagte Alfred Döblin die «Abflachung der Gesichter durch die menschliche Gesellschaft», die in den Abbildungen zum Ausdruck komme.[9] Er sah darin die Zeitenwende einer «zweiten Anonymität», in der das individuelle Gesicht und der Charakterkopf der bürgerlichen Ära ausgedient hatten. Benjamin aber war davon begeistert, dass das menschliche Gesicht nicht mehr vom traditionellen Porträt definiert wurde, sondern nur noch «die bestehende Gesellschaftsordnung abbildete» (S. 108, 197). In diesem Sinne empfahl er Sanders Buch als einen «Übungsatlas», in dem die Menschen der demokratischen Moderne sich selbst wiedererkennen sollten. Im gleichen Sinne wollte er auch die Rolle des Films verstehen, weshalb er das Bild der sowjetischen Gesellschaft in den Filmen Eisensteins als vorbildlich bewertete.[10]

Von den anderen Massenmedien dieser Moderne, den Illustrierten, war damals wenig die Rede. Sie kompensierten den *Gesichtsverlust* im Porträt inzwischen durch den *Gesichtskult* von allgegenwärtigen Idolen, die als amerikanischer Import (ähnlich wie Hollywood) begrüßt oder kritisiert wurden. Diese Idole traten als Signum einer neuen Öffentlichkeit auf, die durch Medien wie Print oder Film überhaupt erst konstituiert wurde. Jetzt kamen, jenseits aller nationalen und politischen Grenzen, jene prominenten *faces* in Umlauf, die nur in den Medien existieren. Sie versetzten eine Gesellschaft, die sich ihrer Identität nicht mehr versichern konnte, in den Rausch einer imaginären Welt, in der bezeichnenderweise Schauspieler dominierten: Schauspieler, die mit dem eigenen Gesicht einen all-

Abb. 94 Mathew B. Brady, Porträt Abraham Lincolns, Titelblatt zu: «Harper's Weekly», 10.11.1860

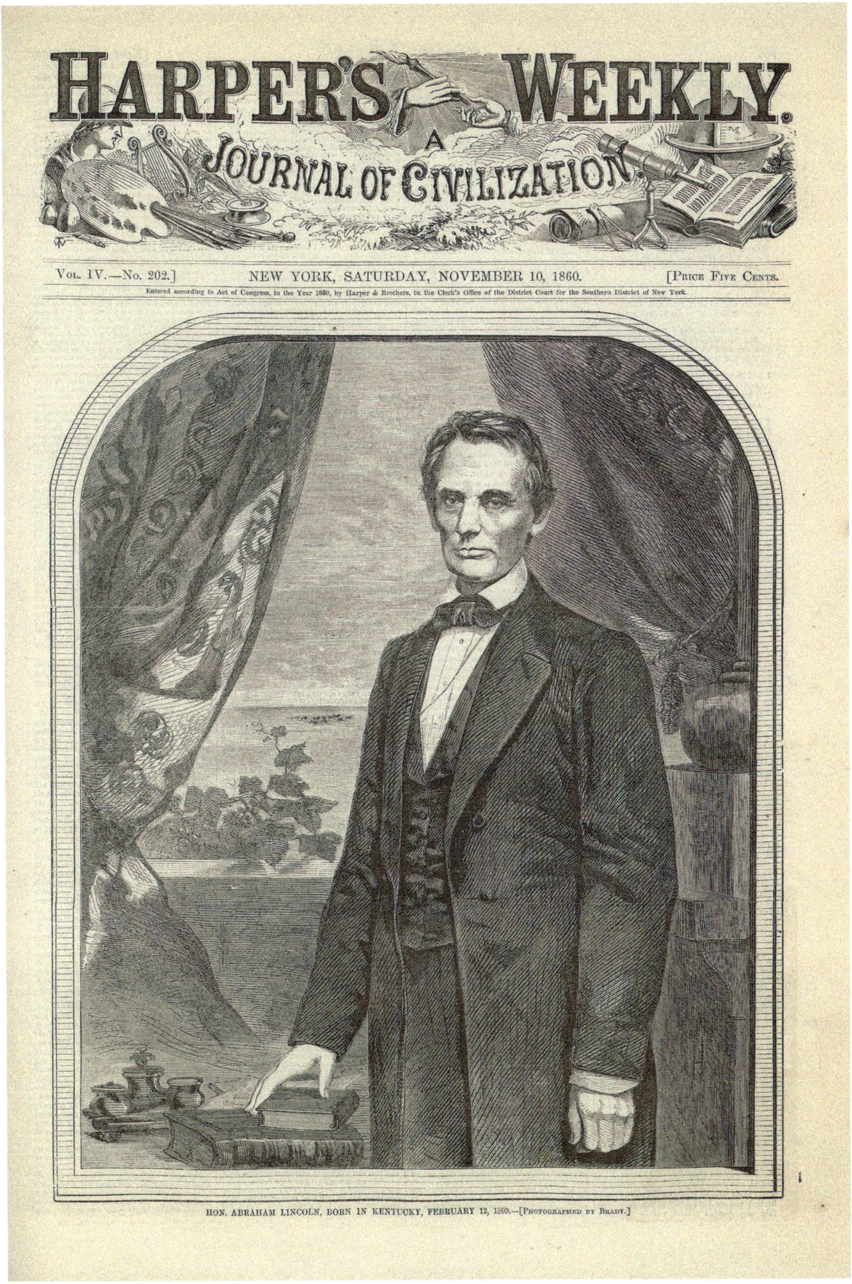

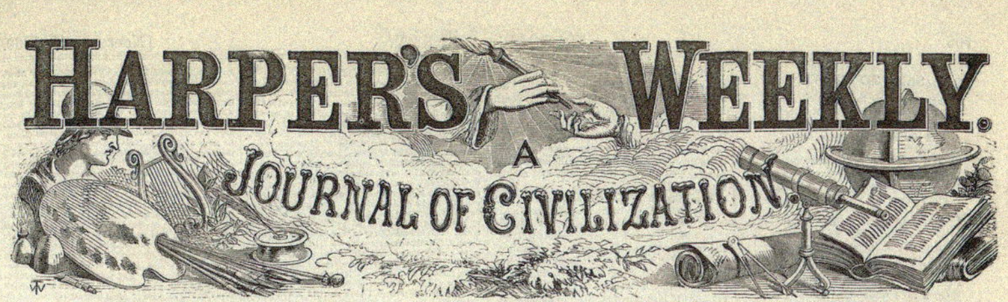

Vol. IV.—No. 202.] NEW YORK, SATURDAY, NOVEMBER 10, 1860. [Price Five Cents.

Entered according to Act of Congress, in the Year 1860, by Harper & Brothers, in the Clerk's Office of the District Court for the Southern District of New York.

HON. ABRAHAM LINCOLN, BORN IN KENTUCKY, FEBRUARY 12, 1809.—[Photographed by Brady.]

gemeinen Typus kreierten, dessen Kenntnis die Illusion einer Gesellschaft ohne Schranken versprach. Die Medien, welche die Träume lieferten, produzierten Ikonen mit einer abstrakten Verbreitung, in der sich jeder wiederfinden konnte, der jene kannte, die alle kannten.

In diesen Medien hat der Film eine Zeit lang die Rolle des Vorreiters und Modells gespielt. Dem anonymen Publikum, das mit seinen vielen Gesichtern im Dunkel verschwindet, entspricht auf der Kinoleinwand, wenn ein Close-up erscheint, ein einziges Gesicht. Die Nahaufnahme, die einen *face to face*-Kontakt vorgaukelte, stürzte anfänglich «die Massen in große Verwirrung», weil sie, so Roland Barthes, die «totale Maske» zugleich mit der größten Intimität erlebten (S. 259).[11] Solche Gesichter sind «Affektbilder», wie Gilles Deleuze sagte, weil sie als Träger den bloßen Ausdruck von einem Gesicht ablösen. Eine Nahaufnahme «ist das Gesicht»[12] – und doch ist sie zugleich der absolute Widerspruch zum Gesicht, denn sie bleibt im filmischen Medium der Illusion eingeschlossen, in dem sie uns gar nicht «nah» kommen kann. Die prominenten Gesichter im Film sind so imaginär wie das Medium, das sie bedienen. Es sind Filmschauspieler, deren Ikonen heute, in der Ära des Fernsehens, an Glanz verloren haben.

Jetzt laufen ihnen die Politiker und die Sportler den Rang ab, die, wie es scheint, in der Gegenwart des Publikums und nicht in einem Spielfilm auftreten. Die neuen Stars sind um ein «Image» bemüht, für das es kein Drehbuch mehr gibt. In dem atemlosen Kampf um Aufmerksamkeit brauchen sie Berater, die ihr «Image» kontrollieren. Der amerikanische Popstar Michael Jackson ging über die bloße Präsenz in den Medien hinaus, als er sukzessive sein eigenes Gesicht operieren ließ, um es in das gewünschte Mediengesicht zu verwandeln, das er bei seinen Auftritten vor einem überwiegend weißen Publikum tragen wollte. Er überließ sein Gesicht den Chirurgen, weil er auch vor seinem Publikum im Saal eine Life-Maske tragen wollte. Die Trauer bei seinem Tod im Jahr 2009 galt daher eher dem Abschied von einem Gesicht, das man verinnerlicht hatte und das allgegenwärtig blieb, obwohl sich sein Aussehen zu Lebzeiten mehrfach gewandelt hatte.

Die Politiker und Musikstars, denen man auch ‹live› in öffentlichen Veranstaltungen begegnen kann, spielen in den *news* ganz verschiedene Rollen, von denen ihr «öffentliches Image» bestimmt ist. Ähnlich verschieden ist der «mimetische Impuls» ausgerichtet. Die Masse giert nach Wunschbildern, die anfänglich in Diven und Rockstars verkörpert waren, aber heute auch von anderen Idolen besetzt werden. Dabei sucht man den Kontakt mit den *faces*, als handelte es sich um Personen, wie man selbst eine ist. Die amerikanische Fanpost, die in den 1950er

Jahren massenweise die Fernsehstudios überflutete, nahm in der Frühzeit des TV erst einen bescheidenen Anfang. Aber sie war schon damals vom Drang nach Erwiderung des leeren Blicks geleitet, den man vergeblich auf sich selbst ziehen wollte. Nachdem dieser naive Wunsch enttäuscht worden war, trat an die Stelle der anonymen und unerwiderten Huldigung der Wunsch nach einer leibhaften Verkörperung des Vorbilds, um als lebendiges Duplikat herumlaufen zu können. Folglich ist die kosmetische Chirurgie nur eine radikale Erfüllung des gleichen mimetischen Impulses, dem auch die Fanpost diente. Durch die Operation des eigenen Gesichts wünscht man, selbst ein prominentes Gesicht zu tragen. Das Fernsehen, das die begehrenswerten *faces* in Umlauf bringt, drehte in den USA schließlich die Kameras um und filmte die *faces* auch im Akt des Gesichtsopfers der Fans. Die 2004 angelaufene Sendung «I Want a Famous Face» ließ das Publikum so nah am chirurgischen Eingriff teilnehmen, als würde sie ihm die eigenen Wünsche erfüllen (S. 41).[13]

Die Operierten wollen ihrem Vorbild nicht nur im Leben nacheifern, sondern sich auch sein Gesicht ausleihen, da sie auf das eigene Gesicht keinen Wert mehr legen. Nur die Ähnlichkeit mit dem Idol verspricht ihnen, als Gesicht aus der Masse herauszutreten. Da man sich ohnehin nur mit einem Mediengesicht und nicht mit einer wirklichen Person identifiziert, ist der Gesichtstausch (im Widerspruch zu einem Blicktausch) eine natürliche Konsequenz im Ritual des Gesichtskonsums. Dabei findet der einstige Brauch, eine künstliche Maske aufzusetzen, eine groteske Fortsetzung. Man will lieber lebenslang eine Maske mit sich herumtragen, als sich mit dem angeborenen Gesicht, mit dem man nichts mehr anzufangen weiß, für immer abzufinden.

Der mimetische Impuls ist nicht erst eine Sache der Moderne, aber er erhält durch den Gesichtszwang, der durch die Massenmedien ausgeübt wird, eine neue Unausweichlichkeit. Der Kult der *faces*, der die Masse beherrscht und sie vereint, wird dadurch so mächtig, dass es sich nicht um die echten Gesichter ihrer Träger handelt, sondern um Masken, die diese in den Medien tragen. Gegen die Macht solcher Masken haben die natürlichen Gesichter keine Chance. Das zeigt sich schon daran, dass sie nicht zurückblicken können, denn sie werden gar nicht angeblickt. In früheren Zeiten war die Gesellschaft geschieden in solche, die ein rituelles Gesicht trugen, und die anderen, vor denen sie mit diesem Gesicht auftraten. Aber das Ritual fand an einem realen Ort statt, also auf einem städtischen Platz oder in einem Saal, wo beide Seiten, das prominente Gesicht und die vielen Gesichter des Publikums, eine *physische Präsenz* besaßen. Heute dagegen haben wir es mit einer *symbolischen Präsenz* zu tun, die auf den Bildschirm angewiesen ist und dort eine Pseudonähe erzeugt, welche in Wahrheit eine anonyme Erfahrung ist. Durch diese Art der Wahrnehmung auf einem Apparat hat sich auch die Bildfrage stark verändert.

Die lebenden Zuschauer und ihre technischen Bilder sind von vorneherein inkommensurabel. Sie sind es auch auf andere Weise, als es die alten Masken mit ihrer starren Ausdrucksgewalt und zeremoniellen Autorität gegenüber ihrem Publikum waren. Jetzt ist jede Maske in den Medien nicht nur die Fotografie eines Gesichts, sondern eine filmische Aufnahme aus dem Fluss des Lebens, welche die Stimme und die stets wechselnde Mimik aufzeichnet. So bietet sie das Erlebnis von Unmittelbarkeit, obwohl sie aus der medialen Distanz zu uns kommt. Dies war einst das Privileg der Großaufnahme im Kino (S. 259). Aber es ist im TV-Zeitalter zu einem allgemeinen Standard geworden, in dem ein Gesicht immer dominiert, weil es all das ausspricht, worauf wir warten, und die Sprache im Ausdruck erweitert. Der Erfolg der *faces* besteht genau besehen darin, dass wir sie nur als Bilder kennen und dennoch als Gesicht verstehen. Wie in einem Gesicht, so wechselt auch auf einem *face* der Ausdruck scheinbar spontan und ist doch kalkuliert, weil er auf seine Wirkung hin berechnet ist. Zwar wissen wir, dass diese Masken/Gesichter von den Massenmedien inszeniert werden, doch haben wir uns an diese Regie so gewöhnt, dass wir das Medium gar nicht mehr wahrnehmen. Wir glauben, das Mediengesicht so zu kennen, wie wir auch eine Person kennen. Nur deshalb wirkt ein *face* überhaupt lebendig, denn es ist nicht mehr von der Person zu trennen, die wir als *face* wahrnehmen.

Das Gesicht der Filmdiva Marilyn Monroe, das eine genauere Betrachtung verdient, wird auch von jenen wiedererkannt, die nie einen Film mit ihr gesehen haben. Ihr Gesicht gilt noch heute als Inbegriff der Erotik. Inzwischen wird es von lebenden Schauspielerinnen verkörpert, die den Mythos Marilyns als eine Filmrolle spielen und sich ihrem Vorbild bedingungslos angleichen. Es ist ein allgegenwärtiges Gesicht, das längst in die Aura kollektiver Erinnerung entrückt ist und sich von seiner Trägerin schon zu deren Lebzeiten gelöst hat. Auch bringt es die Erinnerung an das verflossene Zeitalter der Filmdiven zurück, in dem Marilyn ihren beispiellosen Ruhm fand. So ist ihr Gesicht vom Kult einer Ikone umgeben, die sich nicht mehr verändert und sich dadurch von den aktuellen *faces* der Medienprominenz unterscheidet. Dennoch hat es in unserem Zusammenhang schon deswegen einen besonderen Platz, weil es den Künstlern ein Motiv bot, um nicht nur die *faces* in den Medien, sondern die Medien selbst zu analysieren.

Andy Warhol übernahm dabei die Führung, als er an Marilyn nicht nur das Wesen eines Popstars freilegte, sondern mit ihr im gleichen Atemzug die Galerienkunst durch ein marktkonformes und werbewirksames Pop-Profil zur Konkurrentin der Massenmedien machte. Er ließ sich dabei, ganz im Stil der *news*, vom Schock der Öffentlichkeit leiten, als Marilyn im August 1962 in ihrem Haus in Los Angeles tot aufgefunden wurde. Man betrauerte damals überall auf der Welt ein *face*, das nicht mehr einer lebenden Person gehörte, sondern nur noch erinnert werden konnte. Der Tod der Diva schien ihr Gesicht in eine Totenmaske zu verwandeln, die es jedoch in den Medien ebenso wenig geben kann, wie es dort ein echtes Leben gibt. Ein Mediengesicht kann nicht sterben, weil der Tod nur zur Realität eines Körpers gehört.

Die Marilyn-Serien Warhols erinnern nicht bloß an eine lebende Marilyn, weil Marilyn selbst schon zu Lebzeiten Marilyn gespielt hat. Sie zeigen in jedem Exemplar eine unterschiedliche Anzahl von Gesichtern, um den beliebig erweiterbaren Seriencharakter selbst in einem Werk offenzulegen, das als Einzelblatt oder Einzelleinwand des Künstlers zum Verkauf stand. Da gibt es ein Doppelgesicht, ein «Sixpack» und eine Zwanzigersequenz. Dabei ist von Interesse, welche Vorlage Warhol wählte, als er die schrankenlose Produktion von Marilyn-Gesichtern begann. Es ist das verführerische Pressefoto in Schwarz-Weiß, das für den Film «Niagara» warb, mit dem Marilyn 1953 ihren Durchbruch erzielte (Abb. 95). Der Oberkörper der Schauspielerin wurde dabei im Bild so weggeschnitten, dass nur das Gesicht übrig blieb und seinen Charakter als Maske plakativ entfalten konnte.[14] Das isolierte, entkörperlichte Gesicht ist für uns nicht zu sehen, ohne dass wir die mediale Maske wahrnehmen, die Warhol konstruiert hat: eine Maske außerhalb von Raum und Zeit, wie sie die Medien selbst produzieren. Der Siebdruck bot sich dazu an, ein bereits vorhandenes Klischee zu benutzen, um es in ein anderes Klischee zu übersetzen. Warhol selbst beschrieb den Vorgang so: «You pick a photograph, blow it up, transfer it in glue onto silk, and then roll ink across it so the ink goes through the silk but not through the glue. That way you get the same image, slightly different each time.»[15] Die Vervielfältigung als mechanische Reproduktion mit Referenz auf die Druckmedien hielt jetzt Einzug in die Kunstausstellung.

«Two Marilyns» (1962), ein Siebruck mit Bleistift auf Leinwand, stellt eines der vielen Serienporträts von Marilyn dar, die statt des echten Gesichts das Pressefoto als Vorlage benutzen (Abb. 96).[16] Beide Köpfe, die sich an der Nahtstelle übereinander schieben, womit der Seriencharakter unterstrichen wird, sind vom

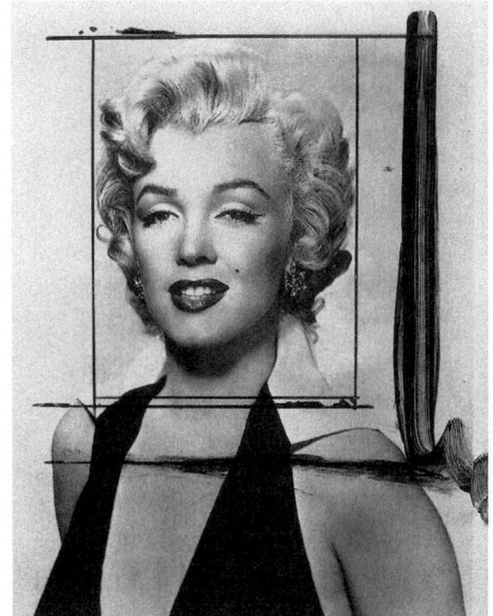

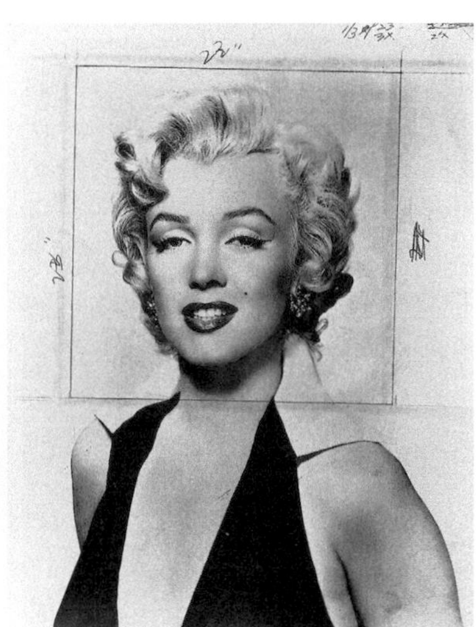

Abb. 95 Andy Warhols Zurichtung eines Pressefotos von Marilyn Monroe zu dem Film «Niagara» (1953), 1962, Pittsburgh, Archives of the Andy Warhol Museum

Künstler signiert, und das Ganze trägt eine Widmung an den Käufer. Die vertikale Anordnung erinnert an die Kader in einem Filmstreifen, die erst durch die Projektion in Bewegung versetzt werden. Ebenso wie die anderen Siebdrucke Warhols unterscheiden sich auch diese «Marilyns» nicht durch die dargestellte Person, wenn man von einer solchen noch reden kann, sondern durch ihre Produktionsweise, deren Spuren sie sichtbar vorweisen. In den verwischten Konturen und in den grellen Farben anderer Arbeiten von Warhol, die an keinem lebenden Gesicht vorkommen, zeigen die «Marilyns» nichts als Oberflächen, wie sie von den Medien produziert werden. Die Strategie bestand darin, die Beschaffenheit jener Oberflächen offenzulegen, die wir in den Medien so willig mit Gesichtern verwechseln. «Wenn Sie etwas über Andy Warhol wissen wollen, brauchen Sie bloß auf die Oberfläche (meiner Bilder und Filme, meiner selbst) zu schauen, und da bin ich. Da gibt es nichts dahinter.»[17] Die Medien produzieren Oberflächen, auf denen die Gesichter, isoliert von jeder Art Körperlichkeit, kommen und gehen. Warhols Rechnung, mit den Massenmedien zu konkurrieren, ging auf. Die Ausstellung in der Stable Gallery in New York, in der man im Herbst 1962 zum ersten Mal die neuen «Marilyns» zu sehen bekam, wurde rasch ein großer Erfolg, und selbst das Museum of Modern Art erwarb frisch aus der Ausstellung ein Exemplar der «Marilyns», um mit dem neuen Tempo der Kunst Schritt zu halten.

Etwa zehn Jahre später begann Warhol seine Mao-Serien, die auf gleiche Weise entstanden und ein einziges Klischee in unterschiedlicher Zahl, Größe und Farbe verbreiten (S. 283). «Der Star ist sowohl eine lebende Person wie ein Phantom.» Marilyn ist ebenfalls «nie sie selbst», sondern immer nur als Replik zu erleben: Deshalb ist der Unterschied von Original und Kopie hinfällig.[18] Auch in den Medien wird die öffentliche und allgegenwärtige Präsenz eines *face* erzeugt durch die Frequenz, in der man es zu sehen bekommt, und dazu gehört die Verwandlung eines Gesichts in das Stereotyp eines Gesichts. Das prominente *face* ist auf andere Weise gesichtslos als die Gesichter in der Masse, denn es ist eine Maske, hinter der man kein Gesicht mehr sucht, weil die Maske nichts verbirgt, sondern etwas zeigt, was wir schon kennen.

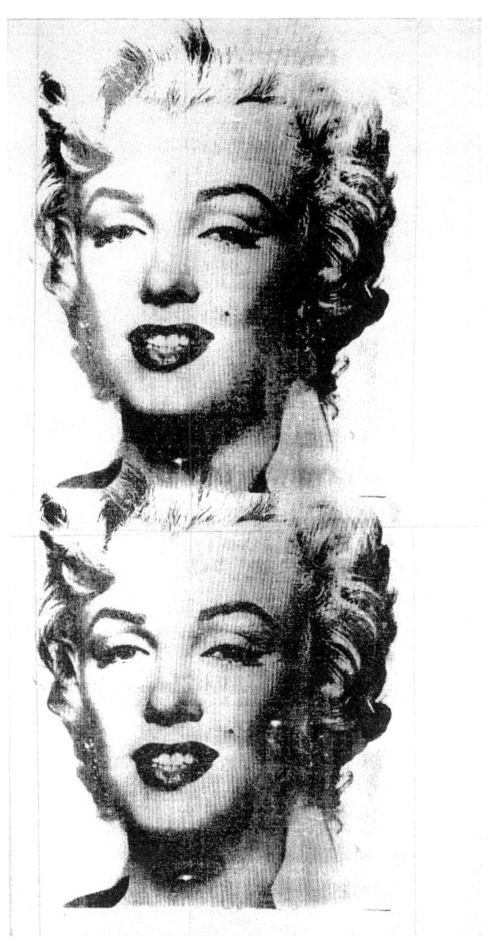

Abb. 96
Andy Warhol, Two Marilyns, 1962, Privatsammlung

Ebenfalls in Marilyns Todesjahr, 1962, widmete der Videokünstler Nam June Paik der Diva ein Werk, das in diesem Zusammenhang noch wenig Beachtung gefunden hat. Es ist eine Installation, die sich schon durch ihren ephemeren Charakter grundlegend von den Editionen Warhols (nennen wir sie einmal pauschal so) unterscheidet. Es liegt auf der Linie einer Installation, Material zu sammeln und dieses unter eine Idee zu stellen, welche es neu in den Blick rückt. Genauso verfuhr Paik, als er alle erreichbaren Titelseiten von Zeitungen und Illustrierten sammelte, welche die Todesnachricht mit einem Bild der Diva herausbrachten, und das Ganze «Adieu à Marilyn Monroe» nannte (Abb. 97).[19] Hier wurden also ganz aktuelle Erzeugnisse der Massenmedien verwendet, welche mit Reproduktionen eines und desselben Gesichts, aber jedes Mal in einer ganz anderen Ansicht und einer ganz anderen Situation, vom Filmstill bis zum Schnappschuss oder der Bildreportage von Marilyns Tod, Schlagzeilen gemacht hatten.

Damit stellen sich völlig neue Fragen. Wir haben es bei Paik nicht mit dem-

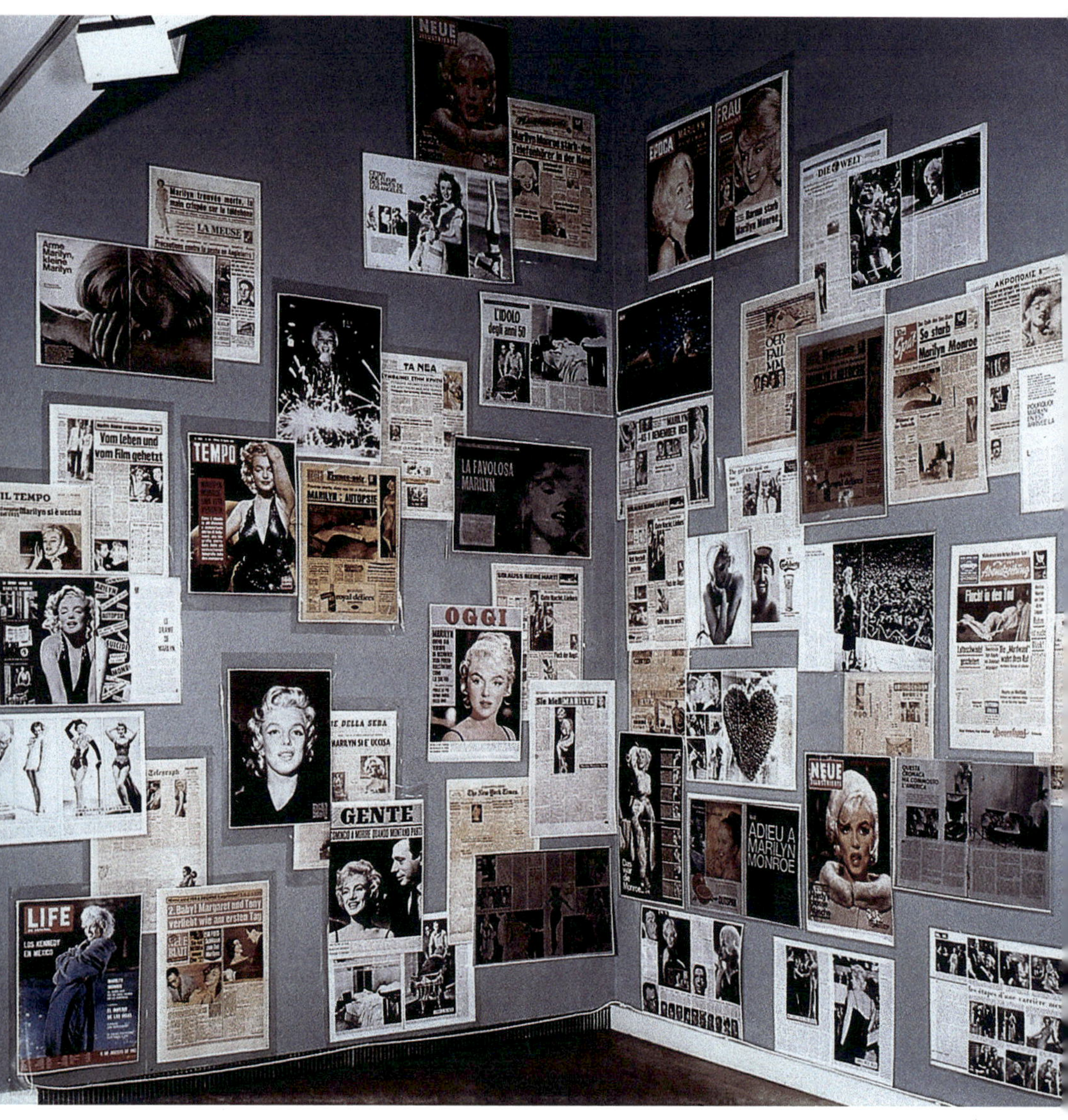
NEUE
Marilyn Monroe starb - den Telefonhörer in der Hand
EPOCA
FRAU
Warum starb Marilyn Monroe
DIE WELT
Marilyn trouvée morte, la main crispée sur le téléphone
LA MEUSE
Arme Marilyn, kleine Marilyn
L'IDOLO degli anni 50
TA NEA
So starb Marilyn Monroe
Vom Leben und vom Film gehetzt
TEMPO
IL TEMPO
Marilyn si è uccisa
MARILYN : AUTOPSIE
LA FAVOLOSA MARILYN
OGGI
Flucht in den Tod
MARILYN SI E' UCCISA
GENTE
ADIEU A MARILYN MONROE
NEUE
LIFE
LOS KENNEDY EN MEXICO
2. Baby! Margaret und Tony verliebt wie am ersten Tag
QUESTA CRONACA HA COMMOSSO L'AMERICA

selben Bild, schon gar nicht mit einem starren *face* zu tun, das wie bei Warhol von jedem Kontext isoliert ist, sondern mit so unterschiedlichen, intimen oder skandalösen Bildern, dass die Identität der *faces* nicht auf der Hand liegt. Da schaut uns einmal eine lachende, verführerische Diva an, ein anderes Mal unterhält sie sich mit Arthur Miller oder nimmt an einer Gala teil. Es sind neben Filmstills Momentaufnahmen aus Monroes Leben, deren Vergangenheit im Tod zu einer absoluten Schranke geworden ist. Denn die Texte sind alle in der Vergangenheitsform abgefasst, durch die sie die in den Bildern eingefangene Gegenwart (wenn wir diese von der fortdauernden Gegenwart der Bilder selbst unterscheiden wollen) widerlegen. So heißt es etwa: «Das war Marilyn Monroe», oder: «Sie starb allein.» Hinter dem lachenden Gesicht verbarg sich, wie einige Kommentare erläutern, bereits die Flucht in den Tod.

In einer Neufassung von Paiks Werk aus dem Jahre 1999 mit dem Titel «Erinnerung an das 20. Jahrhundert» gibt es einen Schrank mit alten Schallplatten und einem Grammofon. Der Ausstellungsbesucher sollte im Prinzip der Versuchung nachgeben, die Platten abzuspielen, nachdem er zu Hause schon kein Grammofon mehr besaß. Damit verschiebt sich die ganze Aussage. Die Bilder in den Printmedien erweisen sich als alte Medien, die aus dem 20. Jahrhundert übriggeblieben sind. Sie sind Konserven des Gesichts, ebenso wie die Schallplatten Konserven einer Stimme sind. Aber sie waren schon Konserven, als sie wenige Tage nach Marilyns Tod veröffentlicht wurden. Die meisten der Bilder stammten, wenn sie nicht aktuelle Reportagen waren, aus dem Archiv des jeweiligen Magazins. Damit kehrt die Frage zurück, die sich schon bei der ersten Version von Paiks Installation stellte. In beiden Fällen wird nicht das gleiche Bild mehrfach gezeigt, und doch erkennen wir in jedem Bild, so verschieden es auch sein mag, das gleiche *face* wieder. Von der Filmdiva kursierten in allen Medien zahllose Bilder, die das berühmte Gesicht dennoch stets so einfingen, wie es sich in das kollektive Gedächtnis eingeschrieben hatte, obwohl sie als Bilder extrem verschieden waren. Wir haben es also bereits mit einem Bild in unserer Vorstellung, einem unserem Gedächtnis eingeprägten Bild zu tun, das sich nicht reproduzieren, aber vom Betrachter auf die Reproduktionen der Diva übertragen lässt. Die Bilder waren zu deren Lebzeiten wandelbar wie die Medien, die das *face* durchwanderte, aber dieses ist schon lange in das kollektive Imaginäre eingegangen.

Abb. 97
Nam June Paik, Adieu à Marilyn Monroe, 1962/1999 Wien, Museum für Moderne Kunst (ehem. Sammlung Hahn)

16. Archive. Die Kontrolle über die Gesichter der Masse

Das «Archiv» für die bürokratische und polizeiliche Erfassung von Gesichtern bildet seit dem 19. Jahrhundert eine Art Gegenstück zu den prominenten *faces*, denn es wurde als Kontrollorgan für die statistische Erfassung der anonymen Masse geschaffen. In diesem Zusammenhang wurde die Fotografie gerade solchen Gesichtern aufgezwungen, welche sie gar nicht wünschten, sondern sich vor ihr fürchteten, weil sie dem Auge der Behörden entgehen wollten. Die Behörden wiederum wollten sich schützen vor der gesichtslosen Bedrohung durch Kriminelle, über welche sie in der Großstadt die Herrschaft verloren, und entwickelten deshalb fieberhaft geeignete Methoden der Gesichtskontrolle. In diesem Sinne wurde das Projekt geboren, ein «Archiv» von Gesichtern anzulegen und darin den Einzelnen statistisch zu erfassen. Der Fotografie fiel die Aufgabe zu, die Inventarisierung der Gesichter optisch zuverlässig zu sichern.[20] Eine solche Überwachung *(surveillance)* zielte auf die Registrierung all der anonymen Gesichter, die so leicht in der Masse untertauchen. Sie sollte auch die Kriminellen daran hindern, sich durch Veränderung ihres Aussehens dem Blick der Polizei zu entziehen. Das Bildarchiv bot, so hoffte man, einen sicheren Zugriff auf Straftäter und ihre kriminelle Identität. Es wurde nicht dazu geschaffen, neue Kenntnisse über Individualität zu erwerben. Im Gegenteil war das statistische Verfahren allein auf solche Merkmale gerichtet, welche einen Körper für behördliche Zwecke verfügbar machten.

Die Masse trat erstmals in den Jahren der Französischen Revolution in Erscheinung. In Paris war ihr Chronist Louis-Sébastien Mercier, der sich sehnlichst den Physiognomiker Lavater herbeiwünschte, um «in den Gesichtern das zu lesen, was sie im Abgrund ihrer Herzen verbergen».[21] Er machte sich, wenn auch vergeblich, auf die Jagd nach den verbleibenden Gesichtern «inmitten einer so ungeheuren Masse *(foule)*».[22] Die Physiognomie, so stellte er resigniert fest, werde nicht mehr von einem Individuum, sondern von der Klasse geprägt, der eine Person angehöre. Auch Merciers Zeitgenosse Diderot war fasziniert vom Gegenspiel der Klassen in einer Gesellschaft, die einstweilen noch nicht durchschaubar war. Er hegte widersprüchliche Gefühle gegenüber «dem Volk», dessen Gesichter er zwar echter fand als die Masken am Hofe. Dennoch, oder gerade deswegen, fürchtete er das unregulierte und unregulierbare Volk, denn es würde Gefahren heraufbeschwören, die sich einstweilen noch in der Menge verbargen.[23]

Im 19. Jahrhundert verdichtete sich in den Metropolen die Anonymität der Masse, mit welcher die Bedrohung für die Behörden wuchs. Edgar Allan Poe beschreibt sie erstmals in der Novelle «Man in the Crowd», mit der er zum Vorreiter des Kriminalromans wurde. Der Held taucht in der Masse unter; sein Gesicht «lässt sich nicht lesen». Man konnte ein Gesicht nur dann mit einer bestimmten Person verbinden, wenn man sich die Mühe machte, einem Subjekt, welches das Licht scheute, auf den verborgenen Wegen nachzuspionieren, auf denen es sich im Aussehen zu verändern und unkenntlich zu machen suchte. Nicht die Fotografie, sondern die Malerei machte die französische Metropole seit den sechziger Jahren des 19. Jahrhunderts zu ihrem Thema. Édouard Manet, der den Baudelaire'schen Typ des «Flaneurs» verkörperte und wie ein Reporter durch die Stadt wanderte, stellte das moderne Paris in Massenszenen dar, in denen das einzelne Gesicht in der Menge untergeht. Das konnte in den sommerlichen Gartencafés, bei Pferderennen oder auf dem Opernball geschehen; aber auch in Boulogne, wo am Strand die Folkestone-Fähre ablegt, wiederholt sich die städtische Szene (Abb. 98).[24] Immer bleibt nur ein allgemeiner Eindruck zurück, in welchem der Blick über die anonymen Köpfe der Menge hinweggleitet und allenfalls die Kleidung der Pariser registriert.

Adolphe Quetelet, ein Begründer der Soziologie, sah in seinem 1835 veröffentlichten Hauptwerk «Sur l'Homme» in der Bevölkerung der Großstadt «die individuellen Züge schwinden, seien sie physischer oder charakterlicher Art». Stattdessen kamen «die allgemeinen Fakten zum Vorschein, welche eine Gesellschaft ausmachen».[25] Eine soziale Statistik sollte ihm dabei helfen, Aussagen über die neuen Typen, die sich in der Gesellschaft herausbildeten, machen zu können. Mit einer solchen Quantifizierung von Daten wollte er Einblick in eine soziale Identität gewinnen, welche die persönliche Identität ablöste. Dabei war der *homme moyen*, wie Quetelet den «normalen» Bürger nannte, das neue Ideal, denn ihm fiel die Rolle zu, die Gesellschaft moralisch zu stabilisieren.[26] Der Zwang zur Normalität war in der bürgerlichen Zeit so groß geworden, dass man es als die Hauptaufgabe sah, den *criminal body* auszumerzen, um die Gesellschaft sauber zu halten. So konzentrierte sich das physiognomische Interesse eine Zeit lang auf die Gesichter von Kriminellen, in denen man das bürgerliche Ideal «entartet» sah. Aber hierbei tauchten neue und unwillkommene Probleme auf. Die Diskussion kreiste schließlich um die Frage, ob Kriminelle bereits als solche geboren wurden. Denn in diesem Fall musste man ihrer schon habhaft werden, bevor sie die ersten Delikte begehen konnten. Bald sollte man jedoch einsehen, dass das bereits von

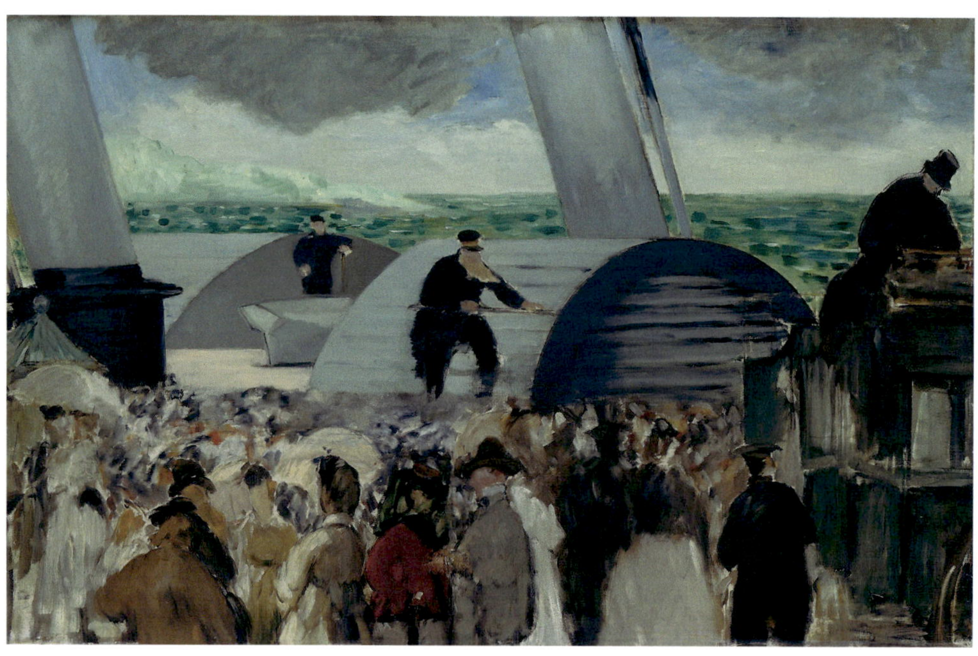

Abb. 98
Édouard Manet, Die Abfahrt des Folkestone-Dampfers, 1868, Winterthur, Sammlung Oskar Reinhart «Am Römerholz»

Geburt an kriminelle Gesicht, nach dem man suchte, ein Phantom war, und so schwand denn die letzte Hoffnung darauf, im Gesicht zuverlässig einen Charakter ausmachen zu können.

Während künftig die Gesichter der Prominenz in den öffentlichen Medien entkörperlicht wurden, um allgegenwärtig sein zu können, eröffnete die Obrigkeit auf der anderen Seite die Jagd auf die in der Masse verborgenen Gesichter, um sie als Körper ans Licht zu ziehen.[27] Erst die anonymen Gesichter der Masse lösten den Zwang zu einem Archiv aus, in dem jeder mit einer Nummer und einem amtlichen Stempel erfasst wurde. Gesichter waren bereits außerhalb des Archivs zu Masken geworden, insofern sie Typen verkörperten, aber sie reduzierten sich innerhalb des Archivs erneut auf Masken, weil sie dort allein als Kontrollgröße existierten. Das neue Archivmaterial löste bald die Versuchung aus, an der Schädelform und den Gesichtszügen Abweichungen von den charakterlichen und moralischen Normen abzulesen, eben weil die Gesellschaft darin eine Entartung erkennen wollte.

Bekanntlich hat der Personalausweis eine längere Geschichte als das Passbild.

Er entstand schon im späten Mittelalter, doch stützte er sich lange Zeit auf allzu unzuverlässige Personenbeschreibungen, die nur dafür geeignet waren, einen Typus zu kennzeichnen.[28] Erst im 19. Jahrhundert, als die neuen Reproduktionstechniken ihre massenweise Verwendung erlaubten, wurden Bilder zum Standard. Um die Fotografie im Archiv einzusetzen, gründete Alphonse Bertillon 1882 eine entsprechende Abteilung in der Polizeipräfektur von Paris. Dort führte er das *signalement* ein, das er als die «Beschreibung einer Person zum Zwecke ihrer Wiedererkennung» bezeichnete.[29] Die «Beschreibung» beruhte auf Körpermessung und auf der Feststellung unveränderlicher Merkmale. Dabei unterschied Bertillon zwischen «Profilbildern» und den (frontalen) «Gesichtsbildern». Die Profilansicht sollte den veränderlichen Ausdruck ebenso ausschalten wie die Veränderung durch das Alter. Für die «allgemeine Form des Kopfes oder des Profils» wurde ein Katalog von Bildern angeboten, die auch mit der zugehörigen Terminologie versehen waren. In ähnlicher Akribie wurde auch die Form von Ohren katalogmäßig erfasst.[30] Das gleiche Format sorgte für Vergleichbarkeit der jeweiligen Personenakte *(fiche)*. Nur das Detail zählte, um eine einzelne Person zu erfassen, weil es die Abweichung von der Norm anzeigte, auf der das System aufgebaut war. Die *photographie signalétique* war ein genormtes Bild in Verbindung mit einer genormten Beschreibung. So war das *portrait parlé* gerade kein «sprechendes Porträt» (wenn hier überhaupt von einem Porträt die Rede sein kann), sondern ein Bild, das zu einer Personenbeschreibung passte. Durch *inscription* sollten Körperzeichen wie der unveränderliche Knochenbau (Nasen-Stirn-Verhältnis oder Kinn) in einem Text erfasst werden, der die Auffindung einer Person in der Datenflut des Archivs erleichterte.

Bertillon arbeitete also ein taxonomisches System aus, das ganz auf die Identifizierbarkeit einer Person ausgerichtet war. Jahrelang hatte er dafür geworben, dass ihm die Mittel dafür zur Verfügung gestellt wurden. «Vier Paar Polizisten genügen, um jeden Morgen zwischen 9 und 12 Uhr bis zu 150 Männer zu vermessen, die tags zuvor verhaftet worden sind.»[31] Bertillon sammelte in zehn Jahren 100 000 Fotos. Doch was nützten sie, wenn jeden Tag hundert neue Leute verhaftet wurden? Die opake Masse durfte sich im Archiv nicht wiederholen, wenn dieses überhaupt von Nutzen sein sollte. So wurden bereits die Polizisten mit Daten ausgerüstet, wenn sie morgens ihren Dienst antraten. Das «Gedächtnisbild», das sie bei Fahndungen mit sich trugen, bestand aus visuellen Daten (Fotos) und Messdaten anderer Art, welche die Bilder ergänzten und bedarfsweise korrigierten (Abb. 99).[32] Es enthielt Körpermessungen, Umrisse des Profils (etwa ein

Tafel 80.

Das Gedächtnisbild.

Ausgefülltes Formular, aufgenommen auf Grund eines ältern anthropometrischen Signalements und zweier gerichtlicher Photographien.

Durch Umlegen des unteren Teiles über den oberen wird das Format dieser Karte[*] (161 mm auf 142 mm) auf die Hälfte reduziert, und kann dann leicht in jeder Rocktasche untergebracht werden.

(Vorderseite)

Massstab[*] 1/7. Redigiert von . . . . Paris.
Polizei-Präfektur . . . .

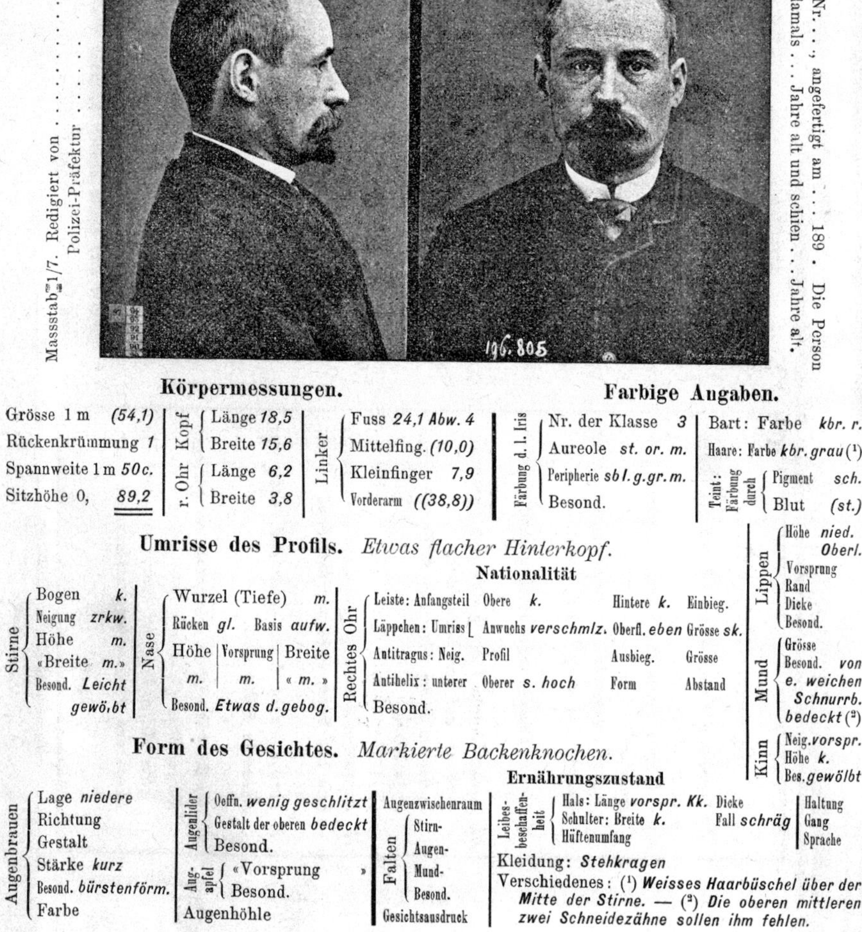

Cliché Nr. . . , angefertigt am . . . 189 . Die Person war[*] damals . . . Jahre alt und schien . . . Jahre alt.

Körpermessungen.

Grösse 1 m *(54,1)*
Rückenkrümmung *1*
Spannweite 1 m *50c.*
Sitzhöhe 0, *89,2*

r. Ohr / Kopf: Länge *18,5* / Breite *15,6*; Länge *6,2* / Breite *3,8*

Linker: Fuss *24,1 Abw. 4*; Mittelfing. *(10,0)*; Kleinfinger *7,9*; Vorderarm *((38,8))*

Farbige Angaben.

Färbung d. l. Iris: Nr. der Klasse *3*; Aureole *st. or. m.*; Peripherie *sbl.g.gr.m.*; Besond.

Bart: Farbe *kbr. r.*
Haare: Farbe *kbr.grau* (¹)
Teint: Färbung durch: Pigment *sch.*; Blut *(st.)*

Umrisse des Profils. *Etwas flacher Hinterkopf.*

Nationalität

Stirne: Bogen *k.*; Neigung *zrkw.*; Höhe *m.*; «Breite *m.*»; Besond. *Leicht gewölbt*

Nase: Wurzel (Tiefe) *m.*; Rücken *gl.* Basis *aufw.*; Höhe *m.* | Vorsprung *m.* | Breite « *m.* »; Besond. *Etwas d.gebog.*

Rechtes Ohr: Leiste: Anfangsteil — Obere *k.* — Hintere *k.* — Einbieg.; Läppchen: Umriss — Anwuchs *verschmlz.* — Oberfl. *eben* — Grösse *sk.*; Antitragus: Neig. — Profil — Ausbieg. — Grösse; Antihelix: unterer — Oberer *s. hoch* — Form — Abstand; Besond.

Lippen: Höhe *nied. Oberl.*; Vorsprung; Rand; Dicke; Besond.

Mund: Grösse; Besond. *von e. weichen Schnurrb. bedeckt* (²)

Kinn: Neig. *vorspr.*; Höhe *k.*; Bes. *gewölbt*

Form des Gesichtes. *Markierte Backenknochen.*

Ernährungszustand

Augenbrauen: Lage *niedere*; Richtung; Gestalt; Stärke *kurz*; Besond. *bürstenförm.*; Farbe

Augenlider: Oeffn. *wenig geschlitzt*; Gestalt der oberen *bedeckt*; Besond.
Augapfel: «Vorsprung »; Besond.
Augenhöhle

Augenzwischenraum
Falten: Stirn-; Augen-; Mund-; Besond.
Gesichtsausdruck

Leibesbeschaffenheit: Hals: Länge *vorspr. Kk.* Dicke; Schulter: Breite *k.* Fall *schräg*; Hüftenumfang

Haltung; Gang; Sprache

Kleidung: *Stehkragen*

Verschiedenes: (¹) *Weisses Haarbüschel über der Mitte der Stirne.* — (²) *Die oberen mittleren zwei Schneidezähne sollen ihm fehlen.*

flacher Hinterkopf) und Gesichtsformen (etwa markante Backenknochen), Kleidung und Ernährungszustand. Durch Faltung konnte das Formblatt mit Bild «leicht in jeder Rocktasche untergebracht werden». Eine «Anthropometrie» war dieses Verfahren nicht mehr im alten Sinne von Idealmaßen menschlicher Körper. Vielmehr war es eine auf wissenschaftlichen Prinzipien beruhende Datenerhebung für den Gebrauch im Archiv. Dabei wurde das Gesicht, das in der Masse auftaucht, zu einem bloß statistischen Merkmal.

Doch erwiesen sich Gesichter auch im Archiv immer noch als unzuverlässige Datenträger. So erklärt sich die Kurve vom Aufstieg und Niedergang der Fotografie als Archivmaterial im 19. Jahrhundert. Bereits 1887 entschied die französische Behörde, die Fotografie verdiene kein Vertrauen mehr bei der Personenerfassung an Gerichten. Deshalb heißt es in der gleichen Verordnung, man müsse nach neuen Methoden suchen, die «sicherer und billiger» wären. In der Tat versagte die sogenannte Indexikalität oder Spurensicherheit der Fotografie im Personenarchiv, dessen Bedürfnisse sie letztlich nicht erfüllen konnte. Gesichter gaben die Identität einer Person nicht preis, wenn diese imstande war, ihr Gesicht im Aussehen zu verändern. Bilder waren deshalb trügerisch, weil sie diesen Gesichtswechsel nicht aufdecken konnten. Im Gegenteil hielten sie in einem solchen Falle nur die Verschiedenheit im Aussehen fest. Alphonse Bertillon musste einräumen, dass die «Ähnlichkeit der Bilder» im Polizeigebrauch von Fotografien oft keinen Rückschluss auf die «Identität der Personen» erlaubte (Abb. 100). So gab es eine «nationale Ähnlichkeit (Zigeuner)» oder eine «Familienähnlichkeit (Zwillingsbrüder)». Andererseits stellten Bilder «trotz der bedeutenden Unähnlichkeit», die zwischen ihnen bestehen konnte, manchmal eine und dieselbe Person dar, wenn diese ihr Aussehen willentlich (z. B. mit und ohne Bart) oder unwillentlich (durch ein größeres Zeitintervall) verändert hatte (Abb. 101).[33] Zwar war die Fotografie zuverlässiger, als es andere Bilder je gewesen waren. Gerade deshalb aber erwies sich die tatsächliche oder scheinbare Ähnlichkeit jetzt nicht mehr als ein Problem der Bilder: Das Problem begann bereits im Gesicht. Bilder konnten nicht zuverlässiger sein, als es die Gesichter selbst waren, wenn sie sich so schwer einer bestimmten Person zuordnen ließen.

So wurde die Fotografie in der Statistik von einer schleichenden Abwertung erfasst. Diese vollendete sich, als Francis Galton im selben Jahr 1893, in dem Bertillon eines seiner Hauptwerke veröffentlichte, dem Fingerabdruck zum Durchbruch verhalf. In den asiatischen Kolonien war William J. Herschel mit chinesischen Vorbildern der Fingerkontrolle bekannt geworden, die sich auch in

Abb. 99
Alphonse Bertillon, Das Gedächtnisbild, aus: «Das anthropometrische Signalement», 1895

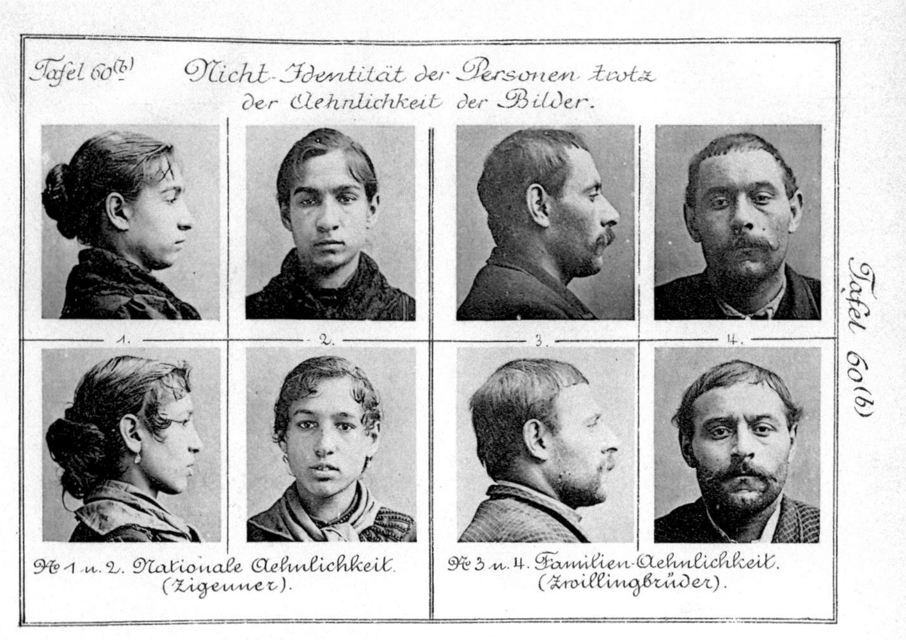

Abb. 100 Alphonse Bertillon, Nicht-Identität der Personen trotz der Ähnlichkeit der Bilder, aus: «Das anthropometrische Signalement», 1895

Paris leicht als Herrschaftsinstrument übernehmen ließen. Im britischen Mutterland weckte das Verfahren jedoch allgemeine Empörung, weil es ein traditionelles Menschenbild bedrohte, das bisher immer an das Gesicht gebunden gewesen war.[34] Identität wurde jetzt an einem Hautmuster auf dem Finger statt im Gesicht erfahren. Eine unscheinbare Körperspur entmachtete die Repräsentanz des Gesichts. Anfänglich hatte Francis Galton in der *Composite portraiture* durch Mehrfachbelichtung konstante Züge eines Gesichts aufspüren wollen, doch gab er das Projekt angesichts der Gewöhnlichkeit der Gesichter enttäuscht auf.[35] Auch im System Bertillons war der alte Glaube an die Wahrheit und Ausdruckskraft des Gesichts nicht mehr aufrechtzuerhalten. In der Inventarisierung eines Gesichts, das man einer einzigen Person zuordnen wollte, erwies sich dieses als eine schlecht durchschaubare Maske.

Heute ist der Fingerabdruck durch Verfahren wie die Iriserkennung abgelöst worden, die seit 2010 für fälschungssichere Pässe in Europa sorgt. Ein Lichtstrahl tastet das Muster der Iris ab und gleicht das Resultat mit einem Archiv ab, das

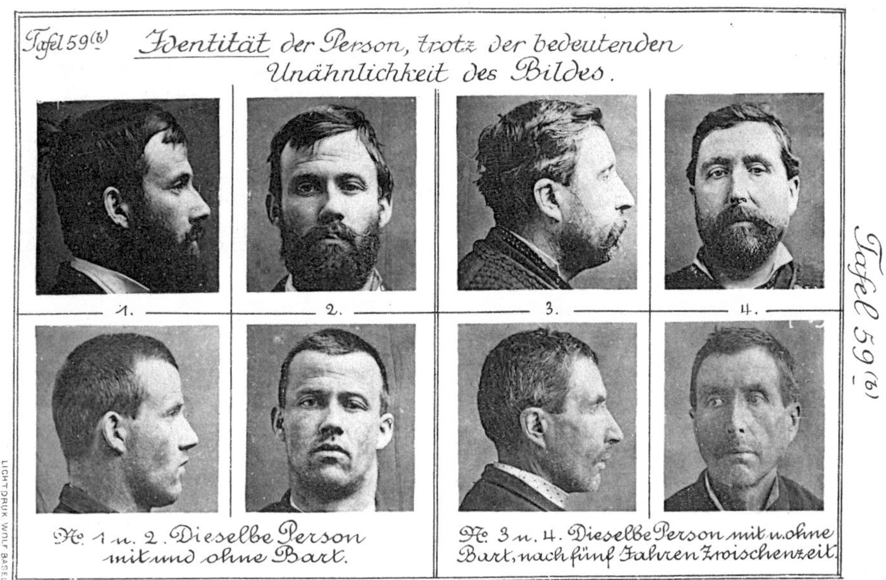

Abb. 101
Alphonse Bertillon, Identität der Person, trotz der bedeutenden Unähnlichkeit des Bildes, aus: «Das anthropometrische Signalement», 1895

über nahezu unbegrenzte elektronische Daten verfügt. Die Körperspur wurde vom Finger in das Gesicht zurückverlegt, jedoch ohne zum individuellen Ausdruck zurückzukehren. Vielmehr ist das Gesicht erneut zu einem Datenträger geworden, der aus verborgenen Mikrodaten besteht. Seine Oberfläche erschließt sich aus der Auflösungskapazität eines elektronischen Bildes. Das Gesicht als der einstige Spiegel von Identität ist abstrakt und numerisch geworden, wenn es nur noch als Speicher von Informationen dient. Die Evidenz eines Porträts ist weiter geschwunden, seitdem Gesichter auf dem Bildschirm sowohl steuerbar wie manipulierbar geworden sind. Unser eigener Blick auf ein Gesicht spielt für die amtliche Gesichtserfassung einer Person keine Rolle mehr.

Ähnlich wie die Videoüberwachung die Masse auf ihren Wegen in der Öffentlichkeit permanent im Bild aufzeichnet,[36] übt die Biometrie über das Gesicht inzwischen eine totale Kontrolle aus. Das Verfahren der *Automatic Face Recognition* (AFR) wertet die Bedeutung einzelner Gesichtszüge (Lippen, Nase, Augen) für eine sichere Wiedererkennung aus. Das Gesicht muss dabei auf ein planes

Untersuchungsfeld übertragen werden, damit es die gewünschten Informationen liefert. Ferner bedarf es dazu einer Standardisierung *(normalization)* der Gesichtsfläche. Zu dem Verfahren der Wiedererkennung eines Gesichts tritt das Verfahren der Zuordnung des Gesichts, der *face identification*. Hier antwortet das System mit «ja» oder «nein» auf die Frage, ob das Gesicht zu einem eingegebenen Namen gehört. Dabei sucht das System in einem Gesicht nach dem *best match* für die Benennung seines Trägers (Abb. 103).[37] Im Grunde kann das System nur beantworten, ob ein bestimmtes Gesicht bereits gespeichert und ob es im Archiv mit einem Namen verbunden ist. Seine Funktion bewährt sich nur dann, wenn es den Bildcharakter des Gesichts unterläuft und allein solche unscheinbaren, aber informativen Details speichert, die sich nicht verändern lassen, es sei denn durch operative Eingriffe, deren wachsende Bedeutung wiederum das System bedroht.

Unter diesen Bedingungen geraten Gesicht und Maske in ein neues Verhältnis. Gesichter, die im Archiv allein als statistische Größen gespeichert sind, verwandeln sich in einer solchen Isolierung zwangsläufig in Masken. Sie geben ihren abwesenden Träger nur mithilfe des elektronischen Verfahrens preis, von dem das Archiv beliefert wird. Es ist ein Verfahren, das sich auf winzige äußerliche Merkmale ohne eigenen Ausdruckswert beschränkt. Gerade das, was wir an einer Person nicht bemerken würden, findet bei der Datenerhebung die stärkste Berücksichtigung. Als Datenträger ist das Gesicht ebenso abstrakt geworden, wie es auch die einzelnen Daten sind, die vom System abgerufen werden. Das geht mit einer Umwertung der Bilder zusammen, die nur noch dazu dienen, alle jene Daten zu visualisieren, die man von einem Gesicht gespeichert hat. Das Gesicht verliert in diesem Prozess die zentrale Bedeutung, die es als Bild oder Bildträger in der Vergangenheit besessen hat.

In Krisenzeiten formiert sich auch in den Massenmedien ein Widerspruch gegen das Archiv, das mit seiner statistischen Indifferenz gegenüber dem einzelnen Schicksal versagt. Dabei ist die Todeserfahrung ein Auslöser der Kritik. Am 27. Juni 1969 rief das Magazin «Life» zum Widerstand gegen die Vietnampolitik der US-Regierung angesichts der vielen Toten auf, die der Krieg Woche für Woche forderte (Abb. 102). Zum *Memorial Day*, an dem die USA ihrer Kriegstoten gedenken, veröffentlichte das Magazin die Namen und Bilder von 242 Amerikanern, die in einer einzigen Woche gefallen waren. Auf der Titelseite blickte ein junges Gesicht fragend und fordernd die teilnahmslose Öffentlichkeit an, als wollte es endlich den Grund für seinen Tod erfahren. «The Faces of The Ameri-

Abb. 102
The Faces of The American Dead in Vietnam. One Week's Toll, Titelblatt zu: «Life», 27.6.1969

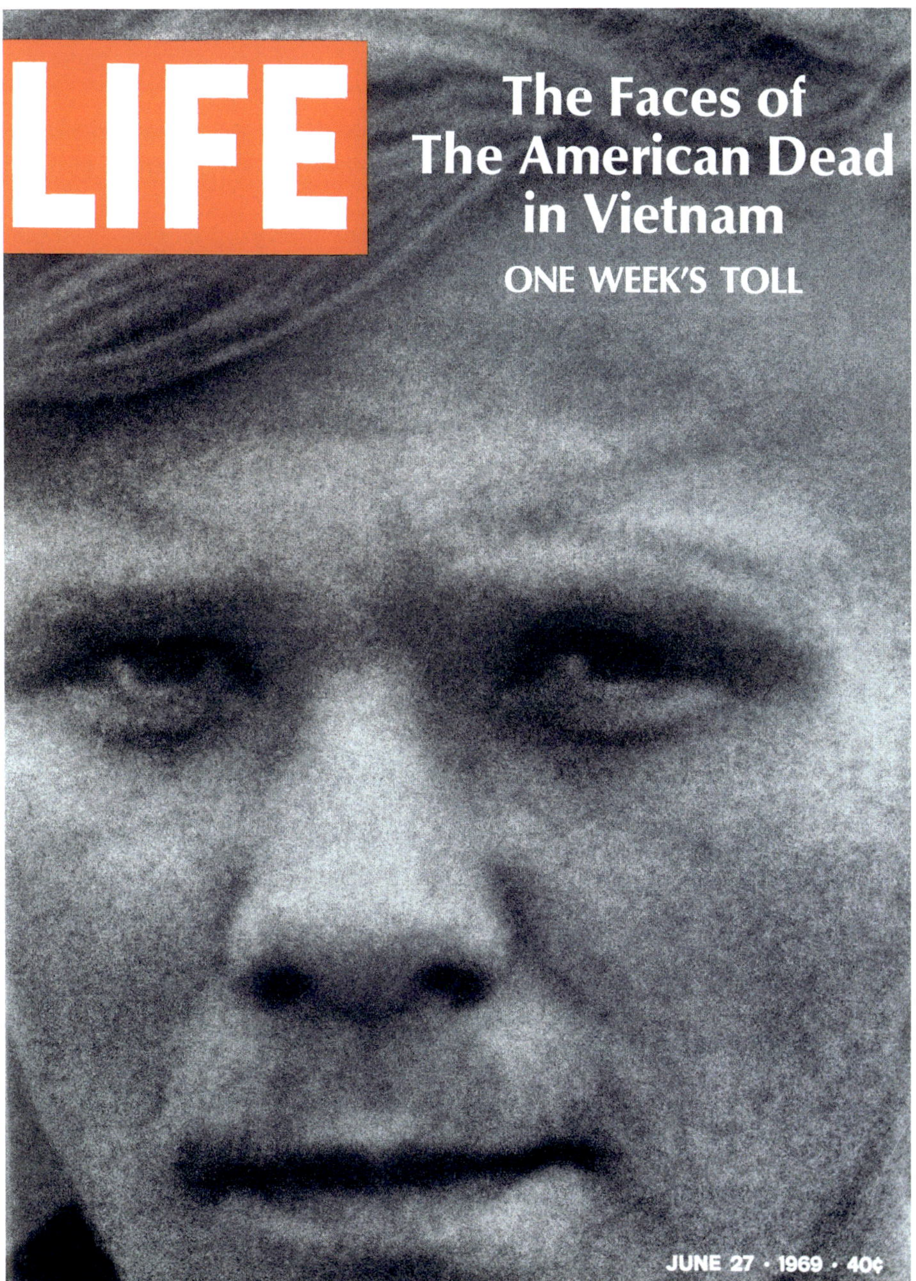
LIFE
The Faces of
The American Dead
in Vietnam
ONE WEEK'S TOLL
JUNE 27 · 1969 · 40¢

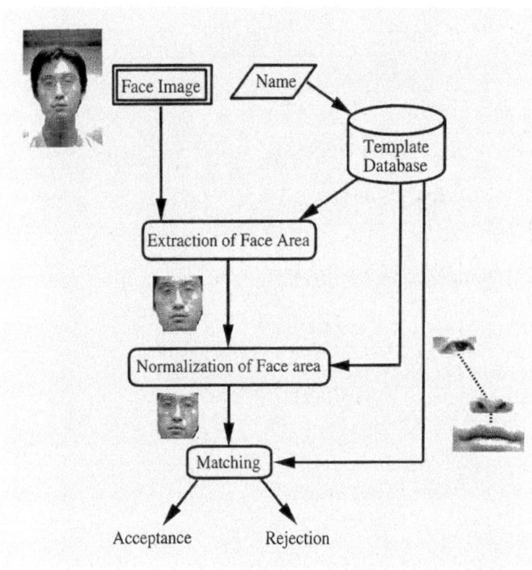

Abb. 103 Diagramm der Gesichtsidentifikation, aus: Montonori Doi u. a., «Lock-Control System Using Face Identification», 1997

can Dead in Vietnam: One Week's Toll», wie der Titel lautete, riefen zum allgemeinen Protest auf. Im Innern des Hefts wurden 242 Passfotos, die meist von den Angehörigen geliefert worden waren, kommentiert mit der Forderung, in diesen Toten nicht nur eine statistische Größe zu sehen. Vielmehr sollte man «inne halten und in ihre Gesichter schauen. Wir müssen nicht nur wissen, wieviele es waren, sondern auch, wer sie waren (*more than we must know how many, we must know who*). Die Gesichter der Toten aus einer einzigen Woche mögen nur den Familien und Freunden bekannt sein, doch sprechen sie plötzlich zu uns allen, in dieser Galerie von jungen amerikanischen Augen.»[38] Jedes einzelne Gesicht war in dieser *gallery*, welche scheinbar das Format eines Archivs hat, Träger einer Anklage an die verantwortlichen Politiker. So gleichförmig die Gesichter auch im Raster wirken, so ausdrucksstark ist jedes an seinem Platz.

Damals hat das Archiv, von dem hier die Rede ist, auch in der Kunstszene ein kritisches Echo gefunden. Im Werk des Franzosen Christian Boltanski steht das Thema seit den 1970er Jahren im Vordergrund seiner künstlerischen Arbeit. Man kann hier regelrecht von einem Gegenarchiv sprechen, mit welchem Boltanski in seinen Installationen Archive simuliert als Bilder von Toten, deren anonyme Gesichter sich der Identifizierung entziehen.[39] Dieses Projekt hat einen völligen Sinnwandel des Archivs zur Folge. Ein Archiv dient ja meist der Fahndung nach Lebenden, aber die Erinnerung an Auschwitz, die Boltanski mit den Fotos einer jüdischen Schulklasse oder mit einer Sammlung von getragenen Kleidungsstücken aufruft, hat unseren Blick verändert. Wir werfen auf Bilder von Toten einen Blick der Erinnerung, der nicht dokumentarisch sein kann, sondern persönlicher Natur ist. Hier kommen ganz andere Traditionen des Bildes in Sicht. Friedhöfe in südlichen Ländern sind Orte der Erinnerung, die sich durch Bilder über den Gräbern mit Gesichtern füllen. Die Bindung an ein Grab stattet diese Bilder mit einer unwiderruflich abgeschlossenen Geschichte aus, die aber an einen Namen und einen Ort gebunden ist. Die Grabfotos setzen die Praxis der Totenmaske fort, selbst wenn sie einen Schnappschuss aus dem Leben der Toten zeigen. Ein Archiv von anonymen Bildern, die kein Grab und keinen Namen haben, verweist aber auf die schreckliche Anonymität, welche die Opfer der Massenvernichtung und ihrer bürokratischen Durchführung als kollektives Schicksal getroffen hat.

Doch Boltanski erweitert sein Thema durch eine allgemeine Reflexion über Bilder, die bereits benutzt oder schon verblichen sind, also ein undeutliches Gesicht zeigen, das sich von seinem Träger gelöst hat und gerade dadurch unsere Aufmerksamkeit verändert. Da die Bilder nicht mehr der Erinnerung an Individuen dienen, hat der Rückzug der Dargestellten in die verlorene Zeit (in die Zeitlosigkeit des Todes) bereits begonnen. Die Gesichter sind in eine Abwesenheit entrückt, die ihnen eine eigene Aura und eine fremde Existenz verleiht. Die Präsentation der Fotos, die Boltanski in stets neuen Formaten wiederholt, scheint auf Masken zu verweisen, doch legt sie eher den Eindruck nahe, dass in der Masse unverwechselbare Gesichter existieren, auch wenn wir nichts über sie wissen und sie in den verschwommenen Bildern nicht unterscheiden können. Während die Gesellschaft allein ihre öffentlichen Toten ehrt, gibt Boltanski den anonymen Gesichtern eine melancholische Präsenz zurück. Sie wird verstärkt durch Lampen, die über den Fotos hängen, und durch enge, abgedunkelte Räume, in denen wir diese zu sehen bekommen.

Ein Beispiel für die Inszenierung eines Totenrituals ist die Installation mit Fotos von Gesichtern einer Klasse von jüdischen Kindern aus dem Lycée Chase in Wien, die Boltanski 1987 im Düsseldorfer Kunstverein zeigte (Abb. 104). Hier steht jeweils ein übergroßes Foto auf zwei Stapeln von Keksdosen, welche an kleine Särge oder Urnen erinnern, als wollte der Künstler den Kindern den Ort zurückgeben, der ihnen versagt geblieben ist: Auf dem Foto lächeln sie gleichsam in die Leere des Vergessens hinein.[40] In seinem künstlerischen Projekt verschieben sich immer wieder die Grenzen zwischen Verlust und Präsenz. Jedes Bild ist letztlich vergeblich und dennoch bedeutungsvoll. Die Arbeit der Zeit entzieht die Gesichter jedem statistischen Zugriff. Immer wieder erinnert uns Boltanski an das Archiv, dem jedoch die Toten bereits entglitten sind. Nicht Kontrolle ist es, was dieses Gegenarchiv bestimmt, sondern das Privileg eines gemeinsamen Erinnerungsorts. Solche Bilder hat Boltanski manchmal mit Bildern von lebenden Personen gemischt, ohne dass man den Unterschied sieht. Aber es werde ein Tag kommen, an dem von allen Gesichtern «nur die Fotografie oder der Name bleibt».[41] In der Fotosammlung von Kindern aus Dijon, die Boltanski kommentiert hat, sind alle «auf den Fotos noch lebendig, und doch hat man das Gefühl, es wären tote Kinder. Das ist aber nicht so. Sie sind nur nicht mehr da. So wie sie auf den Fotos sind, gibt es sie nicht mehr.»[42]

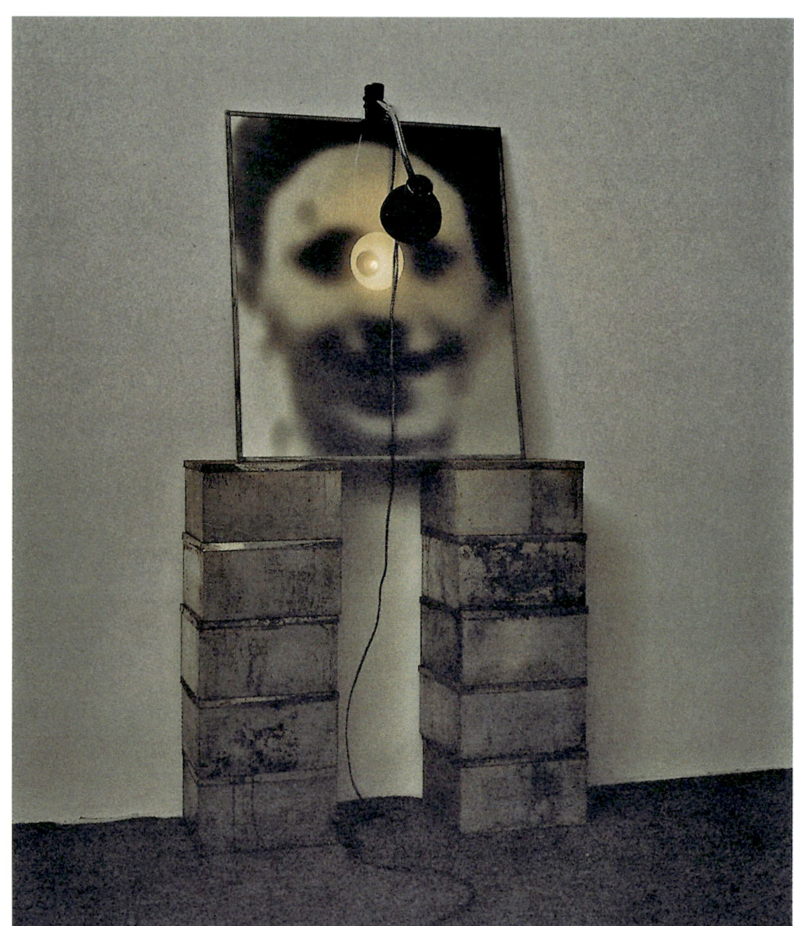

Abb. 104
Christian Boltanski, Kinder aus dem Lycée Chase in Wien, 1987, Installation Düsseldorf, Kunstverein

In Boltanskis Œuvre kommt dem Inventar der «Suisses Morts», einem Pseudoarchiv von mehr als 1000 Schweizer Toten, eine besondere Bedeutung zu.[43] Es sind Bilder von Toten, welche während des ganzen Jahres 1990 aus lokalen Zeitungen ausgeschnitten wurden. Die Schweizer haben, wie der Künstler in einem Interview sagt, «das Klischee von ordentlichen und glücklichen Leuten. Ich habe die Schweizer ausgewählt, weil sie am wenigsten zu einem Totenbild passen. Übrigens sind sie auf den Fotos nicht tot. Es sind ja Fotos gerade von sauberen, gesunden Leuten, denen es gut geht.»[44] Es waren also Schnappschüsse aus dem

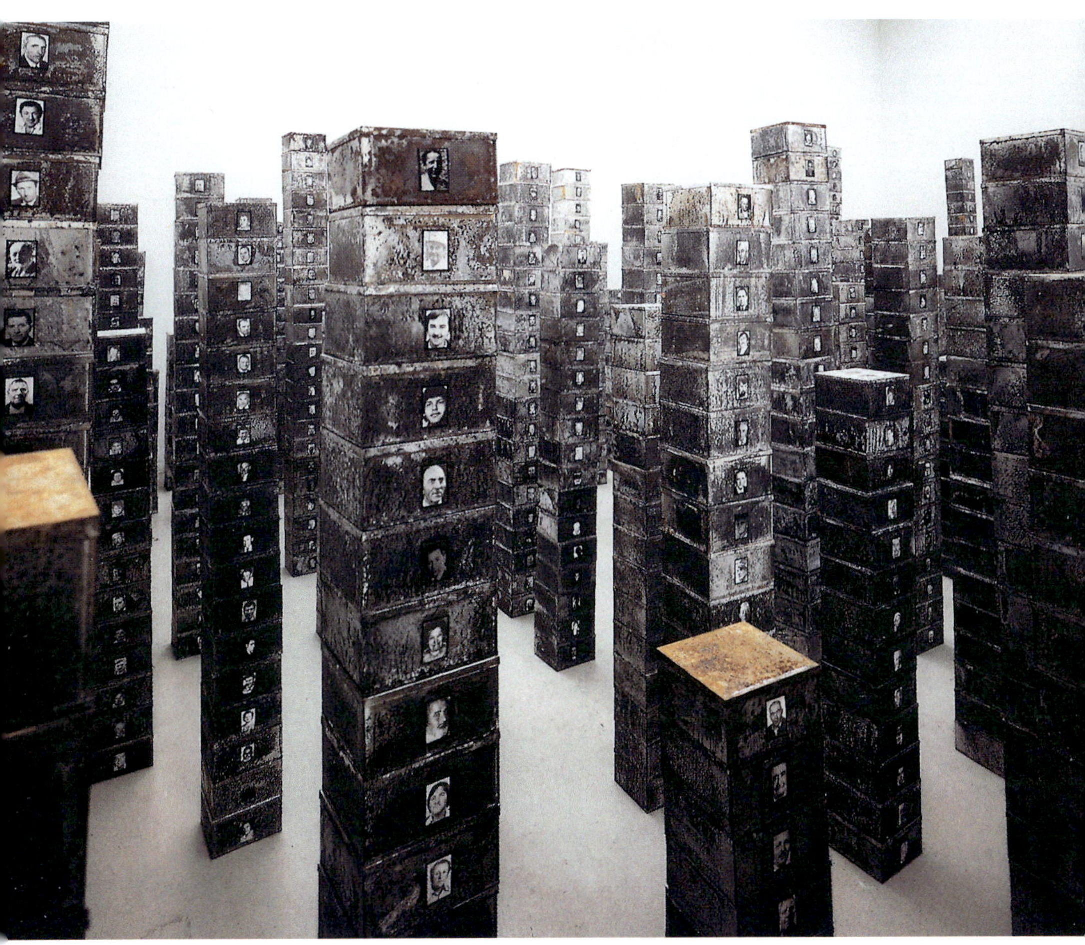

Abb. 105
Christian Boltanski, Reserve der toten Schweizer, 1991, Installation Paris, Galerie Hussenot

Leben, die in den Zeitungen verwendet wurden, und es stellt sich bei dieser Sammlung heraus, dass die Zeitungen zu einem Archiv für die Toten geworden waren.

In einer zweiten Installation, genannt «La Réserve des Suisses Morts», hat Boltanski die gleichen Fotos von Schweizern auf Blechkästen aufgeklebt, in denen die Todesnachrichten aus den Zeitungen aufbewahrt wurden (Abb. 105).[45] Entscheidend hierbei war die Trennung von Foto und Namen, von Sichtbarkeit und Identität. Der Besucher des Galerieraumes wanderte zwischen diesen aufgetürm-

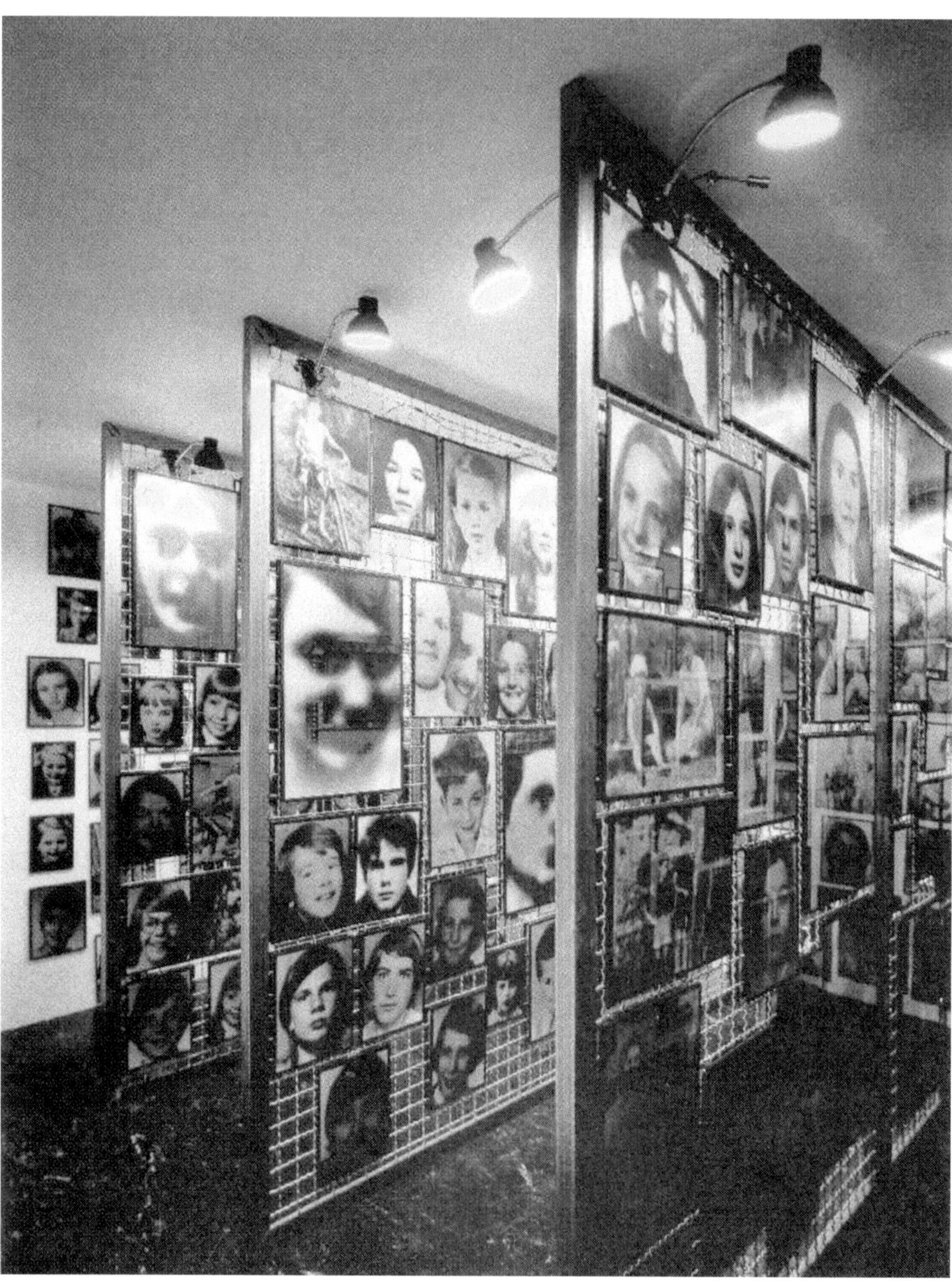

ten Stapeln von Reliquiaren umher, die ihm den Eindruck vermittelten, alle diese Toten hätten einen gemeinsamen Friedhof gefunden. Von ihnen blieb ein Bild zurück, das anonym geworden und nicht mehr mit einer Person verbunden war. Solche Bilder erinnern, mehr als jedes Porträt, an die Macht des Todes, gegen welche Porträts einmal ‹ins Leben gerufen› worden waren. Sie bezeugen die Existenz von Gesichtern, die einmal lebendig waren und es nicht mehr sind. Boltanski beharrte in einem Interview darauf, «dass alle sich ähneln und alle doch verschieden sind. Also, was ist Natur, die Gattung, der Einzelne? Man spricht von Tausenden von Menschen, aber was ist der Einzelne als Individuum, der jedes Mal ein anderes Gesicht, ein anderes Wesen hat?»

Die Anspielung auf das Archiv liegt schon im Titel der Arbeit «Archives», die 1987 auf der «documenta» zu sehen war (Abb. 106). Hier versammelte Boltanski 350 Schwarz-Weiß-Fotos von Gesichtern, über deren Träger wir nichts wissen. Sie wurden auf Depotgittern angebracht und von Bürolampen beleuchtet, als stünden sie einer Behörde zur Verfügung.[46] Alle Fotos waren schon in anderen Arbeiten Boltanskis verwendet worden, doch wurden sie hier in unterschiedlichem Maßstab und in einem jeweils anderen Ausschnitt des Gesichts gezeigt. Gerade der Entzug ihres «Zivilstatus», wie sich der Pariser Polizeipräfekt Bertillon im 19. Jahrhundert ausgedrückt hätte, verleiht solchen Gesichtern unterschiedlichen Alters, Geschlechts und Gefühlsausdrucks eine Identität, die jeder amtlichen Beglaubigung überlegen ist. Gesichter dieser Art haben in der Zeit gelebt und sind ein Opfer der Zeit geworden, deren Werk sich im Tode vollendet. Als Totenmasken sind sie in paradoxer Weise «anonyme Porträts», wie sie Alessandro Nova genannt hat, und sprechen, indem sie sich an keinen einzelnen Besucher einer Ausstellung wenden, alle Besucher mit dem kollektiven Schicksal der vergänglichen Lebenszeit persönlich an.[47]

Abb. 106
Christian Boltanski, Archives, 1987, Installation Kassel, documenta

17. Video und Live-Bild. Die Flucht aus der Maske

Die Fotografie hatte im Lauf der Zeit, wie im Schlusskapitel des zweiten Teils ausgeführt, zu der Erkenntnis geführt, dass die moderne Technik letztlich auch wieder nur Masken erzeuge statt der Gesichter, die im Foto mit einer noch nie dagewesenen Unmittelbarkeit und mechanischen Genauigkeit, anscheinend ohne Intervention des menschlichen Auges, abgelichtet werden konnten (S. 193 ff.). Deshalb wurde die geradezu obsessive Erfindung neuer Bildmedien (beginnend mit dem Film) seit der Wende des 19. zum 20. Jahrhundert nicht zuletzt von einer Flucht vor der Maske ausgelöst, die man aus dem bewegten Bild zu vertreiben hoffte. Hatte das Foto gezeigt, was schon nicht mehr Gesicht, sondern im nächsten Augenblick bereits Erinnerung zu Lebzeiten war, so drängte sich das sogenannte Live-Bild (der englische Begriff ist verräterisch) im Wettstreit mit dem Leben in die Lücke, die das Foto hinterließ. Es suchte die Grenze zwischen Leben und Bild, wenn nicht zu beseitigen, so doch zu überschreiten. Mochten die Bilder noch so inflationär auftreten, so waren sie doch immer Ersatz und Schein des Lebens geblieben. Selbst wenn die Bilder in der Öffentlichkeit allmählich die Oberhand über die Gesichter gewannen, die sie darstellen, so ist doch ihr Mangel an Leben (bekanntlich seit Platon ein Thema der Bildtheorie) ein Stimulans geblieben, in ihnen ein Leben zu simulieren, das sie nicht haben.

Der Film, welcher der noch nicht einmal hundertjährigen Fotografie den Rang ablief, besteht ebenfalls nur aus stark beschleunigten *frames*, deren Einzelform durch die Projektion überspielt wird. Auch war der Film lange Zeit allein ein öffentliches Medium, das man nur im Kino sehen konnte, während Privatbilder immer noch auf das Foto angewiesen waren. Filme lassen sich jedoch immer wieder abspulen und erwecken damit den Schein des Lebens, der in der Fotografie verloren geht. Zwar waren am Vorabend des Films Fotografen wie Étienne-Jules Marey mit einer wahren Obsession darauf aus, in ihren Aufnahmen von Bewegungskurven lebender Wesen den Eindruck von «fließenden Bildern» zu erzeugen, doch konnten sie den Film nicht vorwegnehmen.[48] Das filmische Bild wurde als bewegtes Bild mit dem gleichen Enthusiasmus begrüßt, mit dem man zwei Generationen vorher die Fotografie begrüßt hatte. Denn es imitiert den Fluss des Lebens, indem es in Kamerafahrten und Schnitten eine Zeiterfahrung suggeriert, die allein auf filmische Abspulung angewiesen ist. Mag der Film, wie Gilles

Deleuze in seinem Standardwerk «L'Image mouvement» demonstriert hat, auch noch über andere Zeitformen verfügen, so ist doch das bewegte Bild, das die Flucht vor der fotografischen Maske eingeleitet hat, seine wichtigste Zeitform.

Die Echtzeit, die das Fernsehen anbietet, war der nächste Trumpf und ließ in der Mitte des verflossenen Jahrhunderts nicht lange auf sich warten. Aber auch die meisten «Live-Bilder» fallen der Zeitfalle zum Opfer, wenn sie sich als Aufzeichnung enthüllen. Das kann jedermann an einem Wahlabend im Fernsehen beobachten, wenn das Bildmaterial für die Sendezeit nicht ausreicht und deswegen dieselben Bilder wiederholt werden müssen. Bei jeder Wiederholung bricht der erste Eindruck, man sei als Zuschauer bei einem Event anwesend, zusammen. Die Bilder entlarven sich dann als aufgezeichnetes Material, mit dem sie sich im «Jetzt» des Betrachters anbiedern. Plötzlich wirken sie nicht mehr wie die Ereignisse selbst, die sie im ersten Augenblick zu sein schienen, wenn das Intervall zwischen Aufzeichnung und Sendung unmerklich kurz war. Da sie im Takt der Jetztzeit gesendet werden, vergisst der Betrachter beim ersten Mal, dass er nur eine Aufzeichnung zu sehen bekommt, und mag das Zeitintervall noch so unberechenbar kurz sein. Auf diese Weise projizieren wir die eigene Präsenz vor dem Monitor auf die Präsenz dessen, was wir doch nur im Bild sehen.

Das *digitale Bild*, das der heutigen Kamera vorausging und nicht allein in seiner Technik begriffen werden kann, hat noch einmal einen ganz anderen Fluchtweg aus dem Foto eröffnet. Seine virtuellen Welten, die nicht mehr abbilden, was in der realen Welt existiert, befreien sich auch von der Zeitfalle, in welche die Bilder uns ziehen, die aus der realen Welt stammen. Gemäß seiner Technik und seiner Intention weicht das digitale Bild, das sich frei manipulieren lässt, auch der fotografischen Analogie mit einem echten Gesicht aus, die das Wesen des Porträts ausmachte (S. 295).[49] Deswegen hat es auch kein Verfallsdatum, wie es das Schicksal des aufgezeichneten Lebens in der Fotografie war.

Aber noch vor der digitalen Wende gab es eine Technik, welche das Foto revolutionierte. Das *Video* kam in den sechziger Jahren in Umlauf, und es wurde, im Gegensatz zur Filmkamera, ein neuer Fotoapparat. Jedermann konnte sich bald eine Videokamera leisten und sie für sein privates Leben in Gebrauch nehmen, statt wie bisher zu fotografieren. Videotapes wurden bald zum Ersatz für Fotoalben. Tonbänder waren ihnen vorangegangen als Live-Aufzeichnungen privater Situationen. Jetzt trat das bewegte Bild zur Stimme hinzu und machte das Angebot, die Personen im Gestus des Lebens einzufangen, statt sie im Foto einzufrieren und in die Zeitfalle zwischen Bild und Ereignis zu schicken. In der laufenden Sequenz, in der Videobilder aufeinander folgen, ließen sie sich beliebig oft abspielen und bald auch frei bearbeiten. Jedes Mal kam der Augenblick so überzeugend zurück, als wären die Zuschauer seine Augenzeugen. Unsere persönliche Erinnerung war lange durch Fotos eingeübt gewesen, die unser Leben gespeichert hatten. Die Aufzeichnung im Video erinnerte dagegen an die lebendige Bewegung, wie wir sie aus dem Spiegel kennen, und sprengte damit das Format des einzelnen Fotos. Videobänder sind auf diese Weise zu einem privaten Spiegel geworden, in dem wir das Leben wie im Flug einfangen wollen, wenngleich wir doch wissen, dass es sich nicht wie ein Video zurückspulen lässt.

Die Videokamera, die den Ausweg aus der Fotografie versprach und der Filmkamera Konkurrenz machte, wurde von Künstlern als ein kostengünstiges Verfahren der Bildproduktion (und der zeitgleichen Bildkontrolle) weltweit begrüßt. Aber sie regte auch eine kritische Reflexion darüber an, wie man sich ohne ein Filmscript verhalten soll, wenn man wie vor einem Spiegel die Erforschung des eigenen Gesichts auf dem Monitor betreibt, aber anders als im Spiegel diese Erforschung mit der Kamera auch aufzeichnen kann. In den 1960er Jahren hatte sich mit Happening und Performance eine Kunstform durchgesetzt, in welcher der Künstler seinen eigenen Körper zum Einsatz brachte. Erst das Video aber eröffnete die Möglichkeit, den eigenen Auftritt zu dokumentieren und die Selbstdarstellung im Bild festzuhalten.

Als Rosalind Krauss in einem Essay für die Zeitschrift «October» im Jahre 1976 ein erstes Fazit zog, fiel dieses überaus kritisch aus. Denn sie erklärte, der Narzissmus sei in Videoarbeiten so «endemisch», dass er als Leitbegriff für die ganze Gattung dienen könne. Und sie warf den Künstlern vor, sie gäben sich unkritisch der Selbstschau hin, die ihnen das filmische Verfahren erlaubte. Durch die Führung des Blicks im bewegten Bild war das Videobild ähnlich spontan wie das Spiegelbild. Deshalb lautete der Vorwurf, die Künstler hätten jede Distanz zu sich selbst verloren und benutzten das neue Medium schamlos zum Zwecke der Eigenwerbung. Das Video hätte ihrem «narzisstischen Drang zur Selbstprojektion» willig Vorschub geleistet.[50] Aber in dieser Analyse ließ die Autorin wenig Raum für die gleichfalls mögliche Praxis einer kritischen Selbst-*Reflexion*, welche die Künstler dazu herausforderte, ihren Ort in einer Welt zu suchen, die im Video neu ins Bild kam.

Der große Sammelband «Video Art», der im selben Jahr 1976 veröffentlicht wurde wie der Essay von Rosalind Krauss, zeigt die Euphorie, die damals die Entdeckung auslöste, auch mit der Kunst in der Jetztzeit, «the present tense», angekommen zu sein. Wie im Leben weckten die «live phenomena on the screen» die Neugier darauf, was «als nächstes im Bild erscheinen würde».[51] Im Falle des Gesichts war man zwar der schon immer abgelegten Maske des Fotos entkommen, aber zugleich der Versuchung anheimgefallen, neue Masken zu erzeugen, deren Neuheit vor allem darin bestand, dass sich ihr Wechsel filmen ließ. Deswegen ist der Drang zur Selbstdarstellung im Video, den die Künstler in diesen Jahren an den Tag legen, auch eine Auseinandersetzung mit einem Gesicht, das für das Selbst immer ein Außen bleibt und im Versuch des Eindringens unbekannte Masken des Selbst erzeugt. Man könnte es auch mit Samuel Becketts Text für Avigdor Arikha (1965) sagen: «Wieder auf dem Sprung gegenüber dem unbezwingbaren Außen. Auge und Hand fiebern nach dem Nicht-Selbst.»[52] Die Unschärfe zwischen Gesicht und Maske ist bei Bruce Nauman, der sich so gern auf Beckett bezog, in manchen Arbeiten geradezu Programm. In einer Zeichnung von 1981 nimmt er das Verhältnis zwischen Gesicht und Maske, die sich gegenseitig spiegeln, gleichsam beim Wort, indem er über das Wort «Mask» in Spiegelschrift das Wort «Face» schreibt. Die Maske ist hier nur ein anderes Wort für das Gesicht, das zum Vorschein kommt, wenn man die Maske aufruft. Die Maske ist an das Gesicht gebunden, wie das Gesicht an die Maske.

Im Text für eine Installation aus dem Jahr 1975, die den kryptischen Titel «Consummate Mask of Rock» trägt, treibt Nauman ein Sprachspiel in der Form alter Kinderlieder, in welchem die eigene Existenzweise vieldeutig auf den Begriff der Maske gebracht wird.[53] Die Feststellung «this is my mask of fidelity to truth and life» wird beispielsweise konterkariert mit dem Bekenntnis «this is the mask to cover my infidelity to truth (this is my cover)». In der Hologrammserie «Making Faces (A–K)» aus dem Jahr 1968 benutzt Nauman seine Hände, um Laute zu bilden, welche sein Gesicht in Sprechmasken verwandeln und also die Physiognomie strapazieren, um Ausdruck zu erzeugen. Auch in seinen Videos steht die Maske als permanentes Fragezeichen und wie ein Schatten hinter dem eigenen Gesicht, mit dem er vor einem Publikum posiert. In der Arbeit «Art Make-Up» (1967/68), die auf 16-mm-Film aufgenommen wurde, färbte Bruce Nauman sein Gesicht und seinen nackten Oberkörper viermal mit einer verschiedenen Farbe ein. Auf diese Weise eröffnete er gleichzeitig auf vier Monitoren ein hintergründiges Spiel. Gesicht und Maske trennen sich durch ein fortschreitendes «Make-Up» voneinander, obwohl es immer das gleiche Gesicht bleibt (Abb. 107). Die «Kunst» des Einfärbens dient der Maske, die allein durch «Schminke» erzeugt wird. Die fortschreitende Verwandlung des Gesichts in eine lebende Maske, die

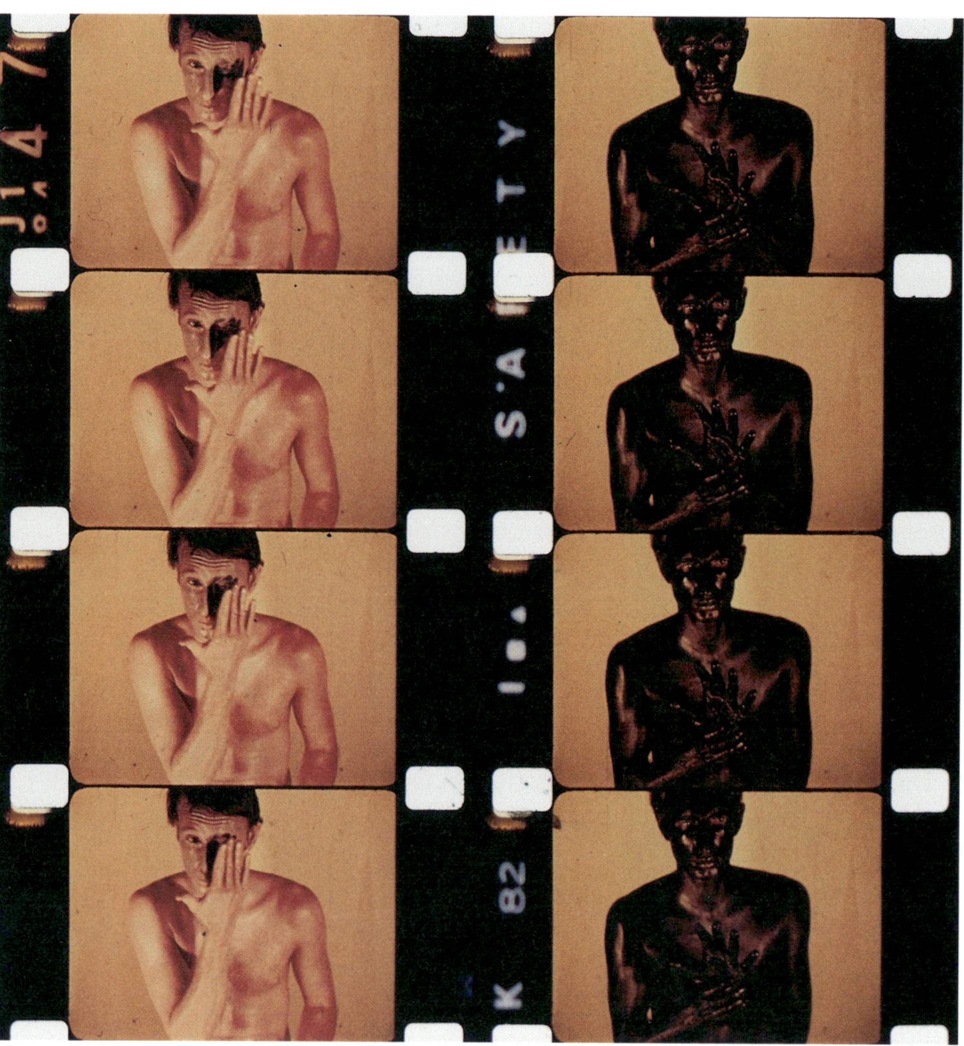

Nauman in seinem Atelier produzierte, scheint im Ausstellungsraum gleichsam vor unseren Augen zu entstehen. In dem Maße, wie sich das Gesicht des Künstlers einfärbt, kommt ein Fremder zum Vorschein, der die Ähnlichkeit mit dem anfänglich gefilmten Gesicht verliert. Wir wissen plötzlich nicht mehr, ob wir es noch mit demselben Gesicht zu tun haben, denn Nauman entzieht sich beim fortschreitenden Schminken immer mehr dem Gesicht, das wir zuerst gesehen haben.[54] Die Flucht aus der Maske, zu welcher das Gesicht in einem Foto geworden wäre, endet in einem bewegten Ballett verschiedener Masken, das seither im Selbstbildnis zum Standard gehört.

Das Video eröffnete auch in der bildenden Kunst eine permanente Bühnensituation schon zu einem Zeitpunkt, bevor man auf echten Bühnen das Video einführte, um die Schauspieler im Großbild zu wiederholen. Auch diese Funktion wird von Nauman exemplarisch in einem Video genutzt, welches eine Situation im Atelier, wo keine Werke im üblichen Sinn mehr produziert werden, sondern «Kunst als Aktion» entsteht, in den Ausstellungsraum überträgt. In einem kurzen Film mit dem banalen Titel «Playing a Note on the Violin While I Walk Around the Studio» sieht man eine Performance, bei der Nauman nichts anderes tat, als auf seiner Geige einen Ton anzustimmen und mit ihr «im Atelier herumzugehen».[55] Im Studio agierte er als ein Solist, der mit Pantomime und Tanz den realen Raum gestisch in eine imaginäre Bühne verwandelte. In der Ausstellung machte er sichtbar, was er im Atelier getan hatte.

Eine solche Bühnensituation wird 1968 in Naumans Video «Beckett Walk» auf den Begriff gebracht. Der Titel spielt auf Samuel Becketts späte Bühnenwerke an, bei welchen ein Schauspieler im Bühnenraum mit geometrisch verlaufenden Schritten die Zeitausdehnung in einer Leere erzeugte, die nicht mehr mit Handlung gefüllt werden musste.[56] Der Schauspieler blieb bei Beckett allein mit sich ohne seine Rollen zurück, ebenso wie der Künstler im Atelier allein mit seiner körperlichen Anwesenheit zurückblieb. So entstand in der Zeit nach dem Porträt eine Präsenz ohne Referenz. Eine zeitliche Abfolge war auch im historischen Selbstbildnis die Regel gewesen. Man bekam ein Porträt erst in der Ausstellung und nicht schon im Atelier zu sehen, wo es entstand. Bei Nauman aber tritt eine Bühnenperformance an die Stelle der alten Repräsentation mit dem Gesicht.

Abb. 107
Bruce Nauman, Art Make-Up 1–4, 1967/68, 16-mm-Film, Frames, Amsterdam, Stedelijk Museum

Nam June Paik, der in der Entwicklung des Videos zur Kunstform eine Schlüsselfigur wurde, hat schon am Anfang seiner Karriere für das Maskenspiel im eigenen Gesicht einen neuen Ausdruck gefunden, als er sich im Jahre 1961 von

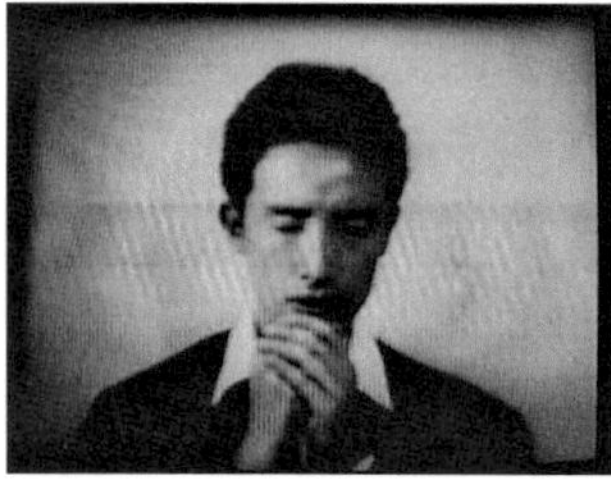
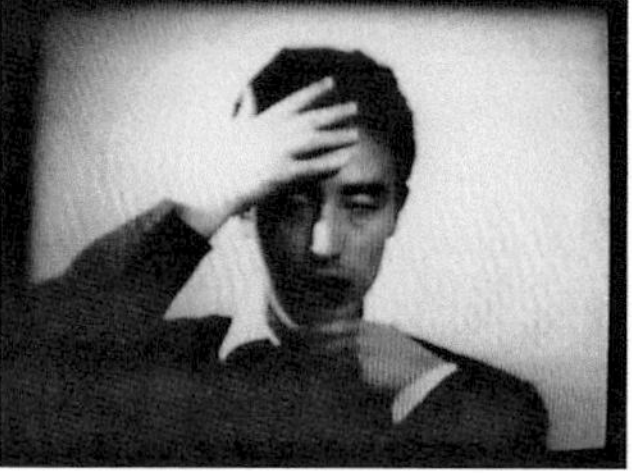
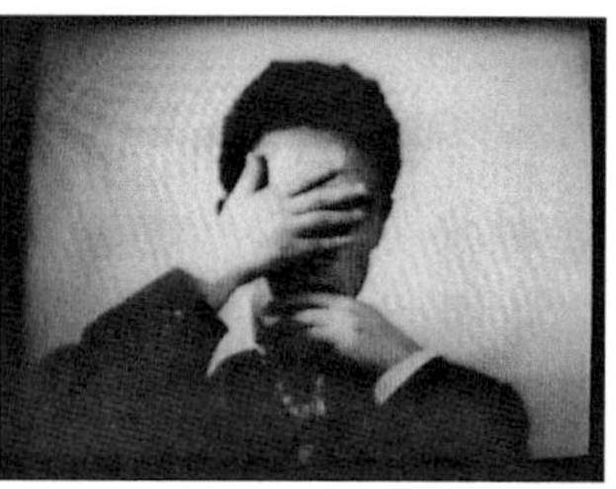

Abb. 108
Wolfgang Ramsbott, Nam June Paik, 1961, Filmstills

Abb. 109
Nam June Paik, Selbstbildnis/Kopf mit zwei Händen, 1982

Wolfgang Ramsbott für die Aufführung von Stockhausens Werk «Originale» filmen ließ.[57] Dabei stellte er mit beiden Händen, die sich abwechselnd über seinem Gesicht öffneten und schlossen, eine zeitlich bewegte Maske her (Abb. 108). Für die Erzeugung der Maske genügten die eigenen Hände. Wenn sie sich öffneten, blinzelten die Augen des Gesichts durch die Maske, doch stellten die Hände im nächsten Augenblick die Maske über dem Gesicht wieder her. Damit wurde der alte Doppelsinn der Maske, ebenso zu zeigen wie zu verbergen, in einen zeitlichen Takt gebracht, der entweder das Gesicht oder die Maske sichtbar machte. Das Gesicht setzte diesem Rhythmus von Sichtbarkeit und Unsichtbarkeit nur sein einfaches Da-Sein entgegen, aber es war der Part der Maske, das Gesicht freizugeben oder zu verbergen.

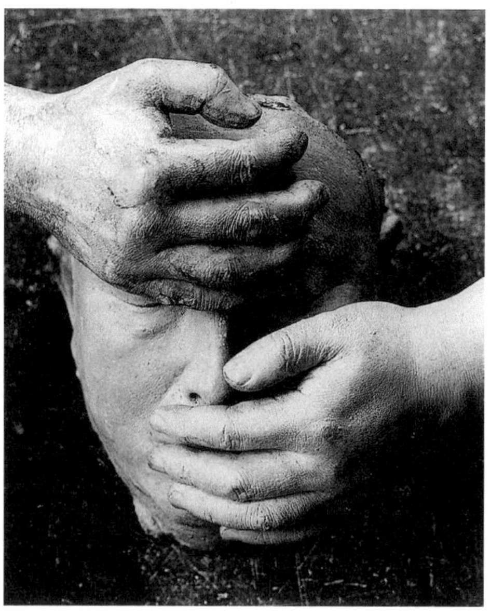

Gut zwanzig Jahre später, 1982, wiederholte Paik diese filmische Jugenderinnerung in einer Installation, in welcher ihn ein bronzenes «Selbstporträt», jetzt im Alter von fünfzig Jahren, als ironischen und zudem blinden Zuschauer des Films vor dem Monitor darstellt. Für den Abguss seines Gesichts in Bronze hatte er in paradoxer Weise das filmische Spiel der beiden Hände auf dem Gesicht wiederholt, so dass von dem Porträt kaum mehr etwas zu sehen bleibt (Abb. 109). Auf diese Weise kommt es gleichsam zu einem tautologischen Akt, denn diesmal verhüllen die Hände nicht das echte Gesicht, sondern maskieren eine Maske, die von Hause aus kein Gesicht ist, sondern das Gesicht vertritt oder verhüllt. Ein Porträtkopf in alter Manier wird im Spiel der Hände nur durch den Film verständlich, vor dem er aufgestellt ist. Er täuscht eine Bewegung vor, die schon durch die Gattung widerlegt wird. Aber das Spiel ging damals noch weiter, denn Paik posierte für ein Foto, auf dem er die Bronzemaske so in seine echten Hände nimmt (sie verhüllen die abgebildeten Hände), als wollte (und als könnte) er sich diesen Kopf aufsetzen (Abb. 110). Diesmal bekommen wir Paiks echtes Gesicht zu sehen, welches er für den Bronzekopf abformen ließ. Doch der Künstler lächelt uns auch mit seinem echten Gesicht schon deswegen verschwörerisch zu, weil er weiß, dass wir auch davon wiederum nur das Foto zu sehen bekommen. So verweisen die drei Gesichter derselben Person, zwei unsichtbare und ein sichtbares, zirkulär aufeinander, ohne einen Fluchtweg aus dem Maskenspiel zu finden und ohne einen solchen Fluchtweg überhaupt zu suchen. Selbst das echte Gesicht kann die Masken nicht abstreifen, die es im Film und in der Bronze reproduzieren.

Abb. 110
Nam June Paik mit «Selbstbildnis/Kopf mit zwei Händen» vor Monitor mit einem Film von Wolfgang Ramsbott, 1982

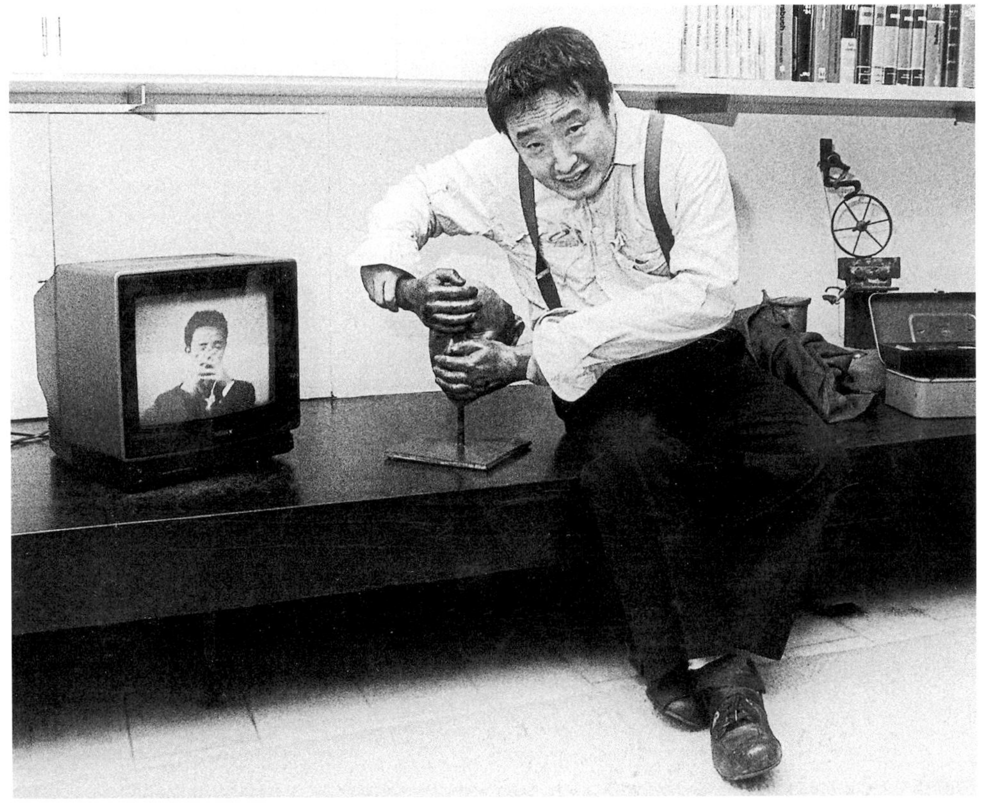

Der Künstler-Philosoph bringt in diesem Werk die ganze Geschichte des Porträts, das so viele künstlerische Medien durchlief, von der Bronze und dem Foto bis hin zum Film und zum Video, auf eine Metapher. Und er spielt dabei einen Narziss, der weiß, dass er sich selbst am wenigsten sehen kann. Die Flucht aus der Maske, die zur Erfindung der Live-Bilder im Film und im Video geführt hatte, wird in Nam June Paiks Auftritt gleichsam durch eine Flucht in die Maske beantwortet, wenn der Künstler das filmische Bild durch ein Bronze-Gesicht wiederholt und dieses wiederum mit seiner eigenen Präsenz verkörpert.

18. Ingmar Bergman und das Filmgesicht

Es ist heute kaum vorstellbar, wie sehr das Filmgesicht in der ersten Hälfte des 20. Jahrhunderts alle anderen Medien dominierte, bevor das Fernsehen das Kino aus diesem Quasi-Monopol vertrieb. Damit ist nicht einmal eine besondere filmische Einstellung gemeint, wie sie im Folgenden zur Sprache kommen wird, sondern einfach die Tatsache, dass man nirgendwo anders Gesichter, die mit der Bewegung und dem Ausdruck des Lebens auf den Betrachter eindrangen und ebenso plötzlich wieder verschwanden, mit einer solchen Gewalt und Suggestion zu sehen bekam wie auf der Filmleinwand und im Dunkel des Kinosaals, in dem das Ortsgefühl aufgehoben schien und jeder mit dem Ansturm der Bilder allein war. Dieses Erlebnis, das sich nicht nur im Spielfilm, sondern auch in den *news* der eigentlich dokumentarisch angelegten Wochenschauen breitmachte, führte zunächst zu heftigen Diskussionen über die Grenzen des Erlaubten und den Schutz des Gesichts vor solcher Entblößung, die es erlitt, seit die Kameratechnik dem Gesicht immer näher rückte. Und allmählich bildeten sich in der Montage des Gesichts, deren wechselnde Geschichte heute einen Rückblick erlaubt, Stilprinzipien heraus, die den einen Regisseur vom anderen unterschieden. Es ist nach Lage der Dinge nicht möglich und nicht einmal wünschbar, dass das Filmgesicht in diesem Rahmen in seiner vollen Breite zur Sprache kommt, weshalb das Thema, dessen Literatur heute ganze Regale füllt, hier nur gestreift werden kann.

Es waren aber nicht irgendwelche Gesichter, die im Kino ihren Auftritt hatten, sondern Gesichter von Schauspielern, die im Film andere Rollen spielten und ihr

Gesicht anders zur Geltung brachten als auf der Bühne. Im Theater verhinderte die Distanz zum Publikum, dass sich das Gesicht vom Körper als Ganzem und, besonders in der Zeit des Stummfilms, sogar von der Stimme emanzipierte. Der Ruhm der Filmschauspieler, die über Nacht in jedes Kleinstadtkino auf der ganzen Welt eindrangen, war gleichbedeutend mit dem Ruhm des Mediums Film. Diese Gesichter wurden überall wiedererkannt und prägten sich einem Massenpublikum ein, das in kein Theater gegangen wäre und durch keine Sprachgrenzen mehr getrennt war. Deshalb konnte eine Serie von Monografien, die ein Münchner Verlag in den 1920er Jahren einzelnen Filmgrößen widmete, den Titel «Das Filmgesicht» tragen. Man sieht in dem Heft über Douglas Fairbanks, dessen Titelseite hier abgebildet ist (Abb. 111), keineswegs Nah- oder Großaufnahmen des Gesichts, sondern all die Rollen, die der Schauspieler bis dahin gespielt hatte, natürlich mit seinem so wandlungsfähigen und dennoch so einprägsamen oder eingeprägten Gesicht: Er war das Gesicht, das man in jedem Film wiedererkannte. Und Greta Garbo, «die Göttliche», konnte nur deshalb auf eine Titelseite von «Life» kommen, weil jedermann ihr Gesicht verehrte und es gern im Fotodruck in Ruhe betrachten wollte, auch wenn sich die Diva in ganzer Figur auf einem Thron der Öffentlichkeit präsentierte (vgl. Abb. 92).

Der Starkult löste im Gegenzug die Demokratisierung des Gesichts im sowjetischen Film aus. In den 1920er Jahren entdeckt Eisenstein das anonyme Gesicht, das er bei Bauern und Industriearbeitern findet, in seinem authentischen Ausdruck und macht es zum Thema. In «Panzerkreuzer Potemkin» hat sich das Gesicht der schreienden Kinderfrau in das kollektive Bildgedächtnis so eingeprägt, dass sich noch dreißig Jahre später der Maler Francis Bacon in seinen Papstbildern unumwunden darauf beziehen kann. So brachte der russische Regisseur eine «gewaltige physiognomische Galerie» ins Kino, wie Walter Benjamin damals schwärmte. Doch ist es eher eine Galerie mit Typen der «neuen» Gesellschaftsklassen, die damals den Aufbruch in eine neue Zeit widerspiegeln sollten. Die Großaufnahme der Eisenstein'schen Gesichter, die sich so weit vom bloß Schauspielerischen und Melodramatischen entfernten, war aber an zwei filmische Bedingungen gebunden, die der Regisseur für sich neu formulierte, an die Ablösung des Gesichts vom Spiegel einer bloßen Filmhandlung und an den «stahlharten Rhythmus» einer ganz eigenen Montage, in der die Gesichter «wie Worte in einem Satz zusammengesetzt» sind.[58]

Die Großaufnahme ist als Thema des Films stets umkämpft gewesen und hat oft den europäischen Film, in dem sie auf eine lange und wechselvolle, auch ge-

gensätzliche Geschichte zurücksieht, und den amerikanischen Film, wo sie sich selten durchsetzte, voneinander getrennt.[59] Sie stellt eine extreme Form des Nahblicks *(Close-up)* dar, ohne dass wir sie mit unserem eigenen Blick kontrollieren können. Vielmehr überwältigt das übergroße Filmgesicht den Blick derart, dass wir zwischen fiktiver Nähe (Film) und faktischer Ferne (Filmleinwand) jeden Maßstab verlieren. Der Film hat erstmals die Darstellung einer, wenn man so will, «bewegten Maske» ermöglicht. Vor allem im Stummfilm kehrte die alte Maske zurück, wenn die Großaufnahme das Gesicht im Kamerablick erstarren ließ und es in eine Ikone verwandelte, welche unberührbar im Gedächtnis haften blieb. Im Tonfilm kam es vielleicht deswegen bald zu einer Krise des Gesichts, als man um den filmischen Ausdruck für eine «sprechende Maske» kämpfte. Obwohl der Film geradezu den Inbegriff eines Gesichts produzierte, wurde schon durch die maßstablose Projektion aus dem Gesicht eine Maske, auf die wir aber einen so intimen Blick werfen, wie wir selten ein anderes Gesicht erleben. Es schien, als sei damit die Unterscheidung des Gesichts von der Maske hinfällig geworden und das Gesicht im Bild endlich zu sich selbst gelangt. Doch die Produktion von Gesichtern im Film konnte nur um den Preis geschehen, dass man Gesichter in jene Masken verwandelte, die das Medium Film dafür lieferte.

Béla Balázs, ihr früher Theoretiker, schwärmte von «der Großaufnahme als der Poesie des Films». «Die Großaufnahmen sind das eigenste Gebiet des Films», vor allem im Hinblick auf «Physiognomie und Mienenspiel».[60] Doch beruht beides, wie sich leicht einwenden lässt, auf ganz verschiedenen Arten von Wahrnehmung. Je mehr wir einem Gesicht und seinem Mienenspiel naherücken, umso weniger haben wir seine Physiognomie als ganze im Blick. Und die filmische Maske setzte sich rasch gegen das physiognomische Gesicht durch, von dem sie eine Maske herstellte. Für Balázs aber, der die Revolution im neuen Bildmedium feierte, war der Mensch erst im Film «sichtbar» geworden, wie es in einem seiner Titel heißt, und auch «das unsichtbare Antlitz» hervorgetreten, welches der Film im körperlichen Gesicht offenbare.[61] Da Balázs zugleich die Dinge des Alltags und Landschaften als Motive der Großaufnahme einbezog, konnte er dem Film einen vorher unmöglichen Blick auf die Welt zuschreiben.

Abb. 111 «Douglas Fairbanks» aus der Serie «Das Filmgesicht», hg. von Wolfgang Martini, 1928

Ebenso wenig wie die Physiognomie bot aber das «Mienenspiel» im Filmgesicht jene Sicherheit der Aussage, die sich der Filmkritiker Balázs davon versprochen hatte. In den frühen 1920er Jahren unternahm der russische Maler und Filmtheoretiker Lew Kuleschow das bekannte Experiment mit dem Filmgesicht, das in der Filmszene nachhaltig für Furore sorgte und 1929 durch Kuleschows Mitstreiter

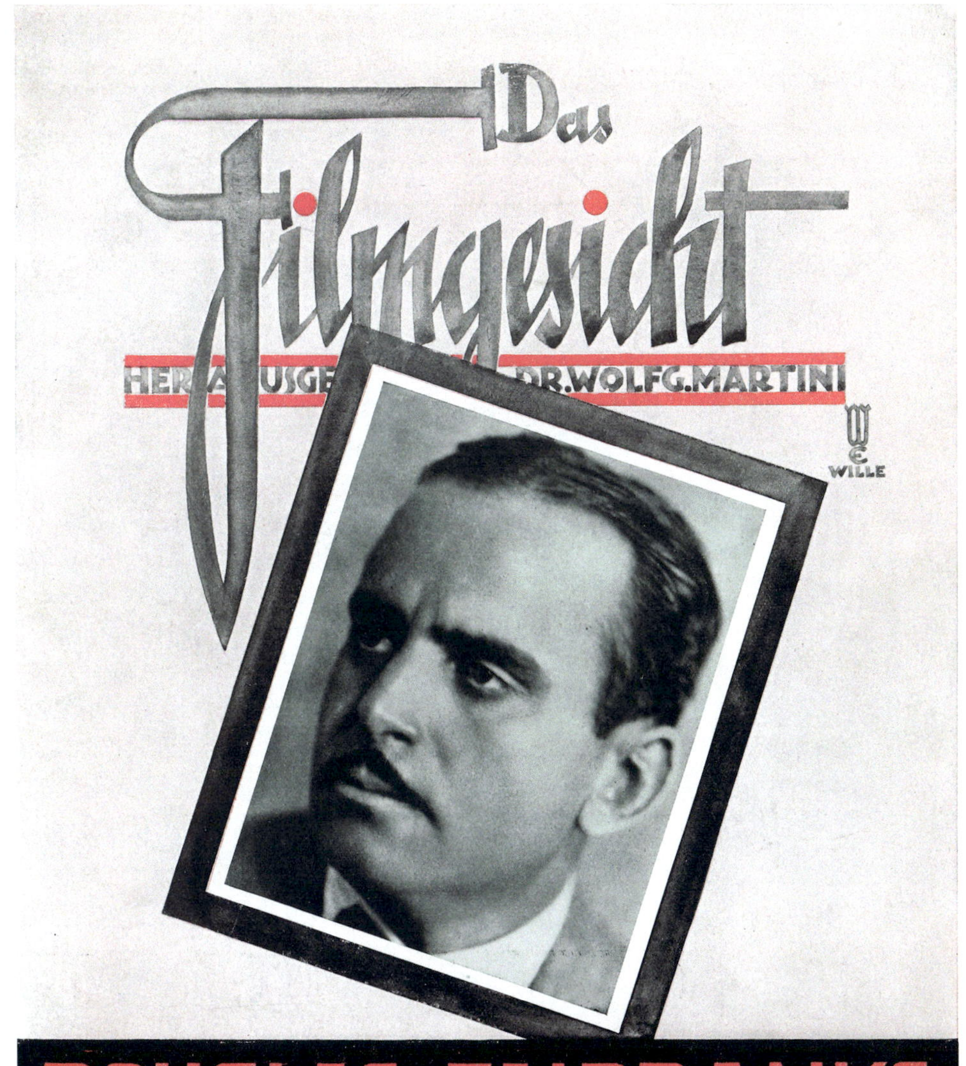
Das Filmgesicht
DR.WOLFG.MARTINI
WILLE
DOUGLAS FAIRBANKS
MÜNCHEN CURT J.C. ANDERSEN

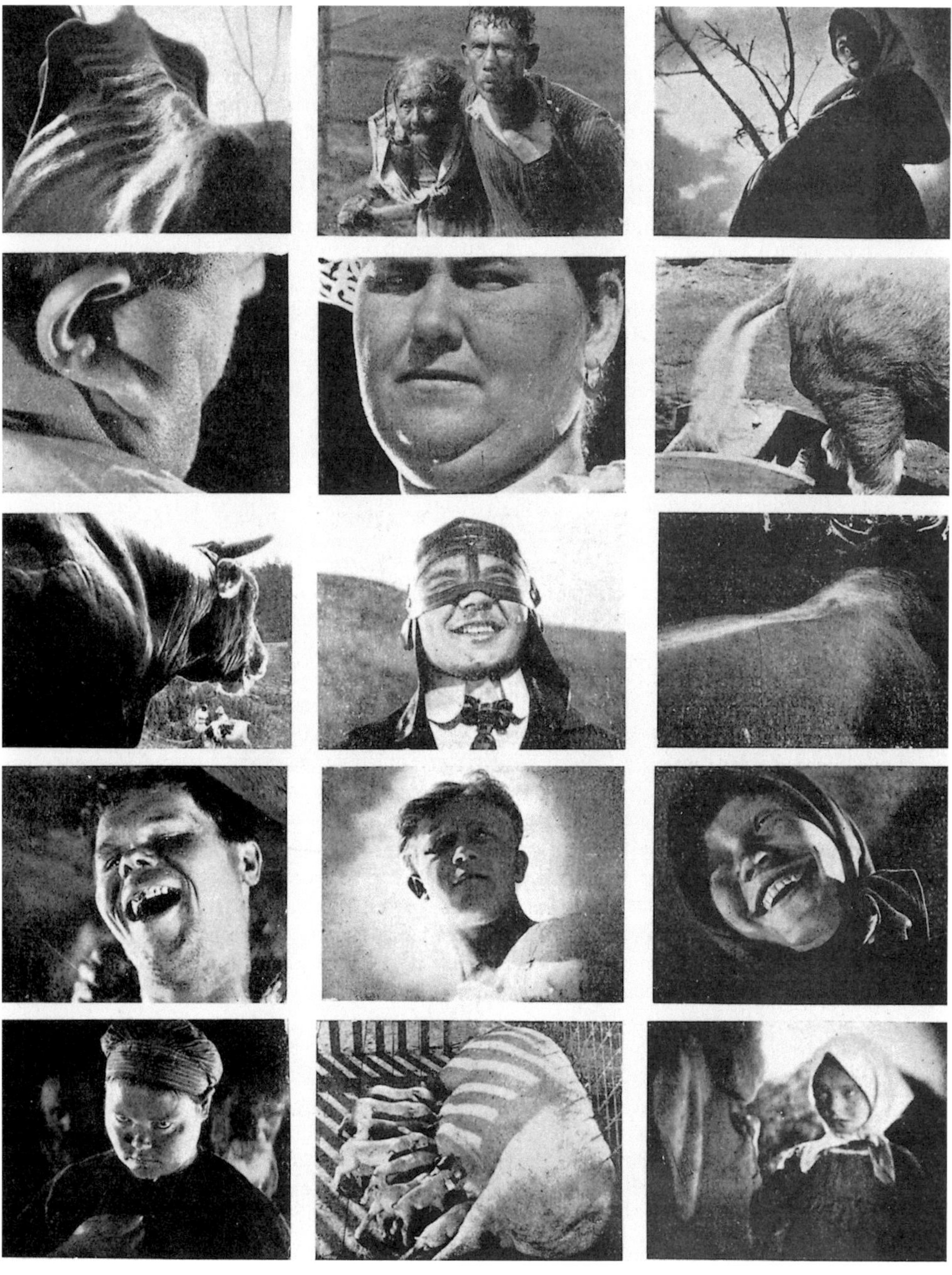

Wsewolod Pudowkin vor der Film Society of London publik gemacht wurde.[62] Der sogenannte Kuleschow-Effekt wurde jedoch von Anfang an als Triumph der «Magie» des Films gefeiert, weil er bewies, dass man den Ausdruck eines Gesichts allein durch Montage erzeugen konnte. Ein und dasselbe Gesicht des russischen Nationalschauspielers Iwan Mosschukin war in dem Experiment mit ganz verschiedenen Szenen, über welche die Berichte auseinandergehen (von einer Kinderszene oder einem Teller Suppe bis zu einer Leichenszene) montiert worden. Als der Filmstreifen vorgeführt wurde, war das Publikum von der schauspielerischen Leistung hingerissen, denn es interpretierte den gleichen Gesichtsausdruck immer in dem ganz unterschiedlichen Kontext, in dem es die Großaufnahme zu sehen bekam. Wir haben hier die Urszene der Theorie der Montage vor uns. Die russischen Erfinder waren stolz darauf, den filmischen Rohstoff entdeckt zu haben, dessen Erzählung sich erst am Schneidetisch zu einem filmischen Zusammenhang komponieren ließ, wie heterogen auch die Einzelelemente sein mochten.

Dabei blieb die Großaufnahme aber immer noch abhängig von einem anderen Kontext (der Handlung des Films) und wurde vor allem an ihrem erzählerischen Ausdruck gemessen. Eisenstein wählte einen umgekehrten Weg, als er die Montage als didaktisches und ideologisches Verfahren einsetzte. Hier war jedes Gesicht sein eigener Kontext und ließ sich wie ein Baustein in ein Argument einbringen, also neu kontextualisieren. Er wollte nicht mehr «Romane in Bildern» schreiben, wie er einem anderen Regisseur vorwarf,[63] sondern mit der Montage als pointierter Gegenüberstellung einen filmischen Lehrstoff aufbauen. Zu diesem Verfahren lieferte er selbst ein anschauliches Beispiel, das aus einer spontanen Idee heraus entstand. Er war 1930 dazu eingeladen worden, an der Sorbonne in Paris einen neuen Film vorzuführen. Es handelte sich um die «Generallinie» («La ligne générale»), einen Film, den er 1929 gedreht hatte, um die Kollektivierung der Landwirtschaft ins Bild zu setzen. Als die Vorführung des Films von der Pariser Polizei verboten wurde, erklärte Eisenstein die Grundideen des Films in einem Vortrag (Abb. 112). Für die Veröffentlichung in der Zeitschrift «Documents» lieferte er zwei Bildtafeln mit neu geordneten Filmstills, welche das System der Montage überdeutlich erkennen lassen.[64]

Da tauchen wie Bausteine des Films nebeneinander junge, lachende Gesichter und solche von alten Bauern auf, die noch von einer anderen, schweren Zeit geprägt sind. Die fetten Gesichter eines Kulak und seiner Frau bilden einen starken Kontrast zu dem stolzen Gesicht eines jungen Komsomolzen. Neben den Gesichtern stehen unvermittelt im wörtlichsten Sinne «Großaufnahmen» von einem

Abb. 112 Sergej Eisenstein, Gesichter-Collage aus «Generallinie» (1929), aus: Documents 4, 1930

Stier, der in den Bildunterschriften den Namen Fomka trägt, und solche mit Ansichten des Frühlings in der Natur, der den gesellschaftlichen Frühling symbolisiert. Jedes Gesicht ist Rohstoff für den Film und ist deswegen ähnlich versachlicht wie die Dinge in seiner Umgebung. Der Film schildert ein Dorf, das sich im Übergang zur Kolchose seiner selbst bewusst wird. Das Kollektiv regiert über das Individuum, die Gegenwart über die Vergangenheit. Der neue Wind, der über das Land weht, schlug damals den Zuschauern ins Gesicht, wie sich Robert Desnos erinnerte. Eisenstein wandte sich ab von dem narrativen Film, der seine Handlung mithilfe von berühmten Gesichtern erzählt. Die Auffassung vom Gesicht wird vom Kontext bestimmt, den der Film selbst liefert. Der Kontrast zum Starkino könnte nicht größer sein.

Ein halbes Jahrhundert Filmgeschichte war seither vergangen, als Gilles Deleuze in seiner zweibändigen Filmtheorie dem Filmgesicht, das er als Affektbild verstand, eine breite Untersuchung widmete.[65] «Das Affektbild *(l'image-affectation)*, das ist die Großaufnahme *(le gros-plan)*, und die Großaufnahme, das ist das Gesicht», wenn es sich aus dem Zusammenhang mit einer Filmhandlung löst. Die Großaufnahme «hat die Kraft, den reinen Affekt in seinem Ausdruck zu zeigen (…), sie ist also keine Vergrößerung», sondern stellt eine «absolute Veränderung» des Films dar. Daraus ergeben sich verschiedene Konsequenzen. Ein Gesicht kann als ein selbständiges und isoliertes Motiv den Film zusammenfassen oder auf eine neue Bedeutung bringen, statt als ein bloßes Detail eine Handlung nur widerzuspiegeln. Bei Eisenstein führt die Großaufnahme zu einem qualitativen Sprung, der Dinge enthüllt, auf die wir sonst nicht stoßen würden. Das Affektbild ist der freigesetzte Ausdruck als solcher. «Der Affekt erscheint als (…) Gefühl oder sogar Trieb in einer Person und das Gesicht als ihr Charakter oder ihre Maske.» Im Gegensatz zum Aktionsbild ist das «Affektbild von allen Koordinaten von Raum und Zeit, die es an einen bestimmten Zustand binden könnten, abgelöst und löst seinerseits das Gesicht von der Person», zu der es gehört.[66]

Deleuze beschreibt im «Affektbild» eine besondere Rolle der Großaufnahme, für die er sich schon auf die Filmtheorie von Balázs stützen konnte. Doch bleibt dabei die Frage offen, wie sich das Filmgesicht zum Gesicht als solchem verhält. Wie weit ist also die Filmtheorie hier nur eine Variante oder Fortführung der Art und Weise, wie wir von den Gesichtern selbst sprechen, mit denen wir im Leben den Blicktausch betreiben? Bei Deleuze ist beispielsweise die Rede von verschiedenen Zuständen des Gesichts, in denen sich der Ausdruck so steigern kann, dass «sich die Gesichtszüge vom Umriss freimachen *(s'échappent)* und verselbständigen». Mit anderen Worten: Gewinnt die mimische Intensität die Oberhand über das Gesicht *(face)*, dann wird sie die Einheit der Physiognomie eines Gesichts auslöschen *(effacer)*. Davon unterscheidet Deleuze das «reflexive oder reflektierende Gesicht», in dem sich die Züge sammeln, bis sie nicht mehr erkennen lassen, woran jemand denkt.[67] Der Film muss also vorher oder nachher zeigen, was sich in einem solchen Gesicht darstellt, während der Ausdruck des Affekts sich selbst darstellt. Das alles gilt aber ebenso vom lebenden Gesicht, in dem die Mimik das Gesicht beherrschen und in reinen Ausdruck verwandeln kann, während die Gesichtsarbeit im Zustand der Reflexion wie hinter einer Maske ruhen bleibt. Die Medientheorie muss beim Gesicht selbst beginnen, wenn sie über das Medium Film redet. Sie findet schon im Gesicht eine Technik, mit der wir alle Kommunikation betreiben oder sie verweigern.

Pascal Bonitzer wählte dagegen als Filmpraktiker einen anderen Weg, als er die Großaufnahme als Bildform des Films mit ihren Lockungen und Schrecken im Rahmen anderer Bildmedien der Moderne analysierte.[68] Er sieht sie zugleich in einer terroristischen und einer revolutionären Rolle: revolutionär in dem Sinne, dass sie die Hierarchie der Bilder und Räume, Ereignisse und Körper umstülpte, «das Kleine groß und das Große klein machte», und terroristisch in dem Sinne, dass sie alle bürgerlichen Sehgewohnheiten des Anstands über den Haufen warf und dem Publikum mit den «abgeschnittenen Köpfen» von Gesichtern ohne Körper und Umgebung Gewalt antat. So wurde sie auch als Provokation benutzt, um dem Betrachter blutige Details und, im Falle des frühen Buñuel, ein durchgeschnittenes Auge buchstäblich ins Gesicht zu werfen. Die Großaufnahme, welche sich im Bild als Oberfläche statt als Bild im Raum einführt, «präsentierte sich als Ort einer Ambivalenz von Anziehung und Abstoßung, Verführung und Schrecken», wenn sie bereits von sich aus ganze Filmgattungen wie Spannung, Horror und Erotik prägte. Sie eröffnete mit anderen Worten einen derart freien Umgang mit Gesichtern, dass sie eine verbindliche Repräsentation des Gesichts für alle Zeit aufkündigte. Indem sie vorgab, das Gesicht zu demokratisieren, vergrößerte sie zugleich das Terrain der Masken ins Beliebige. Jacques Aumont hat sie folglich in seiner Geschichte des Filmgesichts als Etappensieg auf dem langen Weg der Hoffnungen und Illusionen beschrieben, auf dem man den Menschen im Gesicht suchen ging und immer wieder verlor.[69]

In Ingmar Bergmans Meisterwerk «Persona» (1966) steht das Gesicht gleich in einer doppelten Konstellation im Zentrum der Handlung.[70] In den Großaufnah-

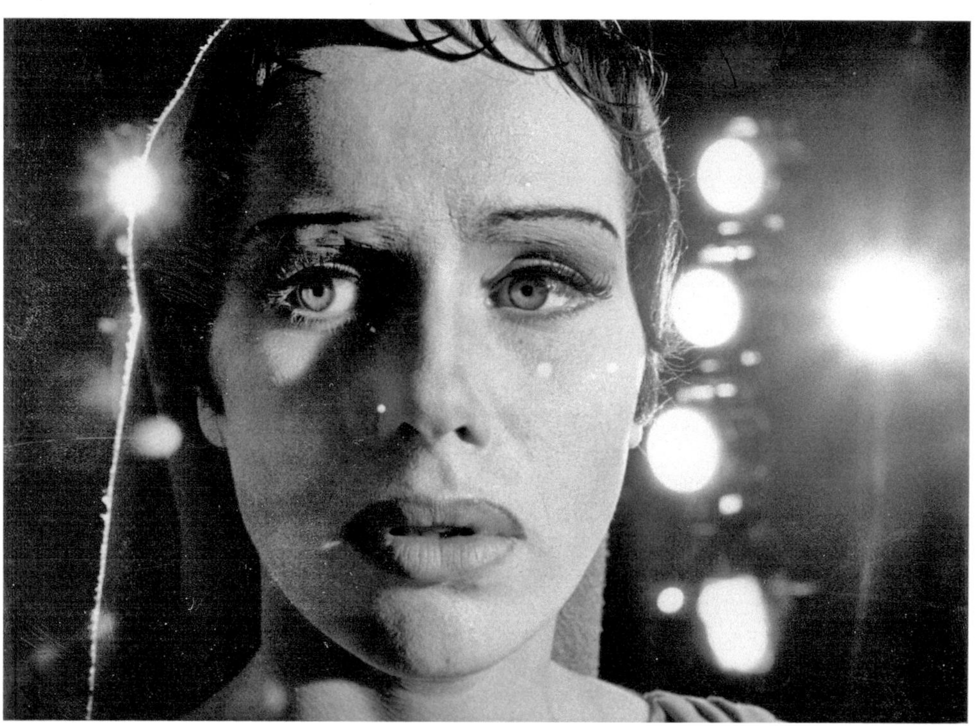

Abb. 113
Ingmar Bergman, Persona: Liv Ullmann als Elisabet Vogler (geschminkt für die Bühne), 1966, Filmstill

men der Hauptdarstellerinnen wird es zu einer die ganze Filmleinwand füllenden Bühne, auf der die beiden Frauen einen Rollenkonflikt miteinander und bald mit sich selbst austragen: Das eine Gesicht bleibt während des ganzen Films stumm, während das andere Gesicht immer drängender redet. Und doch entwickelt sich zwischen dem schweigenden und dem redenden Gesicht ein ungleicher Dialog, in dem die Macht der Worte, ebenso wie die Bitte um eine Antwort, schließlich am mimisch überlegenen Ausdruck des stummen Gesichts scheitert. Auf einer schwedischen Insel spielt sich zwischen der Bühnenschauspielerin Elisabet Vogler (Liv Ullmann) und ihrer Pflegerin, der Krankenschwester Alma (Bibi Andersson), ein Seelendrama ab, das beide Frauen langsam in eine Krise ihrer Identität treibt. In Gesicht und Maske, die in jeder neuen Einstellung wieder miteinander abwechseln, kommt die Ambivalenz von Person (Gesicht) und Rolle (Maske) ans Licht. Schon im Titel bezieht sich der Film auf den antiken Maskenbegriff, die *persona* (S. 68). C. G. Jung erkannte in diesem Begriff jenes «Rollen-Ich», das man sicht-

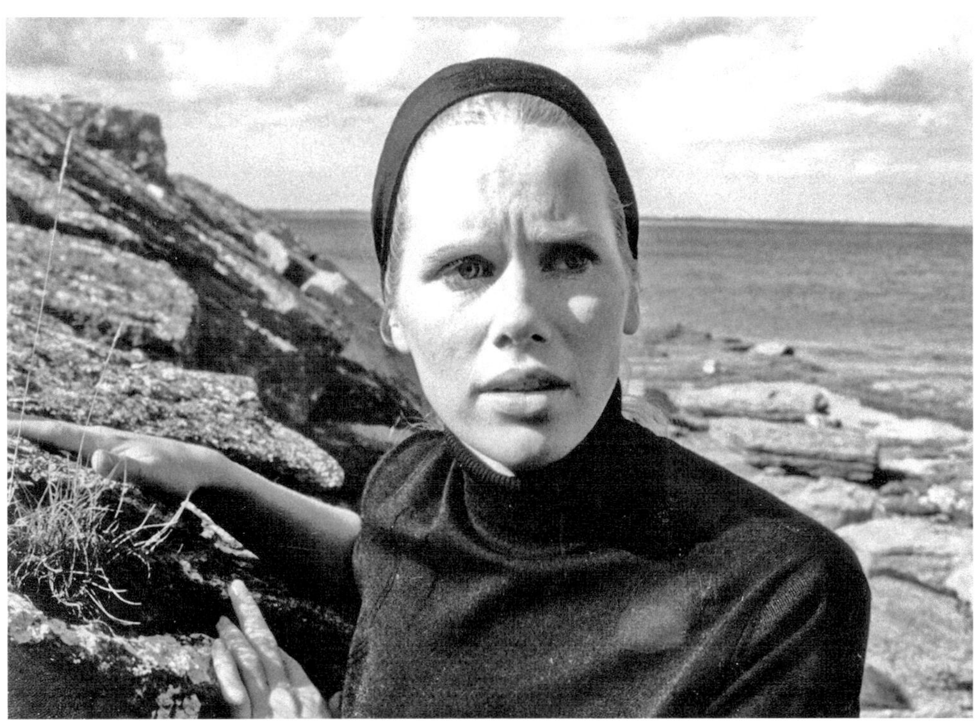

Abb. 114
Ingmar Bergman, Persona: Liv Ullmann als Elisabet Vogler (als stumme Patientin auf der Insel), 1966, Filmstill

bar der Welt präsentiert, während er «Alma» als das unsichtbare Seelenbild verstand. Sind also die beiden Frauen zugleich zwei Seiten einer und derselben Frau? Bergman engagierte die beiden Schauspielerinnen, als er bemerkte, wie ähnlich ihre Gesichter waren. Aber im Film bedroht Ähnlichkeit die Identität und beschwört deshalb einen Konflikt herauf.

Im Vorspann des Films sieht man in einer Rückblende einen Moment lang das frühere Bühnengesicht Elisabets, das mit seiner aufdringlichen Schminke, den rollenden Augen und dem harten Schweinwerferlicht wie eine Maske wirkt, welche die Schauspielerin seither mit allen Rollen, die sie je gespielt hat, wegwerfen will (Abb. 113). Deshalb verfällt sie nach einer Aufführung der «Elektra» in völliges Schweigen. Dann findet man sie mit einem trotzig verschlossenen Gesicht in einer Klinik wieder, in der sie drei Monate lang stumm geblieben war, obwohl sie alle sonstigen Lebensäußerungen eines gesunden Menschen zeigte (Abb. 114). Bevor man sie in die Obhut Almas gibt, um sie wieder zum Sprechen zu bringen, wirft ihr die Ärztin den «hoffnungslosen Drang nach einer Wahrheit» vor, die im Leben nicht möglich sei. Auch jetzt spiele sie doch eine Rolle, aber auch dieser Rolle werde sie mit der Zeit überdrüssig werden. Die Patientin hört gebannt zu, ohne erkennen zu lassen, ob sie diese Mahnung beherzigen wird.

Auf der Insel, im Sommerhaus der Ärztin, beginnt dann zwischen der Schauspielerin und der Pflegerin der ungleiche Dialog, der sich selbst in den Träumen der beiden Frauen fortsetzt. Alma bewundert ihre Patientin, die für sie die Macht der Kunst über das Leben verkörpert, und erzählt ihr von den kleinen und traurigen Rollen, die ihr selbst das eigene Leben bisher geliefert hat. Sie «möchte gern sein» wie die andere und sich am liebsten «in diese verwandeln», nachdem doch ihre Gesichter «so ähnlich» sind. Damit beginnt das Missverständnis von Gesicht und Identität. Alma sieht ihr Vertrauen zu Elisabet grausam enttäuscht, als sie in deren Brief an die Ärztin liest, dass Elisabet sie nur amüsant, aber naiv findet. Jetzt beklagt sie den «Verrat» des stummen Gesichts, in dessen Mimik sie sich so schwer getäuscht hat, und fordert ihre eigene Identität wieder zurück: «Nein, ich bin nicht wie Du. Ich werde nie sein wie Du.» Als sie auch darauf keine Antwort erhält, fordert sie von Elisabet ein Geständnis, und sei es nur die Bereitschaft, ein einziges Wort zu sprechen. Es bleibt aber später ungewiss, ob Elisabet dieses eine Wort je ausgesprochen hat oder ob dies nur im Traum geschehen ist. Es ist das Wort «nichts».

Der Film lässt schon bald offen, ob die Dialoge der beiden Frauen noch im täglichen Leben stattfinden oder sich bereits in deren Träumen fortsetzen. In der realen Welt kommt ein Brief von Elisabets Ehemann an, den Alma der Patientin vorliest. Er wird begleitet von einem Foto des kleinen Sohns, das Elisabet vor den Augen der entsetzten Alma zerreißt. Als ein unerwünschtes Kind deutet der Sohn auf ein zweites Thema hin, das sich hinter Elisabets Stummheit verbirgt. Im Vorspann des Films sieht man den Jungen sehnsüchtig mit den fünf Fingern seiner im Schatten liegenden Hand über das ferne und unbewegliche Gesicht der Mutter streichen, das gar nicht das Gesicht selbst ist, sondern auf eine Filmleinwand projiziert erscheint und also wie hinter einer Glaswand den Händen nicht zugänglich ist (Frontispiz). Die körperliche Nähe des Jungen und die gefilmte Abwesenheit der Mutter stehen auch durch den gewählten Maßstab in einem unüberbrückbaren Kontrast. Das große Gesicht ist nur ein Bild, das für den Sohn die Stelle der unerreichbaren Mutter einnimmt. Das Thema der Schuld gegenüber dem eigenen Kind hat im Leben Elisabets einen bisher verschwiegenen Platz besetzt und wird durch den real eintreffenden Brief zur Sprache gebracht.

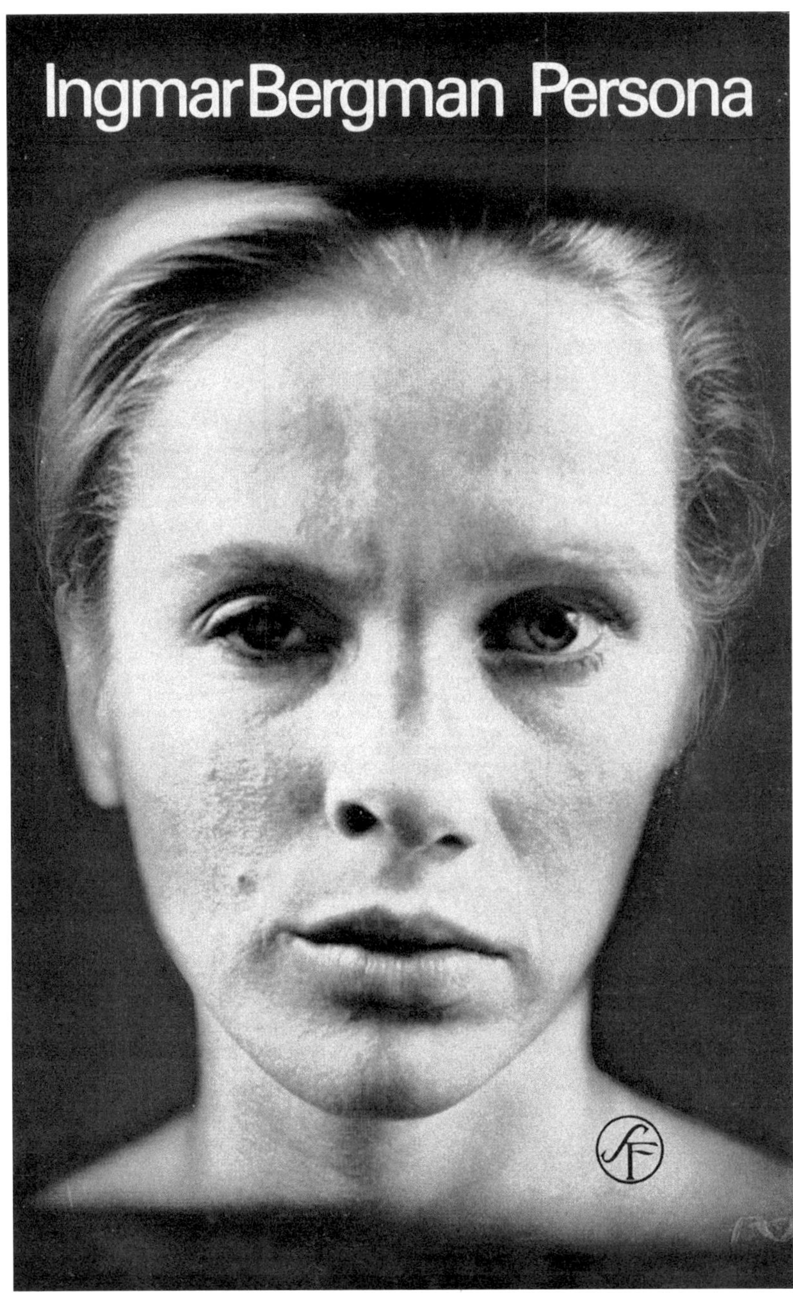

Abb. 115
Ingmar Bergman, Persona: Collage zweier Gesichter, 1966, Filmstill und Plakat

Nicht der realen Welt scheint dagegen der Besuch von Elisabets Ehemann anzugehören. Alma übernimmt dabei, ohne dass dieser ihr Gesicht erkennt, die Rolle der Ehefrau und antwortet, von dieser dazu gedrängt und zugleich auch wieder behindert, an deren Stelle auf das vom Ehemann verlangte Gespräch. Ebenfalls im Traum, wo die Barrieren des Alltags wegfallen, kommt es zu dem «doppelten Monolog», wie Bergman ihn genannt hat, in dem Alma zweimal denselben Text spricht. Es ist ein Geständnis der Schuld Elisabets als Mutter, das aber nicht diese selbst macht (sie will ja ohnehin nicht sprechen), sondern das Alma ihr stattdessen «ins Gesicht sagt». Die Kamera verweilt das eine Mal die ganze Zeit auf dem Gesicht Elisabets, das zwischen Schrecken und Ablehnung hin- und herschwankt, und das andere Mal ebenso ausschließlich auf dem Gesicht Almas, die mit Elisabet darum kämpft, sie zum Sprechen und also zum Geständnis zu bewegen, was heißt, sie alles auf ihrer «inneren Leinwand» noch einmal erleben zu lassen.[71] «Almas Aggressivität wächst in dieser Traumsituation zu einem solchen Maß, dass sie kopflos wird und jeder Ausdruck sie verlässt.»[72]

Diese Sequenz regte Bergman zu dem Experiment an, sie ins Labor zu schicken und «die dunkle Seite des Gesichts der einen (Frau) durch die helle Seite des Gesichts der anderen ergänzen zu lassen», also ein verdoppeltes Gesicht zu erzeugen, in dem beide Schauspielerinnen anwesend und untrennbar vereint waren (Abb. 115). «Die Muster kamen zurück, und die beiden Schauspielerinnen erkannten zuerst ihre eigenen Gesichter nicht wieder», sondern sahen nur «die hässliche Seite des jeweils anderen Gesichts».[73] Man kann es auch so sagen, dass sie beide inzwischen ihr eigenes Gesicht so sehr in das andere hineinprojiziert hatten, dass sie den Unterschied ihrer Physiognomien und also ihrer Personen nicht mehr bemerkten. Und dabei waren sie doch so sehr auf ihre Identität bedacht. Liv Ullmann schrieb rückblickend, sie habe «das Verlangen gehabt, ein völlig nacktes Gesicht zu zeigen» und «eine Entdeckungsreise in mein eigenes Ich» anzutreten, was auch bedeutete, «die Maske abzuwerfen und zu zeigen, was dahinter ist».[74]

In der Abschiedsszene blickt Alma in einen großen Wandspiegel und entdeckt, dass ihr Gesicht im Spiegel plötzlich allein erscheint und von dem anderen Gesicht verlassen ist. Da streicht sie sich unwillkürlich in einer Geste, die sie so oft von Elisabet erfahren hat, selbst über den Kopf. Der ganze Film beruht also auf dem Prinzip der Spiegelung des einen Gesichts in dem anderen, ohne dass es zu einer Verschmelzung kommt (das konnte es nicht einmal im Labor, wo nur die beiden Hälften verschiedener Gesichter zusammengesetzt wurden). Jedes der beiden Gesichter erscheint immer zugleich im Spiegel des anderen, wie es dem anderen einen Spiegel vorhält, in dem sich Annäherung wie Entfernung, Öffnung wie Widerstand abbilden. Das Gesicht kennt sich selbst ja nicht, sondern sucht sich wie in einem lebendigen Spiegel im Blicktausch mit einem anderen Gesicht, in dem es seine eigene Wirkung erlebt.[75]

Mit «Persona» wechselte Bergman, der damals als Chef des Schauspielhauses Dramaten in Stockholm arbeitete, in einer Zeit der Krise bewusst von der Bühne zum Film, von der Bühnensprache zu einer Darstellung des Gesichts, wie sie nur im Film realisiert werden kann.[76] Er konnte auf Schuss und Gegenschuss verzichten, weil immer nur eine Person spricht und die andere schweigt. Deshalb brauchte er für den Blick des einen Gesichts auf das andere – oder den intimen Blick des Zuschauers als eines Komplizen beider Gesichter – nur eine einzige Einstellung. Zwischen der Totalen und der Großaufnahme wechselt die Kamera so häufig, dass die harten Schnitte gar nicht mehr ins Bewusstsein dringen und man auf die nächste Großaufnahme zu warten beginnt. Im Einverständnis mit seinem Kameramann benutzte Bergman auch kein Licht, welches das Gesicht gleichmäßig ausleuchtet, sondern ließ immer eine Gesichtshälfte in völligem Dunkel, um den festen Umriss des Gesichts zu öffnen und dessen Oberfläche in Ausdruck aufzulösen (Abb. 114).

Schon bevor er den Film «Persona» drehte, formulierte Bergman in den «Cahiers du Cinéma» seine Überzeugung, dass «unsere Arbeit mit dem menschlichen Antlitz beginnt (…). In der Möglichkeit, dem Gesicht des Menschen näher zu kommen, liegt die ursprüngliche und wesentliche Eigentümlichkeit des Films.»[77] Der Großaufnahme fällt dabei die fast paradoxe Aufgabe zu, eine solche «Annäherung» zu fördern und das Gesicht jenseits der Manipulation durch die filmische Medienform und also jenseits der bloßen Bildproduktion wieder auf sich selbst zu lenken. Damit stand Bergman auf einer fast einsamen Position innerhalb der Kontroversen um das Für und Wider filmischer Techniken, die so leicht missbraucht werden konnten und das Gesicht dem medialen Effekt opferten. Doch war auch bei Bergman die Maske immer präsent als zäher Widerstand aller seiner Versuche. Sie stellte sich ganz von selbst ein als eine filmische Form, welcher das Gesicht immer erst abgerungen werden musste. Aber das war im Leben ganz ähnlich. In seiner Autobiografie kommt Bergman auf die Maske zu sprechen, als er von seiner gescheiterten Ehe mit der Pianistin Käbi Laretei spricht. «Zwei Menschen auf der Jagd nach Identität und Geborgenheit schreiben sich gegenseitig die Rollen zu, einander zu Gefallen zu sein.

Die Masken zerbrechen schnell. Keiner hat die Geduld, das Gesicht des anderen zu betrachten. Beide rufen mit abgewandten Blicken: Sieh mich an …, aber keiner sieht.»[78]

19. Übermalung und Nachbau des Gesichts. Gesten der Krise

In der zeitgenössischen Kunst ist das Gesicht immer bereits vorab durch den Filter der technischen Bildmedien hindurchgegangen. Seit der mechanischen Produktion von Gesichtern in Gestalt von stets verfügbaren Bildern verlieren die Maler ihre alte Aufgabe, das Gesicht auf einen Begriff zu bringen, den man von ihnen vor der Moderne erwartet hatte, und also der Repräsentation zu dienen. Konsequent ist es daher, dass sie statt des Gesichts dessen Darstellung, ebenso wie dessen Darstellbarkeit, zu ihrem Thema machen und dabei die Krisen zum Ausdruck bringen, in welche das Gesicht in der Mediengesellschaft geraten ist, seitdem jede verbindliche Bedeutung und Individualität des Gesichts entwertet scheinen. Vergessen ist, dass die Vorläufer dieser Maler gegen ihren Willen Masken herstellten, wenn sie ein einmaliges Gesicht ins Auge fassten. Nun steht die Aufgabe im Vordergrund, den industriell verfügbaren Bildmedien in wörtlichem Sinne die Masken vom Gesicht zu reißen, auch wenn sich erweisen sollte, dass dieser ikonoklastische Gestus auf sich selbst zurückfällt. Im Rückblick wirken die Porträts der alten Zeit, deren Stereotypen man über der Kunst vergisst, maskenlos und authentisch ebenso wie spontan. Das Porträt wird jetzt als Gattung seziert und analysiert, indem die Maler sich entweder der Darstellung verweigern oder diese zu einem neuen Ritual erheben, das sich in Gegensatz zu den Massenmedien setzt. Die Maler attackieren Stereotypen und also zeitgenössische Masken, die sie aus den technischen Moden herausfiltern, um das Gesicht noch einmal ins Visier zu nehmen. Dabei entstehen gewöhnlich keine Porträts mehr, sondern kritische Paraphrasen des Porträts als Handlungen des Widerstands und der Selbstbehauptung.

Der Maler Arnulf Rainer war dabei ein Vorreiter, als er begann, Bilder mit heftigem Pinselduktus zu übermalen. Er malte mit anderen Worten keine Gesichter mehr, sondern attackierte Bilder, um aus ihnen das Gesicht zu seinem Selbstausdruck zu erlösen. Auf dem Weg zum Gesicht wurden Bilder zerstört oder verwandelt. Diese Interventionen erweisen Rainers Umgang mit dem Gesicht als Bild-

Abb. 116 Arnulf Rainer, Totenübermalung, 1981–1983

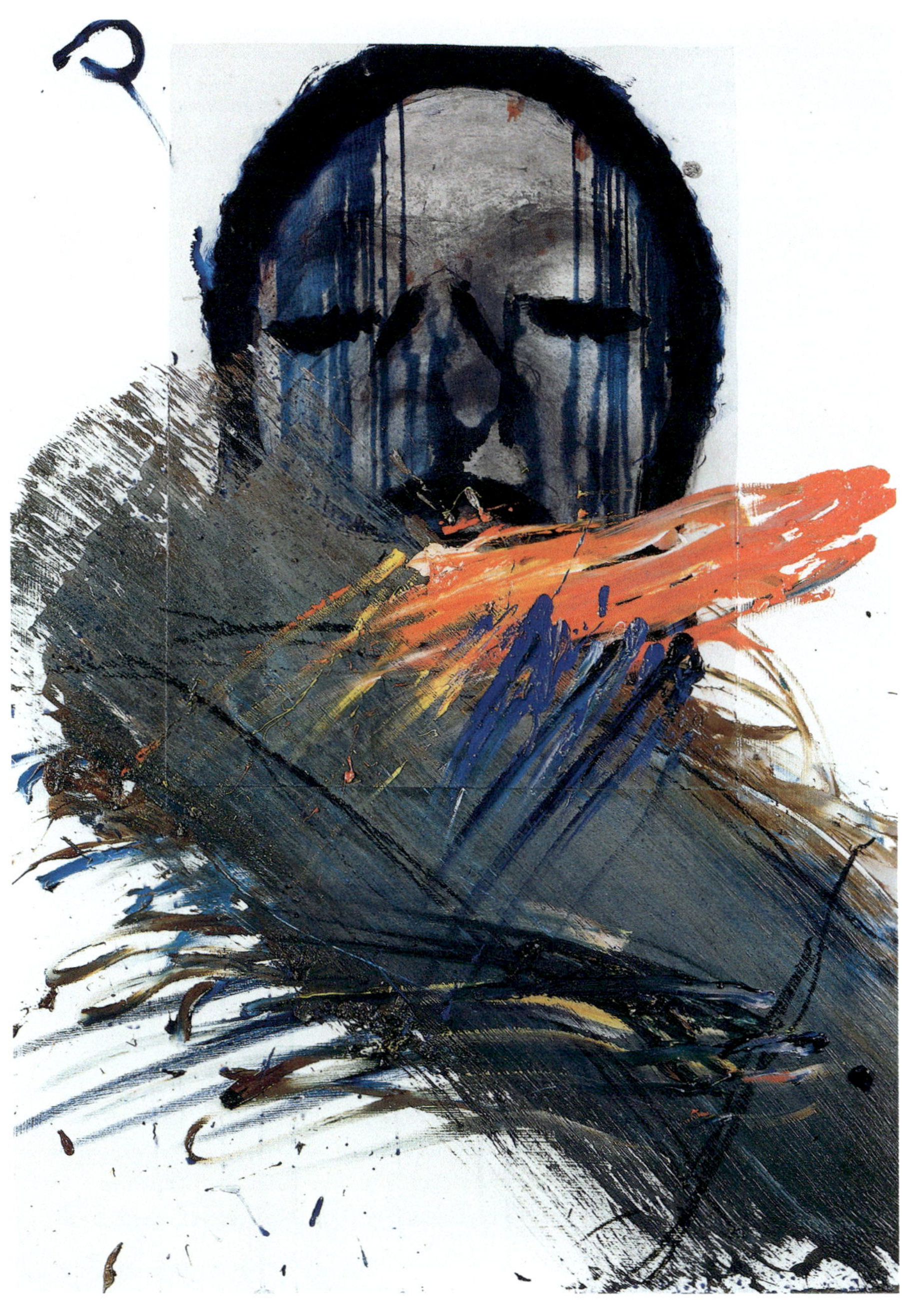

kritik.[79] Schon in den frühen 1950er Jahren übermalte er eigene Werke, so dass sie sich unserem Blick nun entziehen und aus ihrer Abwesenheit heraus auf uns wirken. Die «Übermalungen» und «Zumalungen» verschließen das Bild, so wie sich ein Gesicht verschließt, das nicht redet, sondern schweigt. Darin liegt eine Kritik nicht am Gesicht, sondern an den Bildern, die vom Gesicht im Umlauf sind. Anfangs verriet manchmal nur der Werktitel noch, dass sich unter der schwarzen Farbschicht ein «Kopf» verbirgt.[80] Das änderte sich erst mit Rainers «Kopfüberzeichnungen», welche im Werk eine Doppelpräsenz offenlegten, das Foto und die Malerei, das vorgefundene und das neue Bild. Diese Werkserie erzeugt den Eindruck, dass das Gesicht erst entsteht, wenn wir es mit den Spuren von Emotion und sogar von Aggression in der gestischen Handschrift des Künstlers betrachten.

Paradoxerweise entsteht gerade durch den verhüllten Anblick der Gesichter eine neue Präsenz, die Rainer aus der Gesichtsinflation der Massenmedien zurückholte. In einem wütenden Dialog zerstörte er wohlfeile Bilder als Readymades, um die Gesichter gegen die billige Währung der ständig verfügbaren Abbildung aufzuwerten, also mit neuen Mitteln das alte Drama von Gesicht und Bild wiederaufzuführen. Rainers Absicht, die Malerei zu «verlassen» und eine «Malerei nach der Malerei» in Angriff zu nehmen, führt in diesem Prozess zu Gegenentwürfen des Porträts, das in der Malerei seinen Kurswert eingebüßt hatte. Der spontane Malakt gewinnt die Oberhand über das Bild, der wütende Gestus die Führung über eine Repräsentation, die nur als Abbildung daherkommt.[81]

Die Faszination des Gesichts verstärkte sich, als Rainer in den sechziger Jahren eine physiognomische Bildserie produzierte, in welcher er selbst posierte und dann sein Foto so übermalte, dass es auf eine cholerische oder ironische Weise gleichsam zu leben begann. In den «Face Farces» schnitt der Künstler bei der Aufnahme Grimassen, um sich gegen die Erstarrung seines Ausdrucks im Foto zur Wehr zu setzen und sich gleichsam in Pinselhiebe zu verbohren. Der Malakt siegte über das fotografische Bild.[82] Der nächste Schritt kam dann zunächst unerwartet, als Rainer in den Jahren 1977–1979 ausschließlich die Totenmaske zu seinem Thema machte (Abb. 117). Und doch nähert sich der Künstler dem Gesicht auch in dieser Werkgruppe, um die Erstarrung von dessen Ansicht und die Konventionen seiner Darstellung aufzureißen. Tod und Leben bilden eine offene Grenze in dem Moment, in dem sich ein Gesicht schließt und zu einem absoluten Ausdruck findet, bevor es sich auflöst.[83] In diesem Sinne nannte Ernst Benkard die Totenmaske «das letzte Bild des Menschen» (S. 103 f.).[84]

Abb. 117
Arnulf Rainer, Übermalte Totenmaske Ludwig Uhlands, 1978

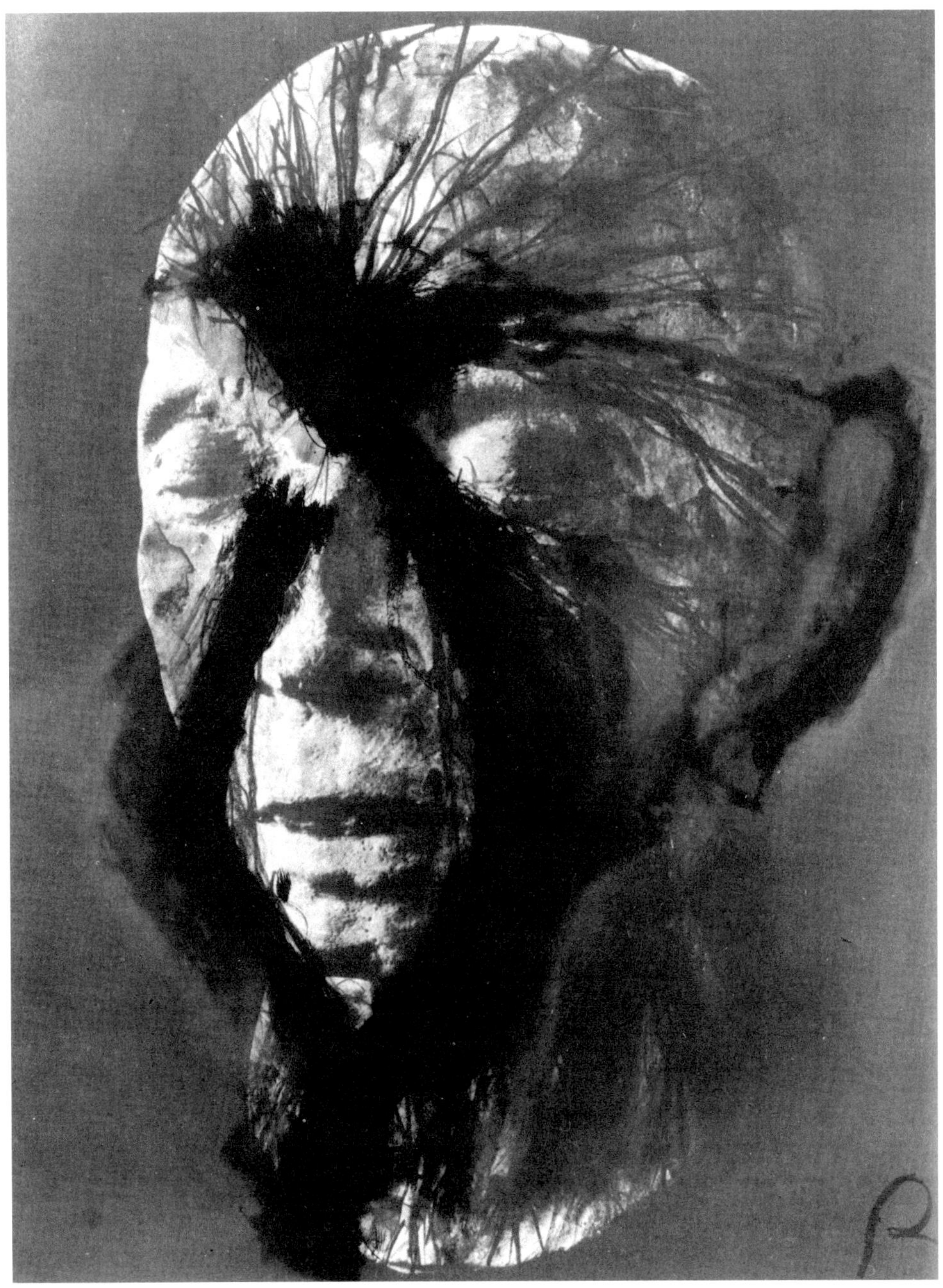

Wenn Rainer Fotos von Totenmasken übermalte, stellte er die Kernfrage nach dem Bildcharakter eines Gesichts, der paradoxerweise gerade dann offenbar wird, wenn es zur Maske wird. Sobald es jeden flüchtigen Ausdruck hinter sich lässt, tritt sein Bildcharakter wie nie zuvor zutage. Maurice Blanchot brachte diesen Charakter auf den Punkt, als er den Leichnam «sein eigenes Bild» nannte.[85] Rainer hob die Distanz auf, in welcher wir auf eine Maske schauen, und zwang diese durch seine brachiale Intervention ins Leben zurück. Seine doppelte Strategie bestand darin, die Selbstabbildung des Toten sowie jede andere Darstellung im ersten Schritt zu entwerten, um sodann im zweiten Schritt mit der gestischen Gewalt seines Malerpinsels das Leben wieder einzufangen, welches das Gesicht immer noch ausstrahlt, auch wenn das paradoxerweise mit einem ikonoklastischen Akt geschah, der dem toten Gesicht Gewalt zuzufügen scheint (Abb. 116).

Wir dürfen vermuten, dass Rainer gar nicht an der Maske als solcher interessiert war, sondern nur die Gelegenheit suchte, ein Gesicht im Sterben zu beobachten, also sich ihm auf eine Weise zu nähern, die ein Tabu berührt, welches in unserer Gesellschaft existiert. Für diese Annahme spricht die Tatsache, dass er, so oft das möglich war, mit der Kamera die Gesichter von Toten direkt ablichtete und sie dann in seiner Serie neben Totenmasken stellte, als wollte er damit das Gleiche zeigen. In diese Richtung geht auch sein ausführlicher Kommentar, den er für eine Wiener Ausstellung von Totenmasken im Jahr 1978 geschrieben hat. «Nach 10 Jahren verkrampfter Selbstdarstellung berührte mich die mimisch-physiognomische Sprache» der Gesichter im Tod mehr als alles andere. Dort tritt die Selbstdarstellung «in das Unmittelbare, Gesichtslose» ein und nimmt eine «Gleichgültigkeit» an, «als wäre es Formgültigkeit, als wäre es Endgültigkeit». Es ist das «Antlitz des Abwesenden», das es «fast unmöglich (macht), an das wahre Gesicht des Todes heranzukommen», für das die Physiognomik keine Rolle mehr spielt.[86]

Das Argument liegt hier darin, dass es ein Bild gibt, das zwar nicht «das wahre Gesicht des Todes» preisgibt, aber gerade durch die Abwesenheit dessen, was es zeigt, uns die Distanz im Gesicht und zum Gesicht «besser erfassen lässt». Der Bildbegriff ist bei Rainer untrennbar mit dem Gesicht verbunden. Er bedeutet zum Beispiel, dass wir vom Gesicht nur Bilder haben und doch wissen, dass sie Bilder bleiben, die nie Gesicht werden. Das heißt, dass wir mehr sehen wollen, als Bilder zeigen können. Im Bildbegriff liegt die Spaltung von Darstellung und Undarstellbarkeit, die sich wiederholt in der Spaltung von Sichtbarkeit und Prä-

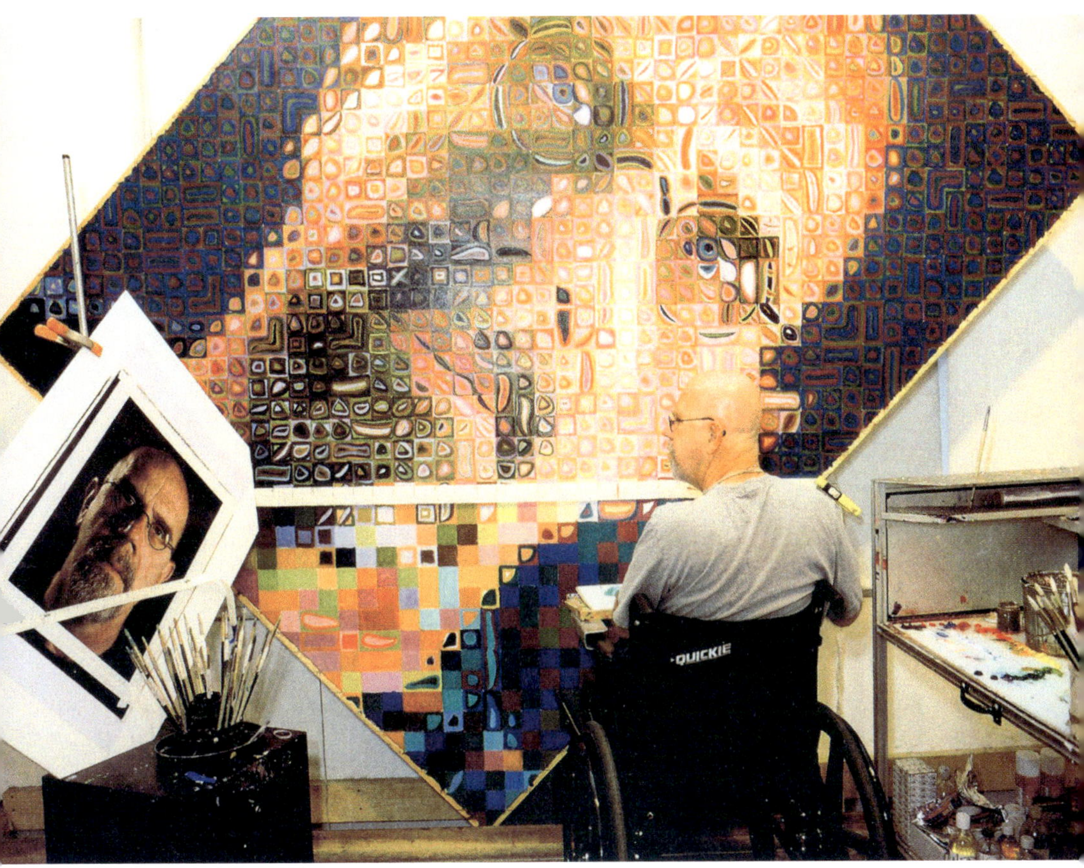

Abb. 118
Chuck Close, Arbeit an einem Selbstporträt aus dem Jahr 2000/01, Foto im Besitz des Künstlers

senz. Was im Bild sichtbar wird, ist dadurch noch keineswegs präsent. Das Bild stellt ein Gesicht dar, das undarstellbar ist und immer rasch zur Maske gerinnt, wenn man es fixieren will. Deswegen bearbeitet Rainer Fotos von Totenmasken, die gleichsam Masken von Masken sind, mit der Enttäuschung über die Grenzen, auf die er in jedem Bild stößt. In den Pinselstrichen, die seine eigenen Gesten sind, steckt mehr Leben, als ein Foto je einfangen kann. Zugleich sind sie Gewaltakte gegen die glatte Oberfläche, die sich im Foto über einem Gesicht geschlossen hat.

Der Amerikaner Chuck Close, Jahrgang 1940, hat das Gesicht mehr noch als Rainer zu seinem Lebensthema gemacht und bietet dennoch den denkbar größten

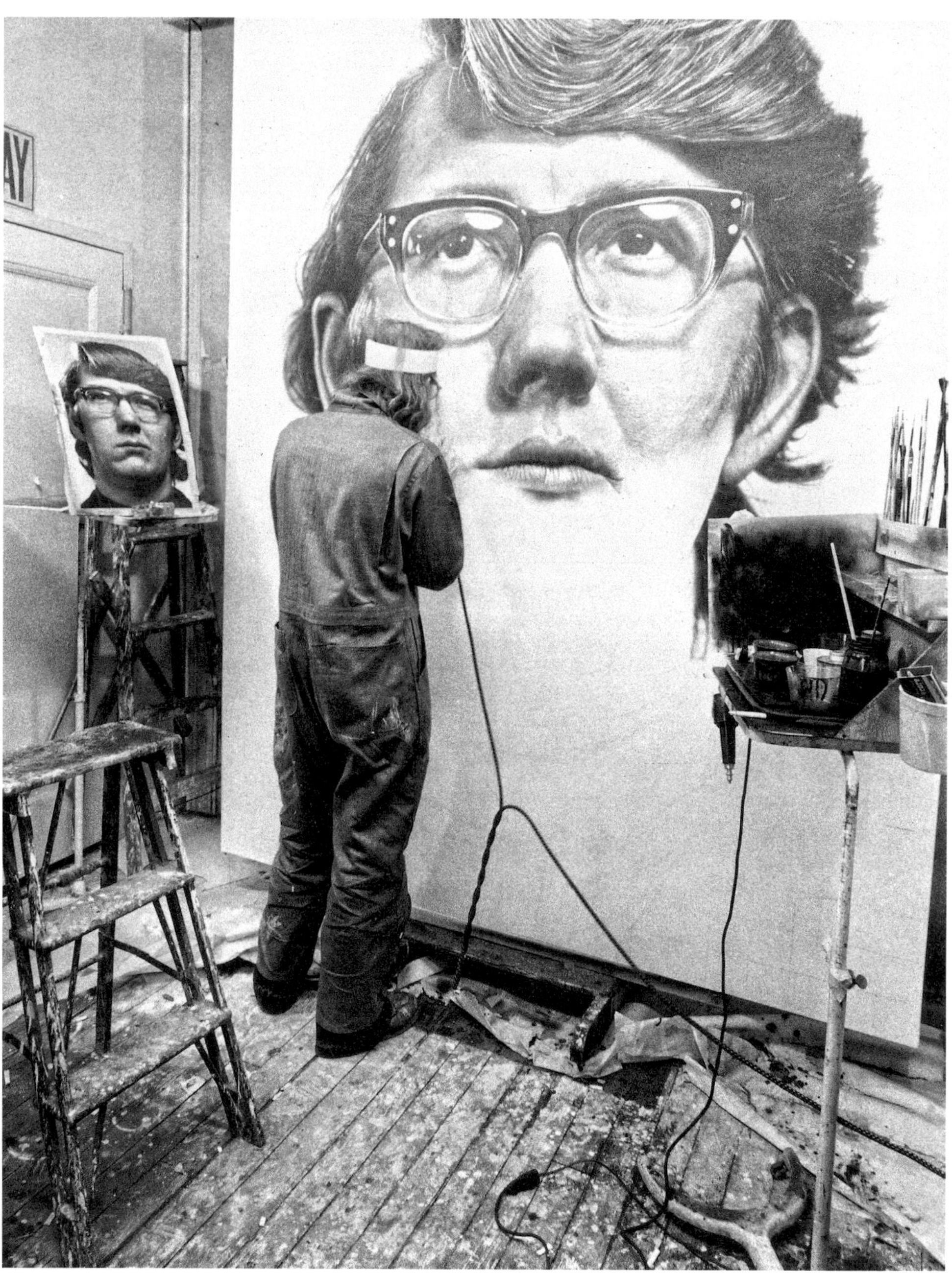

Kontrast zu Rainer. Das beginnt schon beim Umgang mit dem Foto, von dem beide in ihrer Arbeit ausgehen. Rainer greift in einem ikonoklastischen Akt in das Foto ein und übermalt es so, dass man es kaum wiedererkennt. Close stellt in einem minutiös befolgten Ritual Polaroids von seinen Modellen her, um aus der Serie eine geeignete Vorlage für seine Gemälde auszuwählen. Es mag so aussehen, als übersetze er ein Foto in Malerei, ja als male er ein Foto ab, wenn man ihn in einer Aufnahme aus dem Jahr 1970 bei der Arbeit an einem Porträt seines Freundes Keith sieht: Er rastert die «Maquette» mit dem Foto, um es Punkt für Punkt in das große Format zu übertragen, das hinter ihm bereits aufragt (Abb. 119).[87] Sogar der Schwarz-Weiß-Charakter des Fotos wird in der Malerei einstweilen noch beibehalten, wodurch ein hybrides Produkt entsteht, das kein Foto mehr ist und doch wie ein Foto aussieht. Es hat im Übrigen ein Riesenformat (273,1 x 212,1 cm), das in der Fotografie selbst erst in den 1970er Jahren technisch möglich wurde. Doch bestreitet Close energisch, ein Kopist von Fotos zu sein. Das Foto, so erklärt er, bietet nur Orientierung für den Arbeitsgang, bei dem er das lebende Gesicht nicht um sich haben will. Das Foto spielt die Rolle des Modells, während sich das Bild allmählich mit der eigenen Anschauung des Malers von der Person füllt.

Statt wie Rainer das Gesicht hinter den Masken seiner Malerei zu verhüllen, deckt Close die Masken seiner Darstellung auf. Dabei raubt die Übergröße seiner Leinwände den Gesichtern jeden Maßstab, der für das Porträt in historischen Zeiten maßgeblich war. In ihrem Riesenformat, das auch jedes Galerieformat übersteigt, erinnern diese Gesichter an filmische Close-ups, die jetzt in ihrem Rahmen stillgelegt sind. Die Momentaufnahme der Kamera friert in der kolossalen Maske auf widersprüchliche Weise ein. Das Leben des Gesichts, so bedeutet uns Close, flackert immer nur in einem Augenblick auf und ist im nächsten Augenblick wieder ein ganz anderes. «Ich bin daran interessiert», sagt er, wie jemand «in einer Hundertstelsekunde aussieht». Sein Modell braucht «nie wieder so auszusehen» wie im Moment der Aufnahme, die das Leben einfängt. Ähnlichkeit sei ohnehin ein «Nebenprodukt» seiner Arbeit, kommentiert der Maler.[88] Die Ähnlichkeit war ein alter Glauben an den permanenten Ausdruck der Physiognomie, den Close schon dadurch entkräftet, dass er immer eine Serie von Porträtfotos anfertigt, um dann eines für sein Gemälde auszuwählen.

1968 malte Close in seinem ersten Selbstporträt den Archetyp aller seiner folgenden Gesichter. Den porengenauen Realismus eines Fotos hatte man in diesem Maßstab noch nie gesehen. Bei dieser Art der Vergrößerung entsteht auch keine

Abb. 119 Chuck Close, Arbeitsfoto zum Porträt «Keith», 1970, St. Louis, Art Museum

Vergröberung des Korns, wie wir sie von einem fotografischen Abzug kennen. Aus dem Foto der Vorlage wird ein Unikum, das einen langen Zeitprozess braucht, um zu entstehen.[89] Zum ersten und zum letzten Mal zeigt sich hier bei Close ein anekdotischer Charakter. Schon 1970 verbannte der Künstler, wie sein damaliger Fotograf Bevan Davies berichtet, die mimische Aktivität: Die Modelle wurden fortan in einer neutralen Ansicht festgehalten, gerade um im gleichen Schema ihre Verschiedenheit zu offenbaren.[90] 1971 löste sich Close auch mit der Farbe bewusst von jeder Ähnlichkeit mit einem Foto. Experimente gab es bald in Aquarell, Pastell und im Druck, wo Close den Raster als farbiges Stilmittel einsetzt, um die starre Bildfläche aufzulösen und dem Gesicht mit malerischen Mitteln ein eigenes Leben zu geben. Die Arbeit am Gesicht ist immer auch eine Arbeit am Bild und also an der Maske. Ein anderes Experiment führte zu dem kompositen Selbstporträt von 1979, das sich aus neun farbigen Polaroids zusammensetzt, die gegeneinander so verschoben sind, dass nur der Betrachter die Teilansichten zu einem einzigen Gesicht zusammensetzen kann.

Malte der Künstler in seinem Frühwerk Gesichter von Bekannten und Kollegen, so wählte er, gleichsam am anderen Ende der Skala, seit den späten 1980er Jahren prominente *faces* der New Yorker Kunstszene, die aber ein privates Gesicht zeigen. Der Raster, der in der mechanischen Übertragung der Fotos unsichtbar blieb, wurde jetzt sichtbar gemacht als Malerei einer technischen Oberfläche, die sich netzartig aus einzelnen Modulen zusammensetzt. Die Gesichtszüge formen sich erst «hinter» den gemalten Rastern. Diese Inkohärenz zwischen Gesicht und Datenträger ist Absicht. In die Präsenz der gemalten Oberfläche schreibt sich die Erscheinung eines Gesichts ein, das sich im Arbeitsgang aus der tatsächlichen Malfläche löst und sein eigenes Leben führt.

Der Raster gewann einen anderen Charakter, als Close, inzwischen im Rollstuhl, nach einem Jahr der Krise seine Arbeit 1989 wieder aufnahm. Die einzelnen Rasterelemente wurden nun Bauelemente der Darstellung. Diese «marks», wie Close sie nennt, sind von Nahem besehen alles kleine Gemälde (Abb. 118). Erst im Auge des Betrachters und aus einer bestimmten Distanz fügen sie sich zu einer bewegten Gesichtsfläche zusammen. Die Module bauen immer noch das Bild auf in der Abfolge von oben nach unten und, wie Zeilen, von links nach rechts. Close gebraucht hier den Begriff «image», der etwas anderes meint als das tatsächliche Werk. «Meine Gemälde haben mit Sprache zu tun. Ihre malerische Syntax liefert ein Bild *(image)*, statt eine Oberfläche zu dekorieren.»[91]

Es ist dieser geradezu anachronistisch mühsame Arbeitsprozess, der in seiner

Unvergleichbarkeit dem Bilderkonsum in den Massenmedien den Kampf ansagt und trotz des überdimensionalen Formats vom Gesicht eine Spur legt. Den Gedanken, dass er Pixel male, hat Close schon 1973 zurückgewiesen, als der Raster noch anders aussah. Auf dem Weg zu einer Ausstellung seiner Werke entdeckte er an einem Zeitungsstand eine Ausgabe des «Scientific American», die auf dem Titelbild das bekannte Porträt George Washingtons in eine gepixelte Oberfläche aufgelöst hatte (Abb. 120). Danach eröffnete er die Ausstellung mit der Warnung, seine Malerei sei nicht mit der digitalen Technik zu vergleichen. Er überlasse seine Bilder keiner Maschine und wolle «zwischen dem Bild und mir» kein technisches *interface* dulden.[92] Die Gesichter von Chuck Close lassen sich also auch als Medienkritik begreifen, wenngleich sie in erster Linie das Bildkonzept dekonstruieren, das die Darstellbarkeit des Gesichts in die Krise geführt hat.

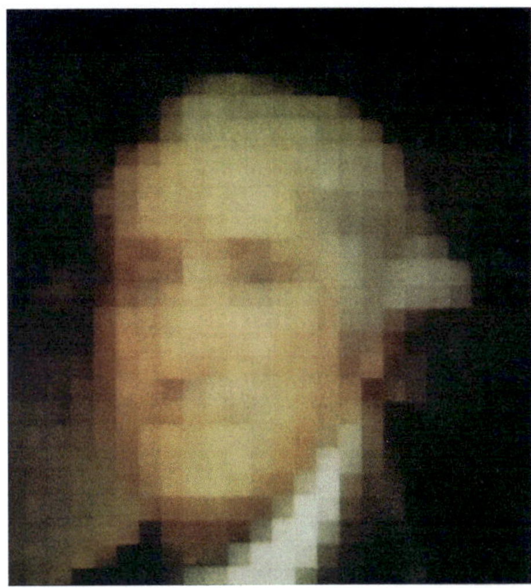

Abb. 120 Gepixeltes Porträt George Washingtons, Titelblatt zu: «Scientific American», November 1973

Das Ritual, das Close mit seinen Modellen veranstaltete, hat der Schriftsteller und Drehbuchautor John Guare am besten beschrieben, nachdem er dem Maler im Dezember 1994 Modell gesessen hatte.[93] Dieses gemalte Porträt war gleichsam eine Antwort auf das literarische Porträt, das John Guare 1988 mit seinem Buch über die Krankheit des Malers verfasst hatte. Der Schriftsteller posierte fünf Stunden lang für überdimensionale Polaroidabzüge, bei denen Close darauf achtete, dass Auge und Mund in einer Fläche blieben. Bei der letzten Aufnahme wurde sogar noch der Sitz der Augenbraue festgelegt. In seinem Buch über diese Sitzung als Modell schrieb Guare, die Fotos hätten einen «human floor plan», also einen «menschlichen Grundriss», entworfen und das Gesicht in eine beschreibbare «Landschaft» verwandelt. Bei der langen Sitzung spielte immer wieder das richtige Licht die entscheidende Rolle. Close regulierte es wie ein Regisseur, so als ob es sich um eine Filmaufnahme handelte. Guare hatte den Eindruck, dabei eine «performance of a life time» zu absolvieren, also sein eigenes Leben Revue passieren zu lassen. Anschließend wurden die zwanzig Polaroids zur Besichtigung aufgehängt und mit dem Modell besprochen, bevor Close die endgültige Wahl traf und dabei selbst die Mimik festlegte.

Der stereotype Arbeitsgang, über den auch Robert Rauschenberg und Richard Serra berichteten, nachdem sie für Close Modell gesessen hatten, ist ein Zeugnis für die Krise des Bildes, welche ihrerseits von der Krise des Gesichts ausgelöst wurde. Die «ähnliche» Abbildung eines Gesichts im traditionellen Porträt schien ausgedient zu haben. Ähnlichkeit wird bei Close einerseits forciert, andererseits in einem technischen Verfahren hergestellt, dessen Arbeitsschritte so genau nachvollziehbar sind, als würde sie ein Apparat vorschreiben. Close betreibt die Rekonstruktion des Gesichts mit der Hilfe von stereotypen Elementen, den «marks» oder «Marken». Marion Cajori, die drei Monate lang den Arbeitsprozess für Chuck Closes Selbstporträt gefilmt hat, berichtet, dass der Künstler nach seinen eigenen Worten «ein schönes, kraftvolles Bild *(image)* aus stupiden Marken» machen wollte.[94] Aber dieses Bild ist noch nicht das Gesicht, sondern hat ein eigenes Leben, das sich gegen den toten Kontext aus mechanischen Malakten und gegen das maßstablose Großformat behaupten muss. Die Krise des Gesichts besteht darin, dass man es nicht mehr eins zu eins reproduzieren kann, weil die Malerei im Zeitalter der technischen Medien die Kompetenz dafür zurückweist. Der einstige Blick des Malers auf ein Gesicht wird durch ein neutrales technisches Verfahren ersetzt, das für das Bild des Gesichts als Resultat einsteht. Und doch bleibt auch hier das Gesicht als eine unverfügbare Größe zurück und stellt sich jenseits aller Reproduktionsverfahren wieder her, wenn wir es in den Blick nehmen und also als Betrachter «im Bilde sind».

20. Maos Gesicht: Staatsikone und Pop-Idol

Das monumentalisierte Gesicht des «großen Vorsitzenden» Mao Tse-tung wurde seit 1949 ein öffentliches *face* besonderer Art, welches im politischen Raum die Gesichtsproduktion der Massenmedien (ein Gesicht für alle) lenkte. Durch seine Allgegenwart, ein übermenschlich maßstabloses Format, eine millionenfache Serienproduktion für die Masse und die Entpersönlichung der Gesichtszüge gewann es einen sakrosankten Status, über den die Partei wachte. Es kulminierte in dem monumentalen Porträt – wenn es denn noch ein Porträt genannt werden kann – am Tor über dem Platz des Himmlischen Friedens (Tiananmen) in Beijing, das als Staatsikone und also als Original akklamiert wurde, von dem es sonst nur Kopien geben konnte (Abb. 121). In dieser Inszenierung erschien das Bild als permanenter Stellvertreter Maos, auf den die Volksmassen blickten, wenn sie sich auf dem riesigen Platz zu Hunderttausenden versammelten. Das Gesicht des «großen Vorsitzenden» verkörperte zugleich das Volk, das in seiner Anonymität gleichsam eine kollektive Physiognomie suchte. Die weltweit bekannte Staatsikone Chinas hat in der Folge in der amerikanischen Popkunst der 1970er Jahre eine massenhafte Reproduktionswelle ausgelöst, mit der Andy Warhol aus Maos Gesicht ein Pop-Idol machte. Als solches wurde es, in schärfstem Gegensatz zu seiner primären Rolle, ein austauschbares Klischee der *celebrity culture*. Das gleiche Gesicht wurde mit den Drucktechniken der Massenmedien eingefärbt und sah sich als Warenfetisch einer «populären», jedoch preisschweren Kunstszene in Amerika eingemeindet.

Diese beiden Gesichter Maos, das aus Peking und das von Warhol, sind zum Inbegriff zweier grundverschiedener Gesellschaftssysteme geworden. Dennoch standen sie in einem zeitlichen und inhaltlichen Zusammenhang, der allerdings eine genauere Rekonstruktion ihrer wechselseitigen Geschichte erforderlich macht. Dabei muss auch die ganz unterschiedliche Rolle der Medien (und im Falle Warhols die Rolle der Kunst) in der Gesichtsproduktion zur Sprache kommen. Die Staatsikone hängt seit 1949 unterhalb der Tribüne, auf der Mao im selben Jahr die Gründung der Volksrepublik China proklamierte; doch wechselte sie seither mehrfach und in bedeutungsvoller Weise ihr Gesicht, das also jedes Mal zeitlos wirkte, aber nicht zeitlos war.[95] Ihr Bild wurde von der Parteispitze im Hinblick auf seinen ideologischen Sinn auf das Genaueste kontrolliert. In der ersten

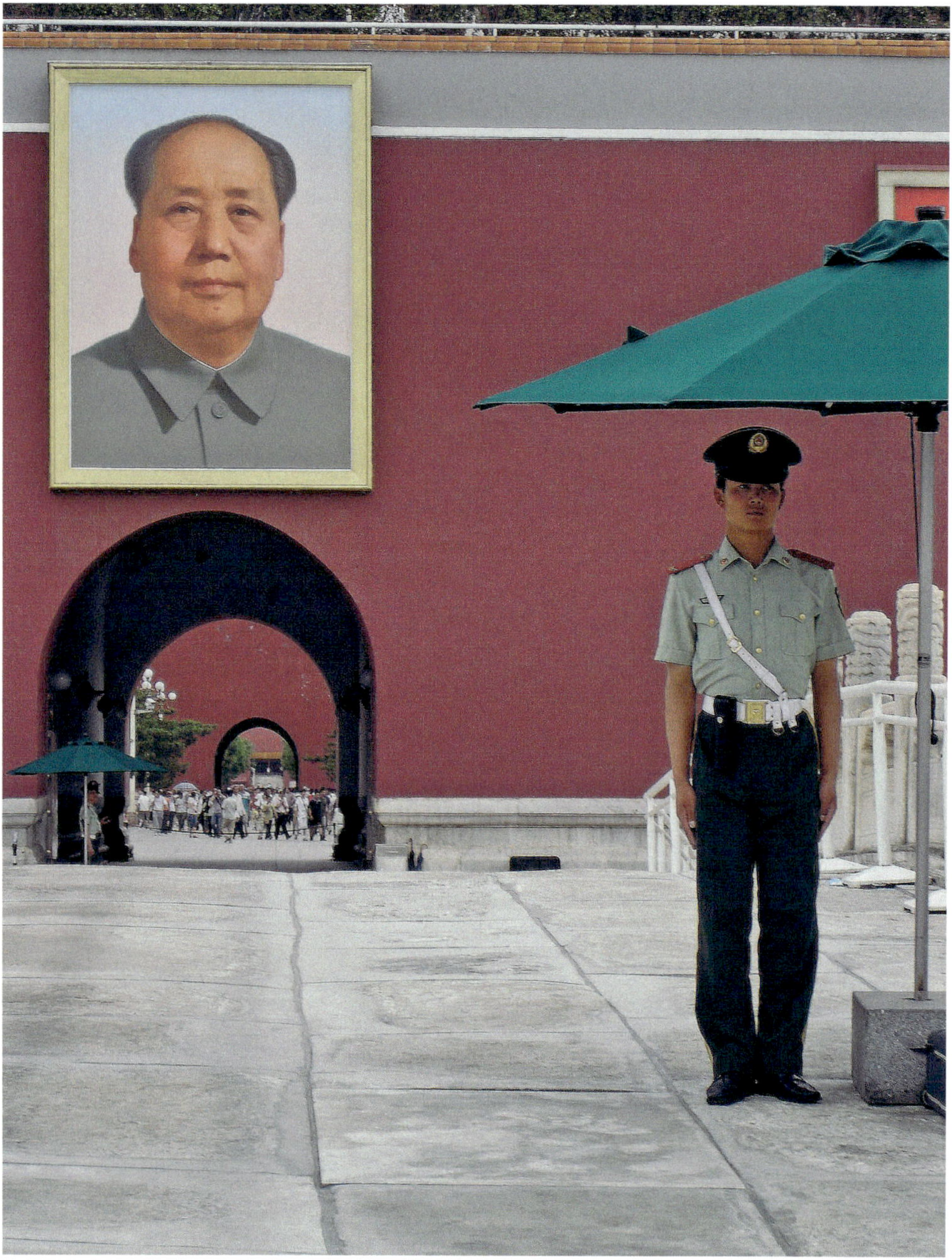

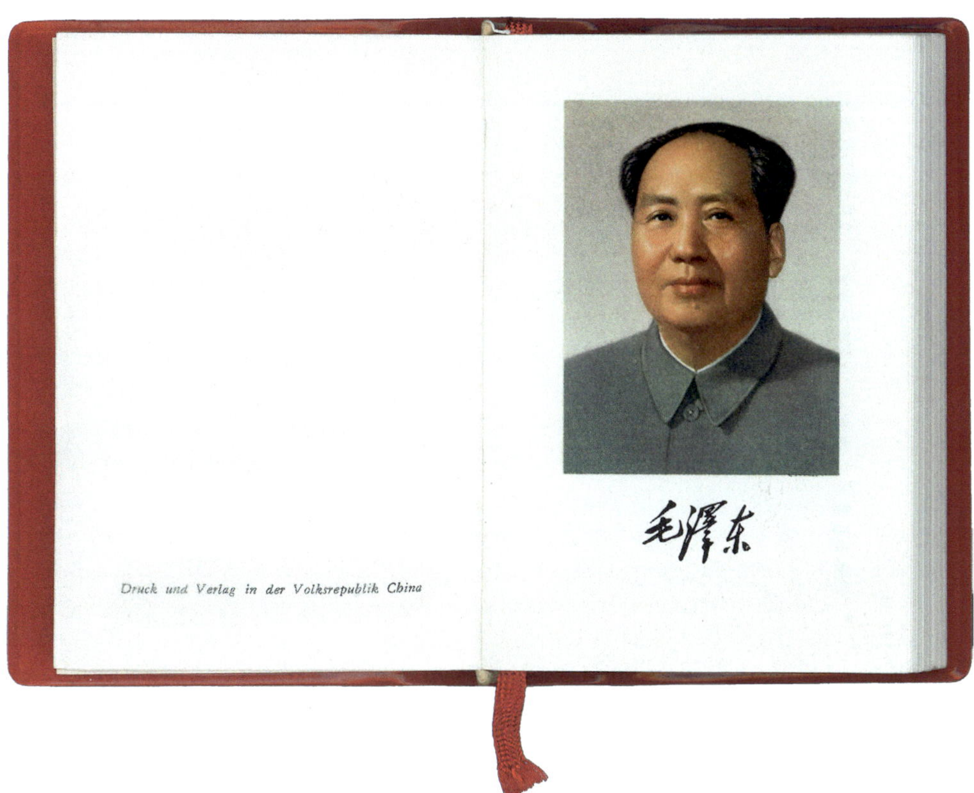

Abb. 122 (oben) Mao Tse-tung, Frontispiz aus: «Worte des Vorsitzenden Mao Tsetung» («Das kleine Rote Buch»), 1972

Zeit hatte Mao mit visionärem Blick hoch an den Himmel geschaut und also in die ferne Zukunft geblickt. Aber die Zukunft war bald zur Gegenwart geworden in Gestalt der revolutionären Volksmassen. Diese sollten deshalb den Eindruck gewinnen, von ihrem «Vorsitzenden» angeblickt und also wahrgenommen zu werden, was hieß, dass sie in ihm auch einen Fürsprecher und Partner finden konnten. Auch im Alter wurde das Porträt den Lebensjahren Maos immer wieder so subtil angepasst, dass es unmerklich mit ihm zu altern schien. Nach seinem Tod im Jahr 1976 erlangte es trotz aller Kritik am Personenkult eine feierliche Ewigkeit, wie man sie sonst nur aus der Tradition der Totenmaske kennt, und verkörpert weiterhin in der Person Maos die Einheit von Partei und Volk.

Gleich geblieben ist der Herstellungsprozess ebenso wie das Format. Im Gegensatz zu den Reproduktionstechniken der Massenmedien wurde das Bild ganz altertümlich als gigantisch großes Gemälde (6 x 4,60 m) in Ölfarben produziert. Dessen Echtheit lag darin, dass es anfänglich eine echte Fotografie, die jedoch

Abb. 121 (links) Staatsporträt Maos in der Fassung von 2009, Peking, Tiannanmen-Platz

dieses Format niemals hätte erreichen können, regelrecht kopierte, aber sie im Medium der Malerei feierlich überhöhte. Als Gemälde war das Gesicht ungeschützt den Unbilden von Wind und Wetter ausgesetzt, und deshalb musste es jedes Jahr von Grund auf neu gemalt werden, was viele Jahre lang eine passende Gelegenheit bot, die Aussage im Bild zu verändern und dem jeweiligen Wunschbild der Partei anzupassen. Davon merkten die meisten Betrachter wenig, denn das Bild sollte immer gleich aussehen. Es war ja als Unikum konzipiert, das für die Bildproduktion im weiten Land die Rolle eines Originals vertrat, als wäre es Mao in Person.

So lag denn jahrzehntelang ein Schleier des Geheimnisses über der Herstellung der Staatsikone, für die ein offizieller «Tiananmen-Porträtmaler» als Staatsbeamter verantwortlich war.[96] Im Jahre 1964 war dafür Wang Guodong angestellt worden, und dieser hat wohl auch das berühmte Porträt formuliert, das 1967 mit dem «kleinen Roten Buch» weltweit verbreitet wurde (Abb. 122). Es war das Porträt, das Warhol irrigerweise für ein zeitlos gültiges Mao-Bild hielt, während es doch gerade erst auf Wunsch der Partei auf den neuesten Stand gebracht worden war (und anschließend wieder verändert werden sollte). Dem Bild lag eine Fotografie der Xinhua Agency aus dem Jahre 1963 zugrunde, auf welcher Mao mit einem leichten Lächeln auf den Lippen an der Kamera vorbei in die Welt blickt. Sogar die Warze auf dem Kinn wurde aus der Fotografie in die Staatsikone übernommen.[97] Diese Revision des Gesichts fiel in die Jahre der Kulturrevolution, durch die sich Mao aller seiner Gegner an der Parteispitze entledigte und mit seinem Volk «direkt» regieren wollte. Jetzt kam der Bildkult um seine Person auf einen absoluten Höhepunkt. Mit etwa 100 Millionen Kopien zog sein Bild in jeden Haushalt ein. Zugleich wurde es durch den «Verlag für fremdsprachige Literatur» in Beijing mit der «Mao-Bibel», dem «kleinen Roten Buch», international verbreitet. Es diente hier als Titelbild zu den «Worten des Vorsitzenden Mao Tsetung», die sich dem Leser schlagwortartig einprägen wollten, wie es auf seine Weise auch die Autorität des Bildes bezweckte (Abb. 122). Die Masse, die auf dem riesigen Tiananmen-Platz in ihrer uniformierten Kleidung gleichgeschaltet war, trug nun auch die «Worte» dessen mit sich, den sie in der Ferne, stumm und übermenschlich groß, wie ihr eigenes, kollektives Bild erblickte.

Doch erfuhr die Staatsikone 1967 noch einmal eine letzte Revision des Gesichts, mit der wiederum der gleiche Wang Guodong beauftragt wurde (vgl. Abb. 121). Diesmal ist das Gesicht großflächiger ausgebreitet und hat die Pose vor der Kamera aufgegeben, denn es schaut ohne jede mimische Regung unnahbar und erhaben auf den Platz, wodurch nach dem Verständnis von Wu Hung sein Maskencharakter verstärkt wurde.[98] Durch die Wendung in die volle Frontalität, in welcher die majestätische Untersicht unmerklich zurückgenommen ist, wurde es auch möglich, erstmals beide Ohren ins Bild zu bringen, was meist damit erklärt wird, dass Mao nun ganz augenfällig auch mit dem anderen Ohr auf sein Volk hörte.

Bis heute ist dies die gültige Auffassung der monumentalen Staatsikone geblieben, auch nachdem Wang Guodongs Schüler Ge Xiaoguang 1976 das Amt des offiziellen «Tiananmen-Porträtmalers» übernommen hat und jährlich das gleiche Bild produziert. Der derzeitige Tiananmen-Porträtmaler hat sich in den 1990er Jahren erstmals über seinen Auftrag äußern dürfen. Dabei legte er offen, dass er sein Bestes getan habe, «um den tiefen Geist des Vorsitzenden Mao durch eine sorgfältige Darstellung seines Blicks auszudrücken». Für ihn diene «der Blick dazu, den Führer mit dem Volk und die Vergangenheit mit Gegenwart und Zukunft zu verbinden».[99] Dennoch hat diese Überfrachtung mit Bedeutung ebenso wie die Entpersonalisierung des Gesichtsausdrucks den Charakter der Maske verstärkt, die das Gesicht nicht mehr an einen einzelnen Körper bindet, sondern den Blick der Masse auf sich zieht und in sich trägt. Die Wirkung der Staatsikone ist eng an das Ritual der Massenkundgebungen gebunden, deren Teilnehmer vor ihr in Reih und Glied Aufstellung genommen haben. Aber die Masse konnte auch die Stellvertretung durch das Gesicht, das auf sie herabblickt, zurückweisen und sich gegen die Diktatur wenden, die in diesem Bildanspruch lag.

Diese Auflehnung geschah in den dramatischen Tagen der Studentenrevolte, die mit dem Massaker am 4. Juni 1989 endeten. Studenten hatten in diesen Tagen Eier auf das Bild geworfen und es mit Farben beschmiert, was augenblicklich mit Kerkerhaft gesühnt werden musste. Zugleich hatten Studenten der zentralen Kunstakademie eine Statue der «Göttin der Demokratie», eine Variante der Freiheitsstatue, hergestellt und sie im Triumph vor die Staatsikone getragen, um deren leeren und gewalttätigen Anspruch zu denunzieren.[100] Don DeLillo, der die Ereignisse im Fernsehen verfolgte, lässt das, was damals auf dem Platz geschah, in seinem Roman «Mao II» durch die Fotografin Brita beschreiben. Es waren Massenszenen, in welchen jedoch die geplante Ordnung zwischen dem Bild und der Masse außer Kontrolle geraten war.[101] Die Fotografin sieht auf dem Bildschirm «in weiter Ferne ein Porträt von Mao Tse-tung. Dann fängt es an zu regnen. Sie marschieren im Regen ein, eine Million Chinesen (...). Dann sind auf dem Mao-Porträt im Tageslicht auf dem Platz Farben verschmiert.» Es treten Leichen in den

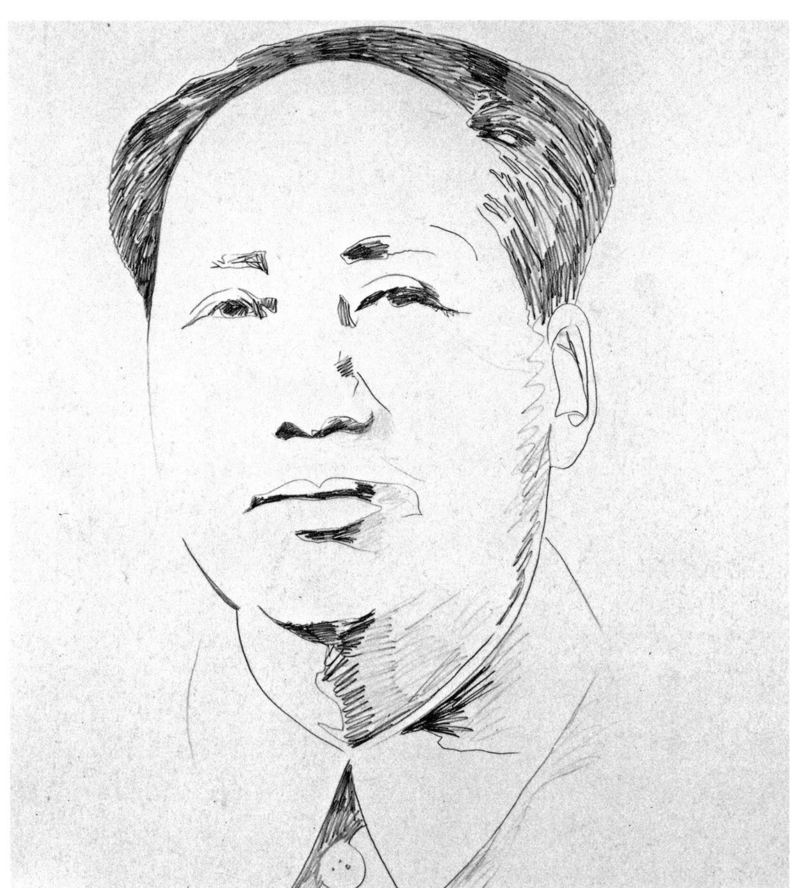

Abb. 123
Andy Warhol, Mao II, 1973, Bleistift, New York, Sammlung Leo Castelli

Blick, und «die Masse wird zerstreut von einstürmenden, bewaffneten Truppen. Die eine Masse wird durch eine andere ersetzt (…). Dann zeigen sie das Mao-Porträt von Nahem, ein sauberes neues Bild, und es hat diese kleinen Haarbüschel, die hinter dem Kopf hervorquellen, und die große Warze unter dem Mund».

Doch plötzlich lässt sich Brita ablenken von dem Zweifel, ob das Porträt auf dem Tiananmen-Platz, das sie im TV sieht, überhaupt dem Mao-Bild entspricht, das sie von Andy Warhol kennt und das keine Warze hat. Damit aber kommt eine ganz andere Geschichte in Sicht, denn jetzt wendet sich der Roman DeLillos der Rolle zu, welche das Mao-Porträt in der amerikanischen Popkunst spielte. Damit

Abb. 124 (rechts)
Andy Warhol, Mao, 1973, Chicago, The Art Institute

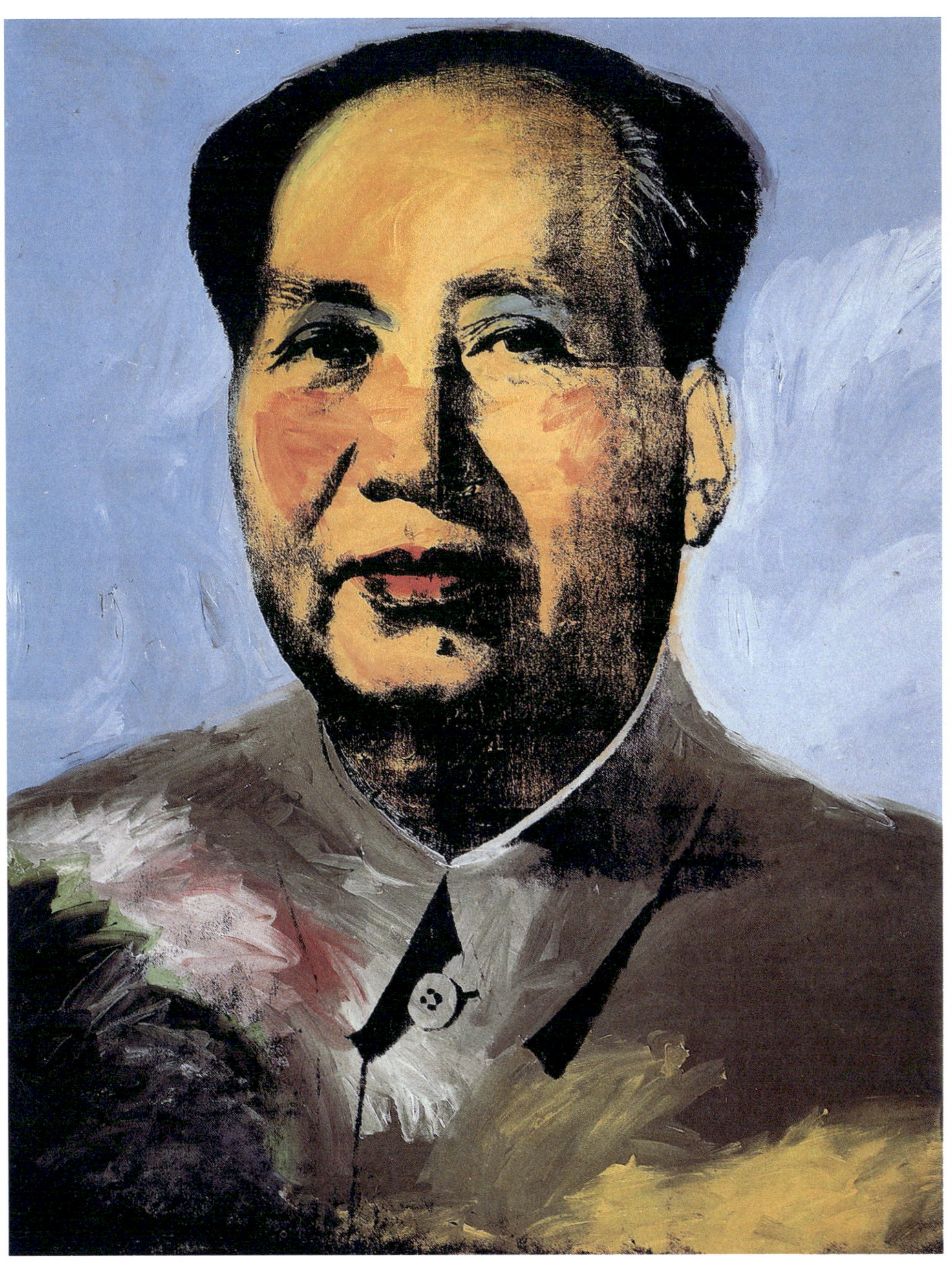

wechselt auch unser Standort, und wir begeben uns nach New York im Jahre 1972. Damals hatte Andy Warhol schon ein Jahrzehnt hinter sich, in welchem er die Glamourprominenz von Marilyn Monroe bis Jackie Kennedy auf Siebdrucken vermarktete (S. 228 ff.). Aber er war nach zehn Jahren mit diesem Genre in eine Krise geraten und brauchte einen neuen Impuls. Die folgende Erzählung ist in die Warhol-Legende eingegangen. Sein Züricher Galerist Bruno Bischofberger hatte dem Künstler vorgeschlagen, «the most important figure» des Jahrhunderts, aber nicht Hitler, zu wählen, um in dem Genre einen neuen Start zu wagen. Er dachte dabei an Albert Einstein, aber Warhol entschied sich für Mao, nachdem am 3. März 1972 das «Life»-Magazin Richard Nixons Besuch «in Maos Land», dem ersten Staatsbesuch eines amerikanischen Präsidenten in der Volksrepublik China, eine Titelgeschichte gewidmet hatte. Wenn Mao «für Nixon ok war», so würde er es nach Meinung Warhols auch für seine Sammler sein.[102]

Warhol wählte als Vorlage das damals erst fünf Jahre alte Mao-Porträt des «kleinen Roten Buches», das für die Maoisten in aller Welt zum Kultbuch geworden war und auf seine Weise die Kulturrevolution in China propagierte. Diese Vorlage blähte er mit grellen Farben auf beliebige Formate auf, in denen das Klischee in einem inneren Kreislauf hängen blieb (Abb. 124). Damit gab er der seriellen Herstellung, die in China der Politpropaganda gedient hatte, einen ganz neuen, ja gegensätzlichen Sinn, denn er legte den Schwerpunkt vom Gesicht auf die Produktionsweise und also auf die plakativen Techniken der Massenmedien. So entleerte sich das Gesicht als eine Oberfläche, die eine andere Oberfläche verdoppelte und also die Reproduktion einer Reproduktion war, in welcher die Person abhanden kam.

Die Schminke, die sich von Blatt zu Blatt oder von Leinwand zu Leinwand änderte, lag nicht auf dem Gesicht, sondern auf dem Druck. Wo es noch einen persönlichen Anstrich gab, da bestand er in den malerischen oder zeichnerischen Gesten, die das Copyright des Starkünstlers Warhol waren. Er prägte dem berühmten Gesicht seinen eigenen Stempel auf und erfand das Mao-Porträt für westliche Kunstsammler als sein Markenzeichen. In der eigenen Kultur gab es sonst keinen Politstar wie Mao, den jeder kannte, ohne dass er an ihn glauben musste. So wie sich die Boulevardprominenz im Besitz der Massenmedien befand, die sie erfunden hatte und am Leben hielt, so nahm Warhol ein Gesicht in Besitz, das die Frage des Themas überflüssig machte und die Aufmerksamkeit ganz auf die unverwechselbare und doch derivative Formenwelt Warhols verschob.

Schon im Herbst desselben Jahres 1972 kam es zu einer ersten Ausstellung der neuen Werkgruppe, die im Kunstmuseum Basel unter dem Titel «Maos. Zehn Bildnisse von Mao TseTung» eröffnet wurde. Die Wahl des Plurals machte unmissverständlich klar, was in dieser Ausstellung zu erwarten war. Man würde nicht ein Porträt Maos in mehreren Exemplaren sehen, sondern eine Serie ganz verschiedener Maos, die aber alle von Warhol signiert waren. Sie unterschieden sich, wenngleich alle die Einheitswährung von Popkunst und oft das gleiche Format vertraten, ähnlich wie die Marilyns aus Warhols Serien (S. 231) durch Farbgebung und Zurichtung und waren jeweils einzeln signiert, also einzeln käuflich. Jeder Siebdruck, gleich ob er nur einen einzigen Mao oder gleich sechs Maos auf einmal darstellte, war ein Werk für sich und also gleichwertig mit den anderen Siebdrucken. Man kaufte einen Warhol, wenn man einen Druck von Maos Gesicht erwarb. Die beliebig verlängerbare Serie war ebenso wie das mechanische Druckverfahren, das schon eine Reproduktion gewesen war, bevor es auf eine neue, größere Oberfläche übertragen wurde, ein Idiom der Massenmedien, doch prägte ihm Warhol sein eigenes Signum als Branding auf. Seine Maos warben Käufer an, statt wie in China die Volksmasse politisch beeindrucken zu wollen.

Im Jahre 1973 ging die Mao-Produktion in Warhols «Factory» unvermindert weiter und bediente sich immer größerer Formate. Die Siebdrucke in Acryl auf Leinwand besaßen vielfach das Format von 208,3 x 155 cm, aber einzelne Exemplare wie der Leinwanddruck im Art Institute von Chicago erreichten die stattliche Größe von 444,3 x 346,7 cm (vgl. Abb. 124). Dieser ausufernde Maßstab kam schon verdächtig einem Propagandabild im öffentlichen Raum nahe, mit dem Warhol rivalisierte, blieb aber dennoch im Kreis des Ausstellungs- und Sammlerwesens eingeschlossen, dessen Konventionen dadurch gesprengt wurden. Warhol benutzte die großen Flächen der Mao-Kleidung, um dort ein freies Farbenspiel mit dem Pinsel, einen subjektiven Gestus im Stil des Action-Painting und also der Kunst zu entfalten. Aber auch das Gesicht war und blieb wie die Kleidung eine leere Oberfläche, auf der sich das Druckverfahren mit einer Matritze ebenso wie anschließend die Bearbeitung in der «Factory» abbildeten. Schon im Jahre 1972 hatte Warhol seine Mao-Kollektion durch eine Mappe mit zehn Siebdrucken in einem quadratischen Format ergänzt, die für andere Sammler bestimmt waren und die Wählbarkeit des Genres, das sich in jedem Format wiederholte, vergrößerten.

Der Umfang seiner Mao-Produktion wurde erst sichtbar, als Warhol 1974 ihre Varianten im Musée Galliera, dem Mode-Museum von Paris, zusammentrug. Für diese Gelegenheit lieferte er aber noch ein weiteres Genre hinzu. Es war die

«Mao-Tapete» («Mao-Wallpaper»), die sich statt der Wandbespannung als Hintergrund durch alle Räume der Ausstellung zog (Abb. 125).[103] Die Mao-Porträts waren als Einzelwerke in drei ganz verschiedenen Formaten und jeweils in Streifen angeordnet vor dieser Mao-Tapete aufgereiht. Diese war am besten sichtbar hinter den kleinsten Formaten, während sie hinter den größten Formaten fast ganz verschwand. Sie bestand aus gedruckten Umzeichnungen des Mao-Gesichts, und auf ihrem Weiß zeichnete sich allein das mit Farbe gedruckte Gesicht wie ein Ei ab, das in intensivem Violett aus seiner Umgebung sprang. Die Ausstellung bot den Eindruck einer Boutique, in der man das Branding der Firma in verschiedenen Formaten und zu unterschiedlichen Preisen erstehen konnte. Die Widersprüchlichkeit zwischen Serienherstellung und Originalität einer Marke, für die gewöhnlich ein Designer verantwortlich zeichnet, war hier geradezu aufdringlich auf die Warenwelt bezogen. Das Gesicht spielte dabei keine wirkliche Rolle. Es war ein Schema auf der Oberfläche, und «nichts war dahinter», wie Warhol auch von seinem eigenen Gesicht behauptete.

Die «Mao-Tapete» lenkt den Blick darauf, dass bei Warhol inzwischen die Zeichnung zur Produktion von Mao-Gesichtern als ein eigenes Genre hinzugekommen war (Abb. 123). Der Künstler signierte die eigenhändige Zeichnung auf Papier, aber auf der Tapete war sie eine Schablone und also durch ein Druckverfahren hindurchgegangen, in dem sie beliebig oft wiederholbar wurde. Dadurch barg sie einen Widerspruch in sich, den Widerspruch zwischen Original und Kopie. Natürlich bot Warhol Bleistiftzeichnungen auch als Originale an, aber dann im Format der großen Drucke, so dass sie einen neuen Widerspruch aufwiesen und Spontaneität vortäuschten, wo alles Schema war. Sie waren ganz offensichtlich von dem stereotypischen Mao-Bild, Warhols eigenem Produkt, abgezeichnet und also nicht nach dem Gesicht entworfen. Anscheinend wollte Warhol herausfinden, auf wie wenig Mittel er sich beschränken konnte, um ein bereits bekanntes Gesicht aus der fast völligen Auflösung wieder neu und geradezu halluzinatorisch im Blick erstehen zu lassen.

Die Zeichnung «Mao» von 1973 ist 206,4 x 107,3 cm groß, die Zeichnung «Mao II», ebenfalls aus dem Jahr 1973, hat das Format 92,7 x 82,6 cm (Abb. 123).[104] Den Titel dieser zweiten Zeichnung, also im Grunde nichts weiter als ‹Mao Nr. 2›, wählte Don DeLillo als Titel seines Romans. In dem Buch wird die Rolle von Bildern für die Formation der Masse *(crowd)* kritisch beleuchtet. Die Bilder sind leer und üben deswegen Macht aus, denn sie werden kollektiv besetzt. Man kann sich ihrer bedienen, um Präsenz zu besetzen. Aber auch der umgekehrte Weg wird

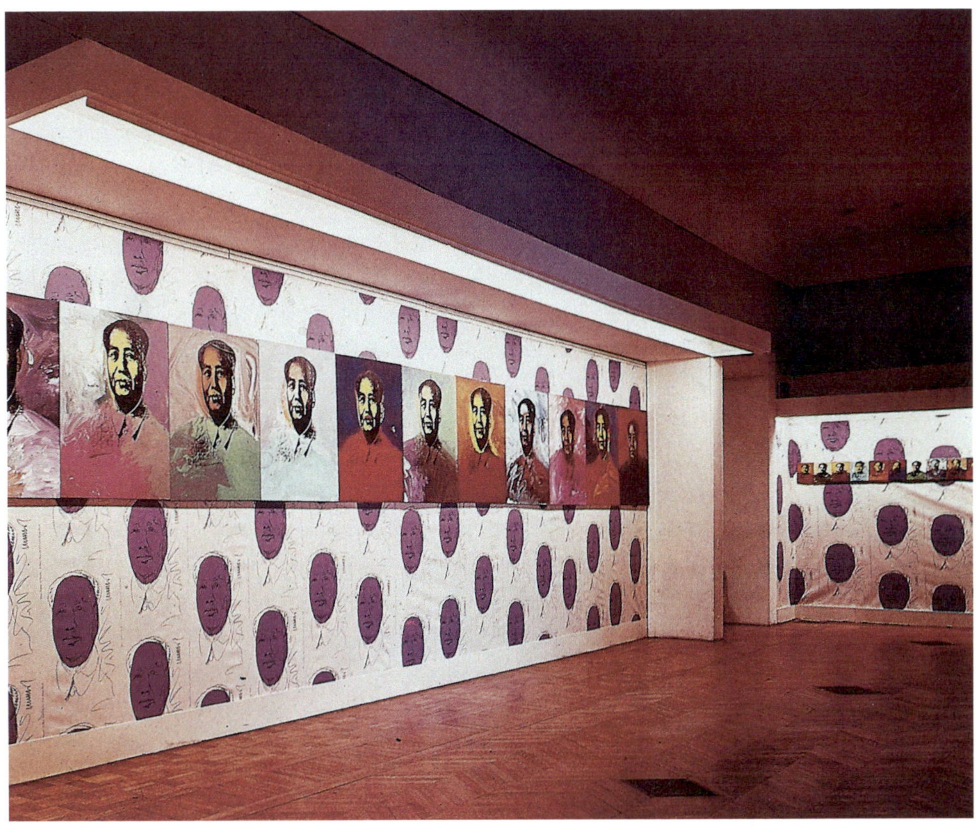

Abb. 125
Andy Warhol, Mao-Tapete in der Ausstellung des Musée Galliera, Paris, 1974

von ihnen bedient. Der Held des Buches, ein Schriftsteller, wird seinen letzten Roman nicht veröffentlichen, aber er lässt sich fotografieren, um in der Öffentlichkeit hinter seinem Bild zu verschwinden. Sein Assistent Scott stößt in einer Ausstellung mit Warhols Siebdrucken in New York zuerst auf ein Bild mit der «Masse» *(crowd)* und dann auf einen Raum mit der «Mao-Tapete», in dem ihn auf allen Wänden das vervielfältigte Gesicht Maos anstarrt, nahezu «losgelöst von seiner fotografischen Vorlage» und «gleichgültig» *(unwitting)* gegenüber der Geschichte. Er findet diese Werke «befreiend» *(liberating)*. «Hatte er je die tiefere Bedeutung Maos verstanden, bevor er diese Bilder sah?»[105]

So beschließt er, seiner Freundin Karen die Reproduktion einer Mao-Zeichnung mitzubringen, nämlich «Mao II». «Es war seltsam, wie wenig Linien mit dem Bleistift ausreichten, und da war er, mit ein wenig Schattierung, einem hingekritzelten Nacken und ebensolchen Brauen. Er stammte von einem berühmten Maler, dessen Namen sie nie behalten konnte, aber er war berühmt, er war tot, er hatte eine weiße Maske als Gesicht und glänzendes weißes Haar. Oder vielleicht glaubte man nur, dass er tot sei? Scott pflegte zu sagen, dass er nicht tot zu sein brauchte, weil er niemals real gewesen zu sein schien.»[106] Die Erzählung von dem Geschenk im Roman beruht auf einem wahren Kern. Warhol hatte 1973 eine Edition von 300 Xerokopien aufgelegt, die alle auf der gleichen Zeichnung basierten, aber jeweils etwas weniger von ihr übrig ließen, weil jede Xerokopie bereits die Kopie einer anderen und nicht mehr der Zeichnung selbst war. Wie Dieter Koepplin bemerkte, entstand «durch die Fehlbarkeit der Reproduktionsmaschinen ein verfremdetes Erscheinungsbild des unerschütterlichen Mao, den alle zu kennen glaubten».[107]

Die Staatsikone Maos bietet einen Einblick in den Gesichtskult eines Systems, das eine gesichtslose Masse hervorbrachte, ebenso wie das Pop-Idol den Gesichtskonsum einer Gesellschaft manifestiert, die aus Käufern besteht und der Werbung unterworfen ist. Bei Warhol löste die Mao-Produktion merkwürdigerweise einen Ansturm von Porträtaufträgen an den Künstler aus, in manchem Jahr mehr als hundert Anfragen, die ihn jahrelang mit der Polaroidkamera durch die Welt reisen ließen. Merkwürdig ist dies deshalb, weil das Mao-Gesicht so gar nicht die traditionelle Erwartung an das individuelle Porträt erfüllt. Aber offenbar wollte jedes von Warhols privaten Modellen so berühmt werden oder ähnlich berühmt aussehen wie auf den bunten Siebdrucken des Künstlers. Inzwischen hat sich die Welt wieder verändert. Und die Geschichte mit dem Mao-Gesicht erinnert nur noch an die Teilung der Welt im Zeitalter des Kalten Krieges.

Im Leben Warhols selbst kam es zu einem bemerkenswerten Epilog, als er im November 1982 gemeinsam mit dem Fotografen Christopher Makos nach Beijing reiste und sich dort vor der Staatsikone auf dem Tiananmen-Platz fotografieren und filmen ließ. Chinesische Künstler sehen in diesem Besuch das Symbol einer Zeitenwende, die in diesen Jahren allmählich auch die zeitgenössische Kunst Chinas erfasste.[108] Seither blüht eine neue, ironische oder nostalgische Mao-Produktion chinesischer Künstler, die auf dem Kunstmarkt ebenso hohe Preise erzielt wie Warhols Mao-Bilder selbst. Einer der neuen Künstlerstars, Zeng Fanzhi, erzielte mit einem großformatigen Gemälde, das den Titel «After the Long March Andy Warhol Arrived in China» trug, auf einer Auktion von Sotheby's am 4. Oktober 2008 einen Rekordpreis.

21. Cyberfaces: Masken ohne Gesicht

Im Folgenden wird nicht etwa ein Fazit gezogen, sondern ein Epilog entworfen, welcher die derzeitige Online-Kultur ins Spiel bringt. Es ist ein Epilog nicht zum Gesicht, denn solche Epiloge sind in der Moderne geradezu Mode geworden, wenn wir uns an Rilkes Abgesang oder den Gesichtskult der Totenmaske erinnern (S. 99, 110). Vielmehr kann es sich nur um einen Epilog zur bisherigen Kulturgeschichte des Gesichts handeln, dessen Thema heute an einem Wendepunkt angekommen zu sein scheint. Wieder einmal hat ein Umbruch in der Medienkultur dazu geführt, dass eine neue Debatte über das Gesicht eröffnet wurde, als hätte sich damit alles erübrigt, was wir über das Gesicht wussten, und als hätte sich dieses im Cyberspace, aber eben nur dort, bereits in ein Phantom aufgelöst. Doch beweist die neue Debatte über das Gesicht nur, wie zentral die Bilderwelt – und in der Bilderwelt die Mediengeschichte – für unseren Blick auf das Gesicht immer gewesen und auch geblieben ist. *Cyberfaces* sind im heutigen Verständnis keine

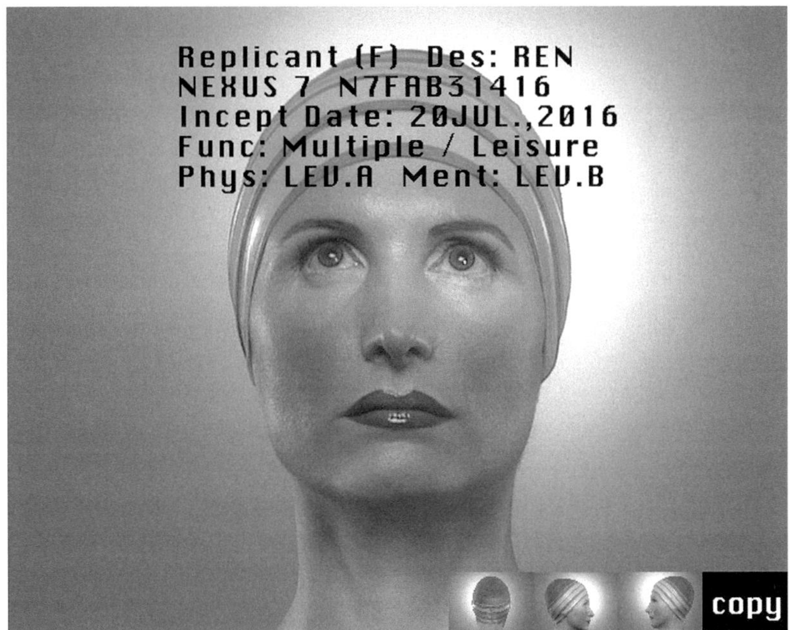

Abb. 126
Irene Andessner, Selbstporträt, aus dem Zyklus «Cyberface/Nexus 7», 1998

Gesichter, sondern digitale Masken, mit welchen die Produktion von Gesichtern in den modernen Medien an einem Wendepunkt angekommen ist.

Von dieser kybernetischen Wende wird die einstige Unterscheidung von künstlich und natürlich infrage gestellt, denn wir können inzwischen hybride Wirklichkeiten programmieren, welche in einer Zwischenwelt angesiedelt sind und die Natur nur noch als Zitat zulassen. Manfred Faßler beschreibt diese Erfahrung mit der Metapher «Ohne Spiegel leben», was heißt, nicht mehr mit *dem* Gesicht zu kommunizieren, das wir nur aus dem Spiegel kennen und dort immer gesucht haben, mit dem eigenen Gesicht. Der Spiegel war und ist der Ort für einen «Anwesenheitsgestus», der schon für das Kind eine Selbstbehauptung anbietet. Er ist immer noch da, doch haben wir inzwischen Spiegel mit einer anderen Funktion und einer anderen Symbolik erfunden, die nicht mehr auf «Angesichtigkeit» angelegt sind. In der Welt der Tele-Präsenz, so Faßler, ist die «Zukunft des Gesichts ungewiss».[109] Dagegen lässt sich einwenden, dass wir uns vielleicht nur von einer Techno-Semantik blenden lassen, die, gestützt auf digitale Techniken, uns in eine futuristische Welt lockt, in der wir uns von der Abbildung der natürlichen Welt befreit fühlen. Manche Künstler benutzen die digitalen Techniken der «Post-Fotografie» in aller Freiheit dazu, der gegenwärtigen Techno-Fiktion auf deren eigenem Terrain Paroli zu bieten. Sie laden uns, manchmal spielerisch und manchmal satirisch, dazu ein, den Blick auf eine Kultur zu werfen, die sie als eine Kultur der Oberflächen statt einer Kultur der Körper entlarven.[110]

Der Stand der Debatte seit der digitalen Wende lässt sich leicht resümieren. Wo ein Gesicht aus multiplen Gesichtszitaten zusammengesetzt werden kann, entsteht ein virtuelles Gesicht, das sich jeder Referenz auf einen natürlichen Träger, auf ein bestimmtes Gesicht, entzieht. Es mag als eine Befreiung gewirkt haben, die Bilder in der digitalen Wende vom Abbilden zu erlösen. Damit kommen sie auch in einer immerwährenden Gegenwart an, während die analogen Bilder stets die Spur der abgelaufenen Zeit (und auch die Spur des Todes in einer Darstellung des Lebens) in sich trugen. Heute lassen sich Gesichter produzieren, die in der Körperwelt keine Entsprechung mehr haben und mit dem Gegensatz von Leben und Tod nicht beschrieben werden können. Sie ersetzen die Erinnerung an Anwesenheit durch einen Zeitfluss ohne Vergangenheit und Zukunft. Man könnte auch sagen: Es lassen sich Gesichter produzieren, die niemandem gehören, sondern nur noch als Bilder existieren.

Abb. 127 Keith Cottingham, Fictitious Portrait (Double), 1993, digital hergestellte Fotografie

Damit sind die Bilder bei sich selbst angekommen und richten sich in einer imaginären Welt ein. Die Maske, die bei der Übertragung des Gesichts in ein

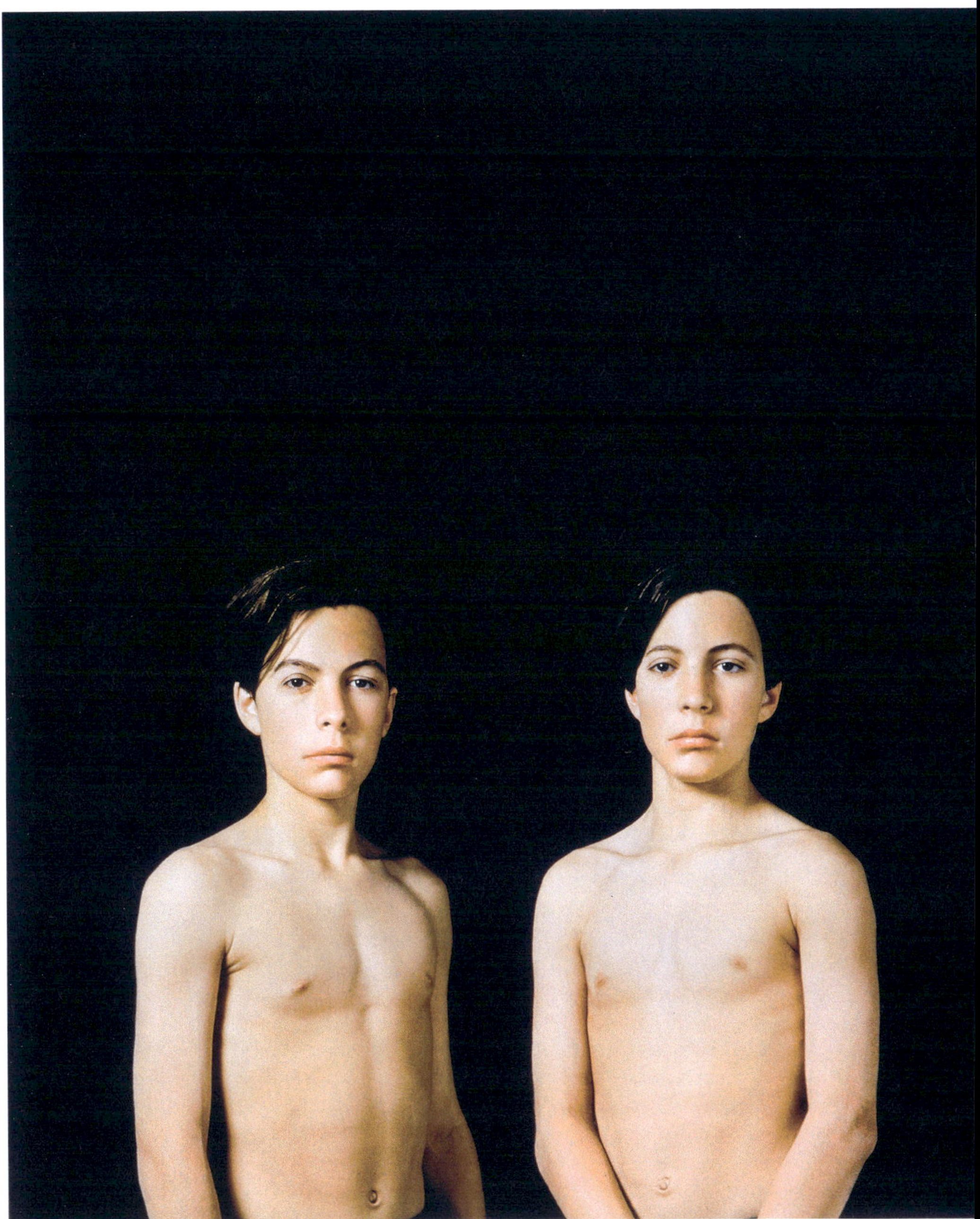

Artefakt ein unvermeidliches Resultat gewesen ist, ohne dass man sie herbeigewünscht hätte, wandelt sich zum Selbstzweck. Sie ist kein Double mehr, sondern ruft beliebig viele Gesichter statt eines einzigen auf. Im Grunde ist die totale Maske keine Maske mehr, weil da nichts und niemand mehr ist, den sie repräsentiert oder maskiert. Ein digitales Gesicht ist als Bild ein Paradox, weil es die alte Aufgabe der Abbildung von sich weist und mit der Analogie zu einem realen Gesicht seinen historischen Bezug verliert. *Cyberfaces* treten zur Geschichte des Porträts in einen elementaren Widerspruch. Sie stellen keine *faces*, sondern nur mehr *interfaces* zwischen unendlich vielen möglichen Bildern dar, deren Kreislauf sie nach außen schließen, ohne dass noch Körper dazwischen treten. Jetzt erreicht die Welt der Science-Fiction auch das Gesicht. Dort bedienen die Bilder den Traum, ein synthetisches Gesicht zu realisieren. Ähnlich wie im biotechnischen *morphing* kündigen sie die Herkunft von einem ererbten und gelebten Gesicht auf.

Und doch kann man auch eine Gegenrechnung aufmachen. Der Impuls zum Gesichtswechsel und zur Gesichtsfiktion statt der Gesichtsabbildung ist so alt wie die menschliche Kultur. Es sind Traditionen des Maskenspiels, die in der virtuellen Welt wieder aufleben. Aber die digitalen Masken brauchen keinen Träger mehr und sind unkörperlich geworden oder, besser gesagt, zirkulieren in einem virtuellen Raum, der sich vom Cyberspace zur Cyber-Utopia entwickeln lässt. Hier ist das Gegenspiel von Gesicht und Maske, die sich in der Geschichte des Gesichts gegenseitig definiert haben, außer Kraft gesetzt. Das zeigt sich darin, dass die *cyberfaces* oberflächlich (in wörtlichstem Sinne) wie echte und normale Gesichter aussehen, ohne sich auf irgendein einzelnes Gesicht zu beziehen. Anders gesagt, bringen sie den Weg des Gesichts zum Artefakt zu einem vorläufigen Abschluss. Man kann mit einem anonymen Gesichtsartefakt keinen Dialog führen, wie man ihn mit einem vertrauten oder erinnerten Menschen in dessen Bild führen kann. Digitale Techniken bringen hier Masken hervor, die über die Simulation des Lebens verfügen, ohne noch auf einen lebendigen Träger oder die Existenz eines Originals in der Lebenswelt angewiesen zu sein. Zugleich dienen sie auf eine scheinbar revolutionäre Weise einem alten Impuls, der darin bestand, die empirische Welt zu verlassen und jenseits des physischen Raumes und der von Körpern gesetzten Grenzen eine imaginäre Welt zu entwerfen.[111]

Im Gegenzug zum fiktiven Gesicht lässt sich im Internet von einer «digitalen Maskerade» sprechen, bei welcher die Partner ohne Gesicht und nur durch einen möglicherweise fiktiven Namen miteinander verbal kommunizieren, also ihre

Identität wie zum Beispiel ihr Geschlecht nicht preisgeben.[112] «Identität ist in elektronischen Netzen nicht von visuellen Merkmalen abhängig.» Selbst wenn Bilder dabei zum Zug kommen, lassen sich «digitalisierte Abbildungen leicht ändern. Täuschung kann durchaus einprogrammiert werden.»[113] Während virtuelle Gesichter von vorneherein anonym bleiben, entsteht eine andere Art von Anonymität gerade dort, wo es sich um reale Personen handelt, die dennoch eine vom Medium angebotene Maske wählen, um zu agieren. Hierfür hat man den Begriff einer *terminal identity* geprägt, um die Identität am Bildschirm *(terminal)* zugleich als Ende von Identität und den Rückzug des Subjekts in eine neue, künstliche Subjektrolle anzuzeigen.[114]

Das *cyberface* kann anstelle des Gesichts und als Stellvertreter des Zuschauers ebenfalls eine Rolle übernehmen, die man nicht selbst spielen kann. Es kommt im Übrigen dort zum Zug, wo die alten Spiele von Science-Fiction neue utopische Wünsche bedienen. Aber dieser Bereich kann im Folgenden ausgeblendet werden. Gegenüber dem utopischen Gestus der digitalen Techniken wird der ideologische Gebrauch oft übersehen, den sie in den Massenmedien erfahren, um eine kollektive Welt der Anpassung zu programmieren. Dafür liefert eine Titelseite des Magazins «Time» aus dem Jahr 1993 ein anschauliches Beispiel. Sie wartete mit dem multi-ethnischen Idealgesicht der amerikanischen Gesellschaft, «The New Face of America», in Gestalt einer jungen Frau auf, die fröhlich in die Zukunft blickt. Tatsächlich war sie ein Konstrukt (und ein Kompromiss) aus vielen verschiedenen und widersprüchlichen Gesichtern, die sich zu einem kollektiven Idealgesicht wandelten. Die Redaktion sah in diesem «mix of several races» kurzerhand eine Vision des neuen Amerika. Die Herausgeber behaupteten, selbst dem Charme des gewünschten Standards erlegen zu sein, als er sich im Bild scheinbar in eine reale Person verwandelte. Im Editorial hieß es vom «Bild unserer neuen Eva», der männliche Teil der Redaktion habe sich sofort in diese Frau verliebt, die de facto nur eine digitale Maske war. Und die Herausgeber biederten sich bei ihrem Publikum an, indem sie von einem männlichen Kollegen berichteten, er habe geseufzt: «Es zerreißt mir das Herz, dass sie nicht existiert.»[115]

Einige Künstler haben inzwischen den ideologischen Subtext im Gebrauch der digitalen Medien kritisch analysiert oder eine neue Identität auf dem Terrain des virtuellen Raums für sich reklamiert. In ihrem Werkzyklus «Cyberface» suchte Irene Andessner 1998 im «Porträt eines künstlichen Menschen», also einem Widerspruch in sich, eine Matritze, um damit eigensinnig und subversiv ihr Selbstbildnis zu programmieren (Abb. 126). So wurde die Schablone zum Ort einer

Selbstbehauptung neuer Art. Die Wahl der Künstlerin fiel zunächst auf die Replikantin Rachel in Ridley Scotts Film «Blade Runner», also eine künstliche Figur, die kein Gesicht besaß, sondern nur über eine Maske ohne Hintergrund verfügte. Ein Gesicht erhielt sie erst, als die Künstlerin in einem zitathaften «Porträt» in ihre Maske schlüpfte und ihre eigene Präsenz in dem beklemmenden Licht einer virtuellen Welt postulierte.[116] So inszenierte sie «Vorstellungen des Menschenbildes mit meiner Person als Darstellerin», wobei «sich die Fremdbilder mit meinem Selbstbild überlagern». Solche Grenzgänge beweisen eine neue Suche nach dem Gesicht, um ihm auch jenseits der Grenzen der körperlichen Welt einen Ort zu geben.

Aber auch in der Kunstszene kommt es manchmal zu wohlfeilen Wunschbildern und modischen Anbiederungen an den Zeitgeist. In den Texten, welche die Künstler 1995 in dem Katalog zur Ausstellung «Fotografie nach der Fotografie» veröffentlichten, überwiegt die Polemik gegen die abgewirtschaftete Fotografie. Im «digitalen Schein» – eine Formulierung von Vilém Flusser – habe sich das Gesicht von jeder Frage nach Identität gelöst, um für beliebige Experimente des *morphing* verfügbar zu werden. Die Alternative war eine Art von digitaler Maske, die sich dazu anbot, dem Gesicht seinen privilegierten Platz abzujagen. Zwar gab es hier auch Protesthaltungen wie die «Nachrichten aus Dystopia», in denen Anthony Aziz und Sammy Cucher mit gängigen Utopien abrechneten.[117] Doch überwog der Spieltrieb, ohne dass in diesem Spiel ein fester Kurs gesteuert wurde. Im Übrigen zeigte sich bei den beteiligten Künstlerinnen der geheime Wunsch, in der digitalen Arena eine neue Freiheit von alten Rollenzwängen des *gender* zu gewinnen.

Lynn Hershman gab sich der Hoffnung auf «künstliche Persönlichkeiten» hin, denn in einer elektronischen Gemeinde komme es nur mehr auf die «maskierte Version der eigenen Persönlichkeit» an. Schon immer habe die Maske dazu gedient, «die eigene Verletzlichkeit» zu verdecken. In der Wahl der «heutigen Masken» könne man denn auch auf einen wahren Spiegel der gegenwärtigen Gesellschaft stoßen, denn hier bildeten sich die aktuellen Fragen der Menschheit ab.[118] Gegenüber diesem reflexiven Ernst strotzen die Texte des jungen Keith Cottingham im selben Katalog von naiven Klischees. Er hatte in der Ausstellung Furore gemacht mit den «Fictitious Portraits», in denen er gleichsam geklonte Serienporträts eines Jungen im Zwielicht von Kindheit und Geschlechtsreife erzeugte (Abb. 127). In der Doppelung und Tripelung der *cyberfaces* benutzte Cottingham echte Gesichter und Tonmasken unterschiedslos als Fotovorlagen für

Abb. 128 Konstantin Chudjakow, Deisis, Ikone Christi, 2004, digitale Fotocollage mit Übermalung, im Besitz des Künstlers

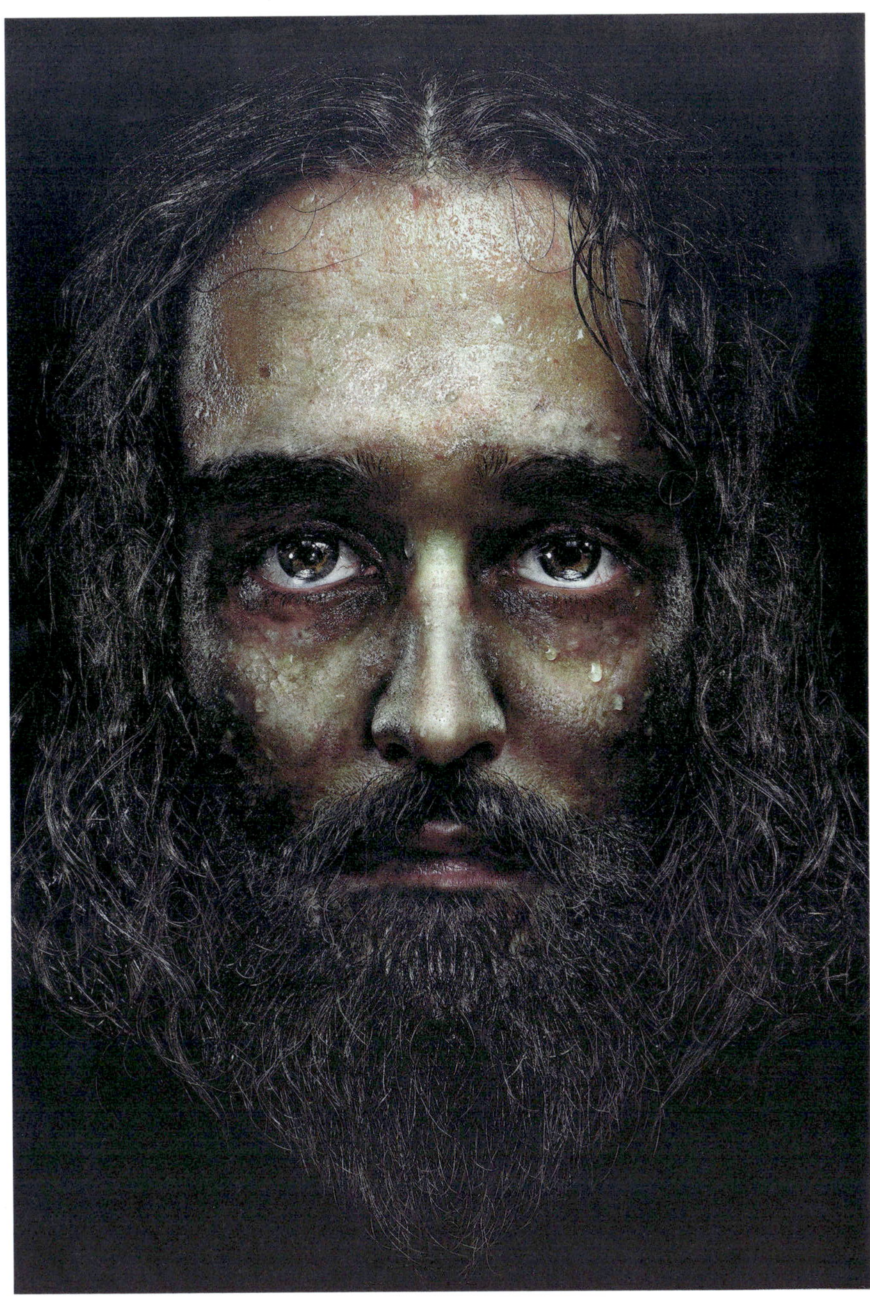

seine Arbeit am Computer. Zwar berief sich der Künstler dabei auf Verfahren der alten Porträtmalerei wie Lichtführung und dunklen Grund, doch war seine Intention denkbar verschieden.[119]

Das erweist sich auch in seiner Hoffnung, «vermittels digitaler Malerei und Montage individualisierte Allgemeinwesen» entwerfen zu können. Deshalb habe er «Gestalten aus Ton, anatomische Zeichnungen und Bildnisse von Angehörigen unterschiedlichster Rassen, Geschlechter und Altersstufen» benutzt. So sei eine «Collage der Realität» entstanden, die keine Referenten mehr vorzeigen könne. Im Porträt, das er als «die wichtigste Erfindung der Moderne» beschreibt, habe er das Subjekt demontieren wollen. Zu diesem Zweck habe er «ein Porträt als multiple Persönlichkeit konzipiert», was grammatikalisch richtig heißen müsste, ‹das Porträt einer multiplen Persönlichkeit›. Aber es ist ein Kampf gegen Windmühlen, wenn Cottingham die multiple Persönlichkeit zu einer großen Neuigkeit der Porträtkunst erklärt. Das gilt auch für seine Absicht, mit den *cyberfaces* «den Glauben an die wissenschaftliche Objektivität von Repräsentation zu entlarven», denn in der Kunst hat nie ein so naives Verständnis von Repräsentation geherrscht. In solchen Texten verrät sich der Hang zu Cyber-Utopien, um einen Ausdruck von Margaret Wertheim aufzugreifen.[120]

Ein überraschendes Beispiel für eine neue Art von Cyber-Utopie findet sich in einem digital produzierten Kunstwerk, das die Ikonenwelt der russischen Orthodoxie und also die Welt der Religion widerspiegelt (Abb. 128). Im Herbst 2004 wurde in Moskau eine riesige Ikonenwand ausgestellt, welche 23 «Porträts» Christi und der Heiligen, das Resultat von digital prozessierten Fotocollagen und Übermalungen, in sich vereinte. Der Künstler Konstantin Chudjakow zeigte in der Tretjakow-Galerie, dem bedeutendsten Ikonenmuseum der Welt, gleichsam digitale Ikonen in Überlebensgröße (160 x 110 cm), welche dem Publikum den Eindruck einer Vision anboten, als ob man den Heiligen fernab von irdischen Eindrücken direkt in das von ihnen gelebte Gesicht schauen könnte und zugleich in eine andere Sphäre enthoben wäre.[121] Das von dem Kunstsammler Viktor Bondarenko finanzierte langjährige Projekt mit dem Titel «Deisis», übersetzbar als «Große Fürbitte», ist ebenso in den digitalen Medien wie in der Kunstwelt einzigartig, weshalb es auch heftige Reaktionen pro und contra auslöste. Der Ikonenserie, in welche auch Philosophen und pikanterweise der letzte Zar (als orthodoxer Herrscher) aufgenommen wurden, liegen insgesamt 60 000 Fotografien von 350 echten Gesichtern zugrunde, deren physiognomische Merkmale für die Ikonen gespeichert und dann neu komponiert wurden. Jedes der monumentalen

Gesichter ist mit einer unterschiedlichen Lichtführung und einer eigenen Perspektive aufgebaut, die jedoch niemals die Perspektive des Publikums ist. Mithilfe eines Netzes von unzähligen Lichtpunkten erzeugen die Gesichter den Eindruck, vor dem dunklen Hintergrund im Glanz eines überirdischen Lichts zu schweben.

Die synthetischen Gesichter, die in dieser Installation gleichsam aus einer Art Black Box ans Licht treten, sind digitale Masken, welche das Gesicht in eine virtuelle Aura tauchen und damit ein ähnliches Erlebnis anbieten, wie es in anderen Zeiten die Tafeln der Ikonenmaler im flackernden Kerzenlicht dunkler Räume taten. Das Kultbild, das hier in einer unerwarteten, nur in Technik und Medium veränderten Erscheinung, einer virtuellen «Epiphanie», zurückkehrt, bedient einen alten Blick. Aber es rechtfertigt sich durch den Prozess der Herstellung als Kunst. Es fordert noch einmal seinen transzendentalen Anspruch ein, indem es ein Gesicht zeigt, das wir nie gesehen haben und an das wir doch glauben. Die beiden Erwartungen lassen sich auf die Begriffe des idealen und des echten Gesichts bringen. Im Falle des «echten Gesichts», einer berühmten Ikone, an welche in Moskau das digitale «Porträt» Christi mit der ausgebreiteten Komposition von Lockenhaar und Bart erinnerte, überwog der Wunsch zu wissen, wie sein Träger während seines irdischen Wandels wirklich ausgesehen hatte (S. 148). Schon das alte Christusbild war hybrid darin gewesen, dass es angeblich wie eine Maske vom echten, lebenden Gesicht abgenommen worden war und dennoch die Gläubigen mit lebenden Augen anschaute, was bei einem mechanischen Abdruck technisch ausgeschlossen wäre.[122] In ihrer Kulturgeschichte des Raums hat Margaret Wertheim den utopischen Wunsch nach einer Rückkehr des «spirituellen Raums» im «virtuellen Raum» geschildert,[123] wofür die «Deisis» in Moskau einen anschaulichen Beleg liefert. In der digitalen Welt kehren alte Archetypen in Artefakten zurück, die im gleichen Intervall zwischen Traum und Beweis leben. Wenn wir das «echte Bild» sehen, sehen wir nie das echte Gesicht, sondern einen Stellvertreter oder, wenn man will, eine Maske.

Nachwort

Die Arbeit an diesem Buch zog sich über mehr als zehn Jahre hin und wurde immer wieder unterbrochen durch andere Projekte, aber auch durch Zweifel daran, wie dem maßlosen Thema Gesicht in einem einzigen Text beizukommen wäre. Nach der schönen Erfahrung des Graduiertenkollegs «Bild.Körper.Medium» an der Hochschule für Gestaltung in Karlsruhe, für dessen Fellows meine «Bild-Anthropologie» anfänglich bestimmt war, begann die Materialsammlung während eines Gastsemesters an der Northwestern University in Evanston. Sie wurde wieder aufgenommen während meiner Jahre am Internationalen Forschungszentrum für Kulturwissenschaften in Wien, wo ich durch Lutz Musner und die damaligen Fellows Sergius Kodera, Thomas Hauschild und Erhard Schüttpelz wertvolle Anregungen erhielt. In der gleichen Zeit bereitete Sylvia Ferino-Pagden am Kunsthistorischen Museum in Wien ihre großartige Ausstellung zur Maske vor. Ein Aufenthalt am Williams College, der viel den Gesprächen mit Michael Ann Holly verdankt, brachte die Niederschrift des Textes in Schwung. Während einer Tagung in der Herzog August Bibliothek in Wolfenbüttel, die Christiane Kruse ausgerichtet und beflügelt hat, konnte ich den Aspekt von Theater und Maske zur Diskussion stellen. Auf dieser Tagung sprach auch Richard Weihe, der mir seit der Wiener Zeit ein wichtiger Gesprächspartner geworden ist. Die Frage nach Gesicht und Theater war 2010 auch das Thema meiner Festrede bei der Jahressitzung der Bayerischen Akademie der Schönen Künste. Während dieser Jahre wurde das Zentrum für Literatur- und Kulturforschung in Berlin, an dem Sigrid Weigel ein ungemein fruchtbares Projekt zum Gesicht als Artefakt eingerichtet hat, zu einer Quelle der Inspiration. Hier erhielt ich auch die Gelegenheit, einzelne «Ansichten» des Gesichts zu veröffentlichen, und fand die kollegiale Hilfe von Dirk Naguschewski und Franziska Thun-Hohenstein. Die Forschungen zum Gesicht von Thomas Macho und Sigrid Weigel, aber auch von Jacques Aumont, Françoise Frontisi-Ducroux und Claudia Schmölders, um nur einige Namen zu nennen, haben ihr Echo in meinem Text gefunden. Andrea Buddensieg hat mir, während wir gleichzeitig mit Peter Weibel einen Themenband zur globalen Kunst in der MIT Press zum Druck brachten, auch dieses Mal wieder mit Geduld und mit Rat und Tat zur Seite gestanden. Stefanie Hölscher und dem ganzen Verlag C.H.Beck bin ich zu besonderem Dank verpflichtet, denn es war allein ihr Engagement für mein Thema, das mich in den Perioden des Zweifels auf Kurs hielt. Der Titel wurde in einem freundschaftlichen Gespräch mit Detlef Felken, dem geschätzten Cheflektor des Verlages, gefunden. Stefanie Hölscher, Jörg Alt und Beate Sander ließen sich auch diesmal nicht davon entmutigen, die aufreibenden Vorarbeiten für das glückliche Gelingen des alles entscheidenden Bildteils auf sich zu nehmen.

Anmerkungen

Einleitung

1 Dazu umfassend Macho, 2011, in seiner Analyse der Macht der Bilder.
2 Hanns Zischler in einem Interview über das Casting, in: Van Loyen/Neumann, 2006, S. 77.
3 «Gesichtermoden» ist der Titel eines Heftes von «Tumult»: Van Loyen/Neumann, 2006.
4 Sander, 1979.
5 Cole, 1999. Zu Darwin (1872) vgl. meine Ausführungen in Kap. I, 5.
6 Cole, 1999, S. 265.
7 Weigel, 2012a, S. 6 f.
8 Courtine/Haroche, 1988, S. 15 ff.
9 Courtine/Haroche, 1988, S. 276 f.
10 Jacques Le Goff, Conclusions, in: ders. (Hg.), Objet et méthodes de l'histoire de la culture (Paris 1982), S. 247.
11 Schmitt, 2012, S. 7.
12 Schmitt, 2012, S. 12.
13 Didi-Huberman, 1992, S. 23.
14 Didi-Huberman, 1992, S. 16.
15 Weihe, 2004, S. 13 f.
16 Weihe, 2004, S. 349.
17 Schüttpelz, 2006, S. 54 f.
18 Ich danke Thomas Hauschild für Anregungen zu diesem Exkurs und auch für den Hinweis auf Fritz Kramer, Der rote Fes. Über Besessenheit und Kunst in Afrika (Frankfurt a. M. 1987), wo die komplementären Rollen von Maskerade und Besessenheit untersucht werden.
19 Lucien Clergue, Jean Cocteau and the Testament of Orpheus. The Photographs (New York 2001), Taf. S. 107 und S. 120.
20 Beyer, 2002.
21 Didi-Huberman, 2012b.
22 Dazu ausführlich Didi-Huberman, 2012b, S. 35–47 mit Abb.
23 Macho, 2011.

24 Ich nenne hier nur Gilles Deleuze, Das Bewegungs-Bild (Kino, Bd. 1) (Frankfurt a. M. 1989) und Aumont, 1992.

25 Ich verweise hier auf meinen Versuch in Florenz und Bagdad. Eine westöstliche Geschichte des Blicks (München 2008).

26 Leila Ahmed, The Discourse of the Veil, in: Bailey/Tawadros, 2003, S. 42 ff.

27 Hamid Naficy, Poetics and Politics of the Veil, in: Bailey/Tawadros, 2003, S. 138 ff.

28 Jemima Montagu, Divan. Contemporary Art from Afghanistan, Iran and Pakistan (Venedig 2009), S. 11 und 34 f. (mit einer Bio-Bibliographie); Evelyne Astner, Nusra Latif Qureshi, in: Hans Belting/Andrea Buddensieg/Peter Weibel (Hg.), The Global Contemporary and the Rise of New Artworlds (Cambridge, Mass. 2013), S. 386 ff.

29 76,2 x 63,5 cm. Es wurde von der Museumsbehörde in Doha, Qatar, angekauft, eine Ausfuhrgenehmigung wurde durch die Vereinbarung mit der National Portrait Gallery in London ermöglicht, das Bild fünf Jahre lang in englischen Sammlungen zu zeigen; vgl. Martin Bailey, Bought by Qatar but Staying in Britain, in: The Art Newspaper 222, 2011, S. 13.

30 Thomas Bluett, Some Memoirs of the Life of Job, the Son of Solomon (London 1734), im Umfang von 63 Seiten, aus denen die folgenden Informationen stammen. Vgl. auch Gentleman's Magazine XX, 1750, S. 270–272. Neueste Lit.: Charles T. Davis/Henry Louis Gates (Hg.), The Slave's Narrative. A Collection of Essays and Reviews (Oxford u. a. 1985), S. 4.

31 Bluett, 1734 (wie Anm. 30), S. 50.

I. Gesicht und Maske in wechselnden Ansichten

1 Zu Gesicht und Maske vgl. das wichtige Buch von Weihe, 2004, wo auch die unübersehbare Literatur zu den einzelnen Maskenarten erschlossen wird, und im Übrigen Olschanski, 2001. – Zum Gesicht vgl. Simmel, 1995; Emmanuel Levinas, Ethik und Unendliches. Gespräche mit Philippe Nemo, hg. von Peter Engelmann (Wien 1996); Sartre, 1970; Agamben, 2002; Gombrich, 1977; Macho, 1996; Macho, 1999. Vgl. auch Courtine/Haroche, 1988; Macho/Treusch-Dieter, 1996; von Wysocki, 1995; Hindry, 1991; de Loisy, 1992; Landau, 1993; Aumont, 1992; Blümlinger/Sierek, 2002; Schmidt, 2003; Löffler/Scholz, 2004.

2 Weihe, 2004, S. 52 ff. und 179 ff.

3 Belting, 2001, S. 34 ff.

4 Jacob und Wilhelm Grimm, Deutsches Wörterbuch, Bd. IV.1, Sp. 4087 ff., s. v. «Gesicht».

5 Friedrich Nietzsche, Jenseits von Gut und Böse, Nr. 40, in: ders., Werke, hg. von Karl Schlechta, Bd. II (München 1955), S. 604.

6 Gombrich, 1977, S. 17, 20, 22 und 42.

7 Argyle/Cook, 1976, S. 67 ff.

8 Vgl. Frankfurter Allgemeine Zeitung, 22.6.2011, S. 34.

9 Charles Baudelaire, Œuvres complètes (Bibliothèque de la Pléiade), Bd. I (Paris 2006), S. 98 und 830.
10 Vgl. dazu die Arbeiten von Olschanski, 2001, und von Wysocki, 1995.
11 Richard Sennett, Verfall und Ende des öffentlichen Lebens. Die Tyrannei der Intimität (Frankfurt a. M. 1983); Goffman, 1986.
12 Plessner, 1982a, S. 272.
13 Plessner, 1982b, S. 410 f.
14 Plessner, 1982a, S. 240 f.
15 Vgl. etwa Ulrich Fülleborn/Manfred Engel (Hg.), Das neuzeitliche Ich in der Literatur des 18. und 20. Jahrhunderts. Zur Dialektik der Moderne (München 1988).
16 Melchior-Bonnet, 1994, S. 146 ff. und 162 ff.
17 William Shakespeare, Richard II., I. Akt, 1. Szene.
18 Courtine/Haroche, 1988, S. 238 f., mit Zitaten aus «Discours sur les sciences et les arts» (1754) und «Discours sur l'origine (…) de l'inégalité parmi les hommes» (1754).
19 Louis-Sébastien Mercier, Tableau de Paris, Bd. IX (1782/83), Reprint (Paris 1995), Bd. II, S. 513–517.
20 Vgl. Grimm, Deutsches Wörterbuch (wie Anm. 4), Bd. 2, Sp. 612.
21 Wolfgang Fritz Haug, Charaktermaske, in: ders. (Hg.), Historisch-kritisches Wörterbuch des Marxismus, Bd. 2 (Hamburg 1995), Sp. 439. Ich verdanke das Zitat Gregor Schneider.
22 Haug, 1995 (wie Anm. 21), Sp. 442 f.
23 Haug, 1995 (wie Anm. 21), Sp. 440.
24 Weihe, 2004, S. 345.
25 Joan Rivière, Womanliness as a Masquerade (1929), in: Victor Burgin u. a. (Hg.), Formations of Fantasy (London 1989), S. 35–44. Vgl. dazu: Stephen Heath, Joan Rivière and the Masquerade, in: ebd., S. 45–61; Emily Apter, Demaskierung der Maskerade. Fetischismus und Weiblichkeit von den Brüdern Goncourt bis Joan Rivière, in: Weissberg, 1994, S. 177 ff.; Julika Funk, Die schillernde Schönheit der Maskerade. Einleitende Überlegungen zu einer Debatte, in: Bettinger/Funk, 1995, S. 15–28; Inge Kleine, Der Mann, die Frau, ihre Maske und seine Wahrheit. Zur Maske bei Jean-Jacques Rousseau, in: ebd., S. 154–168.
26 Rivière, 1989 (wie Anm. 25).
27 Judith Butler, Subjection, Resistance, Resignification: Between Freud and Foucault, in: John Rajchman (Hg.), The Identity in Question (New York u. a. 1995), S. 232.
28 Ina Schabert, Geschlechtermaskerade, in: Schabert, 2002, S. 53 ff.
29 Zur Stimme vgl. Reinhart Meyer-Kalkus, Stimme und Sprechkünste im 20. Jahrhundert (Berlin 2001); Michael Wimmer, Verstimmte Ohren und unerhörte Stimmen, in: Dietmar Kamper/Christoph Wulf (Hg.), Das Schwinden der Sinne (Frankfurt a. M. 1984), S. 115–139.
30 Goffman, 1986, S. 5 ff. und 12.
31 Roland Kuhn, Maskendeutungen im Rorschachschen Versuch (1944) (Basel [2]1954), S. 46, 60 f. und 125. Ich danke Lutz Musner für diesen Hinweis.

32 René Descartes, Meditations métaphysiques, hg. von Florence Khodoss, lat. und franz. (Paris 1956), S. 36 ff. Vgl. Hans Ebeling, Die Maske des Cartesius (Würzburg 2002).
33 Ich verdanke Iris Därmann den Hinweis auf diesen Text. Vgl. Iris Därmann, Die Maske des Staates. Zum Begriff der Person und zur Theorie des Bildes in Thomas Hobbes' Leviathan, in: Mihran Dabag/Kristin Pratt (Hg.), Die Machbarkeit der Welt (München 2006), S. 72–92. Für den Text s. Thomas Hobbes, Leviathan (1651) (London 1962), Kap. XVI.
34 Horst Bredekamp, Thomas Hobbes visuelle Strategien. Der Leviathan (Berlin 1999), S. 13 ff.
35 Macho, 1999.
36 Macho, 1996, S. 25.
37 Frankfurter Allgemeine Zeitung, 13.4.2002, S. 9.
38 Der Spiegel, 19.7.2004, S. 145.
39 Cole, 1999.
40 Macho, 1996, S. 27.
41 Simmel, 1995, S. 39; Levinas, 1996 (wie Anm. 1), S. 65.
42 Deleuze/Guattari, 1992, S. 160. Vgl. dazu den Kommentar von Nicola Suthor in: Preimesberger/Baader/Suthor, 1999, S. 464 ff.
43 Deleuze/Guattari, 1992, S. 233.
44 Deleuze/Guattari, 1992, S. 230 ff. (Das Jahr Null. Die Erschaffung des Gesichts), bes. S. 248 ff. und 258 f.
45 Gilles Deleuze, Francis Bacon. Logik der Sensation (München 1995), S. 19 ff.
46 Vgl. dazu Belting, 2005, S. 84 f.
47 Didi-Huberman, 1992.
48 Belting, 2001, S. 153 f., mit Bezug auf die steinzeitlichen Masken aus dem Nahen Osten.
49 Roger Caillois, Die Spiele und die Menschen (Frankfurt a. M. 1982), S. 97.
50 Dazu ausführlich Belting, 2001, Kap. «Bild und Tod».
51 Beate Salje, Die Stauen aus Ain Gazal, in: dies. (Hg.), 10 000 Jahre Kunst und Kultur aus Jordanien. Gesichter des Orients, Ausstellungskatalog, Vorderasiatisches Museum, Berlin/Kunst- und Ausstellungshalle der Bundesrepublik Deutschland, Bonn (Bonn 2004), S. 31 ff. Vgl. auch Belting, 2001, S. 150 ff. mit weiterer Lit.
52 Belting, 2001, Kap. «Bild und Tod».
53 Ferino-Pagden, 2009, S. 68 f.
54 Salje, 2004 (wie Anm. 51), S. 134.
55 Belting, 2001, S. 152 mit Abb. 6 und 7.
56 Klaus Schmidt, Sie bauten die ersten Tempel. Das rätselhafte Heiligtum der Steinzeitjäger. Die archäologische Entdeckung am Göbekli Tepe (München 2006), S. 42.
57 Dazu Leo Frobenius, Monumenta Africana. Der Geist eines Erdteils, Bd. VI, Berlin 1929, S. 457, mit Belegen aus Afrika.
58 Ferino-Pagden, 2009, Nr. I.3.

59 Belting, 2001, S. 160 ff.
60 Zu diesem Porträt vgl. Hans Belting, Bild und Kult (München 1990), S. 44 und Abb. 25.
61 Ferino-Pagden, 2009, S. 59.
62 Vgl. dazu die Lit. in Anm. 1.
63 Lévi-Strauss, 1979, S. 144.
64 Claude Lévi-Strauss, Masques, in: L'Œil 62, 1960, S. 29–35 (Interview mit Jean Pouillon).
65 Dazu Fritz Kramer, Der rote Fes. Über Besessenheit und Kunst in Afrika (Frankfurt a. M. 1987), S. 160.
66 Kramer, 1987 (wie Anm. 65), S. 138 ff.
67 Kramer, 1987 (wie Anm. 65), S. 140 und 158–160.
68 Jutta Frings (Hg.), James Cook und die Entdeckung der Südsee, Ausstellungskatalog, Kunst- und Ausstellungshalle der Bundesrepublik Deutschland, Bonn/Museum für Völkerkunde, Wien/Bernisches Historisches Museum (München 2009), S. 233 mit Abb. 422–424.
69 Michel Leiris, Masques dogon, in: Minotaure, Sonderausgabe, 1933, S. 45 ff. Zu Leiris und seiner Faszination für die «Geheimsprache» der Dogon vgl. Irene Albers, Passion Dogon, in: Tobias Wendl u. a. (Hg.), Black Paris. Kunst und Geschichte einer schwarzen Diaspora (Wuppertal 2006), S. 160 ff.
70 Angelika Friederici (Hg.), Castan's Panopticum. Ein Medium wird besichtigt, Heft 6 (Berlin 2009), mit Dokumentation und Abb.
71 Ausnahmen finden sich etwa bei Jean Guiart u. a. in: de Loisy, 1992, S. 112 ff.
72 W. J. T. Mitchell, Iconology. Image, Text, Ideology (Chicago 1986), S. 160 ff.; ders., What Do Pictures Want? The Lives and Loves of Images (Chicago 2005), S. 160 ff.
73 Vgl. Mitchell, 1986 (wie Anm. 72), S. 186.
74 Carl Einstein, Bebuquin oder die Dilettanten des Wunders. Prosa und Schriften 1906–1929 (Leipzig 1989), S. 172.
75 Gail Levin, Primitivism in American Art. Some Literary Parallels of the 1910s and 1920s, in: Arts Magazine 59, 1984, S. 101–105.
76 James Clifford, The Predicament of Culture. Twentieth-Century Ethnography, Literature, and Art (Cambridge, Mass. u. a. 1988), S. 117 ff.
77 Whitney Chadwick, Fetishizing Fashion/Fetishizing Culture, in: Oxford Art Journal 18, 1995, S. 3–17.
78 Isabelle Monod-Fontaine, Le Tour des objets, in: Agnès Angliviel de la Beaumelle (Hg.), André Breton. La beauté convulsive, Ausstellungskatalog, Musée National d'Art Moderne, Centre Georges Pompidou, Paris (Paris 1991), S. 64–83.
79 André Breton, Phénix du masque, in: XXe siècle, NS 15, 1960, S. 57–63, wieder abgedruckt in: ders., Perspective cavalière (Paris 1970), S. 182 ff.
80 Weihe, 2004, S. 153 ff. und 217 ff.; Ferino-Pagden, 2009, S. 144 ff. (zur Antike) und 158 ff. (zur Commedia dell'Arte). Zum Wandel von der Maske zur Person auf der Bühne vgl. auch Claudio Bernardi, Dalla maschera al volto, in: Roberto Alonge/Guido

Davico Bonino (Hg.), Storia del teatro moderno e contemporaneo, Bd. 1 (Turin 2000), S. 1163–1183.

81 Plessner, 1982b, S. 405.

82 Roger Caillois, Les Jeux et les hommes (Paris 1967), S. 205.

83 Plessner, 1982b, S. 410 ff.

84 Torquato Accetto, Della dissimulazione onesta (Neapel 1641).

85 Remo Bodei, Die Maske auf dem Fleisch, in: Schabert, 2002, S. 44.

86 Justus Lipsius, Politicorum libri VI (Rom 1604), S. 145 f.

87 Frontisi-Ducroux, 1995, S. 14 ff., 22 f. und 40 f. Vgl. auch Bettini, 1991; Ghiron-Bistagne, 1986; Jean-Thierry Maertens, Le Masque et le miroir (Paris 1978).

88 Frontisi-Ducroux, 1995, S. 55.

89 Hall, 2000 (S. 4 ff. über die Griechen).

90 Hall, 2000, S. 34.

91 Hall, 2000, S. 81.

92 Christopher Schmidt, in: Süddeutsche Zeitung, 17.7.2010, S. 16.

93 Erika Simon, Stumme Masken und sprechende Gesichter, in: Schabert, 2002, S. 20 f.

94 Vernant, 1990, S. 216 ff. und 226 f.

95 Frontisi-Ducroux, 1995, Abb. 1 und S. 5 f. mit ausführlicher Würdigung.

96 Hall, 2000, S. 28.

97 Florence Dupont, L'Orateur sans visage. Essai sur l'acteur romain et son masque (Paris 2000), S. 123.

98 Dupont, 2000 (wie Anm. 97), S. 124 ff., mit einer Ableitung des *vultus* von der Bedeutung ‹wollen›, ‹ausdrücken wollen›, und der *facies* von der Bedeutung ‹machen›, ‹bilden›. Diese Unterscheidung von Ausdruck und Physiognomie hielt sich bis ins Mittelalter, wurde aber dann aufgegeben.

99 Frontisi-Ducroux, 1995, S. 44 und Abb. 12, mit Berufung auf Ciceros Schrift «De Oratore», wo es heißt, dass «aus der Maske die Augen des Schauspielers leuchten» (*ex persona ardent oculi histrionis*) (II. 193).

100 Frontisi-Ducroux, 1995, S. 130, wo verwiesen wird auf Cicero, De Oratore, III. 221: «ut imago est animi vultus, sic indices oculi». Vgl. zum Folgenden auch Dupont, 2000, S. 156.

101 Harriet I. Flower, Ancestor Masks and Aristocratic Power in Roman Culture (Oxford 1996). Vgl. auch Christa Belting-Ihm, Imagines maiorum, in: Reallexikon für Antike und Christentum, Bd. 17, Sp. 995 ff.; Belting, 2001, S. 177 ff.

102 Belting, 2005, S. 47 ff.; Weihe, 2004, S. 28 f. und 181 ff.

103 Belting, 2005, S. 76 f.

104 Dazu Weihe, 2004, S. 190 ff. unter dem Stichwort einer «Verinnerlichung der Maske».

105 Weihe, 2004, S. 26 f.

106 Zur Larve vgl. Eckhard Leuschner, Persona, Larva, Maske. Ikonologische Studien zum 16. bis frühen 18. Jahrhundert (Frankfurt a. M. u. a. 1997).

107 Stephen Greenblatt, Renaissance Self-Fashioning. From More to Shakespeare (Chi-

cago 1980). Vgl. auch Ernst Rebel, Die Modellierung der Person. Studien zu Dürers Bildnis des Hans Kleberger (Stuttgart 1990).

108 Erasmus von Rotterdam, Morias enkomion seu laus stultitiae (1511), s. Ausgewählte Schriften des Erasmus, Bd. 2, hg. von Wendelin Schmidt-Dengler (Darmstadt 1975), und Erasmus von Rotterdam, Das Lob der Narrheit, mit einem Nachwort von Stefan Zweig (München 1987), S. 57 ff. Vgl. Hans Belting, Hieronymus Bosch. Garten der Lüste (München 2002), S. 96 f.

109 Barbara Ravelhofer, The Early Stuart Masque. Dance, Costume, and Music (Oxford 2006), S. 4 (mit Beleg).

110 Der Begriff fällt in einer zeitgenössischen Beschreibung, vgl. Allardyce Nicoll, Stuart Masques and the Renaissance Stage (London 1937), mit ausführlicher Dokumentation der Gattung.

111 Nicoll, 1937 (wie Anm. 110), Abb. 174 und 175.

112 Vgl. William Shakespeare, The Tempest, hg. von Stephen Orgel (Oxford 1987) (The Oxford Shakespeare), S. 43 ff. (Kommentar).

113 Weihe, 2004, S. 169 ff. und zum Folgenden S. 173. Die Diderot-Zitate aus dem «Paradoxe sur le comédien» in: Denis Diderot, Œuvres complètes, Bd. 20, hg. von Jane Marsh Dieckmann u. a. (Paris 1995), S. 36 und 88.

114 Sennett, 1983 (wie Anm. 11), S. 33.

115 François-Hédelin d'Aubignac, La Pratique du théâtre, hg. von Hélène Baby (Paris 2001), S. 77 ff.; Jean Rousset, L'Intérieur et l'extérieur (Paris 1976), S. 169 ff.

116 Jean Racine, Phädra, hg. und neu übersetzt von Wolf Steinsieck (Stuttgart 1995), S. 26, 30 und 38 f.

117 Hall, 2000, S. 38 und 41.

118 Hall, 2000, S. 59.

119 Belege bei Annette Drew-Bear, Painted Faces on the Renaissance Stage (London/Toronto 1994), S. 94 f. und 99 f.

120 Den Hinweis darauf verdanke ich Frank-Patrick Steckel.

121 Bernardi, 2000 (wie Anm. 80), S. 1169 ff.

122 Marco Baschera, Théâtralité dans l'œuvre de Molière (Tübingen 1998), S. 79, Anm. 149, und S. 144 ff. Ich verdanke den Hinweis Martin Zenck.

123 Eckhard Leuschner, in: Ferino-Pagden, 2009, Nr. VI.12.

124 Eckhard Leuschner, in: Ferino-Pagden, 2009, Nr. VI.10; Weihe, 2004, S. 11 f. Vgl. auch Diane De Grazia Bohlin (Hg.), Prints and Related Drawings by the Carracci Family. A Catalogue Raisonné (Washington D.C. 1979), Nr. 212; dies. (Hg.), Le stampe dei Carracci. Con i disegni, le incisioni, le copie e i dipinti connessi. Catalogo critico (Bologna 1984), Nr. 239, Kat. 212. Zum Probedruck vgl. Christiane Kruse, Zur Kunst des Kunstverbergens im Barock, in: Ulrich Pfisterer (Hg.), Animationen/Transgressionen (Berlin 2005), S. 102 f.

125 Giovanni Antonio Massani, s. Kruse, 2005 (wie Anm. 124), S. 102.

126 Peter Schatborn/Marieke de Winkel, Rembrandts portret van de acteur Willem Ruyter, in: Bulletin van het Rijksmuseum 44, 1996, S. 382 ff.

127 George W. Brandt/Wiebe Hogendoorn (Hg.), German and Dutch Theatre 1600–1848 (Cambridge u. a. 1993), S. 349 ff. und 385 f.

128 Walter Liedtke/Michiel C. Plomp (Hg.), Vermeer and the Delft School, Ausstellungskatalog, Metropolitan Museum of Art, New York/National Gallery, London (New Haven u. a. 2001), S. 56 ff.; Sotheby's, Important Old Masters Paintings, New York, 27.1. 2011, S. 120 ff., Lot Nr. 141 mit ausführlicher Dokumentation.

129 Aristotle, Poetics, hg. von Stephen Halliwell (Cambridge, Mass. u. a. 1995) (Loeb Classical Library, 199), S. 44.

130 Brandt/Hogendoorn, 1993 (wie Anm. 127), S. 396 f.

131 Samuel van Hoogstraten, Inleyding tot de hooge schoole der Schilderkonst (Rotterdam 1678), S. 109 f.; vgl. Ernst van de Wetering, The Multiple Functions of Rembrandt's Self Portraits, in: White/Buvelot, 1999, S. 20.

132 Widmung an Mme de Combalet, s. Pierre Corneille, Der Cid, hg. von Hartmut Köhler (Stuttgart 1997), S. 8.

133 Courtine/Haroche, 1988, S. 237 ff.

134 Caillois, 1967 (wie Anm. 82), S. 254 ff.

135 Andreas Beyer, Masken für höfische Feste und Turniere, und Lina Urban Padovan, Feste, Spiele und Masken im venezianischen Settecento, in: Ferino-Pagden, 2009, S. 241 und S. 242– 245.

136 Christopher Schmidt (wie Anm. 92).

137 Hagner, 2004, S. 264 ff.

138 Magli, 1989. Vgl. auch Olschanski, 2001, S. 14 ff.; Schmölders, 1995; Schmölders, 1996; Borrmann, 1994; Tom Gunning, In Deinem Antlitz: Dir zum Bilde. Physiognomik, Photographie und die gnostische Mission des frühen Films, in: Blümlinger/Sierek, 2002, S. 22 ff.; Schmidt, 2003, S. 19 ff. Zu Lichtenbergs berühmter Kontroverse mit Lavater s. Georg Christoph Lichtenberg, Über Physiognomik, in: ders., Schriften und Briefe, hg. von Wolfgang Promies, Bd. 3 (München 1994), S. 252 ff.

139 Lichtenberg, 1994 (wie Anm. 138), S. 295.

140 Cole, 1999.

141 Marin Cureau de la Chambre, L'Art de connoistre les hommes (Paris 1659), S. 6 f. Vgl. auch Bodei, 2002 (wie Anm. 85), S. 45.

142 Immanuel Kant, Anthropologie in pragmatischer Hinsicht (1798/1800), s. ders., Gesammelte Schriften I.1.3. und II.A., S. 273.

143 Giuliani, 1986, S. 49 ff.

144 Giambattista Della Porta, Teatro, Bd. III: Commedie, hg. von Raffaele Sirri (Neapel 2002), S. 346 f. Es handelt sich um eine Szene im zweiten Akt des «Astrologo».

145 Vgl. Sergius Kodera, dem ich für seine wertvollen Anregungen danke: Meretricious Arts, in: Zeitsprünge 9, 2005, S. 101 ff. Zu Della Porta vgl. auch William Eamon, Science and the Secrets of Nature (Princeton 1994), S. 195 ff.

146 Giambattista Della Porta, Coelestis Physiognomonia, hg. von Alfonso Paolella (Neapel 1996), Buch I.1 und S. 10 f. sowie 18 f. (lat.) und 197 ff. (ital.). Vgl. dazu Davide Stimilli, The Face of Immortality. Physiognomy and Criticism (Albany 2005),

S. 66 f., mit einer Diskussion des Begriffs «aria» für das Gesicht, den Della Porta benutzt.

147 Gombrich, 1972, S. 13 und 42.

148 Charles Le Brun, Conférence sur l'expression générale et particulière (1688). Vgl. dazu Thomas Kirchner, L'Expression des passions. Ausdruck als Darstellungsproblem in der französischen Kunst und Kunsttheorie des 17. und 18. Jahrhunderts (Mainz 1991); Gunning, 2002 (wie Anm. 138), S. 26 f.; Schmidt, 2003, S. 21 ff. – Zu Hogarth s. William Hogarth, Analyse der Schönheit (1753), hg. von Jörg Heininger (Dresden u. a. 1995), S. 176.

149 Lavater, 2002, Bd. I, S. 14 und 122. Zu Lavater vgl. Shookman, 1993.

150 Lavater, 2002, Bd. I, S. 196, und Bd. II, S. 146.

151 Lavater, 2002, Bd. III, S. 81.

152 Lavater, 2002, Bd. II, S. 75.

153 Lavater, 2002, Bd. II, S. 245, Taf. I.

154 Lavater, 2002, Bd. II, S. 99.

155 Lavater, 2002, Bd. II, S. 154.

156 Lavater, 2002, Bd. I, S. 131.

157 Schmölders, 1995, S. 31; Graeme Tytler, Physiognomy in the European Novel (Princeton 1982), S. 102.

158 Lavater, 2002, Bd. IV, S. 433 f.

159 Wilhelm von Humboldt, Werke, Bd. 5 (Stuttgart 1981), S. 25 f.

160 Georg Christoph Lichtenberg, Aphorismen. Schriften. Briefe, hg. von Wolfgang Promies (München 1974), S. 268–307, bes. S. 299.

161 Lichtenberg, 1974 (wie Anm. 160), S. 276 und 290.

162 Lichtenberg, 1974 (wie Anm. 160), S. 291.

163 Hagner, 1997, S. 89 ff. Vgl. auch Michael Hagner, Der Geist bei der Arbeit. Zur visuellen Repräsentation cerebraler Prozesse, in: Cornelius Borck (Hg.), Anatomien medizinischen Wissens (Frankfurt a. M. 1996), S. 259–286; Hagner, 2004.

164 Der Begriff findet sich bei Carl Gustav Carus, Symbolik der menschlichen Gestalt (Dresden [2]1858, 1938), S. 156. Vgl. Hagner, 2004, S. 17.

165 Lichtenberg, 1974 (wie Anm. 160), S. 279 f.

166 Hagner, 2004, S. 76 ff.

167 Carl Gustav Carus, Atlas der Cranioscopie oder Abbildungen der Schädel- und Antlitzformen berühmter oder sonst merkwürdiger Personen (Leipzig 1843), Taf. I. Vgl. Hagner, 2004, S. 88 und Abb. 17. Vgl. auch Albrecht Schöne, Schillers Schädel (München 2002).

168 Carus, 1938 (wie Anm. 164), S. 206 und 209.

169 Georg Wilhelm Friedrich Hegel, Phänomenologie des Geistes, hg. von Johannes Schulze (Stuttgart 1932), S. 248 und 250 f.

170 Hegel, 1932, S. 261 f.

171 Hagner, 2004, S. 119 ff.

172 Hagner, 2004, S. 205.

173 News from Philosophical Hall 11, 2007, Nr. 1, Abb. 15–20.
174 Hagner, 2004, S. 303.
175 Hagner, 2004, S. 309.
176 Darwin, 1989, S. 1. Vgl. dazu Schmidt, 2003, S. 48 ff.; Gunning, 2002 (wie Anm. 138), S. 37 ff.
177 Darwin, 1989, Abb. 1.
178 Guillaume-Benjamin Duchenne de Boulogne, Mécanisme de la physionomie humaine ou analyse électro-physiologique de l'expression des passions applicable à la pratique des arts plastiques (Paris 1862). Vgl. dazu Schmölders, 1995, S. 209; Schmidt, 2003, S. 59 ff.; Gunning, 2002 (wie Anm. 138), S. 31 ff.
179 Darwin, 1989, S. 285.
180 Schmölders, 1995, S. 190. Vgl. auch die sonstige Lit. in Anm. 138 sowie Michael Davidis/Ingeborg Dessoff-Hahn (Hg.), Archiv der Gesichter. Toten- und Lebendmasken aus dem Schiller-Nationalmuseum, Ausstellungskatalog, Museum Schloß Moyland/Alexanderkirche, Marbach am Neckar/Museum für Sepulkralkultur, Kassel (Marbach 1999).
181 Durs Grünbein, in: Davidis/Dessoff-Hahn, 1999 (wie Anm. 180), S. 12 und 16.
182 Benkard, 1926, S. XXXV.
183 Belting, 2005.
184 Lavater, 2002, Bd. IV, S. 154.
185 Rainer Maria Rilke, Die Aufzeichnungen des Malte Laurids Brigge (1910) (Leipzig 1933), S. 94.
186 Maurice Blanchot, L'Arrêt de mort (Paris 1948), S. 19–22. Vgl. dazu die eindringliche Analyse von Didi-Huberman, 2003, S. 157 ff. Ich bin Georges Didi-Huberman für die Übersendung seines Textes sehr zu Dank verpflichtet.
187 Benkard, 1926, S. XXVII, XXXVI und XXXVII; Friedell, 1929.
188 Grünbein, 1999 (wie Anm. 181), S. 12.
189 Karl Jaspers, Die geistige Situation der Zeit (1931) (Berlin 1971), S. 144.
190 Zu Jüngers und Döblins Texten von 1929 vgl. die grundlegenden Ausführungen (mit Zitaten) bei Wolfgang Brückle, Kein Portrait mehr? Physiognomik in der deutschen Bildnisphotographie um 1930, in: Schmölders/Gilman, 2000, S. 131 ff., bes. S. 136.
191 Brückle, 2000 (wie Anm. 190), S. 144 f.
192 Brückle, 2000 (wie Anm. 190), S. 150 f. Vgl. August Sander, Menschen des 20. Jahrhunderts, Bd. 2, hg. von Susanne Lange (München 2002), Taf. II/8/1 und II/9/3.
193 Zu Lendvai-Dircksen und ihrem Umfeld vgl. Falk Blask/Thomas Friedrich (Hg.), Menschenbild und Volksgesicht. Positionen zur Porträtfotografie (Münster u. a. 2005) sowie dort den Beitrag von Ulrich Hägele, Erna Lendvai-Dircksen und die Ikonografie der völkischen Fotografie, S. 78 ff.; außerdem Janos Frecot, Das Volksgesicht, in: Faber/Frecot, 2005, S. 80 ff.
194 S. z. B. Fischertochter von der Kurischen Nehrung, vgl. in: Faber/Frecot, 2005, Taf. 86.
195 Rainer Maria Rilke, Die Aufzeichnungen des Malte Laurids Brigge (1910), hg. von Hansgeorg Schmidt-Bergmann (Frankfurt a. M. 2000), S. 13.

196 Rilke, 2000 (wie Anm. 195), S. 11 f.

197 Rainer Maria Rilke, Auguste Rodin (Leipzig 1913), S. 25, vgl. auch S. 18, 23 und 49; John L. Tancock, The Sculpture of Auguste Rodin. The Collection of the Rodin Museum Philadelphia (Boston, Mass. 1976), S. 473 ff., Nr. 79; Rainer Maria Rilke, Auguste Rodin: Erster Teil, in: ders., Sämtliche Werke, Bd. 5 (Frankfurt a. M. 1965), S. 157.

198 Zu Bildern des Holocaust vgl. Georges Didi-Huberman, Images malgré tout (Paris 2003).

199 Zum Maschinenkult vgl. den Katalog von Pontus Hultén, The Machine as Seen at the End of the Mechanical Age (New York 1968).

200 Fernand Léger, Fonctions de la peinture (Paris 1965), S. 53 ff.

201 Günther Anders, Die Antiquiertheit des Menschen (München 1956, [7]1992), Bd. I, S. 85 und 280.

202 Zu den Zeichnungen vgl. Paule Thévenin/Jacques Derrida (Hg.), Antonin Artaud. Dessins et portraits (Paris 1986), wo Derrida den Text «Forcener le subjectile» veröffentlichte, und Margit Rowell (Hg.), Antonin Artaud – Works on Paper, Ausstellungskatalog, Museum of Modern Art, New York (New York 1996), wo der Text Artauds auf S. 94 ff. mit engl. Übersetzung wieder abgedruckt ist und auf S. 89 ff. von Agnès de la Beaumelle kommentiert wird.

203 Für den Text s. Anm. 202.

204 Zu der 64 x 49 cm messenden Zeichnung vgl. Thévenin/Derrida, 1986 (wie Anm. 202), Nr. 111.

II. Porträt und Maske. Das Gesicht als Repräsentation

1 Vgl. Monika Faber und Janos Frecot in Faber/Frecot, 2005.

2 Antonio Natali, La Piscina di Betsaida. Movimenti nell'arte fiorentina del Cinquecento (Florenz 1995), S. 116 ff.; Hannah Baader, Anonym: «Sua cuique persona». Maske, Rolle, Porträt (um 1520), in: Preimesberger/Baader/Suthor, 1999, S. 239–246; Eckhard Leuschner, Persona, Larva, Maske. Ikonologische Studien zum 16. bis frühen 18. Jahrhundert (Frankfurt a. M. u. a. 1997), S. 328 ff.; Hans Belting, Repräsentation und Anti-Repräsentation. Grab und Porträt in der frühen Neuzeit, in: Hans Belting/Dietmar Kamper/Martin Schulz, Quel Corps? Eine Frage der Repräsentation (München 2002), S. 35; Ferino-Pagden, 2009, S. 82 f., Nr. I.16.

3 Francesco Guicciardini, Consolatoria, in: ders., Opere, hg. von Emanuella Lugnani Scarano, Bd. 1 (Turin 1983), S. 508.

4 Weihe, 2004, S. 81.

5 Édouard Pommier, Théories du portrait. De la Renaissance aux Lumières (Paris 1998), S. 62.

6 Giorgio Vasari, Le Vite de' più eccellenti pittori, scultori ed architettori, hg. von Gaetano Milanesi (Florenz 1906, [2]1973), Bd. V, S. 576. Zum Kontext vgl. Leuschner, 1997 (wie Anm. 2), S. 323 ff.

7 Ferino-Pagden, 2009, S. 85 f., Nr. I.18.

8 Arthur Danto, Cindy Sherman. History Portaits, in: ders., Past Masters and Post Moderns (New York 1991), mit Abb.; Christa Schneider, Cindy Sherman. History Portraits. Die Wiedergeburt des Gemäldes nach dem Ende der Malerei (München 1995).

9 Rosalind E. Krauss/Norman Bryson, Cindy Sherman. Arbeiten von 1975 bis 1993 (München 1993), S. 169; Thomas Kellein (Hg.), Cindy Sherman, Ausstellungskatalog, Kunsthalle Basel u. a. (München 1991), S. 57.

10 Marga Taylor (Hg.), Sugimoto: Portraits, Ausstellungskatalog, Deutsche Guggenheim, Berlin (Ostfildern-Ruit 2000), S. 85.

11 Zum *interface* in diesem Zusammenhang vgl. Belting, 2002 (wie Anm. 2), S. 34, und Belting/Kruse, 1994, S. 39 ff.

12 Régis Michel, Portraits de fous, in: Sylvain Laveissière, Géricault, Ausstellungskatalog, Galeries nationales du Grand Palais, Paris (Paris 1991), S. 244 und Abb. 381.

13 Zur Amnesie des Todes vgl. Constantin von Barloewen (Hg.), Der Tod in den Weltkulturen und Weltreligionen (München 1996), bes. die Einleitung des Herausgebers und den Beitrag von Jean Ziegler, Die Herren des Todes, S. 433 ff. Vgl. auch Jan Assmann/Rolf Trauzettel (Hg.), Tod, Jenseits und Identität. Perspektiven einer kulturwissenschaftlichen Thanatologie (Freiburg/München 2002).

14 Zum sensationellen Tod vgl. John Taylor, Body Horror. Photojournalism, Catastrophe and War (Manchester 1998).

15 Zum Porträt vgl. Belting, 2001, S. 115 ff.; Belting/Kruse, 1994, S. 39 ff. und 45 ff. Vgl. auch Boehm, 1985; Dülberg, 1990; Koerner, 1993; Pommier, 1998 (wie Anm. 5); Preimesberger/Baader/Suthor, 1999; Beyer, 2002; Belting, 2005.

16 Albrecht Schöne, Schillers Schädel (München 2002). Zum Schädel in der Renaissancemalerei vgl. Belting, 2002 (wie Anm. 2), S. 42 f.

17 Irving Lavin, On the Sources and Meaning of the Renaissance Portrait Bust, in: The Art Quarterly 33, 1970, S. 207–226; Kohl/Müller, 2007; Jeanette Kohl, Gesichter machen. Büste und Maske im Florentiner Quattrocento, in: Marburger Jahrbuch für Kunstwissenschaft 34, 2007, S. 77–99.

18 Vgl. Anm. 7.

19 Julian Gardner, The Tomb and the Tiara. Curial Tomb Sculpture in Rome and Avignon (Oxford 1992), S. 157 ff. mit Abb. 5 und Abb. 12.

20 Belting, 2002 (wie Anm. 2), bes. S. 39 f. und Abb. 5; das Diptychon des Jan Gossaert wurde von Ariane Mensger genau untersucht: Jan Gossaert. Die niederländische Kunst zu Beginn der Neuzeit (Berlin 2002), S. 45 ff.

21 Dülberg, 1990, S. 236 und Nr. 208; Ferino-Pagden, 2009, S. 22, Abb. 1.a.

22 Koerner, 1993, S. 268 und Abb. 139.

23 Joseph Connors, The Baroque Architect's Tomb, in: Henry Millon/Susan S. Munshower (Hg.), An Architectural Progress in the Renaissance and Baroque (University Park, Pa. 1992), S. 391 ff.

24 Belting/Kruse, 1994, Taf. 36; Belting, 2010, S. 66 ff. mit der Begründung der Inschrift.

25 Zuletzt Belting, 2005, S. 39 ff.
26 Belting, 2005, S. 126 ff.; Ewa Kuryluk, Veronica and her Cloth (Cambridge 1991).
27 Quellen in Hans Belting, Bild und Kult. Eine Geschichte des Bildes vor dem Zeitalter der Kunst (München 1990), S. 602, Nr. 37.
28 Belting/Kruse, 1994, S. 54 f. mit Abb. 26 f.
29 Georges Chastellain, Œuvres, hg. von Kervyn de Lettenhove, Bd. VII (Brüssel 1865), S. 219 f. («il avoit une identité de son dedans à son dehors»).
30 Belting/Kruse, 1994, S. 50 und Taf. 41.
31 Nancy, 2000, passim.
32 Nancy, 2000, S. 81.
33 Belting, 1990 (wie Anm. 27), S. 605, Nr. 38; Hans Belting, Florenz und Bagdad. Eine westöstliche Geschichte des Blicks (München 2008), S. 243 ff.
34 Gioacchino Barbera, Antonello de Messine (Paris 1998), S. 42 mit Abb. Marcantonio Michiel sah ein Bild Antonellos, den Hieronymus aus London, 1529 in der Sammlung von Antonio Pasqualino in Venedig und sagte von ihm, dass einige es für ein niederländisches Werk hielten. Aber das Gesicht sei «finito alla italiana», also auf italienische Weise vervollkommnet; vgl. Theodor Frimmel (Hg.), Der Anonimo Morelliano (Wien 1888), S. 98.
35 Barbera, 1998 (wie Anm. 34), S. 100.
36 Koerner, 1993, S. 72 ff. Vgl. zu diesem Bildnis auch Belting, 2005, S. 114 ff.
37 Fedja Anzelewsky, Albrecht Dürer. Das malerische Werk (Berlin 1971), Nr. 49.
38 Anzelewsky, 1971 (wie Anm. 37), S. 165.
39 Vgl. dazu Gabriele Kopp-Schmidt, Mit den Farben des Apelles. Antikes Künstlerlob in Dürers Selbstbildnis von 1500, in: Wolfenbütteler Renaissance-Mitteilungen 28, 2004, S. 1 ff.
40 Koerner, 1993, S. 92 und Abb. 46 mit einer späten Kopie.
41 Albrecht Dürer, Tagebücher und Briefe (München 1927), S. 86.
42 Courtine/Haroche, 1988.
43 Denis Diderot, Ästhetische Schriften, hg. von Friedrich Bassenge (Berlin 1984), S. 123 f.
44 Belting/Kruse, 1994, Taf. 78 und S. 172.
45 Christian Müller/Stephan Kemperdick, Hans Holbein d. J. Die Jahre in Basel 1515–1532, Ausstellungskatalog, Kunstmuseum Basel (München 2006), S. 194 f.
46 Vgl. dazu ausführlich das Kapitel in Belting, 2001, S. 117 ff., auf das ich mich im Folgenden beziehe.
47 Vgl. Michel Pastoureau, Traité d'héraldique (Paris 1997), S. 91 ff. (*écu*), 170 ff. (heraldisches Gesicht) und 201 ff. (*badges*, *devises*, *imprese*, *enblèmes*).
48 Vgl. Belting, 2001, S. 123 mit Abb. 5.1.
49 Belting, 2001, S. 138 f.
50 Preimesberger/Baader/Suthor, 1999, S. 220 ff.
51 Preimesberger/Baader/Suthor, 1999, S. 230 ff.
52 Belting, 2005, S. 190 f.

53 Martin Warnke, Cranachs Luther. Entwürfe für ein Image (Frankfurt a.M. 1984), S. 36 ff.
54 Rom, Galleria Doria Pamphili; vgl. Stephanie Buck/Peter Hohenstatt, Raffaello Santi, genannt Raffael, 1483–1520 (Köln 1998), S. 97 f. und Abb. 124.
55 Buck/Hohenstatt, 1998 (wie Anm. 54), S. 99.
56 Philippe Lejeune, Le Pacte autobiographique (Paris 1972).
57 Andrew Small, Essays in Self-Portraiture. A Comparison of Technique in the Self-Portraits of Montaigne and Rembrandt (New York u. a. 1996), S. 3 ff. und 9 ff.
58 Small, 1996 (wie Anm. 57), S. 11 und 13 ff.
59 Small, 1996 (wie Anm. 57), S. 115 ff. Dabei spielt auch die Ei-Metapher eine Rolle, denn die Außenansicht der immer gleichen Eier täuscht darüber hinweg, dass jedes Ei, «wenn es ausgebrütet ist, ein unverwechselbares Wesen herauslässt» (S. 121, mit Verweis auf Montaignes Kapitel über die Erfahrung).
60 Zu diesem Thema ausführlich Belting/Kruse, 1994, S. 39 ff.
61 Dazu ausführlich Belting, 2010, S. 39 ff.
62 Nancy, 2000, S. 41 ff. Vgl. Stoichita, 1998, S. 276 f. und vor allem Raupp, 1984, S. 302 ff.
63 Nancy, 2000, S. 47.
64 Nancy, 2000, S. 41 ff. und 47.
65 Beyer, 2002, S. 190; Stoichita, 1998, S. 241 ff.
66 Zuletzt Sybille Ebert-Schifferer, Caravaggio. Sehen – Staunen – Glauben. Der Maler und sein Werk (München 2009), S. 211 f. Vgl. zu dem Werk auch Howard Hibbard, Caravaggio (New York u. a. 1983), S. 262 ff.; Silvia Cassani (Hg.), Caravaggio. L'ultimo tempo 1606–1610, Ausstellungskatalog, Museo di Capodimonte, Neapel (Neapel 2004), S. 101 ff. und Nr. 16.
67 Abdruck bei Sergio Samek Ludovici (Hg.), Vita del Caravaggio dalle testimonianze del suo tempo (Mailand 1956), S. 111.
68 Friedrich Polleross, Between Typology and Psychology. The Role of the Identification Portrait in Updating Old Testament Representations, in: Artibus et Historiae 24, 1991, S. 75–117.
69 Raupp, 1984, S. 17 ff. (allgemein zum Selbstbildnis) und 166 ff. (zur Rembrandt-Zeit); Lyckle de Vries, Tronies and Other Single Figured Netherlandish Paintings, in: Leids Kunsthistorisch Jaarboek 8, 1989, S. 185–202; Jaap van der Veen, Faces from Life. Tronies and Portraits in Rembrandt's Painted Œuvre, in: Blankert, 1997, S. 69 ff.; Ernst van de Wetering, The Multiple Functions of Rembrandt's Self Portraits, in: White/Buvelot, 1999, S. 10 ff.; Marieke de Winkel, Costume in Rembrandt's Self Portraits, in: ebd., S. 60 ff.
70 Trésor de la langue française, Bd. 16 (Paris 1994), Sp. 633; Dictionnaire historique de la langue française, hg. von Alain Rey (Paris 1992), Sp. 2173; Woordenboek der Nederlandse Taal, Bd. 17, 2, hg. von N. Bakker (Den Haag/Leiden 1949), Sp. 3217–3220.
71 Nina Trauth, Maske und Person. Orientalismus im Porträt des Barock (München 2009).
72 Vgl. Woordenboek der Nederlandse Taal, Bd. , Bd. 17, 2 (wie Anm. 70), Sp. 3217.

73 Het conterfeytsel van de tronie van Symon den Dansaert, in: Jean Denucé, Antwerpens Konstkammers 110, 1642.
74 White/Buvelot, 1999, S. 131, Nr. 25.
75 Beleg bei van der Veen, 1997 (wie Anm. 69), S. 69 f.
76 Raupp, 1984, S. 303.
77 Small, 1996, S. 5, 7 und 12.
78 White/Buvelot, 1999, Nr. 7 und S. 99.
79 White/Buvelot, 1999, Nr. 20, 22 (monogrammiert und datiert RHL 1631) und 23.
80 Raupp, 1984, S. 303.
81 Paris, 1973, S. 33 ff.
82 Raupp, 1984, S. 179. Zur Frage nach der Bedeutung, die Albert Blankert angestoßen hat, vgl. ausführlich Ekkehard Mai, Zeuxis, Rembrandt und De Gelder, in: Arent de Gelder (1645–1727). Rembrandts Meisterschüler und Nachfolger, Ausstellungskatalog, Dordrechts Museum/Wallraf-Richartz-Museum, Köln (Köln 1999), S. 99 f. sowie Nr. 22 A und 22 B zum Gemälde de Gelders im Frankfurter Städel Museum, datiert 1685, also mehr als zwanzig Jahre nach dem Gemälde Rembrandts.
83 Samuel van Hoogstraten, Inleyding tot de Hooge Schoole der Schilderkonst (Rotterdam 1678, Faksimile-Ausgabe Utrecht 1969), S. 78 und 110. Vgl. dazu Albert Blankert, Rembrandt, Zeuxis and Ideal Beauty, in: Josua Bruyn/Jan Ameling Emmens (Hg.), Album amicorum J. G. van Gelder (Den Haag 1973), S. 32 ff.
84 Paris, 1973, S. 33 ff. und 43 f.
85 Paris, Musée du Louvre, und Staatliche Museen zu Berlin, Gemäldegalerie; vgl. Elizabeth Cropper/Charles Dempsey, Nicolas Poussin. Friendship and the Love of Painting (Princeton 1996), S. 145 ff. und 185 ff.; Stoichita, 1998, S. 235 ff.
86 Hans Belting, Max Beckmann. Die Tradition als Problem in der Kunst der Moderne (München 1984), S. 45 f.; Hildegard Zenser, Max Beckmann: Selbstbildnisse (München 1984), S. 18.
87 Lit. in Auswahl: Joachim Heusinger von Waldegg, Francis Bacon, Schreiender Papst, 1951, Ausstellungskatalog, Städtische Kunsthalle Mannheim (Mannheim 1980); Hugh M. Davies, Francis Bacon. The Papal Portraits of 1953, Museum of Contemporary Art, San Diego (San Diego 2001); Dennis Farr/Massimo Martino (Hg.), Francis Bacon. A Retrospective, Ausstellungskatalog, Yale Center for British Art, New Haven u. a. (New York 1999); Michael Peppiatt, Francis Bacon in the 1950s, Ausstellungskatalog, Sainsbury Centre for Visual Arts, Norwich/Milwaukee Art Museum/Albright-Knox Art Gallery, Buffalo (New Haven 2006); Martin Harrison, Francis Bacon: Caged, Uncaged, hg. von Maria Ramos, Ausstellungskatalog, Museu Serralves, Porto (Porto 2003); Wilfried Seipel/Barbara Steffen (Hg.), Francis Bacon und die Bildtradition, Ausstellungskatalog, Kunsthistorisches Museum Wien/Fondation Beyeler, Riehen (Mailand 2003).
88 Gilles Deleuze, Francis Bacon. Logique de la sensation (Paris 1981), S. 42.
89 Deleuze, 1981 (wie Anm. 88), S. 27.
90 Heusinger von Waldegg, 1980 (wie Anm. 87).

91 David Sylvester, Interviews with Francis Bacon (London 1975) (dt.: Gespräche mit Francis Bacon (München 1982)), S. 34 f. und 48.

92 Sylvester, 1975 (wie Anm. 91), S. 43 f.

93 Farr/Martino, 1999 (wie Anm. 87), Nr. 16; Harrison, 2003 (wie Anm. 87), S. 56.

94 Sylvester, 1975 (wie Anm. 91), S. 49.

95 Sylvester, 1975 (wie Anm. 91), S. 84. Vgl. auch Farr/Martino, 1999 (wie Anm. 87), Nr. 22.

96 Deleuze, 1981 (wie Anm. 88), S. 27.

97 Deleuze, 1981 (wie Anm. 88), S. 42.

98 Michel Leiris, Francis Bacon. Full Face and in Profile (New York 1983).

99 Leiris, 1983 (wie Anm. 98), S. 248.

100 Je 61 x 51 cm, London, Tate Gallery, und Privatbesitz; vgl. Achille Bonito Oliva (Hg.), Figurabile: Francis Bacon, Ausstellungskatalog, Museo Correr, Venedig (Mailand 1993), S. 42 ff. und Nr. 11, 12 und 14.

101 Barthes, 1980, S. 61, mit Referenz auf Italo Calvinos «Lehrling der Fotografie».

102 Hanno Loewy, «... ohne Masken». Juden im Visier der «Deutschen Fotografie» 1933–1934, in: Klaus Honnef/Rolf Sachsse/Karin Thomas (Hg.), Deutsche Fotografie. Macht eines Mediums 1870–1970, Ausstellungskatalog, Kunst- und Ausstellungshalle der Bundesrepublik Deutschland, Bonn (Bonn 1997), S. 142 f.

103 Barthes, 1980, S. 30 ff. und 56.

104 Barthes, 1980, S. 148 ff.

105 Walter Benjamin, Kleine Geschichte der Fotografie, in: ders., Das Kunstwerk im Zeitalter seiner technischen Reproduzierbarkeit. Drei Stufen zur Kunstsoziologie (Frankfurt a. M. 1963), S. 83.

106 Barthes, 1980, S. 168 f.

107 André Adolphe-Eugène Disdéri, L'Art de la photographie (Paris 1862). Vgl. den Auszug über «Praxis und Ästhetik der Porträtphotographie» in dt. Übersetzung in: Wilfried Wiegand (Hg.), Die Wahrheit der Photographie. Klassische Bekenntnisse zu einer neuen Kunst (Frankfurt a. M. 1981), S. 107 ff.

108 Zuerst veröffentlicht in: Novyi lef 4, 1928, S. 14 ff. Vgl. die engl. Übersetzung in: Christopher Phillips (Hg.), Photography in the Modern Era. European Documents and Critical Writings, 1913–1940, Ausstellungskatalog, Metropolitan Museum of Art, New York (New York 1989), S. 238 ff. Zum Amateurfoto als Schnappschuss, mit dem ein anderes Thema berührt wird, vgl. Timm Starl (Hg.), Knipser. Die Bildgeschichte der privaten Fotografie in Deutschland und Österreich von 1880 bis 1980, Ausstellungskatalog, Fotomuseum München (München 1995).

109 Benjamin, 1963 (wie Anm. 105), S. 84 f.

110 Benjamin, 1963 (wie Anm. 105), S. 86.

111 Monika Faber, Der individuelle und der typische Ausdruck, in: Faber/Frecot, 2005, S. 46. Zum Volksgesicht vgl. Janos Frecot, in: ebd., S. 80 ff.; Falk Blask/Thomas Friedrich (Hg.), Menschenbild und Volksgesicht. Positionen zur Porträtfotografie im Nationalsozialismus (Münster u. a. 2005).

112 Karl Jaspers, Die geistige Situation der Zeit (1931) (Berlin 1971), S. 144.
113 Wolfgang Brückle, Kein Portrait mehr? Physiognomik in der deutschen Bildnisphotographie um 1930, in: Schmölders/Gilman, 2000, S. 131 ff. und 148.
114 Monika Faber, Nahblicke, Großaufnahmen, in: Faber/Frecot, 2005, S. 126 ff., mit Beispielen in Abb.
115 Carl Schnebel, Das Gesicht als Landschaft, in: Uhu 5, 1929, S. 42 ff.
116 Faber/Frecot, 2005, Abb. S. 118 und 125.
117 So die Formulierung bei Monika Faber, in: Faber/Frecot, 2005, S. 47.
118 Faber/Frecot, 2005, Abb. S. 46.
119 Jean Frecot, Selbstportraits, in: Faber/Frecot, 2005, S. 142 ff. und Abb. S. 150.
120 Man Ray, Self-Portrait (1963) (New York 1988), bes. S. 147 zum «Doppelportät». Vgl. auch Merry Foresta (Hg.), Perpetual Motif. The Art of Man Ray, Ausstellungskatalog, National Museum of American Art, Washington, D. C. (New York 1989), S. 143 f. mit Abb. 15. Zu Picassos Porträt im Metropolitan Museum of Art in New York vgl. William Stanley Rubin (Hg.), Picasso and Portraiture. Representation and Transformation, Ausstellungskatalog, Museum of Modern Art, New York/Galeries Nationales d'Exposition du Grand Palais, Paris (New York 1996), S. 266 f.
121 Gertrude Stein, Picasso (1938) (New York 1984), S. 8 (zum Porträt) und 13 (Zitat über das Gesicht).
122 Zu Rrose Sélavy ausführlich Hans Belting, Der Blick hinter Duchamps Tür (Köln 2009), S. 54 ff.
123 Adolfo Bioy Casares, Morels Erfindung (1940) (Frankfurt a. M. 2003), S. 108.
124 Zit. bei Ian Hunt, The Confidence Man, in: Barbara Bergmann (Hg.), Jorge Molder, Anatomy and Boxing, Ausstellungskatalog, Interval, Raum für Zeitgenössische Kunst & Kultur, Witten/Ludwig-Forum für Internationale Kunst, Aachen (Witten 1999), S. 51. Zu Molder vgl. auch Delfim Sardo (Hg.), Luxury Bound. Photographs by Jorge Molder (Mailand 1999); Delfim Sardo, Jorge Molder. Condições de Posibilidade (Coimbra 2005); M. Lammert (Hg.), Die Entstehung der Arten (Berlin 2012).
125 Jorge Molder im Gespräch mit Doris von Drathen, in: Jorge Molder. Kritisches Lexikon der Gegenwartskunst 57, 2002, Heft 6, S. 14.
126 Manuel Olveira, in: Jorge Molder/Maria do Céu Baptista, Jorge Molder: Algún Tiempo Antes (Some Time Before), Ausstellungskatalog, CGAC Centro Galego de Arte Contemporánea, Santiago de Compostela (Madrid 2006), S. 18.
127 Molder/Baptista, 2006 (wie Anm. 126), S. 16.
128 Molder/Baptista, 2006 (wie Anm. 126), S. 63.
129 Jorge Molder, 2002 (wie Anm. 125), S. 12.
130 Molder/Baptista, 2006 (wie Anm. 126), S. 161 und 169 mit einer Erklärung durch den Künstler.
131 Jorge Molder, Pinocchio (Lissabon 2009), S. 41.
132 Bergmann, 1999 (wie Anm. 124), S. 59 mit zwei Abb.; Sardo, 1999 (wie Anm. 124), S. 258–263 mit sechs Abb.

III. Medien und Masken. Die Produktion von Gesichtern

1 Roland Barthes, Mythen des Alltags (1957) (Frankfurt a. M. 1976), S. 74 (in dem Text über das Gesicht der Greta Garbo).

2 Life, 28.12.1936, S. 6 f. Zum «Newsreel», verbreitet von RKO Radio Pictures, und zu Henry R. Luces Bildmagazin «Life» vgl. Robert T. Elson, Time Inc. The Intimate History of a Publishing Enterprise 1923–1941, Bd. 1 (New York 1968); John K. Jessup, The Ideas of H. Luce (New York 1969); Sylvia Jukes Morris, Rage for Fame. The Ascent of Clare Booth Luce (New York 1997). Zu den Magnum-Fotografen vgl. William Manchester, In Our Time. The World as Seen by Magnum Photographers (New York 1989).

3 Curtis Prendergast, The World of Time Inc., Bd. 3: 1960–80 (New York 1986), S. 280 ff. und 61 f. mit den einzelnen Nachweisen.

4 Macho, 1999, S. 121 ff.

5 Veröffentlicht in: Süddeutsche Zeitung, 27.1.2011, S. 1.

6 Ulrich Raulff, Image oder Das öffentliche Gesicht, in: Dietmar Kamper/Christoph Wulff (Hg.), Das Schwinden der Sinne (Frankfurt a. M. 1984).

7 Harper's Weekly IV, 1860, Nr. 202, 10.11.1860.

8 Alan Trachtenberg, Brady's Portraits, in: The Yale Review 73, 1984, S. 230–253.

9 Alfred Döblin, Von Gesichtern, Bildern und ihrer Wahrheit, in: Sander, 1979, S. 15. Vgl. auch Raulff, 1984 (wie Anm. 6), S. 54.

10 Walter Benjamin, Kleine Geschichte der Fotografie, in: ders., Das Kunstwerk im Zeitalter seiner technischen Reproduzierbarkeit. Drei Stufen zur Kunstsoziologie (Frankfurt a. M. 1963), S. 84 f.

11 Barthes, 1957 (wie Anm. 1), S. 73.

12 Gilles Deleuze, Das Bewegungs-Bild (Kino, Bd. 1) (Frankfurt a. M. 1989), S. 123 und 139.

13 Vgl. TV-Programme: Blut, Fett und Tränen, in: Der Spiegel, 19.7.2004, S. 144 ff.

14 Christoph Heinrich, Andy Warhol – Photography, Ausstellungskatalog, Hamburger Kunsthalle/The Andy Warhol Museum, Pittsburgh (Hamburg 1999), Nr. 54. Zum Thema vgl. auch John Coplans, Andy Warhol (New York 1971), S. 68 ff.; Cécile Whiting, Andy Warhol, the Public Star and the Private Self, in: Oxford Art Journal 10, 1987, S. 58 ff. Vgl. auch den Auktionskatalog von Christie's: Post-War and Contemporary Art, Evening Sale, 19.10.2008, S. 108 ff., mit ausführlicher Würdigung von «Double Marilyn». Zum Verfahren vgl. auch die scharfsinnige Analyse von Christiane Kruse, Tote und künstliche Haut. Die Maske des Stars zwischen Kunst und Massenmedien, in: Daniela Bohde/Mechthild Fend (Hg.), Weder Haut noch Fleisch. Das Inkarnat in der Kunstgeschichte (Berlin 2007), S. 181–198.

15 Germano Celant, SuperWarhol, Ausstellungskatalog, Grimaldi Forum, Monaco (Mailand 2003), S. 62.

16 66 x 35,5 cm. Vgl. den Auktionskatalog von Christie's (wie Anm. 14), Nr. 28 und

S. 108. Vgl. auch Georg Frei/Neil Printz (Hg.), The Andy Warhol Catalogue Raisonné, Bd. I: Paintings and Sculptures, 1961–1963 (New York 2002), Nr. 278.

17 Gretchen Berg, Nothing to Lose: Interview with Andy Warhol, Mai 1967, zit. in: David Bourdon, Warhol (New York 1989), S. 10.

18 Victor Stoichita, The Pygmalion-Effect. From Ovid to Hitchcock (Chicago 2006), S. 190.

19 Wulf Herzogenrath (Hg.), Nam June Paik: Fluxus-Video, Ausstellungskatalog, Kunsthalle Bremen (Bremen 2000), S. 44 f., mit alter Ansicht; Christoph Brockhaus (Hg.), Nam June Paik: Fluxus und Videoskulptur, Ausstellungskatalog, Lehmbruck-Museum, Duisburg (Duisburg 2002), S. 72; Drechsler, 2004, S. 86 f.

20 Zum Folgenden Sekula, 1989, S. 343 ff., bes. S. 373.

21 Louis-Sébastien Mercier, Tableau de Paris, Bd. IV (1788), S. 102. Vgl. Courtine/Haroche, 1988, S. 7.

22 Mercier, 1788 (wie Anm. 21), S. 143.

23 Denis Diderot, Essais sur la peinture (Paris 1984), S. 173.

24 62 x 100,5 cm. Vgl. Theodore Reff (Hg.), Manet and Modern Paris, Ausstellungskatalog, National Gallery of Art, Washington (Washington 1982), S. 151 ff. (Outside Paris. The Beach).

25 Adolphe Quetelet, Sur l'Homme et le développement de ses facultés (1835), zit. bei Sekula, 1989, S. 343 ff. und 354 ff.; ders., Lettres sur la théorie des probabilités (Brüssel 1846); ders., Anthropométrie ou mesure des différentes facultés de l'homme (Brüssel 1871).

26 Sekula, 1989, S. 354, mit Nachweisen.

27 Vec, 2002.

28 Valentin Groebner, Der Schein der Person. Bescheinigung und Evidenz, in: Hans Belting/Dietmar Kamper/Martin Schulz (Hg.), Quel Corps? Eine Frage der Repräsentation (München 2002), S. 309 ff.

29 Alphonse Bertillon, L'Identification anthropométrique (Paris 1893); ders., Das anthropometrische Signalement, hg. von Dr. v. Sury (Bern/Leipzig ²1895), S. LXXII. Zu Bertillon vgl. auch Martine Kaluszynski, Republican Identity. Bertillonage as Government Technique, in: Jane Caplan/John C. Torpey (Hg.), Documenting Individual Identity (Princeton 2001), S. 123 ff.; Vec, 2002.

30 Bertillon, 1893 (wie Anm. 29), Taf. 41 und 56.

31 Alphonse Bertillon, in: Forum 113, 1891, S. 335.

32 Bertillon, 1895 (wie Anm. 29), Taf. 80.

33 Bertillon, 1895 (wie Anm. 29), Taf. 59 (b) und 60 (b).

34 Vec, 2002, S. 47 ff.; Simon A. Cole, Suspect Identities. A History of Fingerprinting and Criminal Identification (Cambridge 2001), S. 32 ff.

35 Karl Pearson, The Life, Letters, and Labours of Francis Galton (Cambridge 1924).

36 Thomas Y. Levin u. a. (Hg.), Ctrl [space]. Rhetorics of Surveillance from Bentham to Big Brother, Ausstellungskatalog, Zentrum für Kunst und Medientechnologie, Karlsruhe (Cambridge, Mass./Karlsruhe 2002).

37 Motonori Doi u. a., Lock-Control System Using Face Identification, in: Josef Bigun

u. a. (Hg.), Audio- and Video-Based Biometric Person Authentication (Berlin/Heidelberg 1997), S. 361 ff.

38 Life, 27.6.1969.

39 Zu Boltanski vgl. Lynn Gumpert (Hg.), Christian Boltanski (Paris 1992); Danilo Eccher (Hg.), Christian Boltanski (Mailand 1997); Uwe M. Schneede (Hg.), Christian Boltanski. Inventar, Ausstellungskatalog, Hamburger Kunsthalle (Hamburg 1991); Bernhard Jussen (Hg.), Signal: Christian Boltanski (Göttingen 2004), u. a. mit einem Beitrag von Monika Steinhauser, Image Stimuli, S. 103 ff.

40 Gumpert, 1992 (wie Anm. 39), S. 104.

41 Zitat Boltanski in: Schneede, 1991 (wie Anm. 39), S. 69, und Jörg Zutter (Hg.), Christian Boltanski. «Les Suisses Morts» (Vevey 1993), S. 96 f.

42 Zitat in: Schneede, 1991 (wie Anm. 39), S. 73.

43 Zutter, 1993 (wie Anm. 41).

44 Zitat in: Schneede, 1991 (wie Anm. 39), S. 60.

45 Gumpert, 1992 (wie Anm. 39), S. 138.

46 Vgl. dazu Steinhauser, 2004 (wie Anm. 39), S. 127 f.

47 Eccher, 1997 (wie Anm. 39), S. 43.

48 Georges Didi-Huberman, in: ders./Laurent Mannoni, Mouvements de l'air. Étienne-Jules Marey, photographe des fluides (Paris 2004), S. 177.

49 Belting, 2001, S. 38 ff. (zum digitalen Bild).

50 Rosalind Krauss, Video: The Aesthetics of Narcissism (1976), erneut in: John G. Hanhardt (Hg.), Video Culture. A Critical Investigation (Rochester, NY 1990), S. 179 ff.

51 Bruce Kurtz, The Present Tense, in: Ira Schneider/Beryl Korot, Video-Art. An Anthology (New York/London 1976), S. 234 f.

52 Samuel Beckett, Auswahl in einem Band, hg. von Erika und Elmar Tophoven (Frankfurt a. M. 1967), S. 381.

53 Kathy Halbreich/Neal Benezra (Hg.), Bruce Nauman, Ausstellungskatalog, Walker Art Center, Minneapolis u. a. (Minneapolis 1994), S. 55 ff., Nr. 44.

54 Halbreich/Benezra, 1994 (wie Anm. 53), Nr. 20 f. Vgl. auch Götz Adriani (Hg.), Bruce Nauman. Werke aus den Sammlungen Froehlich und FER, Ausstellungskatalog, Museum für Neue Kunst, ZKM, Karlsruhe (Karlsruhe 1999), S. 84 ff.

55 Dazu ausführlicher Hans Belting, Das unsichtbare Meisterwerk (München 1998), S. 463 f. (mit weiterer Lit.).

56 Kathryn Chiong, Naumans Beckett Gang, in: Michael Glasmeier (Hg.), Samuel Beckett – Bruce Nauman, Ausstellungskatalog, Kunsthalle Wien (Wien 2000), S. 89 ff.

57 Herzogenrath, 1999 (wie Anm. 19), S. 38 f. und 257. Vgl. auch bes. ders., Paik-Porträts, in: Brockhaus, 2002 (wie Anm. 19), S. 22 ff. (auch zum Folgenden).

58 Eisenstein-Reader: Die wichtigsten Schriften zum Film, hg. von Lisa Gotto (Leipzig 2011), S. 132 f.

59 Aumont, 1992, S. 92.

60 Béla Balázs, Schriften zum Film, hg. von Helmut H. Diederichs u. a., Bd. I (München 1984), S. 82 f. und 86.

61 Vgl. dazu die Deutung von Aumont, 1992, S. 85 ff.

62 Vgl. dazu die Beiträge von Jacques Aumont, Dominique Chateau und Martine Joly in: Iris, 4, 1986, Nr. 1, sowie Stephen Prince/Waine Hensley, The Kuleshov Effect, in: Cinema Journal, 31.2.1992, S. 59 ff.

63 Eisenstein-Reader, 2011 (wie Anm. 58), S. 116.

64 Georges-Henri Rivière und Robert Desnos, in: Documents 4, 1930, S. 218–221. Für Hinweise danke ich Georges Didi-Huberman, der dieses Beispiel in seine Ausstellung «Atlas» einbezog.

65 Gilles Deleuze, L'Image mouvement (Cinema, Bd. I) (Paris 1983), S. 123 ff., dt.: Deleuze, 1989 (wie Anm. 12), S. 123 ff.

66 Deleuze, 1983 (wie Anm. 65), S. 138 und 142.

67 Deleuze, 1989 (wie Anm. 12), S. 135.

68 Bonitzer, 1987, S. 87–90 (La métamorphose).

69 Aumont, 1992, S. 77 ff. (Die Großaufnahme).

70 Ingmar Bergman, Bilder (Köln 1990), S. 43 ff.; Robert E. Long, Ingmar Bergman. Film and Stage (New York 1994), S. 112 ff.; Francis Vanoye, Le Spectateur capturé. Sur le visage d'Ingmar Bergman, in: Iris 17, 1994, S. 109 ff.; Paul Duncan/Bengt Wanselius (Hg.), The Ingmar Bergman Archives (Köln 2008), S. 115 ff., mit Texten und Interviews von Ingmar Bergman und seinen Schauspielern.

71 Duncan/Wanselius, 2008 (wie Anm. 70), S. 118.

72 Duncan/Wanselius, 2008 (wie Anm. 70), im Gespräch mit Stig Bjökman.

73 Duncan/Wanselius, 2008 (wie Anm. 70), im Gespräch mit Torsten Manns.

74 Duncan/Wanselius, 2008 (wie Anm. 70), S. 122.

75 Es ist also die Frage, ob Deleuze im Recht ist, wenn er in der Großaufnahme bei Ingmar Bergman zugleich die Auslöschung des Gesichts und die Suspendierung der Individuation, also einen offenen Nihilismus sieht: Deleuze, 1983 (wie Anm. 65), S. 142.

76 Bergman, 1990 (wie Anm. 70), S. 57 f.

77 Cahiers du Cinéma, Oktober 1959, zit. bei Deleuze, 1983 (wie Anm. 65), S. 141.

78 Ingmar Bergman, Mein Leben (Hamburg 1987), S. 223.

79 Arnulf Rainer, Ausstellungskatalog, Stedelijk van Abbe-Museum, Eindhoven/Whitechapel Art Gallery, London (Eindhoven 1980); Dieter Honisch (Hg.), Arnulf Rainer, Ausstellungskatalog, Nationalgalerie, Berlin u. a. (Berlin 1980); Rudi Fuchs (Hg.), Arnulf Rainer. Noch vor der Sprache, Ausstellungskatalog, Stedelijk Museum, Amsterdam (Rotterdam 2001), S. 22 f.; Nicole Tuffelli, Arnulf Rainer. La mise en abyme du portrait, in: Hindry, 1991, S. 86 ff. Zu Texten von Rainer s. Arnulf Rainer, Hirndrang. Selbstkommentare und andere Texte zu Werk und Person, hg. von Otto Breicha (Salzburg 1980). Zur Bildübermalung als Praxis vgl. Birgit Mersmann, Bilderstreit und Büchersturm. Medienkritische Überlegungen zu Übermalung und Überschreibung im 20. Jahrhundert (Würzburg 1999).

80 Arnulf Rainer, 1980 (wie Anm. 79), Abb. 25–44; Honisch, 1980 (wie Anm. 79), S. 99 ff.

81 Text von 1952, abgedruckt als Einleitung in: Arnulf Rainer, 1980 (wie Anm. 79).

82 Arnulf Rainer, 1980 (wie Anm. 79), Abb. 59 ff.

83 Arnulf Rainer, 1980 (wie Anm. 79), Abb. 105–129; Honisch, 1980 (wie Anm. 79), S. 169 ff.; Claude Schweisguth (Hg.), Arnulf Rainer. Mort et sacrifice, Ausstellungskatalog, Centre Georges Pompidou, Paris (Paris 1984).

84 Benkard, 1926, S. XXXVIII.

85 Maurice Blanchot, L'Espace littéraire (Paris 1955, [2]1993), S. 347.

86 Arnulf Rainer, Totenmasken, Ausstellungskatalog, Österreichische Galerie des 19. und 20. Jahrhunderts, Wien (Wien 1978). Vgl. das Zitat in Honisch, 1980 (wie Anm. 79), S. 170.

87 Martin Friedman (Hg.), Close Reading (Chuck Close and the Art of the Self-Portrait) (New York 2005), S. 44; Robert Storr (Hg.), Chuck Close, Museum of Modern Art, New York (New York 1998), S. 113. Das Porträt «Keith» befindet sich im St. Louis Art Museum.

88 Zit. bei Wolfgang Drechsler (Hg.), Porträts. Aus der Sammlung, Museum Moderner Kunst Stiftung Ludwig, Wien (Wien 2004), S. 55. Vgl. zu Close auch die Texte von Robert Storr und Kirk Varnedoe, in: Storr, 1998 (wie Anm. 87), S. 61 ff. Vgl. auch Barbara Naumann, Gesicht und Defiguration. Bemerkungen zu Don DeLillo, Andy Warhol und Chuck Close, in: dies./Edgar Pankow (Hg.), Bilder-Denken. Bildlichkeit und Argumentation (München 2004), S. 267 ff.; Siri Enjberg u. a., Chuck Close. Self Portraits 1967–2005, Ausstellungskatalog, San Francisco Museum of Modern Art (San Francisco 2005).

89 Minneapolis, Walker Art Center; Storr, 1998 (wie Anm. 87), Taf. S. 107.

90 Friedman, 2005 (wie Anm. 87), S. 47 und 56; Drechsler, 2004 (wie Anm. 88), S. 55.

91 Zit. bei Friedman, 2005 (wie Anm. 87), S. 82 f.

92 Friedman, 2005 (wie Anm. 87), S. 99 mit Zitat.

93 John Guare, Chuck Close. Life and Work 1988–1995 (London 1995). Vgl. auch die Gespräche, die Close mit seinen Modellen führte: Joanne Kesten (Hg.), The Portraits Speak: Chuck Close in Conversation with 27 of his Subjects (Los Angeles 1997).

94 Chuck Close. A Film by Marion Cajori.

95 Im Folgenden beziehe ich mich auf die ausführliche Analyse des Mao-Porträts in: Wu Hung, Remaking Beijing. Tiananmen Square and the Creation of a Political Space (Chicago 2005), S. 68–86.

96 Wu Hung, 2005 (wie Anm. 95), S. 78.

97 Das Foto wurde 2011 in mehreren Exemplaren von der Gallery Gary Edwards in Washington, DC, angeboten; vgl. The Art Newspaper 221, 2011, S. 62.

98 Wu Hung, 2005 (wie Anm. 95), S. 81 f.

99 Wu Hung, 2005 (wie Anm. 95), S. 82 mit vollem Zitat.

100 Wu Hung, 2005 (wie Anm. 95), Abb. 23 f.

101 Don DeLillo, Mao II (New York 1991), S. 176 f.

102 Bob Colacello, Holy Terror: Andy Warhol Close-Up (New York 1990), S. 110 f. Vgl. auch Dieter Koepplin, in: Marc Francis/Dieter Koepplin, Andy Warhol: Zeichnungen (München 1998), S. 43 f.

103 Kynaston McShine (Hg.), Andy Warhol. Retrospektive, Ausstellungskatalog, Museum Ludwig, Köln (München 1989), Nr. 347.
104 McShine, 1989 (wie Anm. 103), Nr. 363.
105 DeLillo, 1991 (wie Anm. 101), S. 21.
106 DeLillo, 1991 (wie Anm. 101), S. 62.
107 Koeplin, 1998 (wie Anm. 102), S. 44.
108 Ai Weiwei in der eigens diesem Besuch gewidmeten Publikation Peter Wise (Hg.), Andy Warhol China 1982 (Hongkong 2007).
109 Manfred Faßler, Im künstlichen Gegenüber/Ohne Spiegel leben, in: Faßler, 2000, S. 11–120, bes. S. 19 und 97 ff.
110 Vgl. William A. Ewing (Hg.), About Face. Photography and the Death of the Portrait, Ausstellungskatalog, Hayward Gallery, London (London 2004).
111 Vgl. dazu Margaret Wertheim, The Pearly Gates of Cyberspace. A History of Space from Dante to the Internet (New York 1999), S. 253 ff.
112 Ruth Nestvold, Die digitale Maskerade. Das Unbehagen am unbestimmten Geschlecht, in: Elfi Bettinger/Julika Funk (Hg.), Maskeraden. Geschlechterdifferenz in der literarischen Inszenierung (Berlin 1995), S. 292 ff.
113 Nestvold, 1995 (wie Anm. 112).
114 Scott Bukatman, Terminal Identity. The Virtual Subject in Post-Modern Science Fiction (Durham 1993).
115 James R. Gaines, From the Managing Editor, in: Time, Special Issue, 18.11.1993. Vgl. auch Victor Burgin, Das Bild in Teilen, in: Amelunxen/Iglhaut/Rötzer, 1996, S. 32.
116 Irene Andessner, Arbeitskonzept Cyberface, und Andreas Leo Findeisen/Irene Andessner, Cyberface–Gesicht ohne Gegenüber, in: Faßler, 2000, S. 191 ff.
117 Amelunxen/Iglhaut/Rötzer, 1996, S. 126 ff.
118 Amelunxen/Iglhaut/Rötzer, 1996, S. 201.
119 Amelunxen/Iglhaut/Rötzer, 1996, S. 160 ff. Vgl. zu Cottingham auch Anette Hüsch, Schrecklich schön. Zum Verhältnis von Körper, Material und Bild in der Post-Photographie, in: Hans Belting/Ulrich Schulze (Hg.), Beiträge zur Kunst und Medientheorie. Projekte und Forschungen an der Hochschule für Gestaltung in Karlsruhe (Stuttgart 2000), S. 33 ff.
120 Wertheim, 1999 (wie Anm. 111), S. 290 ff.
121 Vgl. den Bericht mit Fotos in der Frankfurter Allgemeinen Zeitung, 26.10.2004. Vgl. auch die Texte unter dem Titel «Deisis» auf der Homepage des Künstlers sowie: Predstojanie. Deisis (Moskau 2004). Den Hinweis auf das Werk und die Publikation verdanke ich Franziska Thun-Hohenstein, Berlin.
122 Belting, 2005.
123 Wertheim, 1999 (wie Anm. 111), S. 31 und 40.

Literatur

Giorgio Agamben: Il Volto, in: Blümlinger/Sierek, 2002, S. 219 ff.

Hubertus von Amelunxen/Stefan Iglhaut/Florian Rötzer (Hg.): Fotografie nach der Fotografie, Ausstellungskatalog, Aktionsforum Praterinsel, München u. a. (Dresden 1996).

Michael Argyle/Mark Cook: Gaze and Mutual Gaze (Cambridge 1976).

Jacques Aumont: Du Visage au cinéma (Paris 1992).

Jacques Aumont: Der porträtierte Mensch, in: Barck/Beilenhoff, 2004, S. 12–49.

David A. Bailey/Gilane Tawadros (Hg.): Veil. Veiling, Representation and Contemporary Art (Cambridge, Mass. 2003).

Joanna Barck/Wolfgang Beilenhoff (Hg.): Das Gesicht im Film (Marburg 2004).

Joanna Barck/Petra Löffler (Hg.): Gesichter des Films (Bielefeld 2005).

Roland Barthes: La Chambre claire. Note sur la photographie (Paris 1980).

Hans Belting: Bild-Anthropologie. Entwürfe für eine Bildwissenschaft (München 2001).

Hans Belting: Das echte Bild. Bildfragen als Glaubensfragen (München 2005).

Hans Belting: Le Portrait médiéval et le portrait autonome. Une question, in: Olariu, 2009, S. 123–136.

Hans Belting: Spiegel der Welt. Die Erfindung des Gemäldes (München 2010).

Hans Belting: Face oder Trace? Anthropologische Fragen zu den frühen Christus-Porträts, in: Weigel, 2013 (im Druck).

Hans Belting/Christiane Kruse: Die Erfindung des Gemäldes. Das erste Jahrhundert der niederländischen Malerei (München 1994).

Ernst Benkard: Das ewige Antlitz. Eine Sammlung von Totenmasken (Berlin 1926).

Elfi Bettinger/Julika Funk (Hg.): Maskeraden. Geschlechterdifferenz in der literarischen Inszenierung (Berlin 1995).

Maurizio Bettini: La masquera, il doppio e il ritratto (Rom 1991).

Andreas Beyer: Das Porträt in der Malerei (München 2002).

Albert Blankert: Rembrandt. A Genius and his Impact (Melbourne 1997).

Christa Blümlinger/Karl Sierek (Hg.): Das Gesicht im Zeitalter des bewegten Bildes (Wien 2002).

Gottfried Boehm: Bildnis und Individuum. Über den Ursprung der Porträtmalerei in der italienischen Renaissance (München 1985).

Pascal Bonitzer: Décadrages. Peinture et cinéma (Paris 1987, [3]1995).

Norbert Borrmann: Kunst und Physiognomik. Menschendeutung und Menschendarstellung im Abendland (Köln 1994).
Heiko Christians: Sehnsüchte der Physiognomik, in: Van Loyen/Neumann, 2006, S. 4–12.
Jonathan Cole: Über das Gesicht. Naturgeschichte des Gesichts und unnatürliche Geschichte derer, die es verloren haben (München 1999).
Jonathan Cole: Facial Function Revealed through Loss, in: Kohl/Olariu, 2012, S. 83–94.
Jean-Jacques Courtine/Claudine Haroche: Histoire du visage. Exprimer et taire ses émotions. XVIe – début XIXe siècle (Paris 1988).
Charles Darwin: The Expression of the Emotions in Man and Animals (1872), hg. von Francis Darwin (London 1989) (The Works of Charles Darwin, Bd. 23).
Gilles Deleuze/Félix Guattari: Tausend Plateaus. Kapitalismus und Schizophrenie (Berlin 1992).
Georges Didi-Huberman: La Grammaire, le chahut, le silence. Pour une anthropologie du visage, in: de Loisy, 1992, S. 15–55.
Georges Didi-Huberman: Ähnlichkeit und Berührung. Archäologie, Anachronismus und Modernität des Abdrucks (Köln 1999).
Georges Didi-Huberman: De Ressemblance à ressemblance, in: Christophe Bident (Hg.): Maurice Blanchot. Récits critiques (Paris 2003), S. 143–167.
Georges Didi-Huberman: Near and Distant. The Face, its Imprint, and its Place of Appearance, in: Kohl/Olariu, 2012, S. 54–69. (= Didi-Huberman, 2012a)
Georges Didi-Huberman: Peuples exposés, peuples figurants (Paris 2012) (L'Œil de l'histore, Bd. 4). (= Didi-Huberman, 2012b)
Wolfgang Drechsler (Hg.): Porträts aus der Sammlung, Ausstellungskatalog, Museum Moderner Kunst Stiftung Ludwig, Wien (Wien 2004).
Angelica Dülberg: Privatporträts. Geschichte und Ikonologie einer Gattung (Berlin 1990).
Sergei Eisenstein: Expressivität der Hieroglyphe. Prinzipien der Typage (1971 als Fragment veröffentlicht), übers. von Oksana Bulgakowa, in: Van Loyen/Neumann, 2006, S. 42–48.
Gottfried Eisermann: Rolle und Maske (Tübingen 1991).
Paul Ekman/Wallace V. Friesen: Unmasking the Face. A Guide to Recognizing Emotions from Facial Clues (Englewood Cliffs, NJ 1975).
Monika Faber/Janos Frecot (Hg.): Portrait im Aufbruch. Photographie in Deutschland und Österreich 1900–1938, Ausstellungskatalog, Neue Galerie, New York/Graphische Sammlung Albertina, Wien (Ostfildern-Ruit 2005).
Manfred Faßler (Hg.): Alle möglichen Welten. Virtuelle Realität, Wahrnehmung, Ethik der Kommunikation (München 1999).
Manfred Faßler (Hg.): Ohne Spiegel leben. Sichtbarkeiten und posthumane Menschenbilder (München 2000).
Michel Feher (Hg.): Fragments for a History of the Human Body, Bd. 2 (New York 1989).
Sylvia Ferino-Pagden (Hg.): Wir sind Maske, Ausstellungskatalog, Kunsthistorisches Museum und Museum für Völkerkunde Wien (Wien 2009).
Rotraut Fischer/Gerd Schrader/Gabriele Stumpp (Hg.): Natur nach Maß. Physiognomik zwischen Wissenschaft und Ästhetik (Marburg 1989).

Egon Friedell: Das letzte Gesicht, hg. von Emil Schaeffer (Zürich 1929).
Françoise Frontisi-Ducroux: Le Dieu-masque. Une figure du Dionysos d'Athènes (Paris 1991).
Françoise Frontisi-Ducroux: Du Masque au visage. Aspects de l'identité en grèce ancienne (Paris 1995).
Paulette Ghiron-Bistagne: Le Masque du théâtre dans l'antiquité classique (Arles 1986).
Luca Giuliani: Bildnis und Botschaft. Hermeneutische Untersuchungen zur Bildniskunst der römischen Republik (Frankfurt a. M. 1986).
Erving Goffman: Interaktionsrituale. Über Verhalten in direkter Kommunikation (Frankfurt a. M. 1986).
Ernst H. Gombrich: Maske und Gesicht (1972), deutsch in: Ernst H. Gombrich/Julian Hochberg/Max Black: Kunst, Wahrnehmung, Wirklichkeit (Frankfurt a. M. 1977), S. 10–60.
Richard T. Gray: About Face. German Physiognomic Thought from Lavater to Auschwitz (Detroit 2004).
Michael Hagner: Homo cerebralis. Der Wandel vom Seelenorgan zum Gehirn (Berlin 1997).
Michael Hagner: Geniale Gehirne. Zur Geschichte der Elitegehirnforschung (Göttingen 2004).
Peter Hall: Exposed by the Mask. Form and Language in Drama (New York 2000).
Willy Hellpach: Deutsche Physiognomik. Grundlegung einer Naturgeschichte der Nationalgesichter (Berlin 1942).
Thomas Hensel/Klaus Krüger/Tanja Michalsky (Hg.): Das bewegte Bild. Film und Kunst (München 2009).
Ann Hindry (Hg.): Le Portrait contemporain (Paris 1991) (Artstudio 21, 1991).
Thomas Kirchner: L'Expression des passions. Ausdruck als Darstellungsproblem in der französischen Kunst und Kunsttheorie des 17. und 18. Jahrhunderts (Mainz 1991).
Joseph Leo Koerner: The Moment of Self-Portraiture in German Renaissance Art (Chicago 1993).
Jeanette Kohl: Sculpted Portraiture in the Renaissance (im Druck).
Jeanette Kohl/Rebecca Müller (Hg.): Kopf/Bild. Die Büste in Mittelalter und früher Neuzeit (München 2007).
Jeanette Kohl/Dominic Olariu (Hg.): En Face. Seven Essays on the Human Face (Marburg 2012) (Kritische Berichte 40, 2012, Heft 1).
Christiane Kruse: Wozu Menschen malen. Historische Begründungen eines Mediums (München 2003).
Terry Landau: Von Angesicht zu Angesicht. Was Gesichter verraten und was sie verbergen (Heidelberg 1993).
Fritz Lange: Die Sprache des menschlichen Antlitzes. Eine wissenschaftliche Physiognomik und ihre praktische Verwertung im Leben und in der Kunst (München 1937).
Johann Caspar Lavater: Physiognomische Fragmente zur Beförderung der Menschenkenntnis und Menschenliebe. Versuch I–IV (Leipzig 1775–1778, Reprint Hildesheim 2002).

Eckhard Leuschner: Persona, Larva, Maske. Ikonologische Studien zum 16. bis frühen 18. Jahrhundert (Frankfurt a. M. 1997).
Claude Lévi-Strauss: La Voie des masques (Paris 1979).
Petra Löffler/Leander Scholz (Hg.): Das Gesicht ist eine starke Organisation (Köln 2004).
Jean de Loisy (Hg.): À Visage découvert, Ausstellungskatalog, Fondation Cartier pour l'Art Contemporain, Jouy-en-Josas (Paris 1992).
Ulrich van Loyen/Michael Neumann (Hg.): Gesichtermoden (Berlin 2006) (Tumult 31, 2006).
Thomas Macho: Vision und Visage. Überlegungen zur Faszinationsgeschichte der Medien, in: Müller-Funk/Reck, 1996, S. 87–108.
Thomas Macho: Das prominente Gesicht. Vom Face-to-Face zum Interface, in: Faßler, 1999, S. 121–136.
Thomas Macho: Vorbilder (München 2011).
Thomas Macho/Gerburg Treusch-Dieter (Hg.): Medium Gesicht. Die faciale Gesellschaft, Berlin 1996 (Ästhetik und Kommunikation 94/95, 1996)
Patrizia Magli: The Face and the Soul, in: Feher, 1989, S. 86 ff.
Peter von Matt: ... fertig ist das Angesicht. Zur Literaturgeschichte des menschlichen Gesichts (München 1983).
Sabine Melchior-Bonnet: Histoire du Miroir (Paris 1994).
Norbert Meuter: Anthropologie des Ausdrucks. Die Expressivität des Menschen zwischen Natur und Kultur (München 2006).
Gerda Mraz/Uwe Schögl (Hg.): Das Kunstkabinett des Johann Caspar Lavater (Wien 1999).
Wolfgang Müller-Funk/Hans Ulrich Reck (Hg.): Inszenierte Imagination. Beiträge zu einer historischen Anthropologie der Medien (Wien 1996).
Birgit U. Münch u. a. (Hg.): Künstlergrabmäler. Genese, Typologie, Intention, Metamorphosen (Petersberg 2011).
Jean-Luc Nancy: Le Regard du portrait (Paris 2000).
Dominic Olariu (Hg.): Le Portrait individuel. Réflexions autour d'une forme de représentation, XIIIe–XVe siècles (Bern 2009).
Reinhard Olschanski: Maske und Person. Zur Wirklichkeit des Darstellens und Verhüllens (Göttingen 2001).
Jean Paris: Miroirs de Rembrandt. Le Sommeil de Vermeer. Le Soleil de Van Gogh. Espaces de Cézannes (Paris 1973).
Max Picard: Die Grenzen der Physiognomik (Leipzig 1937).
Helmuth Plessner: Ästhesiologie des Gesichts, in: ders., Gesammelte Schriften, hg. von Günter Dux u. a., Bd. 3: Anthropologie der Sinne (Frankfurt a. M. 1980), S. 248 ff.
Helmuth Plessner: Lachen und Weinen (1941), in: ders., Gesammelte Schriften, hg. von Günter Dux u. a., Bd. 7: Ausdruck und menschliche Natur (Frankfurt a. M. 1982), S. 201 ff. (= Plessner, 1982a)
Helmuth Plessner: Zur Anthropologie des Schauspielers (1948), in: ders., Gesammelte Schriften, hg. von Günter Dux u. a., Bd. 7: Ausdruck und menschliche Natur (Frankfurt a. M. 1982), S. 399 ff. (= Plessner, 1982b)

Helmuth Plessner: Das Lächeln (1950), in: ders., Gesammelte Schriften, hg. von Günter Dux u. a., Bd. 7: Ausdruck und menschliche Natur (Frankfurt a. M. 1982), S. 419 ff. (= Plessner, 1982c)

Rudolf Preimesberger/Hannah Baader/Nicola Suthor (Hg.): Porträt (Berlin 1999) (Geschichte der klassischen Bildgattungen in Quellentexten und Kommentaren, Bd. 2).

Hans-Joachim Raupp: Untersuchungen zu Künstlerbildnis und Künstlerdarstellung in den Niederlanden im 17. Jahrhundert (Hildesheim 1984).

August Sander: Antlitz der Zeit. 60 Aufnahmen deutscher Menschen des 20. Jahrhunderts, mit einer Einleitung von Alfred Döblin (1929) (München 1979).

Jean-Paul Sartre: Visages, in: Michel Contat/Michel Rybalka: Les Écrits de Sartre. Chronologie, bibliographie commentée (Paris 1970), S. 560–564.

Willibald Sauerländer: Ein Versuch über die Gesichter Houdons (München 2002).

Anne Sauvagnargues: Gesichtlichkeit, in: Van Loyen/Neumann, 2006, S. 13–18.

Tilo Schabert (Hg.), Die Sprache der Masken (Würzburg 2002).

Gunnar Schmidt: Das Gesicht. Eine Mediengeschichte (München 2003).

Jean-Claude Schmitt: For a History of the Face. Physiognomy, Pathognomy, Theory of Expression, in: Kohl/Olariu, 2012, S. 7–20.

Claudia Schmölders: Das Vorurteil im Leibe. Eine Einführung in die Physiognomik (Köln 1995).

Claudia Schmölders (Hg.): Der exzentrische Blick. Gespräch über Physiognomik (Berlin 1996) (vor allem Martin Blankenburg, S. 133–162, und Peter Becker, S. 163–186).

Claudia Schmölders: Hitlers Gesicht. Eine physiognomische Biographie (München 2000).

Claudia Schmölders/Sander Gilman (Hg.), Gesichter der Weimarer Republik. Eine physiognomische Kulturgeschichte (Köln 2000).

Martin Schulz: Spur des Lebens und Anblick des Todes, in: Zeitschrift für Kunstgeschichte 64, 2001, S. 381–396.

Erhard Schüttpelz: Medium Maske. Ein Kommentar zu Claude Lévi-Strauss, in: Van Loyen/Neumann, 2006, S. 54–56.

Hans Peter Schwarz (Hg.): Mienenspiele. About Faces (Karlsruhe 1994).

Allan Sekula: The Body and the Archive, in: Richard Bolton (Hg.): The Contest of Meaning. Critical Histories of Photography (Cambridge, Mass. u. a. 1989), S. 343–389.

Ellis Shookman (Hg.): The Faces of Physiognomy. Interdisciplinary Approaches to Johann Caspar Lavater (Columbia, SC 1993).

Georg Simmel: Die ästhetische Bedeutung des Gesichts (1901), in: ders.: Aufsätze und Abhandlungen 1901–1908, Bd. 1, hg. von Rüdiger Kramme (Frankfurt a. M. 1995) (Gesamtausgabe, Bd. 7).

Andrew Small: Essays in Self-Portraiture. A Comparison of Technique in the Self-Portraits of Montaigne and Rembrandt (New York u. a. 1996).

Victor Stoichita: Das selbstbewußte Bild. Der Ursprung der Metamalerei (München 1998).

Milos Vec: Die Spur des Täters. Methoden der Identifikation in der Kriminalistik (1879–1933) (Baden-Baden 2002).

Jean-Pierre Vernant: Figures, idoles, masques (Paris 1990).
Sigrid Weigel: Phantombilder zwischen Messen und Deuten, in: Bettina von Jagow/Florian Steger (Hg.): Repräsentationen. Medizin und Ethik in Literatur und Kunst der Moderne (Heidelberg 2004), S. 159–198.
Sigrid Weigel: Das Gesicht als Artefakt, in: Trajekte 25, 2012, S. 5–12. (= Weigel, 2012a)
Sigrid Weigel: Phantom Images: Face and Feeling in the Age of Brain Imaging, in: Kohl/Olariu, 2012, S. 33–53. (= Weigel, 2012 b)
Sigrid Weigel (Hg.): Gesichter. Kulturgeschichtliche Szenen aus der Arbeit am Bildnis des Menschen (München 2013, im Druck).
Richard Weihe: Die Paradoxie der Maske. Geschichte einer Form (München 2004).
Judith Weiss (Hg.): Gesicht im Porträt/Porträt ohne Gesicht (Ruppichteroth 2012).
Liliane Weissberg (Hg.): Weiblichkeit als Maskerade (Frankfurt a. M. 1994).
Christopher White/Quentin Buvelot (Hg.): Rembrandt by Himself, Ausstellungskatalog, National Gallery, London/Koninklijk Kabinet van Schilderijen, 's-Gravenhage (London 1999).
Gerhard Wolf: Schleier und Spiegel. Traditionen des Christusbildes und die Bildkonzepte der Renaissance (München 2002).
Gisela von Wysocki: Fremde Bühnen. Mitteilungen über das menschliche Gesicht (Hamburg 1995).
Paul Zanker: Die Maske des Sokrates. Das Bild des Intellektuellen in der antiken Kunst (München 1995).
Leslie A. Zebrowitz: Reading Faces. Windows to the Soul? (Boulder 1997).

Bildnachweis

Frontispiz, 113, 114, 115: Persona, © 1966 AB Svensk Filmindustri; 1: © Nusra Latif Qureshi/Foto: ZKM, Steffen Harms; 2 (AP), 47: © ddp images; 3: Foto: © Christie's Images/The Bridgeman Art Library; 4: © Deutsches Theatermuseum München, Archiv Ruth Wilhelmi; 5 (RMN/Grand Palais/Raphaël Chipault), 49 (RMN/Grand Palais/Jean Schormans), 50 (RMN/Grand Palais/Jean-Gilles Berizzi), 55 (Gemäldegalerie, SMB/Jörg P. Anders), 61 (Gemäldegalerie, SMB, Kaiser Friedrich-Museums-Verein/Jörg P. Anders), 63 (Hamburger Kunsthalle/Elke Walford), 73 (Jochen Remmer): © bpk; 6: zit. nach Le Portrait contemporain, Artstudio 21, Sommer 1991; 7: © The Israel Museum, Jerusalem/Foto: Israel Museum/Zeev Radovan (Gift of Wilma and Laurence A. Tisch); 8 (© Wien, KHM, Ägyptische Sammlung, Inv.-Nr. ÄS 7800), 10 (© Sylvia Ferino-Pagden), 20 (© Wien, Albertina), 22 (© Rijksmuseum Amsterdam), 34 (© Wien Museum), 42 (© Accademia Toscana di Scienze e Lettere «La Colombaria», Florenz, dep. Museo degli Argenti), 48 (© Devonshire Collection, Chatsworth), 52 (© Wien, KHM, Gemäldegalerie): zit. nach Sylvia Ferino-Pagden (Hg.), Wir sind Maske, Mailand 2009; 9: © Hilde Zaloscer, Wien; 11: © Staatliche Kunstsammlungen Dresden, Staatliche Ethnographische Sammlungen Sachsen, Völkerkundemuseum Herrnhut; 12: zit. nach Angelika Friederici, Castan's Panopticum. Ein Medium wird besichtigt, Monografie in einzelnen Themenheften, Verlag Karl-Robert Schütze, Berlin 2008 ff., hier Heft 6, 2009, Titelseite (© Angelika Friederici, Berlin/Karl-Robert Schütze, Berlin/Rudolf-Virchow-Sammlung der BGAEU, Berlin); 13 (© Archives André Breton/BnF, Paris), 14, 81, 82: © Man Ray Trust, Paris/VG Bild-Kunst, Bonn 2019; 15: zit. nach Françoise Frontisi-Ducroux, Du Masque au Visage. Aspects de l'identité en Grèce ancienne, Paris 1995, S. 147 (© Syrakus; Museo archeologico P. Orsi); 16: © KHM Wien, Antikensammlung (Inv.-Nr. ANSA_I_119); 17: © Regional Archaeological Museum Luigi Bernabò Brea – Lipari, Italien; 18: zit. nach Allardyce Nicoll, Stuart Masques and the Renaissance Stage, London 1937; 19: © Devonshire Collection, Chatsworth/Reproduced by permission of Chatsworth Settlement Trustees; 21: zit. nach George W. Brandt, German and Dutch Theatre, 1600–1848, Cambridge 1993, S. 386; 23: Photograph courtesy of Sotheby's Picture Library; 24, 25, 26, 27: zit. nach Johann Caspar Lavater, Physiognomische Fragmente, 1775–1778, Bd. II, S. 75, 245, 154, Bd. I, S. 131; 28: zit. nach Carl Gustav Carus, Atlas der Cranioscopie, Leipzig/Paris 1843, Bd. I; 29: zit. nach Michael Hagner, Geniale Gehirne. Zur Geschichte der Elitegehirnforschung, Göttingen 2004, S. 207; 30:

zit. nach Edw. Anthony Spitzka, A Study of the Brains of Six Eminent Scientists and Scholars Belonging to the American Anthropometric Society. Together with a Description of the Skull of Professor E. D. Copel, in: Transactions of the American Philosophical Society, N. S. 21, 4, 1907, S. 175–308, © APS = American Philosophical Society Philadelphia; 31: zit. nach Charles Darwin, Der Ausdruck der Gemüthsbewegungen bei den Menschen und den Thieren, Stuttgart 1872; 32: zit. nach Duchenne de Boulogne, 1806–1875, hg. von der École Nationale Supérieure des Beaux-Arts, Paris 2004; 33: zit. nach Ernst Benkard, Das ewige Antlitz. Eine Sammlung von Totenmasken, Berlin 1929; 35, 36: © Die Photographische Sammlung/SK Stiftung Kultur – August Sander Archiv, Köln, VG Bild-Kunst, Bonn 2019; 37: Berlinische Galerie, Landesmuseum für Moderne Kunst, Fotografie und Architektur/© Foto: Kai-Annett Becker; 38: © Bayerische Staatsgemäldesammlungen – Neue Pinakothek München, Leihgeber: Versicherungskammer Bayern; 39: zit. nach Paule Thévenin/Jacques Derrida, Antonin Artaud. Zeichnungen und Portraits, München 1986; 40 (Courtesy of the Ministero Beni e Att. Culturali), 41 (Courtesy of the Ministero Beni e Att. Culturali), 54 (© The National Gallery, London), 56, 57 (The National Gallery, London), 58, 59, 64, 65 (The National Gallery, London), 66 (Courtesy of the Ministero Beni e Att. Culturali), 68 (Courtesy of the Ministero Beni e Att. Culturali), 71 (The National Gallery, London), 72: Photo Scala, Florenz; 43: Jane Seymour, 1999, © Hiroshi Sugimoto; 44: Courtesy the artist and Metro Pictures; 45 (Courtesy the artist and Metro Pictures): zit. nach Le Portrait contemporain, Artstudio 21, Sommer 1991; 46: © Sammlung Oskar Reinhart «Am Römerholz», Winterthur; 51, 53 (oben), 121: © Hans Belting; 53 (unten): © Lichtbilder – Reinhard Goldmann; 60, 67: akg-images; 62: © Germanisches Nationalmuseum, Nürnberg; 69 (© Albertina, Wien), 70 (© Albertina, Wien): zit. nach Rembrandts Selbstbildnisse, hg. von The National Gallery, London/Das Königliche Gemäldekabinett Mauritshuis, Den Haag, Stuttgart 1999; 74: © Städel Museum/ARTOTHEK/Ute Edelmann; 75: © Minneapolis Institute of Arts, MN, USA/The Miscellaneous Works of Art Purchase Fund/The Bridgeman Art Library/The Estate of Francis Bacon. All rights reserved/VG Bild-Kunst, Bonn 2019; 76: © Kunsthalle Mannheim/The Bridgeman Art Library/© The Estate of Francis Bacon. All rights reserved/VG Bild-Kunst, Bonn 2019; 77 (Courtesy Fine Arts & Projects, Mendrisio/© The Estate of Francis Bacon. All rights reserved/VG Bild-Kunst, Bonn 2019): zit. nach Elaine M. Stainton (Hg.), Francis Bacon. A Retrospective, New York 1999, S. 95 (Private Collection); 78: © National Portrait Gallery, London; 79: © Tate, London 2013/The Estate of Francis Bacon. All rights reserved/VG Bild-Kunst, Bonn 2019; 80: © Metropolitan Museum of Art, New York, USA/The Bridgeman Art Library/Succession Picasso/VG Bild-Kunst, Bonn 2019; 83, 84, 85, 86a–c, 87, 88, 89: © Jorge Molder; 90, 91, 92, 102: Life, 28.12.1936/12.7.1937/8.11.1937/27.5.1969; 93: © Reuters; 94 (© Mathew B. Brady): zit. nach Harper's Weekly, 10.11.1860; 95, 96 (Foto © Christie's Images/The Bridgeman Art Library), 123, 124, 125: © 2013 The Andy Warhol Foundation for the Visual Arts, Inc./Artists Rights Society (ARS), New York; 97, 108, 109, 110: © Nam June Paik; 98: © Sammlung Oskar Reinhart «Am Römerholz», Winterthur (Inv. Nr. 1923.17); 99, 100, 101: zit. nach Alphonse Bertillon, Das anthropometrische Signalement, hg. von Ernst von Sury, Bern/Leipzig 1895, Taf. 80, 60b, 59b; 103: zit. nach Motonori Doi,

Lock-Control System Using Face Identification, in: Audio- and Video-Based Biometric Person Authentication, Berlin/Heidelberg 1997, S. 361–368; 104 (© VG Bild-Kunst, Bonn 2019): zit. nach Lynn Gumpert, Christian Boltanski, Paris 1992, S. 105; 105, 106, 107: © VG Bild-Kunst, Bonn 2019; 111: zit. nach Douglas Fairbanks, München 1928 (Das Filmgesicht. Sammlung illustrierter Monographien der berühmtesten und besten Künstler des Films, hg. von Wolfgang Martini); 112: zit. nach Documents. Archéologie. Beaux-Arts. Ethographie. Variétés 4, 1930, bei S. 217; 116, 117: © Arnulf Rainer; 118, 119 (© Chuck Close): zit. nach Robert Storr, Chuck Close, New York 1998; 120: zit. nach Scientific American, November 1973; 122: zit. nach Worte des Vorsitzenden Mao Tsetung, Peking 1972; 126: © Irene Andessner 1998; 127: © Courtesy Ronald Feldman Fine Arts, New York/www.feldmangallery.com; 128: © Konstantin Chudjakow

Leider war es nicht in allen Fällen möglich, die Inhaber der Rechte zu ermitteln. Wir bitten deshalb gegebenenfalls um Mitteilung. Der Verlag ist bereit, berechtigte Ansprüche abzugelten.

Personenregister

Kursiv gesetzte Seitenzahlen verweisen auf Abbildungen